资 本 论 上册

（第一卷）

〔德〕 马克思◎著

郭大力　王亚南◎译

CNS | 湖南人民出版社·长沙

原著者初版序

我现在刊行第一卷的这个著作，是 1859 年拙著《政治经济学批判》的续篇。自前书刊行到现在，已隔离了长久的岁月了。这是宿疾，屡次中断我的工作的缘故。

前书内容，已概述在此卷前数章内。此不仅为求连贯与完全。说明的方法也改良了。在情形许可的限度内，有许多点，只在前书略略提到的，在本书是论述得更详细了；反之，已在前书详细讨论过的，在本书，却仅略略提到。前书叙述价值与货币学说史的几部分，本书是完全删除了。但前书的读者，仍然可以在本书首章的注解内，对关于这两种学说的历史，获得若干新的资料。

一切事在开头总是困难的。这一句话，可以在一切科学上适用。第一章（尤其是分析商品的那部分）的理解，是最难的。关于价值实体与价值量的分析，我已尽可能通俗化了①。

以货币形态为其完成形态的价值形态，是极无内容，极单纯的。二千余年来，人类考究这种单纯形态的精神努力，是毫无结果的。反之，对内容更丰富且更复杂的形态的分析，却至少已近于成功。为什么呢？因为已经发育的身体，比构成身体的细胞，是更容易研究的。在分析经济形态时，既不能用显微镜，也不能用化学反应药，而必须用抽象力。在资产阶级社会内，劳动生产物的商品形态或商品的价值形态，是经济的细胞形态。在浅薄的人看来，这种形态的分析，是斤斤于细故。其所考究，诚为细故，但其所为，与显微镜下的解剖，正是一样。

除论价值形态的那一部分外，这书决不能说是难解的。当然，没有修学志愿又不愿有独立思想的读者，是不能一概而论的。

物理学者必在自然过程表现得最充实且最不受他物影响的地方，视察自然过程；如可能，还在过程确系正常进行的条件下，作种种实验。我在本书讨论的，是资本主义生产方法及与其相应的生产关系和交换关系。直到现在，这种生产方法的故乡还是英国，因此，在理论的说明上，我常以英国为主要的例解。但若德国方面的读者，竟伪善的，对于英国工农劳动者的状况，耸一耸肩头，或乐观的，以德国情形未必如此坏的话，安慰自己，我就必须告诉他说："这也正是阁下的故事。"

资本主义生产的自然法则，引起社会的对立。我们原来的问

---

① 拉塞尔（F. Lassalles）在驳斥苏尔兹·德利希（Schulze Delitzsch）的文章内，虽自称已将拙见的"神体"提示出来，实则包含着严重的错误。想到这点，我觉得，我益有通俗化的必要。——附带我还要说，拉塞尔会从拙著，逐字引用（但绝未声明），当作他经济研究上的一般的理论的命题（例如关于资本的历史性，关于生产关系与生产方法的关系等）。那或许是为宣传的目的。当然，我们说的，不是他的解释和应用。这一层，我是没有做的。

题，不是这种对立已发展到怎样高的程度。我们所问的，是这种法则的本身，是这种以铁的必然性发生彻底的作用之趋势。产业更发达的国家，不过对产业更不发达的国家，预示了它们将来的景象。

如舍此不言。德意志已完全资本主义化的地方（例如真正的工厂），因无工厂法的对抗力，情形就比英国坏得多。在其他范围，德国是像西欧大陆各国一样，不仅受资本主义生产发达的苦，而且受资本主义生产不发达的苦。除了近代生活所特有的种种痛苦，还有许多旧传的痛苦，压迫着我们。这种种旧传的痛苦，是古生产方法依然残存的结果，而这种古生产方法的残存；自然会引起种种时代错误的社会关系与政治关系。我们不仅吃生者的亏，且吃死者的亏。死者叫生者烦恼。

德意志及西欧大陆各国的社会统计，与英国的社会统计比较，是更贫乏得多的。

但这种社会统计，依然足以揭开黑幕，叫我们窥见幕内的夜叉的脸面。假令德国的政府与国会，能像英国的政府与国会一样，定期派遣委员去调查经济的状况；假令这种委员，又能像在英国一样，有探求真理的全权，且能有像英国工厂监督专员，公共卫生报告员，女工童工榨取状态居住状态与食物状态的调查委员那样，才能胜任的，无党无私的人来充任，我们对于德国的状态，也一定会愕然失惊的。波西亚斯（Perseus）戴起一顶隐身的帽子，叫被追逐的魔鬼看不见自己。我们德国人却把隐身的帽子，紧遮着耳目，说没有魔鬼。

我们不要在这点欺蒙自己。18 世纪美国的独立战争，已为欧洲的中等阶级鸣起警钟。19 世纪美国的南北战争，又为欧洲的劳动阶级鸣起了警钟。在英国，革命的过程是极明显的。这个过程达到相当程度之后，必会在大陆方面发生反应。在英国，这个过程，有时是采取更残忍的形态，有时是采取较缓和的形态，那是看工人阶级自身发展的程度而定。所以，英国现在的支配阶级，即使没有高尚的动机，也不得不为自身利害打算，而将一切可以由法律废止的，干涉劳动阶级发展的障碍除去。在许多理由中，这也是我在本书细述英国工厂法历史、内容与结果的一个理由。一个国家，应该从外国学，也能够从外国学。本书的最终目的，是揭露近代社会的经济的连动法则，但一个社会就令已经把自身的运动法则发现，也不能跳过，或以法令废止自然的发展阶段。它只能把生育时的痛苦减短或缓和。

为避免万一发生误解起见，且附带声明一笔。我绝非用玫瑰的颜色来描写资本家地主的姿态。在此，一切个人，都被视为经济范畴之人格化，被视为特殊阶级关系与利益之代表。经济社会形态的发展，从我的立场看，乃是自然史上的一个过程。无论个人在主观方面可以怎样超出周围的种种事情，他在社会方面总归是周围种种事情的产物。从我的立场看，他对于这种种事情的发生，是和别的人一样不负责任的。

自由的科学的研究在经济学范围内所遇到的敌人，不仅和它在其他范围内所遇到的相同。经济学研究的材料，含有一种特殊的性质，那会把人心中最激烈最卑鄙最恶劣的感情唤起，把代表私人利害的仇神召到战场上来，成为自由的研究之敌。例如对英国教会。你在三十九个信条中攻击了他三十八条倒不要紧，他也许还会原谅你，但若你在他的收入中，夺去了他的三十九分之一，他一定恨你入骨。在今日，与批判旧财产关系的批判论比较，无神论还是比较轻的罪。但就这一方面说，进步依然是明明白白的。例如英王驻外代表数星期前发表的一种蓝皮书，名叫"驻外使节关于产业问题工会问题的通信录"的，就曾力言，劳资现存关系上的变动，在德意志，在法兰西，总之，在欧洲大陆各文明国，将会像在英国一样明白，一样不可避免。同时，在大西洋彼岸，美国副总统威德君（Wade），也在公众大会上宣称，奴隶制度废除之后，资本与土地所有权关系上的变化，将成为继起的问题。这是时代的征象，绝非紫袍黑衫所能遮掩的。这种种事实，不足证明奇迹将在明日发生，但可以证明，在支配阶级本身也超了一种预感，感到了现社会不是一个固定的结晶体，而是一个能够变化的，且不断变化的有机体。

本书第二卷将讨论资本的流通过程（第二册）与总过程的各种形态（第三册）；第三卷即终卷（第四册）将讨论学说史。

每一种以科学批判为根据的判断，我都欢迎。以所谓舆论为根据的偏见，却是我从来不让步的。关于这种偏见，佛洛伦大诗人的格言，便是我的格言：

"走自己的路，不要管别人说的话。"

马克思

1867 年 7 月 25 日伦敦

原著者第二版跋

　　现在先向第一版读者，报告第二版有着怎样的变更。书的篇别，一看就知道，是更一目了然了。各处新加的注，都注明是第二版注。就本文说，最重要的变更，则有下述各点。

　　第一章第一节，即分析交换价值方程式并泛论价值的那一节，是科学地改得更严密了。又，第一版仅仅略述的价值实体和由社会必要劳动时间决定的价值量的关系，也表现得更严密了。第一章第三节（价值形态）是完全改作了。第一版的二重说明，使我们必须如此作。——在这里，我可以附带说一说，这种二重的说明，是经友人汉诺威的库格曼博士（Dr. L. Kugelmann）的劝告写的。1867 年春，当初校样由汉堡寄来时，我正好访问他，他劝我，为大多数读者计，对于价值形态，必须有一种补充的讲义式的说明。——第一章最后一节"商品的拜物教性质"，也大部分改作了。第一篇第三章（价值尺度）也经过绵密的修正，因为这一节在第一版，不过提示了《政治经济学批判》（1859 年柏林）所已提示的讨论，是讨论得不甚周密的。第七章，尤其是当中的第二节，也大大地改作了。

当然，把各处原文的改正一一列举出来，是没有用处的。这种改正，多半是文体上的改正。这是全书都有的。我现在正在校订巴黎发行的法文译本，在这样校正时，我发觉，德文原本有许多部分，在某场所，必须有更彻底的改作，在某场所，必须更在文体上改正，或将偶尔的错误，加以绵密的删削。但时间不许我这样做。因为1871年秋，我正忙于进行别一种紧急工作时，曾接到通知说，第二版的印刷，至迟须在1872年1月开始。

《资本论》迅急在德意志劳动阶级的广大范围内，得到了理解。这种理解，对于我的劳动，是一种无上的工资。在经济方面站在资产阶级立场上的梅耶先生（Meyer），维也纳的工厂家，也曾在德法战争中发行的一本小书上，力言大的理论感受性——这个东西，屡屡被称为德意志的世袭财产——已在德意志所谓知识阶级中完全丧失，但却在德意志劳动阶级当中复活起来。

直到现在，经济学在德意志还是一种外来的科学。古斯达夫·湾·居利希（Gustavvon Gülich）在其所著《工农商业之史的发展》，尤其是在1830年刊行的同书第一第二册中，曾详细考察到：德国资本主义生产方法的发展，从而，近代资产阶级社会的树立，曾受到那几种历史事情的阻碍。经济学在德国发展的地盘，依然没有。这种科学，依然是当作完成品，从英法二国输进来。德国的经济学教授，都还是学生。外国现实之理论的表现，在他们手上，成了若干教义的集成。他们周围的世界是小资产阶级的世界。从这个世界的情形来解释，这种种理论是被误解了。他们觉得在科学上自己没有多大的力量。他们还感觉不安地知道，自己所讨究的问题，实际是自己所不熟习的问题。他们大都凭借学说史之博学的美装，或杂凑各种无关系的材料——那是由所谓官房学（Kameralwissenschaften）借来的，那是一种知识的混合物；德意志官僚的失意的候补者，没有一个不要通过这一个炼狱来掩饰。

1848 年以来，资本主义生产在德意志迅速发展了，现今还正好在迷人的开花时期。但我们的专门家，时运还是不佳。当他们能够公平研究经济学时，近代的经济关系在德意志还缺少现实性。而这种关系生出之后，在资产者视野之内，又不许再有公平的研究了。经济学，在为资产阶级经济学的限度内，换言之，即不把资本主义秩序，视为历史上过渡的发展阶段，却把它视为社会生产之绝对的最后的形态的限度内，它只有在阶级斗争仍在潜伏状态中，或仍为间或发生的现象时，可仍为科学。

以英国为例来说罢。英国古典派经济学，是属于阶级斗争未发展时期的，其最后一位伟大的代表里嘉图（Ricardo），素朴地承认阶级利害关系的对立（即工资与利润的对立，利润与地租的对立），是社会的自然法则，他还有意识地，以这种对立为研究的出发点。但从此出发，资产阶级经济学就达到了它不能跨过的限界了。因此，在里嘉图时，经济学已从里嘉图反对的方面，受到西斯蒙第（Sismondi）这样的人的批判。

继起的时期（自 1820 年至 1830 年），在英国经济学界，是科学活动极蓬勃的时期，是里嘉图学说庸俗化与普及化的时期，也正是里嘉图学说与旧派互相斗争的时期，这一场比赛，真是好看煞人。但因论辩主要是散在杂志的论评上，论述时事问题的著作上，小册书上，所以这种论战，不大为大陆方面知道。这一次论战的天真无私的性质——但里嘉图学说，在例外的情形下，已被用为攻击资产阶级经济学的武器——可由当时的情形来说明。1825 年发生的恐慌（此为近代生活周期循环的开始），固然是大工业已脱离幼稚时期的证明，但它还是刚刚从幼稚时期脱离。资本与劳动间的阶级斗争，又在下述两种斗争前面，不得不暂时搁在幕后，即在政治方面，各政府与各封建诸侯正开始在神圣同盟周围集合，与资产阶级所统率的人民大众互相倾轧；在经济方面，产业资本与贵族土地所有权也互相抗争不止（这种抗争，在法国，是隐蔽在大地主与小地主的抗争后面，在英国则以谷物条例为背景，公然爆发）。英国这个时期的经济学文献，颇叫我们想起魁奈医生（Dr. Quesnay）死后法国的经济的狂飙时期。但这只好像良辰美景的秋日，叫人想起春天。1830 年，决定的危机就发生了。

英法二国的资产阶级，都已在那时夺得了政权。从此以往，无论从实际方面说，抑从理论方面说，阶级斗争都益采取公开的威吓的形态。科学的资产阶级的经济学的丧钟，敲起来了。从此以往，成为问题的，不是真理与非真理的问题，只是于资本有益抑有害，便利抑不便利，违背警章抑不违背警章的问题。超利害的研究没有了，代替的东西是领津贴的论难攻击；真正的科学考察没有了，代替的东西，是辩护论者（Apologetik）的歪曲的良心和邪恶的意图。反谷物条例同盟在工厂主科布登（Cobden）与布赖特（Bright）领导下滥发的小册子，因曾对土地贵族提出论争，故虽无科学的意义，但还有历史的意义。但庸俗经济学的这个最后的刺激，自庇尔爵士（Sir Robert Peel）就位以来，也被自由贸易主义的立法夺去了。

1848 年大陆的革命，在英吉利，也曾发生反应。不愿单为支配阶级辩护，不愿单向支配阶级献媚，仍相当要求科学意义的人，就尝试以资本的经济学和已不容忽视的无产者的要求相调和。于是，一个浅薄的折中派发生了。约翰·穆勒（John Stuart Mill）就是一个最著名的代表。这正是资产阶级经济学破产的宣告。关于此事，俄国的大学者大批评家车尔尼舍夫斯基（N. Tscherneschewsky）曾在其所著《穆勒所倡导的经济学说的纲要》中，说得很明白。

所以，资本主义生产方法在德国还没有成熟时，其对立性质，已在英法二国，在历史斗争的形态上，成为众目昭彰的事实了。同时，德国的无产者，又比德国的资产者，有着更确实的理论的阶级意识。所以，这时候资产阶级经济学好像可以在德国成立了，但实际依然不能成立。

在这情形下，德意志资产阶级经济学的辩护论者，分成了二组。一方面是聪明的营利心重的，实际的人。他们集合在巴斯夏（Bastiat）（庸俗经济学辩护论者中最浅薄最成功的代表）的旗帜下。他方面是以经济学教授资望自负的人。他们追随在约翰·穆勒之后，企图调和那不能调和的东西。所以，德意志人在资产阶级经济学的古典时代，固然只是生徒，是盲从者，是摹仿者，是外国大商行的小贩子；在其没落时代，也是这样。

德意志社会的特殊的历史发展，使德意志在资产阶级经济学上，不能有独创的造就，但批判是不包括在内的。这种批判如果可以代表一个阶级，那么它只能代表无产阶级。而这个阶级之历史的使命，却是资本主义生产方法的颠覆和阶级的最后的废除。

德国资产阶级的代辩人，博学的，无学的，当初都想用沉默把《资本论》闷死，这是他们对付我以前各种著作的老法子。当他们发觉这种战术已不合时势之后，他们才以批评为名，想写下一个单方，来"镇静资产阶级的意识"。但在工人报纸——例如狄慈根（Joseph Dietzgen）在《共和国》发表的论文——上，他们却发现了较他们强而有力的战士。对于这些战士，他们直到现在，还是没有答辩①。

资本论已有一个优秀的俄文译本，于1872年春出版于圣彼得堡。初版3000册差不多销完了。1871年基辅大学经济学教授西伯尔君（N. Sieber）已在其所著《里嘉图的价值理论与资本理论》中，认定我的价值，货币，与资本的理论，根本是斯密，里嘉图学说的必然的完成。他还说，西欧人阅读这个优秀的著作而感到惊异，是因为著者能一贯保持纯理论的立场。

《资本论》应用的方法，常不为人理解。这一点，可由各种关于本书的解释的互相矛盾而知。

例如，巴黎的实证主义评论，既责我以形上学方法讨究经济学，又责我仅从事于一定事实之批判的分析，不为将来的食堂，写出调味的方法来（实证主义的吗?）。关于形上学云云的责难，西伯尔教授曾答说："在所论为纯粹理论时，马克思的方法，不外是英吉利学派所通用的演绎法。其缺点与优点，也为最上乘的理论经济学者所共有。"布洛克君（M. Block）在《德意志社会主义理论家》一文（1872年7月号8月号《经济学杂志》，曾将该文摘录）中，却发现我的方法是分析的，并且说："著作这书的马克思，必定是分析能力最强的人。"德国的评论家，则大声

---

① 德意志庸俗经济学的空口的饶舌家，曾非难拙著的文体及其说明方法。《资本论》的文字上的缺点，任何人都没有我那样痛切地感觉到。不过，为使这一班大人先生们和他们的读者快意起见，我且在这里引述一个英国人和一个俄国人的批评在下面。《星期六评论》虽完全反对我的见地，但关于《资本论》第一版，该志却批评说，该书的说明方法，"把一个最枯燥无味的问题，也说得有一种特别的风味"。《圣彼得堡杂志》1872年4月20日号说："除一二特别专门的部分外，该书的说明方法，是以容易理解，明畅，和异常活跃（虽说它所讨究的，是科学上异常繁杂的问题）为特色的。就这点说，该书作者……与大多数德国学者，极不相同。……那些学者，用非常枯燥，非常暧昧的文字来著书，简直把普通人的头都榨破。"但现时德国国家自由主义的教授的著作所榨破的，却完全不是读者的头。

非难我的黑格尔式的诡辩。圣彼得堡的《欧洲通信》，曾有一篇论文，专门讨论资本论的方法（见 1872 年 5 月号 427 页至 436 页）。该文说，我的研究方法，纯然是实在论的，但我的叙述方法，不幸是德意志辩证法的。他说："骤然依照它的叙述的外形来判断，我们一定会说，马克思是一位最大的观念论哲学者，并且是德意志式的从恶意方面解释的观念论哲学者。但在经济学批判的工作上，他与任一个先驱者比较，都更是实在论者。……我们决不能称他为观念论者。"为答复这篇论文的作者，我最好从他的批评，摘录几段在这里。这种摘录，对于不能直接阅读原文的读者，或者有点益处。

这位作者，从我的《政治经济学批判》自序（柏林，1859年版，序第 6 页至第 7 页）——在那里，我说明了我的方法的唯物论的基础——中引用一段话之后，说："在马克思，只有一件事是重要的，那就是发现所研究的现象的法则。但他认为重要的法则，不仅是已在一定时期具有完备形态且保持相互联系的现象之法则。他更着重的，是现象变化的法则，是现象发展的法则，是由一形态到他一形态，由一系列关系到他一系列关系的推移的法则。这种法则一经发现，他就进一步，详细研究这个法则在社会生活上表现的种种结果。……所以，马克思只关心一件事：那就是由严密的科学研究，证明社会关系的次序的必然性，并对于当作出发点和根据点的种种事实，尽可能，予以完全的确认。为达到这个目的，他只须证明现在的秩序，有其必然性，同时又证明现在的秩序所必须推移进去的秩序，也有其必然性，至若人是否相信它，是否意识到它，那倒是一点不关紧要的。马克思认为社会的运动，是一个自然史的过程；支配它的法则，不仅与人的意志意识意图相对而言时，是独立的，并且是人的意志意识意图所由以决定的。……意识要素在文化史上位置既然如此低，则以文化为对象的批判，自不能以意识的任何形态或结果为基础。这就是说，能作这种批判的出发点的，不是观念，只是外部的现象。批判的职务，不是拿事实和观念来比较对照，却是拿事实和事实来比较对照。在这种批判上，最要紧的，是两种事实必须尽可能的同受正确的研究；是这两种事实必须在互相对待的限度内，成为同一发展过程上的相异的要素。但最重要的一点是，必须正确研究诸秩序的顺序，研究诸发展阶段的次序与联络。有人说，经济生活的一般法则永久是相同的；适用于过去的法则，也必适用于现在。但这正是马克思否定的事情。依他说，抽象的法则是不存在的。……依照他的意见，每一个历史时期，皆有它特有的法则。……生命通过一定的发展时期，由一阶段向他一阶段推移时，它就开始受别一些法则支配。经济生活上呈现的现象，与生物学领域内的发展史，颇相类似。……旧经济学家以经济法则比于物理学法则或化学法则，他们是把经济法则的性质误解了。……更深刻的把现象分析一下，便知诸社会有机体间，和各种动植物有机体间一样，是有根本的差别的。……且不只此。同一的现象，也因各种有机体的全部构造不相同，因它们的个别器官不相同，因这各种器官作用的条件不相同等，而须受支配于完全不同的法则。例如，马克思就否认人口法则是任何时任何地皆同的。他主张，各发展阶段有各自的人口法则。……生产力的发展程度不同，社会关系与支配社会关系的法则也不同。马克思的目的既然是从这个见地，研究说明资本主义的经济秩序，所以他所不得不做的，只是严密地，科学地，把经济生活的正确研究所必须有的这个目标，树立起来，这样一种研究的科学价值，在阐明一社会有机体的发生，生存，发展，死灭，以及由它进到高级社会有机体的演变，是受何种特殊的法则支配。马克思这书实际也有这种价值。"

这位作者既如此正确地，叙述了我的真正的研究方法，又如此好意地，叙述了这个方法在我手上的应用，他所描写的，不是辩证法，还是什么呢？

叙述的方法，当然须在形式上与研究的方法分别。研究必须搜集丰富的材料，分析材料的种种发展形态，并探究这种种形态的内部关系。不先完成这种工作，则对于现实的运动，必不能有适当的叙述。不过，叙述一经成功，材料的生命一经观念地反映出来，那就好像是一个先验的结构了。

我的辩证法，不仅在根本上与黑格尔（Hegel）的辩证法不同，且正相反对。在黑格尔，思维过程——他给它以"观念"的名称，把它转化为一个独立的主体——是现实之创造主；现实仅为思维过程的外部现象。但在我，观念界却不外是移植在并翻译在人类头脑中的物质界。

在黑格尔辩证法仍甚流行的将近30年前，我已批评过黑格尔辩证法的神秘的姿容。但我著作《资本论》第一卷时，猖狂的，自负的，在今日德意志知识分子中颇为人所信任的庸人，却已像莱辛（Lessing）时代的摩塞·门德尔桑（Moses Mendelssohn）对待斯宾诺莎（Spinoza）一样，对待黑格尔，把他看做是一条"死狗"了。因此，我倒公然承认我是这位大思想家的门人。在论价值学说的那一章，我还间或采用黑格尔特有的方法来卖俏。辩证法虽在黑格尔手中神秘化了，但综合地，意识地，叙述辩证法一般运动形态的，仍须以他为第一人。在他手上，辩证法是倒立着。必须顺过来，然后才能在神秘的外壳中，发现合理的核。

辩证法，在其神秘姿态上，是德意志的流行品，因为它使现存事态显得光彩。但在其合理形态上，辩证法却引起资产阶级及其代言人的烦恼与恐怖。这是因为，对于现存事态，它固然包含着肯定的理解，但在这种肯定的理解中，它还包含着它的否定的理解，即现存事态必然归于消灭的理解。这是因为，它认为每一生长的形态是在运动的流中，是暂时经过的；因为，它不甘受任何物的威压，在本质上它便是批判的，革命的。

　　资本主义社会的充满矛盾的运动，在近代产业的周期循环运动的转变中，最深刻地，印在实际的资产阶级心中。这种转变的顶点，是一般的恐慌。在当前，恐慌尚在初期状态中，但却在向前进展。恐慌舞台是多面的，它的作用是深刻的，以致连神圣普鲁士·德意志新帝国的暴发户们，也不免要领教领教辩证法了。

马克思

1873 年 1 月 24 日伦敦

法文译本之序与跋

摩里斯·拉·霞特先生：

亲爱的先生！足下定期分册出版《资本论》译本的意思，我是十分赞成的。在这个形态上，这个著作必定更能与劳动阶级相接近。而在我看，这个考虑又比任何别的考虑都重要。

这是足下的计划的好的方面；但这个计划也有它的缺陷。我所应用但尚未在经济问题上使用过的分析方法，使最初数章的阅读最难。法国公众常常是没有耐心，急求结论的，他们渴望知道一般原则和他们所直接关心的问题的关系。我恐怕，不能在开始就具有全书的情形，或者不免使他们觉得失望吧。

这是一种不利。对于这种不利，我只有事先声明，请渴求真理的读者注意。在科学上面是没有平安的大路可走的，只有那在攀登上不畏劳苦不畏险阻的人，有希望攀到光辉的顶点。

你的诚实的　马克思
1872 年 3 月 18 日伦敦

致读者

洛易（J. Roy）先生曾要尽可能，使翻译成为正确的，逐字直译的。但就因为他这样力求忠实，所以我不能不把行文的文法改变，使它更容易被读者了解。但这书是分册出版的，这些改变也全是匆促完成的。我做这种校正工作时，前后既不能有一贯的注意，文体也自不免有前后参差的地方。

我既从事这种校正工作，所以又乘这个机会，将所根据的原本（德文第二版），也整理一番。有些地方，说明是简单化了，有些地方，说明是更完全了，有些地方，加进了若干补充的历史材料和统计材料，有些地方，增入了若干批判的注解等。这个法文本，或许有文学上的缺点，但它仍然在原本之外，有独立的科学上的价值；懂得德文的读者，也有读一读它的必要。

我还要请读者参看第二版跋文的若干段。这篇跋文，曾经说明经济学在德国的发展及本书应用的方法。

马克思

1875 年 4 月 28 日伦敦

编者第三版序

马克思不幸已不能见到这第三版的付印。这位大思想家，在他的伟大之前，虽一向反对他的，也不能不拜服。他在 1883 年 3 月 14 日去世了。

在我，是丧失了一个相交四十年的最好最真实的朋友。对于他，我的感觉和思念，是不能够用言语形容的。这时候，这第三版付印的准备及尚未发表的第二卷原稿的整理，都不能不由我负责了。在此，我应该向读者报告，我是怎样成就前一种义务的。

在第一卷前二版，有许多理论的讨论点，未曾表示得显明，有许多新的论点，也未经加入。最近发生的历史材料与统计材料，也是未曾补充进去的。马克思对于这些地方，本来有意要彻底改订。但他的宿疾及完成第二卷的切望，使他放弃了这种意思。因此，他所手订的地方，都是最切要的地方；偶有增补，不过是把已见于法文译本"Le Capital. Par Karl Marx. Paris. Lachatre1873 年巴黎"中的若干补遗，重新采入罢了。

在他的遗稿中，我发现了一个德文本，其中是间有修改的。有些地方，还特别标示着应参看法文译本。我还发现一个法文本，他曾经细心标出某段某段话应被采用。除少数例外，这种增订，概属于本书最后讨论资本蓄积过程的一篇。旧版以前各篇，皆曾经细密订正。独这一篇比较更依照原稿的样子。就因此，这一篇的文章是更流利，更一气呵成，但也更多疏忽，更多英文语气，且不免有暧昧之处。在议论上，那也间或有漏洞，有许多要点也只是略略提示到罢了。

关于文体，马克思曾手订这一篇的各节。由此以及由他时常亲自对我提示的暗示，他给了我一个标准，叫我对于英文术语及文字，能有所取舍。增订处，概出于马克思亲笔；冗长的法语，也系代以马克思自己的紧练的德语。我不过把已经作好的改订，插到原文去罢了。

所以，第三版所有改动的地方，我都确实知道，若著者尚在，他也会加以改动。德意志经济学者惯用的名词，例如"劳动给予者"（Arbeitgeber 即以现金取得他人劳动的人），与"劳动受取者"（Arbeitnehmer 即以劳动交换工资的人）那一类无意义的名词，我当然不想加到《资本论》里面去。法文 travail 一词，在日常生活上，也含有"职业"的意思。但若经济学者称资本家为 donneur de travail（劳动给予者），称劳动者为 receveur de travail（劳动受取者），法国人必定会说他是疯子。

又，原文几乎是一律用英国货币与度量衡名称，我不敢将它们换算为新德意志式的名称。当《资本论》初版发行之际，德意志尚盛行多种度量衡制度，马克（Mark）有二种——帝国马克，当时尚只存在梭特啤亚（Soetbeer）头脑中，这是他在 18 世纪 30 年代之末发明的——古尔登（Gulden）有二种；台娄尔（Taler）至少有三种，其中有一种是以"新三分之二"（Nene Zweidrittel）为单位。在自然科学上，米突制已为通用的制度；但世界市场仍以英国的度量衡为标准。本书既不得不专从英国产业采取事实作例，也自然应该采用英国度量衡的名称。这个理由在今日依然未曾失去作用。就这方面说，世界市场的情形，一直没有多大的改变。几种主要的产业（铁工业与棉工业），依然采用英国的度量衡制度。

最后，我必须一言马克思的屡屡被人误解的抄引法。在纯事实的叙述与描写上，引语（例如英国的蓝皮书）本身就是单纯的例证。但若抄引的话是别的经济学者的理论的见解，却不是这样。在这场合，抄引的目的，只在指明，在发展的进程中，一种特别的经济思想，是最先在何处，最先在何时，最先由何人明白表示出来。马克思所要说明的是，这种经济思想，在经济学史上是重要的，并且是当时经济情形的适切的理论的表现。至若这种思想，从他的见地看，是否尚有绝对的或相对的妥当性，或已经成为历史上的遗迹，那倒是没有关系。所以，这种抄引，不过是本文从经济学史借来的注解，并从时代与人两方面，说明经济学说上各种重要的进步。这种工作在经济学上是极重要的，因为这种科学的历史家，一向是以牵强附会为特征。读者参照再版著者的跋，又一定很容易知道，为什么德国经济学者的言论，马克思很少抄引。

本书第二卷，希望能在 1884 年内出版。

恩格斯

1883 年 11 月 7 日伦敦

英译本第一卷编者序

《资本论》的英文本的刊行，无须有任何的辩白。反之，待我们说明的，宁可说是这个英文本，何以迟至今日方才刊行。因为，本书提出的理论，在过去若干年间，就已经被英美二国的定期刊物及时行著述，屡屡提到。有时被攻击，有时被辩护，有时被解释，有时则被误解。

著者在1883年长逝了。其后不久，我们就实际感到了有刊行一个英文本的必要。摩亚先生（Samuel Moore）——马克思的多年的朋友，也是序文作者的多年的朋友，他也许比任何人都更与本书熟习——慨然应承马克思遗作处分人的愿望，把这种翻译工作承担下来。我当时也答应，将来译稿完成，由我取原著来对校一遍，而在我认为必要的地方，加以适当的订正。但摩亚先生的职业上的事务，却使他不能依我们大家所希望的期限，迅速将翻译完成。当我们觉到这点时，我们又很愉快地，接受了爱威灵博士（Dr. Aveling）分担一部分工作的提议。同时，爱威灵夫人——马克思的幼女——还自愿校正书中的引语。原书中有许多引语，是从英国著作家及蓝皮书引用过来，而由马克思译成德文的。这些引语，赖有她的校订，都恢复了它们的原文。这种校订，是非常仔细的，当中只有少数无法避免的例外。

下述各部分，是爱威灵博士翻译的：（1）第10章（劳动日）及第11章（剩余价值率与剩余价值量）；（2）第6篇（工资，包括第19章至22章）；（3）自第24章第4节至本书终，包括第24章后半，第25章及第8篇全部（第26章至33章）；（4）著者的两篇序。其余各部分，都由摩亚先生担任。译者对他们各自译的部分负责任，我则对全部负全部的责任。①

我们这个翻译，是完全以德文本第三版为根据的。第三版是我在1883年，参照著者留下的笔记——注明第二版某章某节某段，应照1873年的法文译本修改②——编订发行的。第二版原文上的这种种修正，与马克思为英文译本——约在10年前，美国方面，曾有人计划将此书译成英文，后来，主要是因为没有适当的人担任翻译，所以没有实现——所撰的译文指正书，大体是一致的。这个译文指正书，是由我们一位老朋友纽吉萨河博根的梭格（Sorge）君，交到我们手上的。这个指正书，指示我们，还有些地方，应借用法译本的语句。但这个指正书，既然比第三版编辑指正书早许多年数，所以，除了少数地方（特别是可以帮助我们解决困难的地方），我不敢随便应用它。同样，法文本也在大多数困难的地方，当作指针，被我们参照。那指示了，有一些在原本上有完全内容，但在译本上不得不割弃的东西，著者自己也准备割弃的。

但有一个困难，是我们无法为读者免除的。有些名词的用法，不仅和该名词日常生活上的用法相抵触，且和它们在普通经

① 译者注：这里的篇次章次是照第三版计算的，第四版略有改动的地方。
② 法文译本，M. J. Roy 译，曾经马克思逐字校正。这个译本，尤其是后半，对于德文本第二版，包含着许多的修正和增补。

济学上的用法相抵触。这是不能避免的。任一种科学，每当有新解释提出时，总不免要在这个科学的术语上，发生革命。在这里，化学是最好的例证。在化学上面，全部术语，差不多 20 年就要在根本上发生一次变化。在化学上面，几乎没有一种有机化合物，不曾通过一序列的不同的名称。经济学一般是采用工商业生活上的用语，并且是用这种用语来进行研究的。它完全忽略了这里的结果：这样做，它一定会受这些用语的束缚，以致不能超出它们所划定的狭隘的范围。所以，古典派经济学家虽然完全明白，利润和地租不过是生产物（劳动者必须给予雇主的生产物，雇主虽不是生产物最后的专属的所有者，但是它的最初的所有者）中的部分，是当中的无给的部分，但他们决不欲超脱利润和地租的既成的概念，决不欲把生产物中这个无给部分（马克思名之为剩余生产物），当作一个全体，并就其全体来考察。因此，对于这一部分生产物的起源，性质，及其价值再分配所依从的诸种法则，就不能有明白的理解了。又除农业或手工业外，一切产业（Industrie），都不加区别，笼统地被包括在制造业（Manufaktur）这个名词内；这样，经济史上两个在本质上有别的大时代，就被混在一起了。这两个时代，一个是以手工业分工为基础的真正的制造业时代，一个是以机械为基础的近代大工业时代。在这时候，别的著作家，莫不认为近代资本主义生产，是不可消灭的，最后的。这样，就无怪这个认近代资本主义生产为人类经济史上一个过渡阶段的理论，会使用一些名词，和他们习常使用的名词不同了。

　　关于著者引语的方法，也不妨附带说一说。就大多数场合而言，引语的目的，和通常的引语一样，是在引述文件来证明本文的主张。但也有许多地方著者引述经济学著述家的话的目的，是在说明某一种见解，最初是在什么时候，什么地方，由什么人明白说出来。当所提出的意见，可切实表示社会生产与交换在某一时代的支配条件，而颇具重要性时，情形就是这样的。至若马克思自己是否承认这种主张，是否赞成这个主张，那是完全没有关系的。所以，这种引语，不过使本文得在这种科学的历史上，取得一种普通的注释。

我们的翻译，仅包含这个著作的第一卷。但第一卷本身就很可以说是一个全体，它曾经当作一个独立的著作，刊行了二十年之久。我用德文在 1883 年刊行的第二卷，没有第三卷，便显然是不完全的。第三卷，顶快也要到 1887 年终，方才能够刊行。所以第二卷第三卷的英文本的翻译，就到第三卷德文原本刊行后再考虑，也是来得及的。

在大陆方面，《资本论》常常被称为劳动阶级的圣经。本书所得的结论，一天胜似一天的，变成了劳动阶级大运动的基本原理；这不仅在德意志、瑞士是这样，即在法兰西、荷兰、比利时、美利坚甚至在意大利、西班牙也是这样。随便在什么地方，劳动阶级都一天胜似一天的，承认这种结论是他们的状况与愿望的最适切的表示。这是每一个熟习劳动运动的人，都承认的。在英格兰，马克思的理论，即在现在，也在社会主义运动——那不仅在劳动阶级中传布，且同样在知识阶级中传布——上，发生着有力的影响。但还不只此。在不久的将来，彻底检察本国经济地位的必要，在英国，就会成为一种不可避免的国民的必要了。产业制度在英国的进行，是用生产及市场之不断的急速的扩充，做必要条件的。这种进行，是已经陷于停滞中。自由贸易的助力，已经枯竭了；甚至孟彻斯德也怀疑它昔时的经济福音了①。急速发展的外国产业，到处与英国的生产，有着势不两立的现象。不仅在有关税保护的市场如此，即在中立的市场，甚至在海峡的这一面，也是如此。当生产力以几何级数增加时，市场的扩大至多不过依算术级数进行。自1825年至1867年，每十年一度且反复无已的循环——停滞、繁荣、生产过剩、恐慌——固然是在进行着，但那不过使我们进到一个令人沮丧的深渊，陷入永坠莫拔的穷境中。人们憧憬着的繁荣时期，将永不再来，人们虽屡次感到繁荣时期将来的预兆，但这种预兆也屡次化为乌有。在每一个冬天，都会发生这样一个大问题："怎样处置失业的人?"但当失业者人数一年一年增加时，却没有谁能答复这个问题。这些失业的人，总有一天会忍耐不住的。我们当可屈指以计，这些失业的人，将会在什么时候，把自己的命运，握到自己手上来。到这时候，这样一个人的意见，就会被他们敬服了。这样一个人，他的全部理论，是他终生研究英国经济史及经济状况的结果；这种研究又使他结论说，至少在欧洲，只有英国这个国家，这个不可避免的社会革命，能完全依赖和平的合法的手段来实行。当然，他决没有忘记加上一句：英国的支配阶级，不经过"拥护奴隶制度的叛变"（Proslavery rebellion），决不会甘心屈服在这种和平的合法的革命之前。

恩格斯
1886年11月5日

---

① 在本日下午孟彻斯德商会的季会中，关于自由贸易问题，曾发生一次热烈的争辩。有人动议："我们曾希望别国照样采用自由贸易政策，但等待四十年的结果，本商会觉得，重新考虑立场的时机，已经到了。"这个动议，仅以一票的多数被打消，赞成者21票，反对者22票。——《标准晚报》1886年11月1日。

编者第四版序

第四版我又订正了一次，希望使原文和注解，尽可能，取得决定的形态。在此，且一述订正的方法。

我再参考法文本和马克思的原稿，将若干新材料增补到原文去。又依英文本与法文本的例，加入一个很长的关于矿工的注解。此外，还有一些小地方的改正，都是技术上的改正。

在若干处所（特别是历史状况已经变化，似必须附加说明的处所），我曾补入若干注解。这种补注，都用括弧括着，附记着我的姓名的简笔字（F. E.）。

英译本近顷的刊行，使若干抄引语，有完全改订的必要。马克思的幼女爱灵娜（Eleanor）曾不惮劳苦，替英文译本，比较抄引语与原语，使一切由英文抄引过来的文句（在本书的抄引语中，占着极大的部分），不再是德文的重译，而尽是英语的原文。因此，在编订第四版时，我不得不参照这个版本，并由此发现了若干细微的不正确处。页数有错误，这种错误或由于抄写，或由于排工，引号及省略号的位置，也常常弄错。从笔记簿抄录这样多的引语，自不免发生这种错误。有时，我还发现若干抄引语的翻译，不甚妥当。有一些引语，是从马克思 1843 年和 1845 年的旧稿，转录下来的。那时候，他在巴黎，还不懂英文，必须从法文译本读英国经济学家的著作。他从法文译本翻译过来，这种重译，自不免丧失原文若干意义；从斯杜亚（Steuart），乌尔（Ure）诸人引用的文句，就有这种情形。因此，又不得不再参考原文。许多这样的小错误和小疏忽，都改正了。但若不惮烦，把第四版和前几版对照着读，便知这些细处的修正，并未稍稍改动本书的内容。其中只有一个抄引语（里查·琼斯的话，见本书第 7 篇注 47），是不明出处的。那多半是马克思把书名写错了。其余一切抄引语，都还保持完全的指证力。不只如此，自本版订正之后，它们的指证力是更增加了。

在此，我们且追溯一件往事。

据我所知，马克思的引语是否确实，只有一次被人怀疑。这个问题一直继续到马克思去世之后，故不能不讲一讲。

1872 年 3 月 7 日《康科第亚》杂志（德意志工厂家协会的机关杂志，在柏林出版），曾登载一篇匿名的论文，题名"马克思的引语"。在此文内，作者义愤填膺，责马克思引用的格莱斯登（Gladstone）1863 年 4 月 16 日预算演说的话，是伪造的（这一句话，马克思曾引用二次，第一次是国际劳动者协会成立大会的演说，后又在《资本论》第 1 卷第 7 期引用）。这一句话是"财富与权力之陶醉的增加，……悉以资产阶级为限"。这位匿名的评者，说《汉沙特》（Hansard）议事速记录（这是半官性质的报告），没有这一句话。他说："在格莱斯登演说中，无论哪里，也寻不到这一句话。格莱斯登的话，正好相反。马克思把这句话插入，那在形式上，在实质上，都是伪造的。"

马克思于同年 5 月接到《康科第亚》这一期，他乃在 6 月 1 日的《共和国杂志》上，答复这一位匿名的作者。当时他已记不清这一句话是从哪一个报纸抄引过来。他不得不求其次，说明这句抄引的话，可以在两种英国出版物上找到。他又抄引《泰晤士报》的纪事。按照这个纪事，格莱斯登是说"以上所言，系我国财富的现状。假使我相信，财富与权力之陶醉增加，是以养尊处优的阶级为限，我是应当以忧虑和痛苦的心情，看待这个事情，这种增加，对于劳动人口的状态，毫无关系。根据正确的报告，这种增加，是完全以资产阶级为限的"。

格莱斯登在那里是说，倘事实果然如此，他必深以为歉，但事实确乎是完全以资产阶级为限。关于半官性质的《汉沙特》，马克思说："当格莱斯登氏整理他的演说稿付印时，他觉得宁可把这几句话删掉。以大英财政大臣的资格，这样的话，似乎不应该出自他的口。这是英国国会常见的办法，绝不是拉斯凯尔（Lasker）为欺骗培培尔（Bebel）发明的手段。"

这位匿名作者，更激怒了。在7月4日《康科第亚》的答辩中，他把自己使用的间接的资料搁开，却含羞地说，"习惯"是从速记录引用国会的演说；说《泰晤士报》的纪事（包含这伪造的文句）与《汉沙特》的纪事（不包含这伪造的文句），实质上是相同的；说《泰晤士报》纪事所包含的意思，"和这一段话在成立大会演说中所包含的意思，正好相反"。但《泰晤士报》在这所谓"正好相反"之外，还包含"这一段话"的事实，这位匿名的作者，却不曾说起。不过，他也觉得自己难于招架，不得不采用新的法术来自卫。因此，他既用"不诚实""不公平""记述不实""伪造引语""不要脸"这一类骂人的话，来装饰他那一篇极不要脸的文章；又觉得，有使论点转一个方面的必要。并预约在下一期"再发表一篇文章说明在我们（这个不说谎的匿名者）看来，格莱斯登这一句话应如何解释"。好像，事实是可以任意曲解的。这篇预约的文章，果在7月11日出版的《康科第亚》登出了。

马克思复在八月七日《共和国》上，发表一个答辩，指明格莱斯登当日的演说，曾登载在 1863 年 4 月 17 日《晨星》与《每晨广告》二种报纸上。照这二种报纸，格莱斯登都曾说，假如财富与权力之陶醉的增加，以养尊处优的阶级为限，他是应当以忧虑的心情来看待。又说，这种增加，实际是"悉以资产阶级为限"。这二种报纸，都包含这所谓"伪造的文句"。马克思还曾经以这三种独立的但相同的报纸记载（它们都包含格莱斯登实际说过的话），和删削以后的《汉沙特》纪事相比较，证明他前次说过的话，即《汉沙特》所缺少的那一段话，是格莱斯登事后照惯例删去的。最后，马克思声明，他不愿再费时间，来和这一位匿名者辞驳。这位匿名的评者，好像也不要再多事。此后，再没有《康科第亚》杂志寄到马克思那里来了。

问题表面好像已经解决了。此后，虽有某一些与剑桥大学有关系的人，不时露出口风，谣传马克思在《资本论》里，曾经犯着一种莫须有的著作上的罪过。但无论怎样调查，都不能得到确实的消息。1883 年 11 月 29 日，马克思去世后 8 个月，《泰晤士报》才登载一篇自剑桥三一学院寄来，署名西特勒·台娄（Sedley Taylor）的通信。剑桥的谰言，和《康科第亚》那位匿名者究竟是谁的问题，在这个帮闲的小子手里，方才有解决的线索。

三一学院这位小子说："这篇大会的成立演说，恶意的，从格莱斯登的演说，引用这一句话。很奇怪，这种恶意，一直要等待布棱塔诺（Brentano 前任布勒斯洛大学教授，现任斯托拉斯堡大学教授）来暴露。马克思在辩护自己时，他的胆量是可佩服的。布棱塔诺的巧妙的攻击，使他计无所施，乃说：格莱斯登将演说发表在《汉沙特》以前，曾将 1863 年 4 月 17 日《泰晤士报》演说的纪事修改，把那一段与财政大臣口吻不合的话删掉。但布棱塔诺详细比较原文，证明《泰晤士报》的纪事与《汉沙特》的纪事，皆绝对不包含断章取义者凭空窃取的意义时，马克思又以没有时间为口实，退却了。"

这便是问题的核心！这便是《康科第亚》杂志布棱塔诺的匿名论战，在剑桥帮闲家想象中的光辉的反映！这位德意志工厂家协会的圣乔治，在他们的"巧妙的攻击"上，就是这样布置，这样挥剑的。而站在魔鬼方面的马克思，就这样在圣乔治足下，计无所施了。

但这种"阿里奥式"的战争纪事，仅足以掩饰我们这位圣乔治的诡避。他不说"伪造的插入"，不说"伪造"，只说"断章取义"了。问题是全部换了方向。转向的理由，圣乔治和剑桥的卫士是非常明了的。

爱灵娜所作的答辩，因《泰晤士报》拒绝登载，乃改在《今日》月刊 1884 年 2 月号提出。她把辩论归纳作一点。即这一句话，是不是马克思伪造插入的。西特勒·台娄答说："在他看，在马克思与布棱塔诺的论争中，重要的问题，不是格莱斯登演说有没有包含着这一句话，却是抄引这一句话的目的，是正解还是曲解格莱斯登的意思。"他以为，《泰晤士报》的纪事，固然包含着用语上的矛盾，但从上下文气解释（那就是从自由主义的格莱斯登的立场解释），则格莱斯登说话的意思，极为明白。（《今日》月刊 1884 年 3 月号）。关于这件事，最滑稽的一点是：匿名的布棱塔诺虽说，从《汉沙特》抄引已成习惯，《泰晤士报》的纪事，必然是不可靠，但剑桥这位小子，却不从《汉沙特》报抄引，而从《泰晤士报》抄引，当然，这一句不祥的话，是《汉沙特》速记录没有的。

爱灵娜在同期《今日》月刊上，把这个辩论结束了，台娄君或已读过或未读过 1872 年辩论的文章。若已读过，他就不仅是"伪造插入"，而且是"伪造省略"。若未读过，他最好是三缄其口。但无论如何，他再不敢说布棱塔诺指责马克思"伪造插入"的话，是不错的了。反之，他现在不说马克思伪造插入，却非难马克思曾抹杀一句重要的话。但这一句重要的话，马克思不是在大会成立演说第 5 页内引述过了吗？这一句话和那一句被认为伪造插入的话，不过相隔数行而已。关于格莱斯登演说的矛盾，马克思不是又在《资本论》第 7 篇注 105 内指摘过了吗？不过，他不曾像西特勒·台娄那样，以自由主义的幻想，来把这个矛盾解决罢了。最后，爱灵娜把答辩总括起来说："反之，马克思未抹杀任何重要的东西，也未伪造插入一言半语。他不过把格莱斯登演说中一句话——确实说过但未记入《汉沙特》速记录中的一句话——提出来，使其不致湮灭而已。"

西特勒·台娄先生，不曾再有答辩。这个无稽的大学教授间的谣言，在二大国流传二十年之久。但其结果，任一个人也不敢再怀疑马克思在文献上的诚意了。自此以后，布棱塔诺先生将不复信《汉沙特》公报绝对无误，台娄先生也不复信布棱塔诺先生在文献上的战斗日记了罢。

恩格斯

1890 年 6 月 25 日伦敦

目录

第二篇

货币的资本化

第三篇

绝对剩余价值的生产

第一篇

商品与货币

I 商品的二因素——使用价值与价值
（价值实体与价值量）

资本主义生产方法（Kapitalistische Produktionsweise）支配着的社会的财富，表现为"庞大的商品堆集，"① 而以单个的商品（Ware）为元素形态（Elementarform）。所以，我们的研究，必须从商品的分析开始。

一个商品，首先就是我们外界的一个对象，它有许多性质（Eigenschaft），可以满足人类的某种欲望。这种欲望无论性质如何（比方说，无论是从胃脏起，抑是从幻想生），都是一样的②。这物是怎么满足人类欲望呢？是直接当作生活资料（换言之，系当作享受的对象）或是间接当作生产手段呢？我们在这里也是无需过问的。

---

① 卡尔·马克思，《政治经济学批判》柏林 1859 年版第 4 页。

② "愿望含有欲望；那是心的食欲，和饥饿之于身体一样是自然的。……大多数（物）所以有价值，是因为它们满足了心的欲望。"尼古拉·巴贲（Nicolas Barbon）《新币轻铸论，驳洛克》伦敦 1696 年版第 2、3 页。

每一种有用物，如铁、纸等，都可从二重见地去观察，即质（Qualität）的方面与量（Quantität）的方面。每一种有用物，都是许多性质的集合体，故可在种种方面有效用。发现这种种方面，从而发现有用物的种种效用，是历史的工作①。为此等有用物的分量发现社会公认的尺度，也是这样。商品尺度的多种多样，一部分由于所测量的对象有多种多样的性质，一部分也由于因袭的习惯。

物的效用，使那物成为一个使用价值（Gebrauchswert）②。但这个效用，决不是浮在空中的。它是受商品体的性质限制着的，故离商品体，即不存在。像铁、麦或金刚石那样的商品体，都是一个使用价值，一种财货。商品体的这种资格，是和人类占有其效用时所必需的劳动量无关系的。我们考察使用价值时，常常假定它有一定的量，例如表几打，布几码，铁几吨。商品的使用价值，供给一种专门学问的材料，那就是商品学③。又使用价值仅由使用或消费而实现的。社会形态无论是怎样，丰富的物质内容总是由使用价值构成的。在我们现今考察的社会形态中，使用价值同时又是交换价值（Tausch wert）之物质的担当者。

交换价值，最先表现为一种使用价值与他种使用价值相交换

---

① "物有其内在价值（巴贲用以指示使用价值的特殊名词），那在一切处所皆有相同的价值，例如磁石的吸铁。"（前书第6页）但磁石吸铁的性质，在由这种性质发现磁极性之后，才是有用的。

② "任何物的自然价值，皆存于其适宜性，适宜于供给人生的必需，或适宜于供给人生的便利。"（约翰·洛克《论利息减低的结果》1691年初刊，1777年伦敦全集版第2卷第28页）在17世纪英国各著述家的著作中，我们屡屡看见"Worth"一字，表示使用价值，"Value"一字表示交换价值。这种用法，和以条顿系字表现实事物，以罗马系字表示事物反射的国语精神，是完全吻合的。

③ 资产阶级社会中流行的假定是，每一个人当作商品购买者，对于商品，皆有百科辞典一样的知识。

之量的关系或比例①，这种关系是因时因地而不绝变化的。所以，交换价值好像是偶然的，是纯然相对的。说商品有内在的交换价值（固有价值），似乎是矛盾的②。但我们且更周密地，讨论一下这个问题。

一定的商品，例如一卡德小麦，可与 x 量的鞋油，y 量的丝，z 量的金等相交换——总之，可以用种种比例，与其他各种商品相交换。所以，小麦有许多交换价值，不只有一个。x 量的鞋油，y 量的丝，z 量的金等，既各代表一卡德小麦的交换价值，所以 x 量的鞋油，y 量的丝，z 量的金等，必定也可以互相交换，必定也有相等的交换价值。所以，第一，一种商品的各种有效的交换价值，表示一种等一物；第二，交换价值一般只是某物的表现方式或现象形态，这某物含于其中，但可与其区别。

拿两种商品来说，例如小麦与铁。无论它们的交换比例如何，这比例总可由一个等式来表示。在这个等式中，一定量小麦与若干量铁相等，例如 1 卡德小麦 = x 百磅铁。这个等式有什么意义呢？它告诉我们，在这两种不同的东西里面，即一卡德小麦和 x 百磅铁中，存有等量的某种共通物。故此二者，必等于既非小麦也非铁的某第三者。小麦与铁，只要同时是交换价值时，必定可以同样还原为这第三者。

一个简单的几何学的例，可以把这点说明。因要确定并比较诸直线形的面积，我们把诸直线形分成三角形。但三角形的面积，又还原为全然与三角形不同的东西，换言之，还原为底乘高

---

① "价值是一物与他物间，一定量此种生产物与一定量彼种生产物间的交换比率。"（勒·德洛尼著《社会的利益》，见德尔编《重农主者》1846 年巴黎版第 889 页）

② "任何物皆不能有内在的交换价值。"（巴贲前书第 6 页）或如巴特勒（Butler）说一物的价值，"恰好和它所贵来的物品相等"。

之积之 $\frac{1}{2}$。同样，诸商品的交换价值，也定然可以还原为一种共通物，它们各代表这共通物的多量或少量。

这共通物，不能是商品之几何学的，物理学的，化学的，或任何种自然的性质。物体的性质，只在它们使商品有用，从而使商品成为使用价值的时候，才叫我们考虑。并且，在他方面，诸商品的交换关系仍是以其使用价值的抽象为显著特征。只要比例适当，一个使用价值和别个使用价值完全是一样的。或如老巴贡（Barbon）说："如果价值相等，一种商品和别种商品是一样好的。价值相等的东西，是没有差别或区别的。"① 当作使用价值，各种商品是异质的；但当作交换价值，它们只是异量，不包含一个使用价值的原子。

把商品体的使用价值置若无睹时，商品体就只留下一种性质了。那就是，它们都是劳动生产物（Arbeitsprodukten）。但连劳动生产物，也在我们手中，起了一个变化，我们把劳动生产物的使用价值抽象，同时也就把使劳动生产物成为使用价值之物质成分和物质形态抽象了；它将不复是桌子，不复是房子，不复是纱，不复是任何有用物。一切可感觉的属性都消失了。它不能视为是木匠劳动的生产物，泥水劳动的生产物，纺绩劳动的生产物，或任何确定的生产劳动的生产物。劳动生产物的有用性质不见了，表现在此等生产物内的劳动的有用性质，和劳动的具体形态，也不见了。它们不复彼此区分，却还原为同一的人类劳动，抽象的人类劳动（gleiche menschliche Arbeit, abstrakt menschliche Arbeit）。

现在，我们且考察劳动生产物的这个剩余。那不外是同一的

---

① 巴贡前书第 53 页及 57 页，说："值 100 镑的铅或铁，和值 100 镑的金或银，有同样大的价值。"

非物质的对象，不外是无差别的人类劳动的凝结。而人类劳动又不外是人类劳动力（Arbeitskraft）的支出，而不问其支出的形式。所以，此等物不过告诉我们，在它们的生产上，曾支出人类劳动力，有人类劳动蓄积于其中。此等物，当作它们所同有的社会实体之结晶时，它们便是价值（Werte）——是商品价值（Warenwerte）。

在商品的交换关系（Austauscnverhältnis）上，商品的交换价值，在我们看来，似乎完全与它们的使用价值无关。若实际把劳动生产物的使用价值抽象，我们就得到了刚才所说的那样的价值。所以，表现在商品交换关系或交换价值上的共通物，便是它们的价值。我们的研究将会说明，交换价值是价值之必然的表现方式或现象形态。但现在，我们先把这个形态撇开，来考察价值的性质。

一个使用价值或财货所以有价值，完全是因为有抽象的人类劳动，对象化或物质化于其中。然则，价值量如何测定呢？由其中所含的劳动（形成价值的实体）量去决定。但劳动量以劳动时间（Arbeitszeit）测定，劳动时间又以时日等测定。

如果商品的价值，由其生产所支出的劳动量决定，或许有人会以为，劳动者越是懒惰越是不熟练，他的商品将越是有价值了，因其生产所必要的劳动时间将越多。但形成价值实体的劳动，是等一的人类劳动，是同一的人类劳动力的支出。社会的总劳动力，表现为商品全体的价值的，虽由无数个劳动力构成，但在此，它是被看作一个同一的人类劳动力的。不论哪一个人，只要他的劳动力有社会平均劳动力（geesllsch aftlichen Durchschnitts-Arbeitskräfte）一样的性质，且当作社会平均劳动力来作用，换言之，只要他的劳动力生产一个商品所必要的劳动时间，不比平均所必要或社会所必要的劳动时间（die in

Durchschnitt notwendige oder gesellschaftlich notwendige Arbeitszeit）更多，它便是同一的人类劳动力。社会所必要的劳动时间，即是在社会标准的生产条件（produktionsbedingungen）下，用社会平均的劳动熟练程度与强度，生产一个使用价值所必要的劳动时间。英吉利采用蒸汽织机的结果，一定量的纱织成布所必要的劳动时间，也许减少了一半。英吉利的手织工人，固然还需要同从前一样多的劳动时间，但他 1 小时个人劳动的生产物，现今既不过表示 $\frac{1}{2}$ 小时的社会劳动，故其价值也降落，而等于从前的一半。

由此可知，社会必要的劳动量，或生产一个使用价值社会所必要的劳动时间，决定使用价值的价值量[1]。就这个关系说，各个商品，都是同种商品的平均的样品[2]。含有等量劳动或能在同一劳动时间内生产的诸种商品，有相同的价值量。一商品的价值，对于他一商品的价值的比例，等于一商品生产所必要的劳动时间，对于他一商品生产所必要的劳动时间的比例。"当作价值来看，一切商品，都只是凝固的劳动时间的一定量。"[3]

一种商品，如其生产上必要的劳动时间不变，其价值量也不变。但生产所必要的劳动时间，随劳动生产力（produktivkraft derArbeit）而变化。劳动生产力，取决于多种事情，就中，如劳动者熟练的平均程度，如科学及其技术应用的发展程度，如生产

---

[1] 第 2 版注。"它们（生活必需品）互相交换的价值，依它们生产所必定需要或普通需用的劳动量来决定。"（《论货币利息一般，尤其是公债等的利息》伦敦第 36 页）这本值得注意的匿名著作，是前世纪人写的，但未注明刊行的日期。从其内容判断，它显然是乔治二世时代 1739 年或 1740 年前后刊行的。

[2] "同一种类的生产物，本来只是一宗，它的价格的决定，无关于特殊的事情，而是由一般的考虑决定的。"（勒·德洛尼前书第 893 页）

[3] 马克思《政治经济学批判》第 6 页。

过程的社会结合，如生产手段的范围及作用能力，如诸种自然状况。比方说同量劳动在丰年表现为 8 斗小麦，在凶年或将仅表现为 4 斗。同量劳动，从丰矿，可以比从贫矿，采得更多的矿石。金刚石绝少在地面上出现，平均的说，发现金刚石，必须支出大量的劳动时间。所以，金刚石的仅小量，表示着多量的劳动。哲科布（Jacob）曾猜想，金也许从来不曾按照充分的价值来售卖。这个疑问，尤其可以适用到金刚石上来。依爱先微格（Eschwege）说，以 1823 年为止的过去 80 年间，巴西各金刚石矿山的总产额，比同国砂糖咖啡栽培业一年半的平均生产物的价格还不如，虽然金刚石代表着更多的劳动，从而代表着更多的价值。假使矿山更丰饶起来，以致同量劳动表现为更多的金刚石，金刚石的价值就会减低。用少量劳动将碳素化为金刚石的试验一旦成功，它的价值也许会降落，以致跌到砖瓦的价值以下。总之，劳动生产力愈大，则生产一种物品所必要的劳动时间愈少，结晶于该物品内的劳动量愈小，该物品的价值也愈小。反之，劳动生产力愈小，则生产一种物品所必要的劳动时间愈多，该物品的价值也愈大。所以，商品的价值量与实现在商品体内的劳动的量成正比例，与实现在商品体内的劳动的生产力成反比例。

有使用价值之物，可以无价值。对人类有效用但非起源于劳动之物，便是这样。空气，处女地，自然草地，野生林木等，皆其例。有效用又为人类劳动生产物之物，可以不是商品。以自身劳动生产物满足自身欲望的人，即是只创造使用价值，而不创造商品。要生产商品，他不仅要生产使用价值，且还要生产为他人的使用价值——即社会的使用价值（Gebrauchswert für andre, gesellschaftlichen Gebrauchswert）。（单是说“为他人”，还是不够的。中世的农民，为封建领主生产年贡的谷物，为僧侣生产什一税的谷物，这种谷物虽是为他人创造的，但不是商品。要成为商品，生产物必须由交换移入他人手中，对于他，成为使用价值)①。最后，任一物，若不是有用物，必不能有价值。如果它是无用的，则其中所含的劳动也是无用的。这种劳动不算作劳动，故不形成价值。

Ⅱ　在商品中表现的劳动的二重性

最近一看，商品的表现为一个二重物（Zwieschlä-chtiges）——使用价值与交换价值。以下，我们又会明白，劳动也有二重性，因为，在它表现为价值时它所有的特征，与创造使用价值的劳动的特征，是不同的。对于商品中包含的劳动的二重性，我是第一个予以批判的论证的人②。因为这一点是经济学的理解的枢纽，故须更详尽地说明。

任取二种商品，例如 1 件上衣和 10 码麻布。假定前者的价值二倍于后者。所以，如果 10 码麻布 = W，1 件上衣 = 2W。

上衣是一个使用价值，可以满足一种特殊的欲望。其生产须依特种的生产活动。这种生产活动，是由其目的，其动作方法，其对象，其手段，及其结果而定的。其效用由其生产物的使用价值来表示的劳动，换言之，使生产物成为一种使用价值的劳动，我们姑称之为有用劳动（nützliche Arbeit）。从这见地，我们只考察它的有用的效果。

上衣与麻布是两种性质不同的使用价值；同样，二者存在之所依的劳动——裁缝劳动与织物劳动——也是性质不同的。这二

---

① 第 4 版注。我插入括弧内一段话，是要辟除一种普通的误解。常常有人误认，一种生产物，只要是由生产者以外的人消费，便是马克思所说的商品。——F. E.

② 马克思《政治经济学批判》第 12、13 页及其他诸页。

种物品，如果不是性质不同的使用价值，不是性质不同的有用劳动的生产物，便不能当作商品来互相对待。上衣不与上衣交换，同一的使用价值不与同一的使用价值交换。

不同种使用价值或商品体的总和，表现为不同种有用劳动的总和。这种种有用劳动，得分为门、科、属、种、亚种与变种，而成为社会分工（gesellschaftliche Tèilung der Arbeit）。社会分工是商品生产的存在条件；不过，商品生产不是社会分工的存在条件。在印度古代的共同社会中，有社会分工，然其生产物不成为商品。再用一个比较近的例。在每一个工厂内，劳动皆有系统的分配，但这种分工，也不以劳动者互相交换个人的生产物为媒介。只有各自独立而不相依赖的私人劳动，其生产物，才当作商品，而互相对待。

要之，在每一商品的使用价值中，皆包含某种有目的的生产活动或有用劳动。诸使用价值，倘若不是其中所含的有用劳动，各有不同的性质，就无论如何不能当作商品，而互相对待。在生产物皆采取商品形态的社会内，换言之，在商品生产者的社会内，各个生产者为各自利益而独立进行的有用劳动，是性质不同的。这种性质上的差别，发展成为一个复杂的体系——即社会的分工。

上衣无论是由裁缝自己穿，抑是由他的顾客穿，它总是当作一个使用价值。同样，上衣与生产上衣的劳动的关系，也不因裁缝劳动成为一种特殊职业，成为社会分工上一个独立部门，便发生变化。在人类有穿衣服的欲望的地方，在还没有一个人变成专业的缝师以前，人类就缝了几千年的衣裳，但上衣和麻布的存在，却和各种非天生的物质财富要素一样，不能缺少某种特殊的有目的的生产活动。这种活动，使某种自然物质适合于某种人类欲望。所以，当作使用价值的形成者，当作有用劳动，劳动在任一社会形态中皆是人类的生存条件；这是一个永久的自然的必然（Naturnot wendigkeit），没有它，人与自然间将无物质的交换，也就无人类生活。

上衣麻布等使用价值，简言之，那种种商品体，皆是二要素的结合，即自然物质与劳动。把上衣麻布等物中含有的各种有用劳动的总和除去，总有一个不借人力而天然存在的物质基体，遗留下来。在生产过程上，人只能跟着自然来做，那就是只能改变物质的形态①。不只如此，改变物质形态的劳动，也还不断受自然力的帮助。所以，劳动不是它所生产的使用价值的唯一源泉，换言之，不是物质财富的唯一源泉。威廉·配第（William Petty）说得好，劳动是物质财富之父，土地是其母。

在此，请由当作使用对象的商品，进而论商品的价值。

按照我们的假定，上衣的价值是二倍于麻布。但这只是量的差异，在这里，还是和我们没有关系的。我们且记着，如果一件上衣的价值二倍于 10 码麻布，20 码麻布就与 1 件上衣有同样大的价值了。当作价值，上衣与麻布是同一实体构成的东西，是同种劳动的客观的表现。裁缝劳动与织物劳动是性质不同的劳动。但同一人缝衣而兼织布的社会状态，不是没有；在这场合，这两种不同的劳动方法，只是同一个人的劳动的变形，不是两个人专门的固定职业。这好比，同一裁缝工人，今日缝 1 件上衣，明日

---

① "宇宙上的现象，无论是人手的产物，抑是一般自然法则的产物，皆不表示现实的新创造，只表示物质的形态变化。结合和分开，这是人类智力在分析再生产观念时所能发现的唯一的要素。价值（指使用价值，不过维利在与重农主义派辩论时虽用价值指使用价值，但他自己并不知道他是指那一种价值）的再生产和富的再生产，也包括在内，无论这种再生产，是使土地空气水分在田野中变成小麦，是使昆虫的黏性分泌物依人手变成丝，或是使若干金属片依人手变成钟表。"（彼得·维利〔Pietro Verri〕著《经济学的一种考察》1773 年第一版，见库斯托第〔Custodi〕编《意大利经济学名著集》近世篇第 15 卷第 22 页）

缝 1 条裤子。那只假定一个人的劳动的变化。再者，我们一看又知道，在资本主义社会中，依照时时变化的劳动需要（Arbeitsnachfrage），会有一定部分的人类劳动，在此时取得裁缝劳动的形态，在彼时取得织物劳动的形态。这变化，劳动的形态变化，当然会遇到阻碍，但有时不得不然。如果我们把生产活动的定性，从而把劳动的有用性质置于度外，则生产活动的本质，不外是人类劳动力的支出（verausgabung Menschlicher Arbeitkraft）。裁缝劳动与织物劳动，虽然是性质不同的生产活动，但都是人类脑髓，筋肉，神经，手等的生产的支出，在这意义上，都是人类劳动。二者仅为人类劳动力的两种不同的支出形态。当然，人类劳动力，在能以某种形态支出以前，必已有某程度的发展。但商品价值所表示的，是单纯的人类劳动，是人类劳动一般的支出。在将军或银行家演着重要节目的资产阶级社会中，单纯的人，演不重要的节目[1]，单纯的人类劳动，也是这样。那是单纯劳动力的支出，平均的说，普通人虽不会特别发展他的能力，在他的生理的有机体中，也是存有这种劳动力的。这是不错的，单纯的平均劳动（Die einfache Durchschnittsarbeit）是国与国不同的，是这文化时期与那文化时期不同的。但在一定的社会内，它却是一定的。复杂劳动只被看作是强化的或倍加的单纯劳动。所以，小量的复杂劳动，会与大量的单纯劳动相等。依经验所诏示，这种换算也是常常发生的。一种商品，尽管是最复杂的劳动的生产物，但其价值，却使它和单纯劳动的生产物相等，使它只表示一定量的单纯劳动[2]。以单纯劳动为尺度单位，则各种劳动换算为单纯

---

[1] 参照黑格尔（Hegel）《法律哲学》柏林 1840 年版第 250 页第 190 节。

[2] 读者应注意，我们此处讲的，不是劳动所得的工资或价值，而是劳动者一日劳动对象化所化成的商品价值。工资这个范畴，在我们说明的这个阶段，还是没有存在的。

劳动的比例，是由生产者背后的社会过程确定的，所以，好像是由习惯确定的。以下，为简单计，我们就把各种劳动力看作是单纯劳动力，以省换算之劳。

把上衣和麻布当作价值考察时，它们的使用价值的差异就被抽象了。同样，就此等价值所由代表的劳动考察时，裁缝劳动与织物劳动的有用形态的差异也被抽象了。上衣与麻布这两种使用价值，是有一定目的的生产活动与布或与纱之结合；反之，上衣与麻布这两种价值，却是等质的劳动凝结物（Arbeitsgallerten）。同样，包含在价值中的劳动所以为劳动，也不是因为它和布或和纱发生了生产的关系，却是因为它是人类劳动力的支出。裁缝劳动与织物劳动是上衣与麻布这两种使用价值的形成要素，因为这两种劳动是异质的，但它们是上衣与麻布这两个价值的实体，却是因为它们的特殊性质已被抽象，因为它们有相同的性质，即人类劳动的性质。

不过，上衣与麻布不单是价值一般，并且是定量的价值。按照我们的假定，1件上衣的价值，是2倍于10码麻布的价值。其价值量的差异，从何而来呢？那是由于这种事实，麻布所含的劳动，只有上衣所含的一半。从而劳动力的支出时间，在后者的生产上，必须倍于前者。

当作使用价值看，商品内含的劳动，只从质的方面被考察。当作价值量看，商品内含的劳动，须先还原为纯粹的单纯的人类劳动，而只从量的方面加以考察。在前一场合，是劳动"如何"或"为何"的问题；在后一场合，是劳动"多少"或"时间多长"的问题。商品的价值量，既只表示其中所含劳动的量，所以，依照一定的比例，一切商品将会有同样大的价值。

如果生产1件上衣所必要的种种有用劳动的生产力是不变的，上衣的价值量，将随上衣件数一同增加。如果1件上衣表示

x日劳动，2件上衣就表示2x日劳动，以下可依此类推。且假定1件上衣生产所必要的劳动时间加倍了，或减半了。在加倍的场合，1件上衣的价值，将等于从前2件上衣的价值。在减半的场合，2件上衣的价值，将等于从前1件上衣的价值。上衣的效用，现在是和从前相同，其所含有用劳动，现在是和从前有相同的品质。但其生产所支出的劳动量变化了。

使用价值的量的增加，即是物质财富的增加。2件上衣，比1件多。2件上衣可以供二人穿，1件上衣只能供一个人穿。但物质财富的量增加时，价值量可以同时减少。这种对立的运动，是由劳动的二重性引起的。生产力当然只指有用的具体的劳动之生产力；在事实上，它也只规定有目的的生产活动，在一定时间内，有怎样的作用程度。所以，有用劳动，将比例于其生产力的增减，成为丰富的或贫弱的生产物源泉。但这种生产力的变动，不会影响那表现为价值的劳动。生产力既然是属于具体的有用的劳动形态的，它当然和表现为价值的劳动，没有关系；因为在这场合，我们已经把它们的具体的有用的形态抽象了。生产力无论怎样变化，同一劳动在同一时间内所提供的价值量，是不变的。但同一劳动在同一时间内所提供的使用价值量，却将因而不等；生产力增大，则增加；生产力减少，则减少。生产力的变化，如足以增加劳动丰度，从而增加劳动所生产的使用价值量，并缩短这较大量使用价值的生产所必要的劳动时间总和，它也就会减少这较大量使用价值的价值量；反之，亦然。

从一方面看，一切劳动，就生理学的意味说，都是人类劳动力的支出。它，当作同一的或抽象的人类劳动，便形成商品价值。从他方面看，一切劳动，都是人类劳动力在特殊的合目的的形态上的支出。它，当作具体的有用的劳动，便生产使用价值①。

Ⅲ　价值形态或交换价值

(Die Wertform oder der Tauschwert)

商品是以铁、麻布、小麦等使用价值或商品体的形态，出现于世间的。这是它们照常有的自然形态。它们是商品，却仅因为它们是二重物，既是使用对象，同时又是价值相当者（wertträger）。所以，必须有自然形态（Naturalform）与价值形态（Wertform）的二重形态，它们才表现为商品，才有商品的形态。

商品的价值对象性（Wertgegenständlichkeit），和瞿克莱夫人（Dame Quickly）不同的一点，就在于我们不知道能在哪里捉到它。商品的价值对象性，与商品体的感性的粗糙的对象性，正相

---

① 第 2 版注。因要证明"劳动是唯一的最后的真实的尺度，在一切时候，一切商品的价值，均须由此评定和比较，"亚当·斯密（Adam Smith）曾说，"等量劳动，无论在什么时候，什么地方，对于劳动者，皆持有同等的价值。劳动者如在常态的健康精力和活动力中，又有平均的熟练程度，则要提供等量劳动，便非牺牲等量的休息自由和幸福不可。"（《国富论》第 1 篇第 5 章）一方面，亚当·斯密在此处（不是在每一处）是混同了两件事。他以为，由商品生产所支出的劳动量决定价值，等于由劳动价值决定商品价值。因此，他要证明，等量劳动常有同一的价值。他方面，他虽模糊觉得，在劳动表现为商品价值的限度内，劳动是只被视为劳动力的支出，但他又把这种支出，视为只是休息自由和幸福的牺牲，不视其为人类的正常的生命活动。在此，他是把近代工资劳动者放在眼里。——第 4 页注①所指那位匿名著者（亚当·斯密的先驱）的话，更适切得多。他说，"某一个人，费一个星期，生产这种生活必需品。……在交换中给他以某种他物的人，要计算适当的等价，最好的方法，是计算怎样所费的劳动和时间，才恰好相等。实际，那不过是以一种物品内某一个人的一定时间的劳动，和别一种物品内别一个人的等时间的劳动相交换。"（《论货币利息一般，尤其是公债等的利息》，伦敦第 39 页）——第 4 版注。英语有一个便利。它有两个不同的字，代表劳动的两个方面。创造使用价值，且只有质的规定的劳动，称 Work。创造价值，且只有量的规定的劳动，称 Labour.——F. E.

反对，它不包含一个自然物质的原子。无论我们怎样翻检一个商品，它，当作价值物（Wertding），仍是不能把握。但我们且记着，商品在表现同一的社会单位（即人类劳动）时，才有价值对象性。它们的价值对象性，既纯然是社会的，则很明了，这对象性也只能表现在商品与商品的社会关系上。我们要探索这背后隐藏的价值，实际也须从商品的交换价值或交换关系出发。现在，我们必须回来讨论这个价值的现象形态（Erscheinungsform des Wertes）。

每个人，至少，都知道商品有一个共通的价值形态——货币形态（Geldform）——与其使用价值的杂多的自然形态，显然反对。但我们现在要做的工作，资产阶级经济学是从未尝试过的。那就是发现这货币形态的起源，探寻商品价值关系所包含的价值表现，是怎样从最单纯最不可感觉的姿态，发展到最迷人视觉的货币形态。这样，货币的谜，将会同时消灭。

最单纯的价值关系，明显是一种商品与别一种商品（不问是哪一种）的价值关系。所以，二种商品间的价值关系，为其中一种商品，提示了最单纯的价值表现（Wertusdruck）。

A 单纯的，单一的，或偶然的价值形态

（Einfache, Einzelne, oder Zufällige Wertform）

x 量商品 A = y 量商品 B，　　　　　　即是

x 量商品 A 值 y 量商品 B。　　　　　　例如

20 码麻布 = 1 件上衣，　　　　　　　即是

20 码麻布值 1 件上衣。

1. 价值表现的二极：相对价值形态与等价形态

一切价值形态的秘密，潜伏在这单纯的价值形态中。故其分析，是我们最感困难的。

在这里，种类不同的两种商品 A 与 B（以上衣与麻布为例），

分明表演着两个不同的节目。麻布表现它的价值在上衣上。上衣则当作价值表现的材料。前一商品演能动的节目；后一商品，演受动的节目。前一商品的价值，表现为相对的价值（relativer Wert），换言之，表现在相对价值形态（relativer Wertform）上。后一商品是当作等价（Aequivalent），换言之，表现在等价形态（Aequivalentform）上。

相对价值形态与等价形态，是相互依赖相互约束，而不可分的二要素，同时又是互相排斥，互相对抗的，同一价值表现内的二极端，这二个形态，配分给两种不同的商品，它们是依价值表现而发生相互关系的。以麻布价值表现于麻布上，是不可能的。20 码麻布 = 20 码麻布，这不是价值的表现。这个方程式，不过表示 20 码麻布就是 20 码麻布，是一定量使用对象——麻布。所以，麻布的价值，只能相对表现，即表现在别一种商品上。麻布要取得相对价值形态，必须有别一种商品，与麻布对立，而立在等价形态上。在他方面，当作等价的商品，就不能同时表现在相对价值形态上了。它不表现它自己的价值，不过当作别种商品的价值表现的材料。

当然，20 码麻布 = 1 件上衣，或 20 码麻布值 1 件上衣的表现，包含相反的关系，即 1 件上衣 = 20 码麻布，或 1 件上衣值 20 码麻布。但若我愿意相对表现上衣的价值，我必须把方程式倒转来。但方程式倒转时，等价就为麻布，非上衣了。所以，同一商品在同一价值表现中，不能同时取得两种形态。这两种形态是互相排斥的二极。

一种商品，是在相对价值形态，还是在对面的等价形态，完全看它在价值表现中，占有何种位置。换言之，看它是价值被表现的商品，还是价值赖以表现的商品。

2. 相对价值形态

a. 相对价值形态的内容

为要发现，一种商品的单纯价值表现，如何潜伏在两种商品的价值关系中，我们首先就要丢开它那量的方面，来考察这种关系。但普通人的研究方法正好相反；他们在价值关系中，只看见一种比例，依这比例，两种商品的一定量可以相等。他们忽略了，不同种物在未还原为同一单位以前，不能有量的比较。不同种物的量，必须当作同一单位的表现，方才是同名称的，才是可以用同单位计算的量①。

不问 20 码麻布是 = 1 件上衣，是 = 20 件上衣，抑是等于 x 件上衣，换言之，不问一定量麻布值多少件上衣，每一个这样的比例，总包含这个意思，当作价值量，麻布与上衣是同一单位的表现，是同性质的物品。麻布 = 上衣，是这个方程式的基础。

这二种被认为性质相同的商品，不是表演同一的节目。只有麻布的价值被表现在那里。如何被表现呢？由其与上衣的关系。上衣是当作等价物，当作能与麻布交换的物品。在这关系上，上衣是当作价值的存在形态，当作价值物；只有这样，上衣方才与麻布相同。在他方面，麻布自身的价值性，也由此出现了，有了独立的表现了；因为，麻布必须是价值，才能与上衣价值相等，才能与上衣交换。说个譬喻，酪酸与蚁酸盐，是两种不同的物质。但二者是由相同的化学要素（碳、氢、氧）依同一的百分比例构成的，它们都是 $C_4H_8O_2$。如果我们以酪酸等于蚁酸盐，则第一，在这关系中，蚁酸盐只当作 $C_4H_8O_2$ 的存在形态；第二，我们是说，酪酸也由 $C_4H_8O_2$ 构成。当我们以酪酸等于蚁酸盐时，

① 少数经济学者，像培利（Bailey）一样，虽曾从事于价值形态的分析，但不能得到任何的结果。第一，因为他们把价值形态和价值混为一谈；第二，因为在实际资产者的卑俗的影响下，他们自始即仅能注意量的方面。"量的支配……构成价值"。（培利《货币及其变迁》伦敦 1837 年第 11 页）

这个等式所表现的，是二者的化学构造。那和它们的物体形态是有别的。

我们说，当作价值，商品只是人类劳动的凝结。这样，我们的分析，虽把商品还原为价值抽象（Wertabstraktion），但尚未给它与自然形态不同的价值形态。一商品与别一商品的价值关系，不是这样。在这场合，一商品的价值性质，是通过它与别一商品的关系，表现出来的。

视上衣为价值物，使其与麻布相等，结果上衣所包含的劳动，与麻布所包含的劳动也是相等。制造上衣的裁缝劳动，和制造麻布的织物劳动，诚然是两种不同的具体劳动。但使裁缝劳动等于织物劳动，实际即是把裁缝劳动还原为这二种劳动实际相等之物，还原为人类劳动的共通性质。由这迂回的方法，我们说，织物劳动，在它织出价值的限度内，是与裁缝劳动不能分别的，它们都是抽象的人类劳动。形成价值的劳动的这种性质，只有依不同种商品的等价表现（Aeguivalenzausdruck）才能表示出来。这样，不同种商品内含的不同种劳动，就实际被还原为它们的共通物，还原为抽象的人类劳动了①。

形成麻布价值的劳动的这种性质，虽由此表现了，但问题还未曾解决。流动状态中的人类劳动力或人类劳动，是形成价值的，但不是价值。必须在凝结状态中，采得对象的形态，它才成

① 第2版注。威廉·配第（William Petty）以后，洞见价值性质的第一个经济学家是有名的佛兰克林（Franklin）。他说："商业一般不外是以一种劳动交换他种劳动，一切物的价值，皆最公道的，由劳动来评价。"（斯巴克士 Sparkes 编《佛兰克林全集》波士顿 1836 版第 2 卷第 267 页）佛兰克林不曾觉到，以"劳动"评价一切物时，互相交换的各种劳动的差别，须行抽象，而还原为等一的人类劳动。不过，他无意中说的，正是这点。他先说"一种劳动"，次说"他种劳动"，最后说"劳动"，把它当作一切物的价值的实体，不加以任何限制。

为价值。要把麻布价值表现为人类劳动的凝结，它还须被表现为一种对象性。那是与麻布自身不同的，但同时是麻布与其他一切商品所共有的。这样，问题就解决了。

在对麻布的价值关系中，上衣因为是价值，故被视为与麻布性质相等，或种类相同。在这场合，上衣是当作表现价值的东西，它是在它的可以把握的自然形态上，表示价值。但上衣本身，其商品体，却只是使用价值。上衣本身，是和前面的麻布一样不表现价值的。这一点告诉了我们，上衣在对麻布的价值关系中，要比在这关系外，多有一层意义；好比许多人一穿起辉煌的制服来，就比穿便服，多有一点意义一样。

在上衣的生产上，人类劳动力是在裁缝劳动的形态下实际支出的，人类劳动曾蓄积于上衣中。从这方面看，上衣是“价值的担当者”，虽然把上衣撕成纱，上衣的这种性质，也不能看见。并且，上衣在它对麻布的价值关系中，也仅把这个方面表现，从而，被视为体化的价值，为价值体（Wertkörper）。上衣无论怎样美观，麻布总能看破它，知道它的价值精神（Wertseele）是和自己的价值精神相同的。不过，上衣所以能在它对麻布的关系上表示价值，那是因为在麻布看来，价值是采取上衣的形态。譬如，甲对于乙不能有陛下的资格，除非在乙看来，陛下有甲的容貌风姿——这就是说，每一新王登极时，陛下的容貌毛发以及其他许多特征，都得发生一次变化的。

在上衣是麻布等价物的价值关系中，上衣形态是当作价值形态用的。商品麻布的价值，是表现在商品上衣的物体上。一种商品的价值，表现在别种商品的使用价值上。当作使用价值，麻布与上衣是感觉上不同的东西；当作价值，它却是与“上衣当等”的东西，和上衣相像。麻布也就这样，取得与其自然形态相异的价值形态。麻布的价值性，因麻布与上衣相等而显现。譬如基督教徒的羊性，因基督教徒与神的小羊相等而显现。

这样，商品价值分析所告诉我们的一切，在麻布与别种商品（上衣）相交通时，一概由麻布自己讲出来了，它只能用它所通晓的文字——商品语——传达它的思想。因要告诉我们，它自身的价值是由抽象的人类劳动形成，它就说，在上衣与它相等，并且在同是价值的限度内，它和它是由同一的劳动构成的。因要告诉我们，它的崇高的价值对象性，和它的粗硬的形体不同，它就说，价值表现得像一件上衣，所以，当作价值物，它和上衣是像两粒碗豆一样相像。在此，且附带说说，商品语在希伯来语之外，还有许多其他的方言，也是相当正确的。例如，德文的 Wertsein 这个字，虽然没有罗马系动词 Valere、Valor、Valoir 表示得那样有力，但也可以表示商品 A 与商品 B 的相等，是商品 A 的价值表现。"Paris vaut bein une messe!"（"巴黎当然值一个弥撒"。）

以价值关系（Wertverhältniss）为媒介，商品 B 的自然形态，成了商品 A 的价值形态，或者说，商品 B 的现物体，成了商品 A 的价值镜（Wertspiegel）[①]。商品 A，在与当作价值体，当作人类劳动体化物的商品 B 发生关系时，是把使用价值 B，当作它的价值表现的材料。这样依商品 B 的使用价值而表现的商品 A 的价值，便有相对价值形态（Form des relativen Werts）了。

b. 相对价值形态之量的规定

每一种价值被表现的商品，都是一定量的使用对象，如 15 布系（Bushel）谷物或 100 磅咖啡等。任何一种商品的一定量，

[①] 在某种意义上，人是和商品一样的。人到世间来，并没有携带镜子，也不像菲希特（Fichte）派的哲学家一样，说"我是我"。他最先是以别一个人反映出他自身。名叫彼得的人所以认识他自己是人，最先是因为他认识名叫保罗的人，是和他自己相同。这样，有皮肤毛发的保罗，就用他的肉身，对于彼得，成了人类这个物种的现象形态了。

都包含一定量的人类劳动。所以，价值形态不仅须表现价值一般，且须表现定量的价值或价值量（Wertgrosse）。所以，在商品A对商品B的价值关系中，明白的说，在麻布对上衣的价值关系中，不仅商品上衣，被视为价值体一般（Wertkor - per überhaupt），为麻布的等质物，而且还有一定量麻布（例如20码麻布），与一定量价值体或等价物（例如1件上衣）相等。

20码麻布=1件上衣，或20码麻布值1件上衣这个方程式，包含1件上衣所含的价值实体（Wertsubstanz）和20码麻布所含的价值实体恰好为等量的意思。这就是说，这两种商品各费去等量的劳动或等量的劳动时间。但生产20码麻布或1件上衣所必要的劳动时间，随织物劳动或裁缝劳动的生产力一同变化。现在我们必须比较详细地考察，这种变化，对于价值量的相对表现，会发生怎样的影响。

（1）假定上衣的价值不变，麻布的价值变动①。例如，如果因为栽种亚麻的土地的丰度减少，生产麻布必要的劳动时间增加了一倍，麻布的价值也就加大一倍。我们的方程式将不是20码麻布=1件上衣，而是20码麻布=2件上衣，因为现在1件上衣所含的劳动时间，仅有20码麻布所含的劳动时间的半数。反之，如果因为织机改良，麻布生产必要的劳动时间减少了一半，麻布的价值也减少一半。如是，我们的方程式将是20码麻布＝$\frac{1}{2}$件上衣。商品A的相对价值（即依商品B表现的商品A的价值），在商品B的价值不变时，随商品A价值的腾落，为正比例的变化。

（2）假定麻布的价值不变，上衣的价值变动。如果因为羊毛

---

① "价值"一词，在这里，用来指示量已限定的价值，换言之，用来指示价值量。以上也有时是这样用的。

的收获不良，生产上衣所必要的劳动时间加倍了，那就不是20码麻布＝1件上衣，而是20码麻布＝$\frac{1}{2}$件上衣。反之，如果上衣的价值减半了，就是20码麻布＝2件上衣。商品A的价值不变，其相对价值（即依商品的生产表现的商品A的价值）的腾落，与商品B的价值的变化，成反比例。

试比较1项2项所举的例，我们就知道，相对价值的相同的量的变化，可以是全然相反的原因的结果。在20码麻布＝1件上衣变为20码麻布＝2件上衣时，原因可以是麻布的价值已经倍加，也可以是上衣的价值已经减半。在20码麻布＝1件上衣变为20码麻布＝$\frac{1}{2}$件上衣时，原因可以是麻布的价值已经减半，也可以是上衣的价值已经倍加。

（3）麻布和上衣生产所必要的劳动量，可同时依同一方向，按同一比例变化。在这场合，无论双方价值如何变化，那在变化后，仍将和变化前一样，是20码麻布＝1件上衣。要发现它们的价值已生变化，可以拿它们和第三种价值不变的商品比较。如果一切商品的价值，是同时依同一比例上腾或下落，它们的相对价值必定完全不变。价值的实际变化，可由这个事实推知，即：现在，同一劳动时间所生产的商品量，已比从前更多或减少。

（4）麻布和上衣各自生产所必要的劳动时间，从而它们的价值，可同时依同一方向，但依不同程度，发生变化，甚至可依相反方向发生变化等。那可以有种种可能的结合。这种种结合，将如何影响一种商品的相对价值，可由1、2、3项的应用而知。

要之，价值量的实际变化，不能明确地，也不能毫无遗漏地，反映在它们的相对表现或相对价值量上。一商品的相对价值，可以在其价值不变时，发生变化。其相对价值，又可以在其价值发生变化时，不变。并且就使价值量和这个价值量的相对表现，同时发生变化，二者的变化也不必是一致的①。

3. 等价形态（DieAequivalentform）

我们说过，当商品 A（麻布）的价值依别种商品 B（上衣）的使用价值表现时，商品 B 即取得一个特殊的价值形态，即等价形态。商品麻布的价值性（Wertsein），是由这种事实表现的：价值形态不与物体形态相异的上衣，被视为与麻布相等。麻布是由这事实表现它的价值性的，即，上衣得直接与麻布相交换。所以，当我们说到商品的等价形态，我们意思是说，这种商品得直接与他种商品相交换。

当一种商品（例如上衣）当作别种商品（例如麻布）的等价，从而取得一种特殊的性质，能直接与麻布相交换时，我们依然不知道，上衣与麻布是用何种比例交换的。这比例，在麻布的价值量为已知时，乃取决于上衣的价值量。不问是上衣当作等价，麻布当作相对价值，抑是麻布当作等价，上衣当作相对价值，上衣的价值量，皆取决于其生产所必要的劳动时间，而与其价值形态无关。但上衣一经在价值表现中取得等价物的地位，它

① 第 2 版注。庸俗经济学者照平常一样机警的，利用价值量与其相对表现之间的这种不一致。例如布洛特赫斯特（J. Broadhurst）在其所著《经济学概论》（1842 年伦敦第 11、14 页）中就说："若承认，投在 A 上面的劳动不减少，A 可因相交换的 B 涨价而致于跌价，你们的一般的价值原则，就打倒了。……如果他（里嘉图）也认为，当 A 与 B 相对而言在价值上腾贵时，B 与 A 相对而言便在价值上跌落，他就把他自己的大原则的根据推翻了。他的大原则是，商品的价值，定于商品内体化的劳动。A 成本上的变化，既不仅变化它自己与 B（它所交换的东西）相对而言的价值，并且在 B 生产所需劳动毫无变化的时候，变化 B 与 A 相对而言的价值。那很明白，不仅一商品所费劳动量决定该商品价值的原则被推翻了，一商品成本决定该商品价值的原则也被推翻了。"假令可以这样说，他也可以说："试考察 $\frac{10}{20}$、$\frac{10}{50}$、$\frac{10}{100}$ 等分数，10 的数目虽不变，但它的比例量，它和分母（20、50、100 等）比较所得的量，却不断地减少。所以，整数（例如 10）由其所含单位数而定的大原则，是不成立的。"

的价值量即不复表现为价值量。在价值方程式中，它不过当作某物的一定量罢了。

例如，40 码麻布"值"——什么呢？2 件上衣。因为商品上衣，在此是当作等价；使用价值的上衣，与麻布相对，是当作价值体。所以，一定量上衣，可以表现麻布的一定的价值量。2 件上衣，可以表现 40 码麻布的价值量，但不能表现它们自己的价值量，即上衣的价值量。在价值方程式中，等价物仅有某物（某使用价值）的量的形态这一个事实，屡被人肤浅地解释。这种肤浅的解释，曾使培利（Bailey）像他的许多先驱者后继者一样，误认价值表现只为量的关系。实则，商品的等价形态，是不包含价值之量的规定的。

考察等价形态之际，我们注意到的第一个特征是：使用价值是其对立物——价值——的现象形态。

商品的自然形态，成为价值形态。但请注意，quid pro quo（位置转换）这一句话所以适用于商品 B（上衣小麦或铁等），仅因其与商品 A（麻布等）发生了价值关系，仅因其在这个关系内。任何商品都不能为自身的等价，也不能以自身的自然形态，表现它自身的价值。所以，每一种商品皆须以他种商品为等价，换言之，皆须以他种商品的自然形态，当作自己的价值形态。

把商品体当作商品体，即当作使用价值，有种种的尺度可以应用。其尺度之一，可以说明这点。棒砂糖因为是物体，所以是重的，有重量的；但我们不能目视也不能手触棒砂糖的重量。于是，我们采取种种重量已经预先确定的铁片。铁的物体形态，当作物体形态，是和棒砂糖的物体形态，一样不是重的现象形态。不过。要把棒砂糖表现为重量，我们可以使它和铁发生重量关系。在这关系内，铁这种物体，被视为只表示重量。铁的分量，因此用作砂糖的重量的尺度，与砂糖体相对，而代表重，代表重量的现象形态。这个作用，在砂糖（或其他重量待计算的物品），与铁发生关系的限度内，才是由铁担任的。如果不是双方都有重，它们就不能发生这种关系，其一就不能表现其他的重。若以二者投入天秤内，我们就可以知道，当作有重的物品，它们是相同的；我们还知道，在一定的比例下，它们会有相等的重量。铁的物体，当作重量尺度，与砂糖相对，是只代表重量的。同样，上衣的物体，在我们的价值表现中，与麻布相对，也只代表价值。

但至此，类似就终止了。铁，在棒砂糖的重量表现中，代表二物所共有的自然性质，即它们的重。上衣，在麻布的价值表现中，却代表二物所共有的超自然性质，即它们的价值，那纯然是社会的。

商品（例如麻布）的相对价值形态，既然把它的价值性，表现为在物体和性质上完全与自身不同的某物，表现为像上衣一样的东西，所以，这个表现，暗示了当中包含有一种社会关系（gesellschaftliches verhältnis）。等价形态却不是这样。这个形态的根本特性是，上衣一类的商品体本来就表现价值，好像它是天然有价值形态一样。当然，这个看法，在商品上衣当作商品麻布的等价的价值关系内，才是妥当的①。但一物的性质，既不从它对他物的关系生出，却不过由这种关系表现：所以，上衣之为等价形态，上衣得与他物直接交换的性质，也就像重的性质或暖的性质一样，似乎是天然赋有的了。于是，等价形态的谜的性质发生了。但这种性质，在等价形态未充分发展而成为货币以前，不曾为浅薄的资产阶级经济学者所注意。他以更不暧昧的商品代替金

---

① 这种反射关系，是很特别的。例如，这个人是国王，只因为别些人当作臣属，来和他发生关系。反之，那些人所以相信他们自己是臣属，也因为他是国王的缘故。

与银，反复叙述各种曾在某时充作商品等价的商品，想从此说明金与银的神秘性质。他决不梦想到，最简单的价值表现，例如 20 码麻布 = 1 件上衣，已经提出了待解决的等价形态的谜。

用作等价的商品体，常被视为抽象的人类劳动之体化，又常常是某种有用的具体的劳动之生产物。这样，具体的劳动，成了抽象的人类劳动之表现了。例如，如果上衣只被视为抽象的人类劳动之实现，则事实上，实现在上衣内的裁缝劳动，也只看作是抽象的人类劳动之实现形态。在麻布的价值表现中，裁缝劳动的有用性，不由它造成衣服这一点构成，只由它造成一物这一点构成。这物，我们承认它为价值，为劳动的凝结（Gallerteoyon Arbeit），而此劳动与对象化于麻布价值内的劳动，又是全然不能区别的。因要当作价值镜，裁缝劳动所必须反映的，只是它成为人类劳动的抽象性质。

在裁缝劳动的形态上，和在织物劳动的形态上一样，须把人类劳动力支出。所以，二者皆有成为人类劳动的一般性质，从而在一定情形下（如在所论为价值生产之际），也只须由这个见地去考察。其中没有任何神秘的地方。但在商品的价值表现中，事情是反转来了。例如，如要表明织物劳动形成麻布价值，非由于织物劳动的具体形态，只因它有人类劳动的一般性质，我们是以裁缝劳动（那是生产麻布的等价物的具体劳动），当作抽象人类劳动的明白的现实形态，来和它相对立。

在等价形态中，具体劳动是它的反对物的现象形态，明白的说，是抽象人类劳动的现象形态。这是等价形态的第二特征。

因裁缝劳动这种具体劳动，被视为无差别的人类劳动之表现，故与他种劳动（即麻布内含的劳动）有等一性的形态。从而，它虽然像其他各种生产商品的劳动那样，是私人劳动，但同时又有直接社会的形态（unmittelbar gesellschaftlicher Form）。因此故，它结果所生的物品，也得直接与其他的商品交换。这是等价形态的第三个特征：私人劳动，采取其反对物的形态，即直接社会的形态。

倘上溯至亚里斯多德（Aristoteles）的分析，则关于等价形态的后述二种特征，当更易明了。这位大思想家，是分析许多种思想形态社会形态，及自然形态的最初一人，也是分析价值形态的最初一人。

第一，亚里斯多德明白说，商品的货币形态，不过是单纯价值形态（即一商品价值依任何他一商品表现的价值表现）的进一步的发展。因为他说："五床等于一屋"，无异说"五床等于若干货币"。

其次，他又说，这个价值表现所包含的价值关系，暗示屋必须在质的方面，和床相等。没有这个本质上的等一性，这两种在感性上绝异的物品，必不能当作可以公约的量来互相比较。他说："没有等一性即不能交换；没有公约性，即不能等一。"但在此他终止了，不曾进一步把价值形态分析。"那实在是不可能的，这样不同的物品，是不能公约的"，即不能在质的方面相等的。这种均等，不是物品的真的性质，仅仅是"应付实际需要的手段"。

什么东西阻止他进一步分析呢，亚里斯多德自己告诉了我们。那便是价值概念的缺如。是何种等一物或共同实体，使床的价值，能在床的价值表现中，由屋表现呢？亚里斯多德说，这是"实际上不能存在的"。但为什么呢？在屋代表二者（床与屋）的实际等一物时，则与床相对，屋就是代表一个等一物的。这等一物是——人类劳动。

亚里斯多德不能从价值形态，看出在商品价值形态中，各种劳动是被表现为等一的人类劳动，被表现为等一的。这是因为，希腊社会是立在奴隶劳动（Sklaven-arbeit）上，从而，以人间的和人类劳动力的不平等为自然基础。价值表现的秘密——因一切劳动皆为人类劳动一般（并以此为限），故一切劳动有等一性与等值性——必须等人类平等概念，已取得国民信仰的固定性时，方才能够解决。但这个信念，又必须等商品形态已成为劳动生产物的一般形态，人类彼此间以商品所有者的关系为支配的社会关系时，方才是可能的。亚里斯多德能在商品价值表现中发现一种平等关系，这是他的天才的闪耀。但古代希腊社会之历史的限界，使他不能发现，这平等关系"实际"是由何者构成。

4．单纯价值形态之总体

一商品的单纯价值形态，包含在这商品对一异种商品的价值关系或交换关系内。商品 A 的价值，在质的方面，是由商品 B 得与商品 A 直接交换这个事实表现的；在量的方面，是由商品 B 一定量得与商品 A 一定量交换这个事实表现的。换言之，一商品的价值，一经表示为"交换价值"，便取得独立的表现了。我们在本章之始，曾依照通俗的说明，说商品是使用价值，又是交换价值。严格说，这种说法是错误的。实在说，商品是使用价值（或使用对象）与"价值"。商品要表现为使用价值与价值的二重物，其价值便须采取与其自然形态相异的现象形态，即交换价值的形态。但在孤立的考察下，商品决不能有交换价值的形态。要有这种形态，它必须与第二种不同的商品，发生价值关系或交换关系。我们必须知道这点，以上的说法便无害处。这种说法，本来是为简便起见的。

我们的分析，曾经说明，是商品的价值形态或价值表现，从商品价值的本质生出，不是价值与价值量，从交换价值这个表现方法生出。但后一种看法，正是重商主义者及其近代复兴者弗里尔（Ferrier）、甘尼尔（Ganilh）[①]之流的幻想，也是反重商主义派近世自由贸易商人巴斯夏（Bastiat）之流的幻想。重商主义者特别看重价值表现之质的方面，从而，特别看重商品的等价形态，而最完全的商品的等价形态，就是货币形态。反之，近代自由贸易商人，既必须以任何价格售卖商品，故特别看重相对价值形态之量的方面。结果，在他们看，商品的价值及价值量，皆只存于交换关系的表现或每日市价行情表中。在迷信的重商主义者与开明的自由贸易商人之间，有苏格兰人玛克里奥（Macleod），形成了一个成功的综合。他的职务，是用博学的外装，去粉饰隆巴特银行街的杂乱的观念。

商品 A 对商品 B 的价值关系，包含商品 A 的价值表现。详细考察这种价值表现，便知道在这个关系内，商品 A 的自然形态，仅扮演使用价值的姿态，商品 B 的自然形态，仅扮演价值形态或姿态。于是，使用价值与价值在商品内部的对立，由一个外部的对立（即由二商品的关系）表示了。在这关系上，价值被表现的商品，只直接当作使用价值；而被用以表现价值的商品，却只直接当作交换价值。所以，一个商品的单纯的价值形态，便是使用价值和价值在该商品内部包含着的对立之单纯的现象形态。

在一切社会状况内，劳动生产物都是使用对象，在一定的历史发展阶段中，它才转化为商品。在这阶段中，为生产有用物而支出的劳动，表现为该物的"对象的"性质，即表现为该物的价值。所以，商品的单纯价值形态，同时即是劳动生产物的单纯商品形态。这就是说，商品形态的发展，与价值形态的发展是一致的。

---

① 第 2 版注。弗里尔（F. C. A. Ferrier）（海关副监察员）所著《商业与政府》，巴黎 1805 年。甘尼尔（G. Ganilh）所著《经济学体系》第二版，巴黎 1821 年。

一看，我们就知道，单纯价值形态是不充分的。这是胚胎形态，必须通过一系列的形态变化，才成熟为价格形态（Preisform）。

商品A的价值由某种其他商品B表现，这只不过是把A的价值，由它自身的使用价值区别出来。故这种表现只不过是商品A自身，与一异种商品发生交换关系，商品A与其他各种商品间的质的均等和量的比例，是没有由此表示的。一商品的单纯的相对价值形态，是与一异种商品的单一的等价形态相伴应的。所以，在麻布的相对价值表现中，上衣只与一种商品（麻布）相对而言时，是等价的形态，或直接交换可能性的形态。

单一的价值形态，会推移向更完全的形态。由单一的价值形态，商品的价值，是只表现在一异种的商品上。但这异种商品，无论是上衣，是铁，是小麦，是任何他种商品，都可以的。就因同一种商品得与种种其他的商品发生价值关系，故也有种种单纯的价值表现①。可能的价值表现之数，只受限制于商品的种数，所以，商品的个别的价值表现，得转化为一系列单纯的价值表现。那可以无限延长，并且是一个和一个不同的。

B　总体的或扩大的价值形态

（Totale oder Entfaltete Wertform）

z 量商品 A = u 量商品 B，或 = v 量商品 C，

或 = w 量商品 D，或 = x 量商品 E，或 = etc.

20 码麻布 = 1 件上衣，或 = 10 磅茶，或 = 40 磅咖啡，

或 = 1 卡德小麦，或 = 2 盎斯金，或 = $\frac{1}{2}$ 吨铁，或 = etc.

1．扩大的相对价值形态（Die Entfaltete relative Wertform）

一商品（例如麻布）的价值，现在是表现在商品界无数其他

---

① 第二版注。例如荷马（Homer），他就用许多种东西，表现一种东西的价值。

的要素上。每一种其他的商品体，都成了麻布的价值的镜①。麻布的价值，是第一次真正表现为无差别的人类劳动之凝结。因为，形成此价值的劳动，现在是表现得和每一种其他的人类劳动相等，不问这其他的人类劳动，是采取何种自然形态，也不问它是对象化在上衣内，在小麦内，在铁内，在金内，或在他种物品内。麻布，即因其价值形态，故不仅与一异种商品发生社会关系，且与商品界全体发生社会关系。当作一个商品，它是商品世界的一个市民。同时，商品价值，在其表现之无限系列中，又无论表现在那一种使用价值的特殊形态上，都没有差别。

在第一形态 20 码麻布 = 1 件上衣中，二种商品以一定的量的关系相交换，纯然是一件偶然的事。但在第二形态中，我们看见，它与偶然现象根本不同，且又是决定这偶然现象的背景。麻布的价值，无论是依上衣，依咖啡，或依铁表现，换言之，无论依任何人所有的任何种商品表现，其量总是不变的。两个个别商品所有者间的偶然关系消灭了。很明白，不是交换规定商品的价值量；反之，乃是商品的价值量，规定它的交换关系。

2. 特殊等价形态（Die besondre Aequivalentform）

---

① 当麻布价值依上衣表现时，我们可称此为麻布的上衣价值，当麻布价值依小麦表现时，我们可称此为麻布的小麦价值等。每个这样的表现，都指示了它的价值，是表现在上衣小麦等的使用价值上。"任一商品的价值，皆系指示它与某一别种商品的交换关系，所以我们能……视其所与比较之物，称其为小麦价值，罗纱价值；因此它有无数种的价值，有多少种，就看有多少种商品，那同样是真实的，也同样是名目的。"（《价值之性质，尺度，与原因之批判研究》，主要就里嘉图及其学徒的著作来立论；《见解的形成》一书的著者所著，伦敦 1825 年第 39 页。）培利，这个曾在英国当时震动一时的匿名著作的著者，曾认为，只要这样指出同一商品价值有种种的相对表现，就可以证明，任何价值概念的决定皆不可能。不过，他的见解虽然太偏狭，但由里嘉图学徒对他的攻击的猛烈，也可断言，他曾触到里嘉图学说的某一些痛处。关于这种攻击，可以拿《威斯敏斯特评论》来看。

上衣、茶、小麦、铁等商品，各都在麻布的价值表现中，当作等价物，从而，当作价值体（Wertkorper）。这种种商品中任一种商品的一定的自然形态，都在许多别的特殊等价形态旁边，成为一个特殊的等价形态。同样，这种种商品体内含的种种具体有用劳动，现在，也当作人类劳动的许多特殊的实现形态，或现象形态。

3. 总体的或扩大的价值形态之缺点

第一，商品的相对价值表现，是不完全的，因其表现系列是无穷无尽的。每一个价值方程式，都在链锁中，成为一环。这个链锁，当有新商品出现，成为一个新环，并供给价值表现的一种新材料时，便会延长。第二，这种链锁，由许多不相关联且种类不同的价值表现，形成一种错杂的镶嵌细工。第三，我们既须在这种扩大形态上表现每一种商品的相对价值，故每一种商品的相对价值形态，皆为一无穷无尽的价值表现的系列，并且，一种商品的相对价值形态，又和任何别一种商品的相对价值形态不相同。——扩大的相对价值形态之缺点，会反射到相应的等价形态上来。每一种商品的自然形态，都在无数的别的特殊等价形态旁边，成为一个特殊的等价形态，所以，我们所有的，仅是互相排斥的局限的等价形态。同样，每一种特殊商品等价物所包含的特殊的具体有用劳动，也只是人类劳动之特殊的局限的现象形态。诚然，这一切特殊现象形态的总和，将成为人类劳动的完全的或总合的现象形态。但统一的现象形态，还是没有。

扩大的相对价值形态，只是第一种（即单纯的）相对价值表现或方程式的总和。第一种价值方程式是这样的：

20 码麻布 = 1 件上衣；

20 码麻布 = 10 磅茶；等。

这些方程式，各皆有相应的换位的方程式如：

1 件上衣 = 20 码麻布；

10 磅茶 = 20 码麻布；等。

事实是，设有某人以麻布交换许多其他的商品，并且把麻布的价值，表现在一序列其他的商品上；其他商品的所有者，自然也会以他们的商品交换麻布，并把他们的商品的价值，表现在这同一的第三种商品——麻布——上。把这个序列 20 码麻布 = 1 件上衣或 = 10 磅茶，或 = etc，换位. 即得：

C　一般的价值形态（Allgemeine Wertform）

$$
\left.
\begin{array}{l}
1 \text{ 件上衣 =} \\
10 \text{ 磅茶 =} \\
40 \text{ 磅咖啡 =} \\
1 \text{ 卡德小麦 =} \\
2 \text{ 盎斯金 =} \\
\frac{1}{2} \text{ 吨铁 =} \\
x \text{ 量商品 A =} \\
\text{其他 =}
\end{array}
\right\} \quad 20 \text{ 码麻布}
$$

1. 这个价值形态的变化了的性质

在这个形态上，商品的价值表现，（1）是单纯的，因为表现在唯一的商品上；（2）是统一的，因为表现在同一的商品上。这种价值形态是单纯的，统一的，所以是一般的。

第一种形态和第二种形态，只适于表现一种商品的价值与其使用价值或商品体的区别。

第一种形态供给的价值方程式，是 1 件上衣 = 20 码麻布；20 磅茶 = $\frac{1}{2}$ 吨铁等。上衣价值表现为与麻布相等，茶价值表现为与铁相等；但以上衣等于麻布，和以茶等于铁不同，正如麻布与铁不同。很明白，这种形态，只发生于太古时代，在那时，劳动生产物之转化为商品，只由于偶然的间或发生的交换。

第二种形态，比第一种，可以更完全地，表现一个商品的价值与其使用价值不相同。在这个形态上，上衣的价值，是由一切可能的形态，表示它与它的自然形态不相同。它被等于麻布，被等于铁，被等于茶，总之，被等于上衣以外的每一物。但商品的共通的价值表现，还是不能有；因为，在任一种商品的价值表现中，一切其他的商品，皆只显现在等价形态上。扩大的价值形态，实际是发生在有某种劳动生产物（例如家畜）不仅偶然并且习常用来交换其他种种商品的时候。

这个新生的形态，却由一种实际与其他各种商品分开的商品（例如麻布），表现商品界全体的价值，并且把一切商品的价值，拿来和麻布相等，从而把它们的价值表现出来。各种商品的价值，当作和麻布相等的东西，现在是不仅与其自身的使用价值表示分别，且与一切的使用价值表示分别，且也就由此，表现为它和一切商品的共通性。这个形态，才使诸种商品，实际当作价值，以发生相互关系，或当作交换价值，以互相对待。

前二种形态，仅由一异种商品，或由一系列不同的商品，表现一种商品的价值。在这二种场合，寻觅价值形态，可说是各个商品的私务，不必有其他商品的帮助。其他的商品，不过当作被动的等价物。反之，一般的价值形态，却是商品界共同动作的结果。一种商品，必须在其他一切商品的价值同时由同一等价物表现，每一种新出的商品又都照样做的限度内，方才取得一般的价值表现。由此，我们可以明白，商品的价值对象性，因纯然是此等物的"社会的存在"（gesellschaftliche Dasein），故只能依商品全面的社会关系表现。商品的价值形态，也必须是社会公认的形态。

与麻布相等的一切商品，现在，不仅当作是性质相等的，当作价值一般，同时，还当作可以较量的价值量。一切商品，既以同一种材料（即麻布），反射它们的价值量，故此等价值量，还可以互相反射。例如，10 磅茶＝20 码麻布，40 磅咖啡＝20 码麻布，所以 10 磅茶＝40 磅咖啡。换言之，1 磅咖啡内含的价值实体（劳动），仅有 1 镑茶内所含的价值实体之 $\frac{1}{4}$。

商品界一般的相对价值形态，使那从商品界被排出来当作等价商品（Aequival entware）的麻布，有一般等价（Allgemeinen Aequivalent）的性质。麻布自身的自然形态，成了商品界的一般的价值形态；因此，麻布得与一切其他的商品直接交换。它的物体形态，成了一切人类劳动的可见的体化物，成了一切人类劳动的一般的社会蛹化物（gesellschaftliche Verpupung）。织物劳动虽是生产麻布者的私人劳动，但在这时，也取得了一般的社会形态，取得了与其他各种劳动均等的形态。一般价值形态所由而构成的那无数方程式，构成一个系列，在这系列内，各种商品内含的劳动，依次与麻布内含的劳动相等；因此，织物劳动也成了人类劳动的一般化了的现象形态。于是，对象化在商品价值中的劳动，不仅消极地表现为劳动，换言之，不仅表现为一切具体形态与有用性质已被抽象的劳动。其积极的性质，也明白表示出来了。一般价值形态把各种现实的劳动，还原为人类劳动的共通性质，为人类劳动力的支出。

一般价值形态——它以一切劳动生产物，表现为无差别的人类劳动的凝结——由它本身的构造，表示它是商品世界的社会的表现。它是那么明白地告诉我们；在这商品世界内，劳动所特有的社会性质，是由劳动为一般人类劳动的性质所构成。

2. 相对价值形态与等价形态之发展关系

相对价值形态的发展程度，与等价形态的发展程度相照应。

但我们必须注意，等价形态的发展，只是相对价值形态的发展的表现与结果。

一商品之单纯的或个别的相对价值形态，使某种其他商品，变成个别的等价。扩大的相对价值形态——即由其他一切商品表现一种商品的价值的形态——使这其他各种商品，取得互相不同的特殊的等价形态。最后，在一般的相对价值形态中，却有一种特别的商品，取得一般的等价形态，因为其他的一切商品，都用这一种商品，作它们的统一的一般的价值形态之材料。

依着价值形态一般的发展，其两极——相对价值形态与等价形态——的对立，也以同一程度发展。

在第一形态20码麻布＝1件上衣内，已经包含这种对立，但不曾使其固定。从方程式的左边读起，则麻布是相对价值形态，上衣是等价形态；从方程式的右边读起，则上衣是相对价值形态，麻布是等价形态。在此，要认识两极的对立性，不是容易的。

在第二形态，只有一种商品，可以充分扩大它的相对价值，而它所以有扩大的相对价值形态，也就因（且以此为限）其他一切的商品，与它相对，各皆作为等价形态。在此，价值方程式20码麻布＝1件上衣，或＝10磅茶，或＝1卡德小麦等中的二项，如非方程式的全部性质变化，如非由总体的价值形态转化为一般的价值形态，即不能换位。

最后，第三种形态则给全商品界以一般的社会的相对价值形态，因（且以此为限）除一种商品以外的商品，皆不得有一般的等价形态。而这一种商品（麻布）得与其他一切商品直接交换，换言之，这一种商品有直接社会的形态，也就因（且以此为限）其他一切商品，没有把这种形态取得①。

反之，当作一般等价的商品，就不得在商品界内有统一的或一般的相对价值形态了。倘若麻布（或任何一种有一般等价形态的商品）也要有一般的相对价值形态，它就必须自己作自己的等价。于是，我们将有 20 码麻布 = 20 码麻布的方程式，这是同义反覆，既不表现价值，也不表现价值量。我们要表现一般等价物的相对价值，必须把第三形态倒转来。一般等价物即使有相对价值形态，其相对价值形态，也与他种商品的相对价值形态不同；它的价值，必须相对表现在一无限系列的其他商品体上。是故，等价商品（Aequivalentware），必须以扩大的相对价值形态，为它所特有的相对价值形态。

3. 由一般价值形态到货币形态的推移

一般的等价形态，是价值一般的一个形态。任一种商品都能取得它。但一种商品，必须从其他各种商品被排除出来，当作其他各种商品的等价物，然后（并以此为限）才能有一般的等价形态（第三形态）。自从这种排除是以特别一种商品为限的时候起，商品界之统一的相对价值形态，才有客观的固定性和一般的社会效力。

---

① 一般直接交换可能性的形态，像阳磁极不能与阴磁极分离一样，不能与不能直接交换性的形态分离。但这个事实是人所不认识的。所以，或许有人想，我们可使一切商品同时具有直接交换可能性的形态。这种想象，和一切加特力教徒皆可变成教皇的想象，是属于一类的。当然，对小资产阶级说，如果由商品不能直接交换而起的不便，能够除去，当然是极好的；因为在他们心里，商品生产便是人类自由和个人独立的顶点。蒲鲁东的社会主义，便是这种庸俗的空想之演出。我曾在别处说过，这种社会主义，连创见的功绩也没有。在他之前许久，就有格雷（Gray）、布雷（Bray）等人，把这种工作尝试过了，尝试的成绩也更好得多。但虽如此，这种智慧，现今还在某种范围内，在"科学"的名义下，极为繁荣。没有别个学派，还比蒲鲁东学派，更愚弄"科学"这个名词了。因为，"在没有概念的地方，一个字，就在适当的时候，弄出头来了"。

于此，有特种的商品，其自然形态，被社会公认为等价形态。这特种商品，遂成为货币商品（Geldware），换言之，遂取得货币的机能。从此以往，在商品界充作一般等价，就是这种商品所特有的社会机能，从而，这就成了它的社会独占权了。在第二形态下，有种种商品当作麻布的特殊的等价；在第三种形态下，则有种种商品的相对价值，同由麻布表现。但有一种商品，在历史上，曾夺得优先的位置，那就是金。若在第三形态内，我们以商品金代替商品麻布，即得：

D 货币形态（Geldform）

20 码麻布 =

1 件上衣 =

10 磅茶 =

40 磅咖啡 =　　　2 盎斯金

1 卡德小麦 =

$\frac{1}{2}$ 吨铁 =

X 量商品 A =

由第一形态至第二形态，由第二形态至第三形态，皆会发生本质的变化。反之，第三形态与第四形态，却只有一点差别，那就是，金代替了麻布，取得了一般的等价形态。在第三形态，一般等价是麻布，在第四形态，一般等价是金。故由前者至后者，只有一点进步，即由社会习惯的作用，直接一般交换可能性的形态或一般等价形态，结局，与金这种商品的特殊的自然形态，成为一体的东西了。

金能以货币的资格，与其他各种商品相对立，是因为它原来就已经以商品的资格，与其他各种商品相对立了。像其他各种商品一样，金可以当作等价物——在个别的交换行为中，成为单一的等价物，或和其他商品等价物并列一起，而为特殊的等价物。渐渐的，它才在或广或狭的范围内，成为一般的等价物。但它一经在商品界的价值表现中，独占到这个位置，它就成了货币商品了。自从它成为货币商品的时候起，第三形态和第四形态才区分开来；一般价值形态，才转化为货币形态。

当商品（例如麻布）的相对价值，是依靠充作货币商品的商品（例如金）表现时，其单纯的相对的价值表现，就是这商品的价格形态（Preisform）。麻布的价格形态是：

20 码麻布 = 2 盎斯金

若 2 镑即为 2 盎斯金的铸币名称（Münzname），则

20 码麻布 = 2 镑

货币形态不容易理解的地方，便是一般等价形态，从而，也就是一般价值形态（即第三形态）不容易理解的地方。但第三形态溯源于第二形态（即扩大的价值形态）；第二形态的构成要素是第一形态，即 20 码麻布 = 1 件上衣，或 x 量商品 A = y 量商品 B，是故，单纯的商品形态，是货币形态的胚芽。

Ⅳ 商品的拜物教性质及其秘密

最初一看，商品好像是一件自明的极普通的东西，但分析一下，才知道它实际是一件极奇怪的东西，充满着形而上学的烦琐性和神学的固执性。在商品为使用价值的限度内，说它有种种性质可以满足人类的欲望，又或说这种性质是人类劳动的生产物，它都毫无神秘之处。很明白，人将以其活动，改变自然物质的形态，使它对于本人有用。例如，用木头做成桌子时，人就把木材的形态改变了。不过，桌子还是木头，还是一种普通的可以感觉的东西。但这个桌子一旦成为商品，它就成了一个可感觉而又超

感觉的物（Sinalich übersinnlicher Ding）了。它不仅用脚直立在地上；在它对其他一切商品的关系上，它还用头倒立着，并从它那木脑袋里，展出了种种不可思议的幻想。这种幻想，比桌子自动跳舞的把戏，还更加不可思议①。

商品的神秘性质，不是由它的使用价值发生，也不是由规定价值要素的内容发生。第一，有用的劳动或生产的劳动，虽有种种不同，但这总归是生理学上的一个真理，那就是，它们是人类有机体的机能。无论这种机能的内容和形式如何，它在本质上总归是人类的脑，神经，筋肉，感官等的支出。其次，说到价值量所由决定的基础，即劳动力支出的时间或劳动量，那又很明白，在劳动的量和劳动的质之间，有一种明白的区别。在任何社会状况下，生产生活资料所费的劳动时间，都是人类关心的问题，不过关心的程度，是随社会发展程度而不同罢了②。最后，自人类依据某种方法互相劳动以来，他们的劳动总归是采取社会的形态。

然则，劳动生产物取得商品形态时候的谜一样的性质，是从何处发生的呢？很明白，是从这种形态本身发生的。在这种形态下，人类劳动的平等性，具体表现为劳动生产物的相等的价值对象性。人类劳动力的支出，由时间计算的，则表现为劳动生产物的价值量；生产者的关系——他们的劳动的社会性质，就是在这种关系上成立的——又表现为劳动生产物的社会关系。

---

① 我们想起了这样的话，当一切其余的世界皆静着不动时，瓷器和桌子舞蹈起来了。

② 第 2 版注。在古代日耳曼人中，一"莫尔根"（Morgen 约一英亩——英译者注）土地的面积，是依照一日的劳动来计算的，因此，"莫尔根"又称 Tagwerk（或 Tagwanne）（jurnale 或 jurnalis，terra jurnalis，jurnalis，或 diornalis）Mannwerk，Mannskraft，Mannsmahd，Mannshanet 等。参看乔治·鲁特维希·冯·摩勒尔（Georg Ludwig von Maurer）所著：《马尔克组织之历史概论》（慕尼黑 1854 年版第 129 页以下）。

商品形态所以有神秘性，只因为在这个形态内，人们把人类劳动的社会性质，看成了劳动生产物自身的对象性质，看成了劳动生产物的社会的自然性质；从而，生产者对总劳动（Gesamtarbeit）的社会关系，被认为是生产者外界诸对象物间的社会关系。就因为有这种转换，所以劳动生产物成了商品，成了感觉的超感觉的物或社会的物（Sinnlich übersinnliche oder gesellschaftliche Dinge）。这就像光线一样。当一物的光线射入我们的视神经时，我们不认它是视神经的主观的刺激，却认它是眼睛外界某物的对象形态。但在视觉活动中，确实也有光线由一物射到彼物，由一外界对象物射到眼里。在物理的物间，确实也有一种物理的关系。但商品形态，及表示商品形态的劳动生产物间的价值关系，是和劳动生产物的物理性及由此发生的物的关系，绝对没有关系了。那只是人与人之间的一定的社会关系。但在人看来，这种关系，居然幻想成为物与物之间的关系了。所以，如果我们要找一个譬喻，我们必须逃入宗教世界的幻境中去。在宗教世界的幻境中，人脑的生产物，好像是赋有生命，而互相发生关系，并与人发生关系的独立存在物一样。在商品界里，由人手造的生产物也是这样。我把这个叫做拜物教（Fetischismus）。劳动生产物当作商品而被生产时，这种性质是必然会附在劳动生产物上的。这是商品生产不能须臾离的性质。

由以上的分析就知道，商品世界的拜物教性质，是起因于生产商品的劳动所独有的特别的社会性质。

使用对象之成为商品，只因为它是独立经营的私人劳动的生产物。私人劳动的复合，形成社会的总劳动。生产者既然是因为互相交换劳动生产物，才有社会接触；所以，他们的私人劳动的社会性质，也是在这种交换上显现出来的。换言之，私人劳动之成为社会总劳动的一部分，是因为交换在劳动生产物间并间接在生产者间，树立了一种关系。因此，在生产者看来，私人劳动间的社会关系，竟像是这样的：明白的说，不像是劳动上人与人之间的直接的社会关系，却像是人与人之间的物的关系，和物与物之间的社会关系。

劳动生产物，在交换中，才和它的感觉的个别的使用对象性分开，得到社会的平等的价值对象性。于是，劳动生产物就分为有用物和价值物了。但这种分裂，从交换已十分流行，十分重要，有用物分明是为交换而生产，而在生产中又必须考虑物的价值性那时候起，才成为实际的。从那时起，生产者的私人劳动，才在事实上，取得二重的社会性质。一方面，它必须当作某种有用的劳动，来满足某种社会的需要，从而，在自然发生的社会分工体系中，当作总劳动的一部分。他方面，它所以能满足生产者的复杂的需要，仅因为每一种有用的私人劳动，皆能与他种有用的私人劳动相交换，从而，与他种有用的私人劳动相等。完全不同的劳动，又仅因为实际的差别被抽象，被还原为共通的性质，为人类劳动力的支出，为抽象的人类劳动，所以能够相等。在私人生产者的头脑中，私人劳动的二重的社会性，只以实际卖买和生产物交换上所现出的形态，反映出来。私人劳动之社会的有用性，是以劳动生产物不仅须有用，且须于他人有用的形态来反映；不同种劳动之社会的平等性，则以物质不同的劳动生产物有共通的价值性质的形态来反映。

人把他的劳动生产物看做价值，使它们发生独立相互关系，这决不是因为他们认识了这些物不过是同一的人类劳动之物质的外皮，那是全然相反。当他们用交换做媒介，把不同的生产物看做价值，看做互相平等时，他们才把各种不同的投在生产物中的劳动，看做人类劳动，看做互相平等。他们虽然不知，但他们一般都这样做①。价值不曾在它的额头上，写明自己是什么，但把每一种劳动生产物化作了社会的象形文字。后来，人类才想到要说明这个象形文字的意义，才来探究他们自己的社会的生产物之秘密。把使用对象物当作价值，这是本来就和语言一样，是人类的社会的产物。但直到近来，科学的研究，才说明劳动生产物在它是价值的限度内，只是生产它所支出的人类劳动之物质的表现。这一种发现，在人类发达史上划了一个新的时代。但劳动社会性之对象的外观，依然不曾扫除。价值的真正性质虽被发现了，但在一种特殊生产形态（即商品生产形态）内适用的真理——独立的私人劳动所特有的社会性，是由各种劳动同为人类劳动的性质构成，并采取各种劳动生产物同有价值性的形态——在被拘囚在商品生产关系以内的人看来，依然是永劫不移的。这就像科学的分析，虽然把空气分析成了几种元素，但空气形态，在当作物理的物体形态时，依然是和以前一样的。

生产物交换者实际关心的问题，是自己的生产物，能换得若干他人的生产物，即生产物以如何的比例相交换。当交换比例已由习惯取得相当的固定性时，这种比例，就好像是由劳动生产物本质中生出的一样了。一吨铁和二盎斯金价值相等，好像一磅金和一磅铁（金与铁是化学性质物理性质都不相同的二种金属）重量相等一样，成了当然的了。实则，劳动生产物的价值性质，乃由劳动生产物以价值量的资格互相发生作用，才确定的。价值量是与交换当事人的意志、先见、行为相独立，而不绝发生变动的。于是，在交换者看来，交换者自己的社会的运动，就好像是

---

① 第二版注。加里安尼（Galiani）说："价值是人与人间的一种关系。"他其实应当附加一句："不过这种关系，是在物的外皮中包住的。"（参看加里安尼著《货币论》，库斯托第所编《意大利经济学名著集》近世篇，1801年米兰版，第3卷第220页。）

物的运动了。好像不是这种种物受他们支配，而是他们受这种种物支配了。必须到商品生产已充分发展以后，科学的精确的观察，才能由经验生出。到这时候，人才能精确看出，在社会分工体系中成为一个自然部门，但又互相独立经营互相依存的各种私人劳动，会不断还原为社会的比例尺度。劳动生产物的偶然的交换关系，虽然会不绝变动，但在这交换关系中，其生产社会所必要的劳动时间，终会像规律的自然法则（如像屋会向我们头上倾倒那时候的重力法则）一样，强制地贯彻①。价值量由劳动时间规定，这是一个隐藏在商品相对价值现象运动背后的秘密。这个秘密的发现，固曾使劳动生产物的价值量的决定除去偶然性的外观，但决不曾除去这种决定之实际的形态。

关于人类生活形态的考察及科学分析，一般是与人类生活形态的现实发展，循由相反的道路。这种考察与分析，是从发展过程的完成结果开始的。劳动生产物所依以成为商品，和商品流通所依以发生的种种形态，在人开始说明其内容，不研究其历史性质（因为在他们看来，这种种形态乃是永劫不移的）时，已经取得了社会生活的自然形态的固定性了。因此，只有商品价格的分析，能引出价值量的决定，也只有一切商品共有的货币表现，能引出商品价值性质的确定。但商品界这个完成的形态——货币形态——不惟不能显示出，且反能隐蔽着私人劳动的社会性质，和私人劳动者间的社会关系。当我说，上衣皮鞋等物，与当作抽象的人类劳动之一般体化物的麻布发生关系，这种说法的背理是一目了然的。但当上衣皮鞋等物的生产者，使这些商品，与当作

---

① "对于一个必须依赖周期革命来实行的法则，我们将作如何的观感呢？那也是一个自然法则，是用当事人的无意识性，来作立足点的。"（恩格斯在《国民经济学批判概说》一文中说过的一句话。原文载《德法年报》，鲁格、马克思合编，1844年巴黎。）

一般等价物的麻布（或金与银）发生关系时，其私人劳动对社会总劳动的关系，正是在这个背理的形态上，表现在他们面前。

资产阶级经济学的诸种范畴，也正是由这诸种形态构成的。那些范畴，在说明历史上某种社会生产方法（即商品生产）所特有的诸种生产关系时，是有其社会的妥当性的，并且是客观的思惟形态。但我们只要一进到别种生产形态中去，商品世界的一切神秘，在商品生产基础上包围着劳动生产物的一切魔法妖术，就都消灭了。

因为经济学很爱谈鲁滨孙的寓言①，所以我们就先来看看他在这个孤岛上的情形罢。他的欲望诚然是极单纯的，但他至少有许多种类不同的欲望要满足，所以他仍须担任许多种类不同的有用劳动，例如造工具、制家具、养骆驼、捕鱼介，猎鸟兽等。祈祷那一类的事情，还不算在里面，因为鲁滨孙很爱好这些活动，他是把这种活动当作娱乐的。但他虽进行这样多种的生产机能，他仍然知道，这种种机能不外是同一个鲁滨孙的不同的活动形态，从而，不外是人类劳动的不同的方式。在必要性的强制下，他不得不把他的时间，适当的分配在各种机能之间。在他的全部活动中，哪种机能占较大的范围，哪种机能占较小的范围，这要看，在有用效果的实现上，必须克服怎样大的困难才能决定的。经验是会给他教训的。曾从破船救出表、账簿、笔和墨水的鲁滨孙，不久就变成一个十足的英吉利人，开始登记各种账目了。他

---

① 第2版注。甚至里嘉图也不是没有鲁滨孙寓言。"他把原始的渔夫和猎人，当作商品所有者，使其相互交换鱼和野兽，并使其依照实现在交换价值中的劳动时间的比例，来交换。在这里，他是犯了时代错误的毛病了，因为，他曾使原始的渔夫猎人，在计算劳动工具时，应用1817年伦敦交易所通用的年金表。除资产阶级的社会形态外，欧文的平行四边形共同宿舍组织，似乎是里嘉图认识的唯一的社会形态了。"（卡尔·马克思《政治经济学批判》第38、39页。）

会把他所有的有用物品，作成一个家产目录，当中还记述着生产所必要的种种工作，并记录着各种生产物生产一定量平均所费的劳动时间。鲁滨孙和他所手创的各种财富物品间的关系，是如此简单，如此明了的。连威尔兹（M. Wirth）君也用不着特别努力，就可以理解了。但决定价值的本质要素，已全部包含在这里面了。

现在，我们更由鲁滨孙的明敞的孤岛，转过来，看看欧洲的黑暗的中世纪。在那里，我们看不见独立的人，却看见每个人都是互相依赖的——农奴与领主，家臣与封建诸侯，俗人与僧侣。在那时代，物质生产的社会关系及建立在其上的诸生活领域，是以人的依赖为特征的。但就因为是人身依赖关系构成那种社会的基础，所以劳动及生产物不必采取与现实不同的幻想姿态了。劳动及生产物，在社会经营中，是当作实际的工役和实物的贡纳的。在那里，劳动的自然形态，劳动的特殊性，成了劳动的直接社会的形态。就这一点说，中世社会和以商品生产为基础的社会，是不同的。在以商品生产为基础的社会内，劳动的直接社会形态，是劳动的普遍性。徭役劳动（Fronarbeit）虽然和商品生产的劳动一样是由时间测定，但每一个农奴都知道，他为侍奉领主而支出的，是一定量的他个人的劳动力。奉给僧侣的什一税，比僧侣的祝福，要更明了。但无论我们怎样判断封建社会人们互相对待的外观，人与人在劳动上的社会关系，总归是表现在他们的人的关系上，不曾假装为物与物，劳动生产物与劳动生产物间的社会关系。

我们要考察共同的或直接社会化的劳动，尽可不必向一切文明的太古时期，去追溯它的自然发生的形态①。有一个更近的例。那就是自耕农家庭为家人需要，而生产谷物、家畜、棉纱、麻布、衣服等物的农村的家长式产业（ländlich patriarchalische Industrie）。这种种物品，对于家庭，是家庭劳动的种种不同的生产物，不是以商品的资格互相对待的。生产这种种生产物的种种劳动（例如耕作、畜牧、纺织、裁缝等），在它们的自然形态上，便有社会的机能，因为它们是家庭的机能。家庭，和以商品生产为基础的社会一样，有自然发生的分工。家庭中的分工，和家人劳动时间的分配，是由性与年龄的区别去决定的，并且是由各种与节季同时发生变动的自然条件去决定的。以时间测量的个人劳动力的支出，在这场合，自始即表现为劳动自身的社会性，因为个人劳动力，在这场合，自始即当作家庭总劳动力的一个器官。

最后，我们且变一个方向，想象一个自由人的团体。在这个团体内，一切生产手段（Produktionsmittel）皆属共有，各个人使用共有的生产手段，意识的，把许多个人的劳动力，当作社会的劳动力来支出。在此，鲁滨孙的劳动的一切性质，皆重见了。惟在鲁滨孙，劳动是个人的；在此，劳动是社会的。在鲁滨孙，生产物全然是个人的生产物，从而，只对于他一个人是直接的使用对象。但我们这个团体的总生产物，却是社会的生产物，这生产物的一部分，会再用作生产手段，它依然是社会的。别一部分，

---

① 第2版注。"近来流行着一种可笑的偏见，认为自然的共产形态，是斯拉夫族所特有的，甚至说只有俄罗斯有这种形态。实则，这种共产形态，乃是原始的形态，我们在罗马人、日耳曼人、克尔特人中间，也可以发现的。但我们还能在印度人中间，就其遗迹，发现这种形态的完全的模本。细心研究一下亚细亚的，尤其是印度的共产形态，就知道，自然共产的种种形态，曾怎样生出它的种种解体形态来。例如，罗马和日耳曼的私产的种种原形，就可以由印度共产的种种形态，推演出来。"（马克思《政治经济学批判》第10页）

则当作生活资料（Lebensmittel）为团体各分子所消费，所以是必须分配在他们之间的，其分配方式，将与社会生产有机体（Ge-sellschaftlichen Produktionsorganismus）的特殊方式，与生产者间的相应的历史发展程度，一同变化。仅为便于与商品生产相对比起见，我们假定，各生产者在生活资料中所得而有的部分，将由各人的劳动时间决定。如是，劳动时间将有二重作用。一方面，劳动时间之社会的计划的分配，将使各种劳动机能，与各种欲望，保持适当的比例。他方面，劳动时间又当作一种尺度，一则可以计量生产者个人在总劳动中参加的部分，二则可以计量各个人在共同生产物中应得消费的部分。无论在生产方面抑或在分配方面，人类对于他们的劳动和劳动生产物的社会关系，都是极单纯的。

在商品生产者的社会内，一般的社会生产关系（Produktionsverhältnis）是这样的：他们的生产物，皆当作商品，当作价值，他们的私人劳动，皆在这个物的形态上，当作等一的人类劳动，而发生相互关系。在这种社会内，崇拜抽象人的基督教，尤其是在资产阶级手上发展的基督教，例如布洛斯推坦教，理神教等，是最适宜的宗教形态。但在古亚细亚的（altasiatisch-en），古代的（antiken），及其他的生产方法下，生产物到商品的转化过程，从而，人的商品生产者资格，却仅只是表演着附属的位置。到后来，这种共同体（Gemeinwesen）渐渐走上崩溃的阶段，它的位置才渐渐重要起来的。真正的商人，是像伊璧鸠鲁的神或散在波兰社会毛孔中的犹太人一样，生存在古代世界的隙缝中。古代社会的生产有机体，比资产阶级的生产有机体，是更简单得多，更容易理解得多的。那种有机体，是以个人的未成熟性（那时，人与人发生血族关系的脐带，尚未断去），或以直接的支配隶属关系为基础。那种有机体，是有下述条件限制的。即，劳动生产力的发展阶段还很低，在物质生活品生产过程中人与人及人赋予自然的相应的关系还很狭隘。这种现实的狭隘性，在观念上，反映为古代的自然宗教与民众宗教。现实世界之宗教的反映，必须等实际日常生活关系，在人面前，表现为极明白极合理的人与人的关系，和人与自然的关系之后，才会消灭的。社会生活过程（即物质生产过程）的形式，必须当作自由结合的人的产物，放在意识的计划的管理之下，然后才能把它的神秘的幕揭下。但要做到这样，必须社会已有一定的物质基础，或一系列的物质的生存条件。这种基础或条件，又是从一个延长的痛苦的发展史，自然发展出来的结果。

政治经济学曾分析（但不充分）①，价值及价值量，并曾发现这种形态所包含的内容，但它从不曾问：为什么这种内容要采取这种形态？那就是，为什么劳动要表现为劳动生产物的价值？

---

① 里嘉图对于价值量的分析，虽然在现在还是最好的，但仍有不充分的地方。这种不充分，将在本书第 3 册第 4 册加以说明。古典派经济学，关于价值一般，从未明白地，充分意识地，把表现为价值的劳动，和表现为生产物使用价值的同一个劳动，加以区别。当然，他们实际是这样区别了的，因为，对于劳动，他们有时从量的方面考察，有时又从质的方面考察。但他们不知道，一种劳动和别种劳动之间的量的区别，是以二者的质的同一性或平等性为前提的，从而，可以还原为抽象的人类劳动。例如，里嘉图就承认，当特斯杜（Destutt deTracy）说如下一段话时，他是和这位法国哲学家同意的。特斯杜曾说："确实的，我们的肉体官能和精神官能，才是我们的本原的富；这种官能的运用，某种劳动，才是我们本原的富源；而被称为富的一切东西，也常常是由这种官能的运用生出的。……这也是确实的，这种种东西，都只代表造出它们的劳动：如果它们有一个价值，或有两个不同的价值，这种价值，都只能从劳动（造出它们的劳动）的价值引起。"（见里嘉图《经济学及赋税之原理》第 3 版伦敦 1821 年第 334 页。）（转下页）

为什么由①劳动时间测量的劳动量，要表现为劳动生产物的价值量?② 这诸种公式，虽曾明白标示它们是属于一个以生产过程支

---

① （接上页注）在这里，我们只要说，里嘉图是用特斯杜的话，混入他自己的更深刻的意思。实际，特斯杜一方面是说，构成富的一切东西，皆"代表造出它们的劳动"，他方面他又说，它们的两个价值（使用价值与交换价值），是由造出它们的"劳动的价值"引起。他就这样染上了庸俗经济的浅薄气。庸俗经济学者是先假定一种商品（在这里是劳动）的价值，俾便在以后决定别的商品的价值的。里嘉图在引用特斯杜的话时，他是把这段话的意思解为，劳动（非劳动的价值）表现为使用价值和交换价值。不过，他自己也不曾十分注意有二重表现的劳动的二重性，所以，在"价值与富之区别性质"一章，他是用大部分篇幅，来考察萨伊的琐碎的意见。结局，他还惊异地发现了，关于劳动为价值源泉一点，特斯杜是和他的主张相同，但关于价值概念，特斯杜却是和萨伊的主张相同的。

② 古典派经济学有一个根本的缺点，那就是，它不曾由商品的分析，尤其是商品价值的分析，发现价值成为交换价值的形态。亚当·斯密和里嘉图，是古典派经济学的最大的代表了，他们也不重视价值形态，好像它和商品性质是没有关系的一样。他们所以会如此，不仅因为他们的注意，完全被吸收到价值量的分析上去了，还有更深的理由。劳动生产物的价值形态，不仅是资产阶级生产方法的最抽象的形态，并且是它的最普遍的形态。而资产阶级生产方法所以成为一种特别的社会生产，并取得历史的特征，也就是因为有这种形态。所以，如果把我们这种生产方法，看做是社会生产的永远的自然形态，我们就必致于看落价值形态的特殊性，从而，把商品形态的特殊性，把货币形态，资本形态那种种更发展的形态的特殊性都看落。因此，我们发觉了，彻底承认劳动时间为价值量尺度的经济学者，关于货币（完成的一般等价形态），竟抱持非常奇异非常矛盾的见解。这个现象，在银行业问题的讨论上，表现得尤为显著。因为，在这个问题上面，单有平凡的货币定义，已经不够了。复兴的重商主义派（甘尼尔等），就是这样在反对方面发生的。在这一派人看来，价值不过是一种社会形态，甚至是一个没有实体的外观。——在这里，我们且解释一下古典派经济学和庸俗经济学的意义。以后，关于这两个名词，我是不再加解释了。我所说的古典经济学，是指配第（W. Petty）以来的经济学。它曾研究资产阶级生产关系的内部的关联，是与庸俗经济学相对称的。庸俗经济学，却埋头研究它的外部的关联。他们为资产阶级日常的需要，并且为要给最明白的现象以表面上也过得去的说明，是像反刍一样，不绝咀嚼科学经济学许久以前所供给的材料，而在其他各点上面，他们却像学究一样，把资产阶级生产当事人关于这个世界（他们认为最善的世界）所抱的最平凡最自大的见解，组织一下称其为永远的真理。

配人，不是以人支配生产过程的社会组织，但在资产阶级经济学者的意识中，它们却是和生产的劳动，一样被视为自明的自然必然性。所以资产阶级经济学者对于资产阶级时代以前的社会生产有机体形态，和教父对于基督教以前的宗教，是用同样的眼光看待的①。

　　劳动的社会性，取得对象性的外表。这便是商品界的拜物教

---

① "经济学家有一种特别的方法。在他们看来，只有两种制度，一种是人为的，一种是自然的。封建制度是人为的。资本制度是自然的。他们是像神学家一样。神学家认宗教有二种，在他们看来，他们自己的宗教，是神所启示的，此外的一切宗教，都是人所发明的。——历史，以前是有的，但现在不再有了。"（马克思《哲学的贫困——评蒲鲁东君所著〈贫困的哲学〉》1847 年版第 113 页）巴斯夏（Bastiat）君，认为古希腊人罗马人是只凭劫掠生活的，这真是想象得滑稽。不过，人能几百年由劫掠来生活，那也就证明，必须常常有东西在那里供人劫掠，不然，劫掠的对象，便须不断地再生产出来。这好像，就连希腊人罗马人，也有一个生产过程，一个经济，以构成他们那个世界的物质基础，像资产阶级经济，构成现代世界的物质基础一样。难道巴斯夏君的意见是，以奴隶劳动为基础的生产方法，是以劫掠制度为基础么？若如此，他就立在一个危险的地盘上了。像亚里斯多德那样的伟大思想家，对于奴隶劳动，还难免发生错误的评价，为什么像巴斯夏那样的小经济学家，能对于工资劳动，下适当的评价呢？——乘此机会，我且简要地答复一种批评。自拙著《经济学批判》1859 年出版以来，曾经有一个美国的德文报纸批评过。批评者说，若只论以物质利害关系占着优势的现代世界为限，他也赞同我的见解。在现代，的确是以支配的生产方法及与其相应的生产关系，总而言之，是"以社会的经济构造，作实在基础的，而在其上，建立法律的政治的上层建筑，并有一定的社会意识形态，与其相照应"。在现代世界上，的确是"以物质生活的生产方法，决定社会的、政治的、精神的生活过程一般"。但这个见解，是不适用于加特力教支配的中世纪，也不适用于政治支配的古代雅典罗马。关于中世纪和太古世界的这种常套话，有谁不知道呢？但很明白，中世纪不能依赖加特力教来生活，太古世界也不能依赖政治来生活。反之，太古世界人类谋生的方法，却可以说明，为什么在太古世界，会由政治支配；而中世纪人类谋生的方法，也可以说明，为什么在中世纪，会由加特力教支配。再者，我们只要略略认识罗马共和国的历史，又会知道，它的秘密史，是由土地所有权的历史构成的。他方面，吉诃德也因为误认浮浪的骑士，能够同样见容于各种社会的经济形态，所以不免要吃这种妄想的亏。

性质。要知道这种拜物教性质曾怎样迷惑一部分经济学者，可举一例如下：有一些经济学者，曾费精竭神地辩论过，在交换价值的形成上，自然曾有怎样的作用？实则，交换价值只是一定的社会方式，它所表示的，只是一物所费的劳动。在交换价值上，是像在汇兑率上一样不包含自然材料的。

　　商品形态，是资产阶级生产最一般最幼稚的形态。这种形态，老早就出现了，不过不像现在一样是支配的，特征的。但就因这缘故，它那拜物教的性质，也就比较更容易看出了。我们若转过来看看比较具体的形态，这种单纯性的假象就消灭了。货币主义（Monetarsystem）的幻想，是从哪里发生的呢？在货币主义者看来，当作货币的金与银，与其说它是代表社会的生产关系，宁可说它是具有特别社会性质的自然物。轻蔑货币主义的近代经济学者，在讨论资本时，不是也染着这种拜物教的幻想吗？把地租认为是由土地生出，不是由社会生出的重农主义（Physiokratische）的幻想，究竟消灭了多久了呢？

　　以后的问题，且留待以后讨论。在这里，我们只要再举一个与商品形态有关的例。假令商品能够说话，它们将会说：我们的使用价值，使人类关心。但当作物的我们，是没有使用价值的。当作物的我们，是只有我们的价值。这可以由下面说的事情来证明。我们是以商品物（Warendinge）的资格发生交易的。我们是以交换价值互相对待的。这个意思，借经济学者的口表达出来，便是："价值（交换价值）是物的性质，富（使用价值）是人的性质。在这意义上，价值必包含交换，富则不然。"① "富（使用价值）是人的属性，价值是商品的属性。一个人，或一个团体是富的，一个宝珠或一个金刚石是有价值的。……一个宝珠当作一

---

① 见《经济学上若干名辞的论争》，就中尤其是《关于价值，关于供给需要的名辞》伦敦 1821 年第 16 页。

个宝珠，是有价值的，一个金刚石当作一个金刚石，也是有价值的。"① 但直到现在，还没有一个化学家，曾在宝珠或金刚石内，发现交换价值。那些自命有批判力，自认已在经济学上发现这个化学实体的人，却竟发现了，诸物的使用价值，与诸物的物质属性无关，诸物的价值则属于诸物自体。物的使用价值，没有交换，也能由物与人发生直接关系而实现；物的价值，却必须由一种社会过程，即由交换才能实现——这种特别的情形，又合了他们的见解的证明。于此，我们不禁想起，笃格伯勒（Dogberry）向夜巡查希考尔（Seacoal）说的话："成为一个富厚的人，那是境遇的造化；读与写的工夫，却是天生成的。"②

---

① 培利前书第 165 页。
② 前二书著者，皆攻击里嘉图，说他把一种纯然相对的东西（交换价值）变作绝对的东西。但事实上，是相反的。他是把外表的相对性（金刚石和珍珠之类的东西，当作交换价值，是有这种外表的相对性），还原作隐藏在外表之后的实在关系，还原作人类劳动的表现。不过，里嘉图学徒对于培利的答复是粗率而无当的，这是因为，里嘉图自己，也不曾说明价值与价值形态（即交换价值）的内部关系。

交换过程

    商品不能自己走到市场上去自己交换。因此，我们必须找寻它的监护人，那就是商品所有者（Warenbesitzer）。商品是物，自无反抗人的力量，若不顺从，他可以行使强力，换言之，可以将它占有[①]。因此要使这种物能当作商品来相互发生关系，商品监护人，必须以意志寄存在这种物内，并且以这种身份，发生相互的关系。一方必须得他方同意，必须依共同的意志行为，才让渡自己所有的商品，占有他方所有的商品。他们必须互相承认私有者的权利。这种权利关系——不问是不是依法成立的，它总归是在契约的形式上——是一种意志关系，并在其中，反映出一种经济关系来。这种权利关系或意志关系的内容，也就由这种经济关

[①] 以敬虔心著名的 12 世纪，常有若干极微妙的东西，被包括在商品里面。那时候，有一位法国诗人，曾把"不珍惜身体的女子"，和衣料、鞋子、皮革、农具等，同列为兰底（Landit）市场上待售的货物。

系规定①。在此，人是以商品代表者，从而，以商品所有者的资格，互相对待的。我们研究下去，将会知道，经济舞台上的人物，一般是当作存在于他们之间的经济关系的人格化（Personifikation ender ökonomischenVerbältnisse）。

商品与商品所有者相区别的主要一点是，商品会把每一种其他的商品体，当作自己的价值的现象形态。商品是天生的平等主义者，犬儒主义者，它随时准备以它的灵魂和肉体，和别种比马利登（Maritorne）还丑的商品相交换。对于商品体的具体性，它是没有感觉的。但这种缺乏，由商品所有者的五种以上的感觉补足了，他的商品，对于他自己，没有直接的使用价值。否则，它不会被送到市场上去的。但它有对于他人的使用价值（Gebrauschswertfür andre）。对于他自己，他只直接有一种使用价值；那就是，它是交换价值的担当者，而且是交换手段（Tauschmittel）②。所以，他会为了自己有使用价值的商品，换去自己所有的商品。一切商品，对于它的所有者，皆为非使用价值

---

① 蒲鲁东由那与商品生产相应的法律关系，创造他的正义（永远的正义）的理想；由此，他由一种给一切小资产阶级以无限宽慰的方法，确认商品生产的形态，和正义一样，是永远的。此后，就企图依照这个理想，来改造现实的商品生产，并改造与其相应的现实的法律关系。假使有一个化学家，他不要研究物质变化的现实法则，不要解决与此有关的问题，却要由"自然性"与"亲和力"这两个"永远的观念"，来改造物质的变化，我们对他将发生若何的感想呢？我们说，高利贷是与"永远的正义"、"永远的公道"、"永远的互助"或其他"永远的真理"相违背，正和教会的神父说，高利贷是与"永远的恩宠"、"永远的信仰"、"永远的神意"相违背一样。这种说法，并不能使我们对于高利贷，多知道一些什么。

② "每一种财的用途，都是二重的。——其一是物自身所有的，其一不是物自身所有的。好像草鞋，它可以穿，又可以用来交换。二者都是草鞋的用途。因为，他虽是用草鞋交换他手头缺少的东西，例如营养物，他总是把草鞋当作草鞋利用的。但不是依照自然的使用方法。因为，它不是为交换的目的，制造的。"（亚里斯多德著《共和论》第1篇第9章）

（Nicht-Gebrauchswert），但对于非所有者（Nicht-Besitzer），则为使用价值。所以，任何一种商品，都有换一下手的必要。但这样换一下手，便是交换（Austausch），使商品以价值的资格互相对待，并实现为价值的，也就是交换。所以，商品在能够实现为使用价值之前，必须先实现为价值。

但就他方面说，商品在能够实现为价值之前，又必须表示它是使用价值。因为，投在商品内的劳动是否被计入，就要看他是不是投在对于他人有用的形态上。惟劳动是否对于他人有用，其生产物是否可以满足他人的欲望，又只有依交换来证明。

每一个商品所有者，都只愿意为那有使用价值可以满足本人欲望的他种商品，换去自己的商品。在这限度内，对于他，交换只是个人的过程。但就另一方面说，他总希望自己的商品，实现为价值，并转化为有同等价值的任一种别的适合的商品，而不问自己所有的商品，对于这别种商品的所有者，有没有使用价值。在这限度内，对于他，交换又是一般的社会的过程。但同一过程，不能同时对于一切商品所有者，是只为个人的，又是只为一般的社会的。

再进一步观察。从一个商品所有者的观点看，每一他种商品，对于自己所有的商品，都是特殊的等价，自己所有的商品，对于其他一切的商品，则是一般的等价。但一切商品所有者所处的地位都是一样的。这情形，实等于没有一种商品，当作一般的等价，从而，也没有一般的相对价值形态，使商品能以价值的资格来相等，并以价值量的资格来互相比较。这时，它们都不以商品的资格，只以生产物或使用价值的资格来互相对待。

商品所有者在他们的困难中，是像浮士德（Faust）一样想，"先是实行"。所以，他们在思惟以前，就实行了。他们由自然的本能，实行了商品性质的法则。他们必须以他们所有的商品，与别种当作一般等价物的商品，发生对立的关系，然后他们的商品才能以等价物的资格，以商品的资格，发生相互的关系。但一定的商品，必须经过社会的行为，才能成为一般的等价。把特定的商品搁在一边来表示商品全体的价值的，是其他一切商品的社会行为。于是，这种商品的自然形态，成了社会公认的等价形态了。由这种社会过程而充作一般的等价，就成了这一种搁在一边的商品之特殊的社会机能了。它成了货币（Geld）。"它们一心要把它们的能力和权威，给这种兽。凡是要买要卖的，都不得不有这个记号，有这个兽的名字，或是它的名字的数目。"（《约翰启示录》）

货币这个结晶，是交换过程的必然的结果。在这过程中，各种劳动生产物实际被视为相等，实际转化为商品。交换之历史的扩大与加深，又使原来在商品性质中包含着的使用价值与价值的对立，展开来。为商业的便利起见，这种对立，有在外部表现出来的需要。这个需要，引起一个独立的商品价值形态，且不绝进行，终于使商品分化为商品与货币。劳动生产物越是转化为商品，这一特殊商品，也就越是转化为货币[1]。

直接的生产物交换（unmittelbare Produktenaustausch），就一方面说，固已有单纯的价值表现的形态，但就别一方面说，却还没有。这个形态是 x 量商品 A = y 量，商品 B。直接的生产物交换的形态是 x 量使用对象 A = y 量使用对象 B[2]。在交换以前，物品

---

[1] 由此，我们可以判断小资产阶级社会主义是怎样无意思了。这种社会主义，要使商品生产成为永久的，但同时又把"货币与商品的对立"废除，从而，把货币本身废除，因为它只在这种对立中存在的。如果这种意见也可成立，我们也可废除罗马教皇而保持加特力教了。关于这点，可参看拙著《政治经济学批判》第 61 页以下。

[2] 如果不是用两种不同的使用对象相交换，却像未开化人一样，用各种物品混杂起来，当作一种物品的等价，则在这限度内，连直接的生产物交换，也还是在幼稚阶段上的。

A 与 B，还不是商品；它们是由交换成为商品的。使用对象成为交换价值的第一步，是对所有者成为非使用价值，成为满足所有者本人欲望以后的多余的使用价值量。物的自体，是在人身之外，从而是可以从人身让渡出来的。要使这种让渡成为交互的让渡，只有一个条件是必要的；那就是，人们互相默认他们是可以让渡的物品的私有者，互相承认他们是独立的人。这种互相独立的关系，在自然发生的共同体（无论是族长的家庭，是古代印度共产国体，或是秘鲁印嘉人的国家）的成员间，是不存在。商品的交换，是在共产体的尽头处，在一共产体与其他共产体，或与其他共产体的成员们接触的地方开始的。但物品一度在对外生活上成为商品，则由反应作用，它也会在对内生活上成为商品。交换的量的比例，当初纯然是偶然的。它们所以能互相交换，只是因为所有者愿意把它们互相让渡。但由此，对于他人所有的使用对象，就渐渐发生了欲望了。交换已由不断的反复，成为一种规则的社会过程。渐渐的，至少有一部分劳动生产物，是为交换的目的而生产了。从这时起，为直接需要的效用和为交换的效用，区分开来了。使用价值与交换价值，区分开来了。物互相交换的量的比例，是由它们的生产自身决定了。习惯又使诸物成为定量的价值。

在直接的生产物交换中，每一种商品，对于其所有者，皆为直接的交换手段，对于其非所有者，皆为等价物，但以它对于他们有使用价值为限。在这阶段中，交换品还没有与其自身使用价值或交换者个人需要相独立的价值形态。自加入交换过程的商品数目增大，种类增多之后，这样独立的价值形态就是必要的了。问题与解决问题的手段，是同时发生的。商品所有者以其所有商品，和其他种种商品相交换相比较的交易，会引导各种商品所有者的商品，在交易时，与同一的第三种商品相交换，并当作价值，与这同一的第三种商品相比较。这第三种商品，因为是种种其他商品的等价物，故直接在一个狭隘的范围内，取得了一般的社会的等价形态。这个一般的等价形态，是和当时唤起这个形态的社会接触同生共灭的，并且是交替的，暂时的，归属于这种商品或那种商品。但随着商品交换的发展，这种形态终于固定在特殊商品上，并结晶为货币形态了。它固定着在那种商品上面，在当初只是偶然的。但大体说，有二种事情的影响，具有决定性。货币形态大概是附着在这二类商品上。第一类是最重要的外来的交换品，那对于团体内各种生产物的交换价值，事实上，是自然的现象形态。第二类是像家畜一样的使用对象，那是团体内各种可让渡财产中的主要成分。货币形态最先是在游牧民间发展起来的，因为他们一切的所有物，都是动产，都是直接可以让渡的；并且因为他们的生活方式，不断地使他们与其他的共同体接触，因而引起生产物的交换。又把人当作奴隶作为原始货币材料的事情，也往往发现；但把土地用作货币材料的事情，却是一向没有的。用土地作货币材料的观念，只在进步已经很大的资产阶级社会内才能发生。那是 17 世纪末叶才有的。若当作一种国家政策来实施，那还是一世纪后法国资产阶级革命时候的事。

商品交换越是打破地方的限制，商品价值越是发展成为人类劳动一般的体化，则天然最适于担任一般等价物这种社会机能的商品——贵金属——越是取得货币形态。

"金与银非天然为货币，但货币天然为金与银。"① 这个命题，可由这诸种金属适于充任货币机能的种种自然性质，证明是

---

① 马克思《政治经济学批判》第 135 页。——参看加里安尼（Galiani）的话，"金属……天然是货币"。（《货币论》库斯托第编《意大经济名著集》近世篇第 3 卷第 72 页）

真的①。但至此为止，我们尚只认识货币的一种机能，那就是当作商品价值的现象形态，或者说；当作商品价值量取得社会表现的材料。只有每一片皆有一致性质的物质，能适合地成为价值的现象形态，成为抽象的人类劳动的体化物。又，价值量的差别既纯然是量的差别；所以，货币商品也必须只有量的差别，必须可以随意分割和拼合。金与银就天然赋有这种性质的。

货币商品（Geldware）的使用价值，是二重的。当作商品，它有特殊的使用价值（比方说，金可以镶牙，可以作奢侈品的材料等）但它又由这种特殊的社会机能，取得了一种形式上的使用价值。

其他一切商品为货币的特殊等价，货币则为其他一切商品的一般等价。其他一切商品为特殊商品，货币则为一般商品②。二者互相对待。

我们讲过，货币形态是其他一切商品的关系的反射，是固着在一种商品上面的。所以，"货币是商品。"③ 这句话，只有那些从完成形态出发而开始分析的人，会认为是新发现。当商品转化为货币时，交换过程所给予货币商品的，不是价值，只是特别的

---

① 要知其详，可参看拙著《政治经济学批判》论贵金属的一节。
② "货币是一般的商品。"（维利《经济学的一种考察》第 16 页）
③ "总称为贵金属的金与银。也是可以在价值上涨跌的商品。所以，当重量较小的一块贵金属，能交换较大量的农产物或制造品时，我们可以说，贵金属的价值已经提高了"。（《论货币，贸易，交换的一般概念，及其相互关系》，一个商人著，伦敦 1695 年第 7 页）——"银与金，已铸币的，或未铸币的，虽可以用作其他一切物品的尺度，但和葡萄酒、油、烟草、布、毛织物一样是商品"。（《论贸易，尤其是东印度的贸易》伦敦 1689 年第 2 页）——"一国的资财与富，不能说单是由货币构成，金银也不能列在商品之外"。（《论东印度贸易为最有利贸易》伦敦 1677 年第 4 页）

价值形态。这两件事情的混同，使人误认金与银的价值是想象的东西①。又因货币的某种机能，可由某符号代替，又引起了一种错误：认为货币本身也是符号。但这种错误包含着一种预觉。

那就是，一物的货币形态，不是该物的不可分离的部分，只是隐藏在该物后面的人类关系的现象形态。就这意义说，每一种商品都可当作只是一个符号；因为，当作价值，每一种商品，都仅是支出在这种商品上面的人类劳动之物质的外皮②。但他们说物在特殊生产方法基础上取得的社会性质，劳动的社会性质在特

---

① "金与银在成为货币以前，已经当作金属，有它的价值"。（加里安尼《货币论》第72页）洛克（Licke）说:"因银特别适宜于充作货币，所以人类一般同意给银一个想像的价值"。反之，劳却问："不同的诸国怎样才能给一种物品以想象的价值呢？……这种想象的价值又怎样维持它自身呢？"以下的话，表明了他自己关于这个问题是怎样不了解。他说："银是依照它所有的使用价值，从而，依照它的现实的价值来交换的。因被采为货币之故，它又有了一个追加的价值"。（约翰·劳著《通货与商业论考》，见德尔编《18世纪财政经济学论集》第469、470页。）

② "货币是商品的记号"。（特·福尔波内著《商业概论》新版勒登1776年第2卷第143页）"货币当作商品的记号，就为商品所吸引。"（前书第155页）"货币是物的记号，且代表该物。"（孟德斯鸠《法之精神》，全集伦敦1767年第2卷第9页）"货币不单纯是记号，它自身也是富；它不代表价值，而与价值为等价者。"（勒·德洛尼著《社会的利益》第910页）"当我们考察价值概念时，我们是把物自身看作只是记号，不问它自身是什么，只问它值什么。"（黑格尔《法律哲学》第100页）法学者远在经济学者之前，取得了货币仅为记号，贵金属价值纯属想象的思想。他们在歌颂王权，依罗马帝国的传统和般待克登（Pandekten）的货币概念，来拥护中世纪国王伪造铸币权时，得到这种思想的。他们的得意的门生菲力·冯·维罗亚（Philipp von Valois）曾在1346年一个布告中说："任谁也不应怀疑，且不能怀疑铸币的制造，制定，供给，以及关于货币的一切处置，是我等及国王陛下的权限。我等可依我等的意思，依照我等自认为是的办法，使其依照一定的价格来流通。"货币价值由皇帝勒令规定，那是罗马法的定则。认货币为商品的看法，是明文禁止的。"任何人皆不得卖买货币；货币既为公用而制定，自不应认为商品的。"关于这个问题，有一个很好的说明，是巴尼尼（Pagnini）所著《公平价值论》（1751年）（库斯托第《意大利经济学名著集》近世篇第2卷）。特别在该书第2篇，巴尼尼曾驳击法学家先生们。

殊生产方法基础上取得的物的性质，只是符号时，他们是把这诸种性质，当作人类思索的随意的产物来解释。18 世纪的说明方法，正是这样。当时人不能说明人类关系的各种形态是怎样发生，他们因此对于这种关系的谜一样的形态，只要暂时把奇异的外观除掉，就满意了。

上面已经说过，商品的等价形态，不包含商品价值量的规定。所以，我们虽然知道金是货币，可以和其他一切商品直接交换，但我们仍然不知道金 10 镑的价值是多少。像其他各种商品一样，货币也只能把它的价值，相对地表现在他种商品上。它的价值，是由生产它所必要的劳动时间规定的，并且是由包含等量劳动时间的他种商品量表现的①。金的相对价值量已在其产源地，由直接的物物交换，在量上规定了。当它当作货币加入流通界时，它的价值已经是规定好了的。17 世纪末叶货币分析的开端，已经说明货币是一种商品，但那只是分析的开端。要了解货币是商品不难，但要了解这种商品如何，因何，由何变成货币，

---

① "一个人若能以生产一布系（Bushel）小麦的时间，从秘鲁地下，采取一盎斯银带到伦敦，后者便成了前者的自然价格了；现在，倘因有新的容易采掘的矿山出现，以致他先前生产一盎斯银的时间，已能生产二盎斯，则在其他条件不变的限度内，现在一布系十先令的价格，是和先前一布系五先令的价格，一样便宜。"（配第《赋税论》伦敦 1667 年第 31 页）

却是不容易的①。

我们讲过，在 x 量商品 A = y 量商品 B 这个最简单的价值表现中，某物的价值量借以表示之物，会从这个关系获得等价形态，以致这个等价形态，竟像是此物所有的社会的自然性质（Gesell-schaftlche Natureigenschaft）。我们曾探究，这虚伪的假象，是怎样确立的。当一般等价形态，与一特种商品的自然形态相融合，或结晶为货币形态时，这个假象的确立，便完成了。一商品成为货币，好像不是因为其他一切商品的价值，皆表现在这种商品上面；反过来，其他一切商品的价值皆表现在这种商品上面，好像是因为这种商品是货币。中间的种种运动，在他们自身的结果上消灭了，不曾留下一点痕迹来。诸商品，不待自己动作，就发觉自身的价值形态，已经完全表示在别一种同时存在的商品体上了。金与银，一从地中心出来，便为人类劳动的直接的体化物。货币的魔术，便是由此开始的。人在社会生产过程上的原子一样的行为，其生产关系的完全不受人支配且与个人意识行为相独立的物的姿态，最先，是由劳动生产物一般采取商品形态这一件事情显现出来的。货币拜物教性（Geldfetisch）的谜，即是商品拜物教性的谜，下过前者比后者还更迷惑人的眼睛。

---

① 罗雪尔（Roscher）教授告诉我们，"谬误的货币定义，可分成两大类：一类认货币为商品以上的东西，一类认货币为商品以下的东西。"接着，他不注意次序，把许多论货币性质的著作，列成一表。由此可知罗雪尔教授，对于货币说的现实的历史，连淡漠的理解也没有。他往下曾说，"无待讳言，大多数现代的经济学者，关于货币与其他商品互相区别的特性，换言之，关于货币究为商品以上抑为商品以下的东西这个问题，是不曾充分注意的。……在这限度内，甘尼尔的半重商主义的反动，不是全无根据的。"（威廉·罗雪尔著《国民经济学原论》第 3 版 1858 年第 207—210 页）以上——以下——不曾充分——在这限度内——不是全无！这样含糊的用语！然而，罗雪尔先生就称这种折中的大学教授式的谚语，为经济学的"解剖生理学的方法"。不过有一个发现，是应归功于他的。即，货币是"一种人人爱的商品"。

第三章

货币或商品流通

I 价值尺度 (Mass der Werte)

为要使说明更为简单，本书全部，皆假定金为货币商品。

金的第一种机能，是供商品界以价值表现的材料，换言之，把商品价值表现为同名称的量，使其在质的方面相等，在量的方面可以互相比较。这样，它成了价值的一般尺度了。也就因有这种机能，所以金这种特别的等价商品 (Aequivalentware)，才成为货币。

不是因为有货币，所以商品有公约的可能。正好相反，是因为一切商品，当作价值，都是对象化的人类劳动，所以它们有公约的可能，所以它们的价值，能由同一个特殊的商品来计量，所以这个特殊的商品能转化为共同的价值尺度，即货币。货币为价值尺度，但诸商品内在的价值尺度是劳动时间，货币仅为其必然的现象形态①。

一商品以其价值由金表现，即得 x 量商品 A = y 量货币商品。此即商品的货币形态或价格（Preis）。如是，要由社会公认的方式去表现铁的价值，只要有一个像 1 吨铁 = 2 盎斯金一样的方程式就够了。这个方程式，已无须插在其他各种商品的价值方程式中间，因为金这种等价商品，已经有了货币的性质。商品的一般相对价值形态，现在又恢复为最初的简单的单一的相对价值形态了。同时，扩大的相对价值表现，即相对价值表现之无限的系列，又成了货币商品所特有的相对价值形态。这个系列，已经在商品价格中，成了社会的与件了。我们只要把市价表反转来读，就可以看见由各种商品表示的货币的价值量。但货币是没有价格的。货币要和别种商品有统一的相对价值形态，它必须以它自身为等价。

商品的价格或货币形态，与商品的可以捉摸的实在的物体形态不同。就这一点说，它和商品的价值形态一般，没有不同的地方。它也纯然是观念的想象的形态。铁、麻布、小麦的价值，虽然看不见，但却存在于诸物自体内。必须与金相等，与金发生关系（只在它脑中存在的关系），它们的价值，才能被表现。所

---

① 货币为什么不直接代表劳动时间（例如以一张钞票代表一小时劳动）的问题，实际是，在商品生产基础上，为什么劳动生产物必须表现为商品的问题。盖因商品的表现。已包含商品和货币商品的分化过程。换言之，那个问题，归根结底，又不过是私人劳动为什么不能当作直接社会的劳动，当作它的反对物的问题。我曾在别处（马克思《经济学批判》第 16 页以下）讨论以商品生产为基础的"劳动货币"（Arbeitsgeld）的浅薄的空想主义。在这里我只要再附带说明，欧文（Owen）的"劳动货币"，是像戏院门票一样，不是"货币"。欧文先假定直接的社会劳动，假定一个与商品生产正相反对的生产形态。劳动券（Arbeitszertifikat）不过是一种证明，证明他在共同劳动中会以生产者的资格，参加他个人的一份，并证明他对于供人消费的共同生产物，也能以生产者的资格，要求他个人的一份。欧文不是以商品生产为前提，他也不想以货币的把戏，来避免商品生产的必要条件。

以，此等物的监护人，必须把他的舌借给它们，必须把定价条子贴在它们身上，它们的价格才可以传到外界①。因为以金表现商品价值的行为，是观念的，所以在这种行为上，我们也可以仅只用观念的或想象的货币。每一个商品监护人都知道，当他给商品价值以价格形态或想象的金的形态时，他尚未把商品化为金；每一个商品监护人都知道，当他用金评计价值数百万镑的货物时，他不须有一片现实的金在手里。在货币只用作价值尺度时，它只是观念的或想象的货币。这情形，曾引起极荒唐的诸种学说②。不过，用作价值尺度的货币，虽只是想象的货币，但价格仍完全依存于实在的货币材料。一吨铁所包含的价值或人类劳动量，是由想象的包含等量劳动的货币商品量来表现。所以，一吨铁的价值，要看用作价值尺度的是金是银还是铜，而有极不同的价格表现。或表象为极不相同的金属（金银或铜）量。

假设有二种不同的商品，例如金与银，同时充作价值尺度，则一切商品都会有两个不同的价格表现，一为金价格（Goldpreise），一为银价格（Silberpreise）。若金与银的比价不变，例如1：15，这二种价格当可安然并存。但其比价每一次变动，都会扰乱商品的金价格对其银价格的比例，所以，事实证明了，价值

---

① 野蛮人和半野蛮人，以不同的方法，使用他们的舌。据巴利（Parry）上校说，巴芬湾西岸的居民"在此际，（即以生产物交换生产物之际）……是用舌舐物二次，以表示他们之间的交易，已经满意地弄停妥"。又，东部爱斯基摩人，也以舌舐交换所得的物品。当北方人把舌当作占有器官（Organ der Aneignung）时，南方人会把肚皮当作蓄积财产的器官，是无足异的。加菲尔人就拿肚皮的大小，来评计一个人的财富。加菲尔人可谓知道自己了。当1864 年英国卫生报告说劳动阶级大部缺少脂肪的营养时，有一位哈威（Harvey）医生（不是血液循环说的有名的发现者），却大登广告，说他有巧妙的医法，可以把资产阶级和贵族阶级中的人的过剩脂肪减少，由此赚了一大笔钱。

② 参看马克思《政治经济学批判·论关于货币尺度单位的各种学说》第 53 页以下。

尺度的复本位制（Verdopplung），是与价值尺度的机能相矛盾的①。

价格既定的商品，是表现在如下的形态上：a量商品 A = x 量金；b 量商品 B = z 量金；c 量商品 C = y 量金等；abc，代表商品 ABC 的一定量；xzy，代表金的一定量。这几种商品的价值，转化成了种种想象的金量。所以，商品体虽是复杂不等的，但商品价值却转化成了同名称的量，即金量。它们现在能够互相比较，互相测定了。但以某定量的金为尺度单位（Masseinheit），使商品价值与这定量的金发生关系，就成了技术上的必要了。这单位，再分为可除部分（Aliquate Teile）时，便成了尺度标准（Massstab）。在金银铜成为货币之前，它们在它们的金属重量中，已有这种尺度标准。例如，以一磅为尺度单位时，它可以分

---

① 第2版注。"在金与银依法同时为货币或价值尺度的地方，莫不有种种尝试，要把二者视为同一的物质，但这无效果。假设同一的劳动时间，必定会不变地，对象化在同一的金银比例量中，这等于假设金与银为同一的物质，并假设价值较低的银的一定量，为一定量金的不变的部分。由爱德华三世时至乔治二世时，英国的货币史是在不绝的混乱中，因金银价值的法定比例，常与现实的金银价值变动，相冲突。有时是金评价过高，有时是银评价过高。评价低于价值的金属，逐从流通界退出，被熔化，被输出了。因此，法律不得不重新规定二金属的价值比例。但新的名义价值，不久又和以前一样，和现实的价值比例相冲突。——现在，因印度支那需要银之故，以致与银比较，金的价值是稍稍地暂时也低落了。由此招来的结果，是使法国以非常大的规模，发生银被输出，金驱逐银的现象。1855年，1856年，1857年间，在法国，金输入对于金输出的超过额，等于41,580,000镑，而银输出对于银输入的超过额，又等于14,704,000镑，实在说，并用二种金属为法定价值尺度，从而并用二种金属为合法支付手段的国家，价值提高了的一种金属，自会生出一种兑换差额（Agio）来，以致像别的商品一样，但评价高于价值的那种金属，来量度它的价格。这样，实际仍只有后一种金属当作价值尺度。在这方面，一切历史的经验，都归结到这一点，即在依法有二种商品充作价值尺度的地方，实际仍只有一种金属能保持这个地位。"（马克思《政治经济学批判》第52、53页）。

割为盎斯，又可合计为百磅①。因此，在一切金属流通（metallis-chen Zirkulation）中，货币标准或价格标准，最初皆以重量标准的原名为名称。

当作价值尺度和当作价格标准（Massstab der Preise），是货币的两种全异的机能。它是价值尺度，如果它是人类劳动之社会的体化；它是价格标准，如果它是确定的金属重量。货币充作价值尺度时，它的机能，是把许多的商品的价值，转化为价格，为想象的金量；货币充作价格标准时，它的机能，是计量这诸种金量自身。价值尺度是测定当作价值的商品；反之，价格标准则是以一种金量测定种种的金量，不是以其他金量的重量，测定某金量的价值。要使金成为价格标准，必须规定一定的金重量为尺度单位。是故，确立一不变的尺度比例，实为最要之事。这一点，和其他各种同名量的尺度的决定，没有二致。所以，当作价格标准，尤宜有一个同一的金量，不变的，充作尺度单位。但当作价值尺度，则金本身亦系劳动生产物，从而，是可以在价值上变化的②。

很明白，金的价值变动，不会妨碍金的价格标准的机能。无论金的价值怎样变动，各种金量之间的比价，仍保持原状。哪怕金的价值跌落，仅等于原价 $\frac{1}{10}$，12 盎斯金依然等于 1 盎斯金的 12 倍。在价格上，我们又只须考虑各种金量的比例。1 盎斯金价

---

① 第 2 版注。英国币制上有一种特别现象，即在英国充作货币标准单位的一盎斯金，不分成可除部分。这个现象，由以下的话说明了。"英国的币制，原来是只用银的，因此，一盎斯银能分成定数的铸货。后来采用金了，但币制还照旧只适用银；所以，一盎斯金就不能铸成定数的铸货了。"（马克拉伦 Maclaren 著《通货史》伦敦 1858 年第 16 页）

② 第 2 版注。在英国的文献中，价值尺度和价格标准之间，有一种不可名状的混乱。这两种机能，和它们的名称，都不绝混同着。

值的腾落，既不能改变 1 盎斯金的重量，故其可除部分的重量也不会变动。无论金的价值怎样变动，金的价格标准的机能总是不受影响的。

金的价值变动，也不会妨碍金的价值尺度的机能。其变动会同时影响一切商品，故若其他事情不变，一切商品相互间的相对价值，也不会变动。不过，它们的价值，都将由较高的或较低的金价格表示了。

商品价值由金计量，等于由任何他一种商品的使用价值表示。在此际，我们也只假定，在一定时期内，生产一定量的金，费一定量的劳动。就商品价格一般的变动说，单纯的相对价值表现之法则，也可应用。

商品价格一般提高，只因商品价值提高时，货币价值不变，或因货币价值跌落时，商品价值不变。反之，商品价格一般跌落，也只因商品价值跌落时，货币价值不变，或因货币价值提高时，商品价值不变。所以，货币价值的提高，不一定会引起商品价格的比例的跌落；货币价值的低落，也不一定会引起商品价格的比例的提高。假使是这样，那就一定因为商品的价值不变。例如，与货币价值同时并依同比例提高其价值的商品，其价格即将不变。又，若其价值比货币价值涨得更慢或涨得更快，其价格的跌落或提高将如何，还视其价值变动，与货币的价值变动，有怎样的差额，然后决定。其余可以类推。

现在我们回转来，讨论价格形态。

以金属重量为名称的货币名称（Geldnämen），渐渐与它们原来的重量名称相分离。在分离的种种原因中，历史的原因是有决定性的。（1）外国货币输入发展程度较低的民族。此事曾发生于古代罗马。在那里，金银铸币，最初原是当作外国商品，流通的。这种外国货币的名称，自与国内的重量名称不能一致。（2）

财富发展了，较不贵重的金属，将为较贵重的金属所排挤，因而失去价值尺度的机能。依照诗人的想象的年代次序，是先用金，后用银，先用银，后用铜的。实则，或许是铜为银所代替，银为金所代替①。譬如镑，原是 1 磅重的银的货币名称。当金代银为价值尺度时，这个名称，就依照金银的比价（大概是 1：15 罢），附在金上面了。所以，当作货币名称的镑，就和通常当作重量名称的磅分化了②。（3）历代帝王实行的货币伪造政策，曾夺去铸币原来的重量，以致徒有旧来的名称③。

这种种历史过程，使金属重量的货币名称，与其普通的重量名称相分离，又使这种分离，变成民族的习惯。货币标准既纯粹是习惯的，又必须能够通用，故其标准，结局便由法律来制定了。一定重量的贵金属（例如 1 盎斯金），依法律分成若干可除部分，而给以法定的名称，例如镑、台娄尔等。此可除部分，成为货币的真正的尺度单位。此可除部分，还可再分为可除部分，使其各有法定的名称，例如先令、便士等④。前后皆是以一定的

---

① 这个顺序，也没有一般的历史的妥当性。

② 第 2 版注。"今日不过在观念上有其名称的铸币，随便在哪个民族，都是最古的货币。但此等货币，在某时，都是实在的；也就因为是实在的，所以人拿它们来计算。"（加里安尼《货币论》第 153 页）

③ 第 2 版注。就因此，所以，英吉利的镑，尚不及原重量的 $\frac{1}{3}$；苏格兰的镑，在联合以前，仅当原重量的 $\frac{1}{36}$。又，法兰西的"里佛尔"（Livre）仅当原重量的 $\frac{1}{74}$。西班牙的"玛拉维底"（Maravedi）不及原重量的 $\frac{1}{1000}$；葡萄牙的"勒伊"（Reis）还比原重量更轻得多。

④ 第 2 版注。厄哈特（David Equhart）曾在他的《通用语集》，叙述一件可惊的事实。现在充作英国货币标准单位的镑，约等于一盎斯金的 $\frac{1}{4}$。"这是尺度的伪造，不是标准的确立。"他在金重量的"伪造名称"中，像在别种事情上面一样，看出了文明的伪造作用。

金属重量为金属货币的标准。所不同者，仅分割程度与命名而已。

于是，价格，或商品价值在观念上转化成的金量，遂表现在货币名称，或法定货币标准的计算名称上了。所以，我们在英吉利，不说 1 卡德小麦等于 1 盎斯金，却说 1 卡德小麦等于 3 镑 17 先令 $10\frac{1}{2}$ 便士。诸商品的价值，概表现为它们的货币名称。当我们要确定一物的价值，并在货币形态上确定该物的价值时，货币是当作计算货币（Rechengeld）用的[①]。

物的名称，是和物的性质，全然没有关系的。我虽知此人名哲科布，但依然不知他是怎样的人。同样，在镑、台娄尔、佛郎、杜加这种种货币名称上，其实没有价值关系的一点痕迹。这种秘密的记号之秘密的意义，曾引起混乱。因货币名称表示商品价值，同时又表示一种金属重量——货币标准——的可除部分，这种混乱是更为深化了[②]。但价值因为与商品界杂多的物体相区

---

① 第 2 版注。"有人问希腊为何使用货币，安纳卡尔西士（Anarcharsis）答说，为要计算。"（雅典累士著：《学者的晚餐》希维格浩叟编 1802 年版第 4 册第 49 页）

② 第 2 版注。"因为当作价格标准的货币，和商品价格，表现为相同的计算名称，所以，一盎斯金是和一吨铁的价值一样，可以用 3 磅 17 先令 $10\frac{1}{2}$ 便士来表示。这个计算名称，称为金的铸造局价格（Münzpreis），但因此，有一种奇怪的见解发生了。依照这种见解，金（或银）是依它自身的物质来评价的，并且和其他一切商品不同，它有一个由国家规定的固定价格。在他们看，确立一定重量的金的计算名称，即是确立此重量的金的价值。"（马克思《政治经济学批判》第 52 页）

别，又不能不采取这在物质上毫无意义的纯然社会的形态①。

价格是实现在商品内的劳动的货币名称。所以，说某商品的相对价值表现，即是二商品的等价关系的表现，固为同义反覆；说商品与构成该商品价格的货币额，有等价关系，也为同义反覆②。但价格——当作商品价值量的指数——虽为该商品与货币的交换比例的指数，但该商品与货币的交换比例的指数，不一定是商品价值量的指数。假设有二个等量的社会必要劳动，一表现为一卡德小麦，一表现为二镑（约等于$\frac{1}{2}$盎斯金）。于是，二镑是一卡德小麦价值量的货币表现，换言之，是一卡德小麦的价格。设因情事变动，以致一卡德小麦价格提高至三镑，或降落至一镑。一镑和三镑，当作小麦价值量的表现，虽可失之过大或过小，但总归是它的价格。因为，第一，它们是小麦的价值形态即货币；第二，它们是小麦和货币的交换比例的指数。在生产条件或劳动生产力不变时，再生产一卡德小麦所须支出的社会劳动时间，在价格变动之后，必和在价格变动之前一样多。这种情事，

---

① 参看拙著《政治经济学批判》第53页以下，《货币尺度单位的导说》。有一种幻想，以为只要把法律给予一定重量金或银的法定货币名称，转给重量较大或重量较小的金或银，便可以把货币的造货局价格提高或减少。关于这种幻想（例如宣布1盎斯金的$\frac{1}{4}$在将来应分为40先令，不分为20先令），在其目的，非要由粗劣的财政运用，以损害公债权人，而要实行经济上的"奇迹疗法"时，已有配第，在其1683年所著《货币问答，答哈里法斯（Halyfax）侯爵》中，详加讨论。他的直接的祖述者诺芝（Dudley North）和洛克，——不说更后的祖述者了——也只能拿他的话来通俗化。他说："如果一国的富，可由一张布告增加10倍，那就很奇怪，为什么我们的长官，不早点出这样一张布告了。"（前书第36页）

② "如果不是这样，我们便应承认，一百万货币，比等价值的商品有更大的价值了。"（勒·德洛尼《社会的利益》第922页）从而，我们也应承认，"一个价值，比一个相等的价值，有更大的价值了"。

既与小麦生产者的意志相独立，也与别种商品所有者的意志相独立。商品价值量所表现的，是该商品在其形成过程中与社会劳动时间的必然的内在的关系。价值量转化为价格时，这一种必然的关系，表现为一种商品与别一种商品（货币商品）的交换关系。但这种关系，像可以表现商品价值量一样，也可以表现比价值量更大或更小的量。在一定情形下，该商品会依这更大或更小的量让渡的。因此，商品的价格可以和它的价值量，发生量的不一致。价格可以和价值量相背离。这种可能性，内在于价格形态之内。但这种可能性，不是价格形态的缺点。现在的生产方法，既以无规则的盲目的平均法则为支配法则，所以这种可能性，反而使价格形态，成为这个生产方法的适合的形态。

价格形态不仅可以有价值量与价格（即价值量与其货币表现）之量的不一致，且可以包藏二者间的质的矛盾，以致货币虽仅是商品的价值形态，但价格可以完全不表现价值。本身绝非商品的东西，例如良心名誉等，也可由它们的所有者，拿来换取货币，并由它们的价格，取得商品形态。所以，一种东西虽没有价值，但能够在形式上有价格。在这场合，价格表现，像数学上某几种量一样，是想象的。不过，想象的价格形态，也有时可以隐匿现实的价值关系或由此派生的关系；例如，未耕地的价格。未耕地是没有价值的，因不曾有人类劳动实现于其内。

像相对价值形态一般一样，价格表现一商品（例如一吨铁）价值的方法，是表示一定量等价物（例如一盎斯金）能直接与铁交换，不是表示铁能直接与金交换。所以，一个商品如要实际成为一个交换价值，它必须先放弃它的自然形态，由想象的金转化为实际的金，——不过这种变质作用之于商品，比由必然到自由的推移之于黑格尔哲学，比甲壳的脱弃之于蟹，比欲性的脱离之于教父喜埃洛尼玛斯（Hieronymus）①，还要难。商品，固可在其实际形态（例如铁）之旁，凭其价格，有一个观念的或想象的金的形态，但它不能是现实的铁，同时又是现实的金。要确定其价格，只须在想象上，使其与金相等。但它对于所有者如要有一般等价物的作用，它先须化为金。假令铁所有者，竟向某其他商品所有者，指铁的价格为货币形态，这其他商品所有者，将会像圣彼得，答复默诵使徒信条的但第（Dante）一样，答复他说："这个铸币的重量成色，已经十二分合格，但请告诉我，你钱袋中有没有它。"

是故，价格形态包含商品转化为货币的可能性，又包含这种转化的必要性。而金能充作想象的价值尺度，只因为金已在交换过程中当作货币商品流转着。想象的价值尺度后面，潜伏着硬的货币。

Ⅱ　流通手段（Zirkulationsmittel）

A　商品的形态变化（Die Metamorphose der Waren）

我们已经讲过，商品的交换过程，包含诸种矛盾的互相排斥的关系。商品的发展，不曾扬弃这个矛盾，却为这个矛盾，创造了一个运动形态。须知现实的矛盾，一般都是如此解决的，比方说，一物不绝向他物下落，又不绝从该物飞开，是一个矛盾。椭圆便是实现这个矛盾又解决这个矛盾的运动形态之一。

交换过程，使商品由非使用价值的人手里，移转到为使用价

---

① 喜埃洛尼玛斯在青年时期，曾与物质的欲念苦斗过。他在沙漠中与想象的美女苦斗的故事，可以说明这一点。在老年时期，他又不得不与精神的欲念相斗。他说：我以为，我在精神上，是立在宇宙审判者之前。问："你是谁？"答："我是基督教徒。"审判者大喝："你说诳，你不过是西塞罗（Cicero）信徒。"

值的人手里。在这限度内，这种过程，是社会的一种代谢机能。一种有用劳动的生产物，代替别一种有用劳动的生产物。一个商品，一经达到当作使用价值用的地方，就会由商品交换的范围，落到消费的范围内。但在此我们所关心的，只是前一个范围。我们现在要从形态方面，考察这全部过程；即考察商品以这个社会代谢机能为媒介的形态变化。

关于这种形态变化的理解，还不完全。价值概念的不明了，固为理解不完全的原因。舍此不论，则理解不完全的原因是，一种商品的形态变化，要由于二种商品——一为普通商品，一为货币商品——的交换来完成。假设我们只注意物质的要件，只注意商品与金的交换，我们就忽视了我们应当注意的事情——商品在形态上发生了如何变化的事情。我们忽略了：金当作单纯的商品，不是货币；其他商品，在其价格上，却是把金，当作它自己的货币形态，而与金发生关系。

商品，是以其原来的姿态，未镀金，也未渍糖地加入交换过程的。然后，交换过程使商品分化为商品与货币，引起一种外部的对立，以表现使用价值与价值之内部的对立。在这种对立中，当作使用价值的商品，与当作交换价值的货币对立着。就他方面说，对立的两方，都是商品，都是使用价值与价值的统一。但这种差别物的统一，是依相反的方法，表现在二极上，并由此表现二极的相互关系。商品实际是使用价值，其价值性，仅观念地，表现在价格上。它也就由价格，把对立的金，当作实在的价值形态，而与其发生关系。反之，金的物质，却只当作价值的体化物（货币），所以实际是交换价值。它的使用价值，仅观念地，表现在相对价值表现的系列中。它也就在这系列中，把这种对立的商品，当作它的实在的使用价值的总和，与它们发生关系。但这样的商品对立形态，却就是交换过程之现实的运动形态。

现在，我们且陪伴一个商品所有者（我们的熟朋友麻布织造者罢），到交换过程的舞台去，明白的说，到商品市场去。他的商品，20 码麻布，是有一定的价格的。其价格为二镑。他为二镑，换去 20 码麻布。假设他是一位老学究，他会用这二镑，去换一本同价格的圣经。麻布对于他只是商品，只是价值的担当者。金是麻布的价值形态。麻布被用来交换金，金又被用来交换别种商品圣经。圣经被他视为使用对象，携回到他织布的家里，并在那里，满足受教化的欲望。如是，商品的交换过程，就分明是由两个互相反对又互相补足的形态变化完成的了。一个形态变化是由商品转化为货币，一个形态变化是由货币复化为商品①。商品形态变化的要素，同时即是商品所有者的行为。一为卖，以商品父换货币；一为买，以货币交换商品。这两种行为，有一个统一性。那就是为要买而卖（Verkaufen，um zukaufen）。

在麻布织造者看来，行为的结果是，他原有麻布，今则有圣经。那就是，失去一种商品，但得到别一种价值相等但效用不同的商品。他的生活资料和生产手段，皆是由这个方法取得的。由他的观点看，这全部过程不过是劳动生产物与别种劳动生产物的交换，简言之，不过是生产物的交换。

是故，商品的交换过程，含有这样的形态变化：

商品—货币—商品

W-G-W

依其物质内容说，这个运动是 W-W，是商品与商品的交换，是社会劳动的代谢机能。代谢机能得到结果，过程本身也告

---

① 赫拉克里特士（Herakletos）说："万有皆由火化成，火也由万有化成，好像货物由钱变成，钱也由货物变成。"（拉塞尔著《隐者赫拉克里特士的哲学》柏林 1858 年第 1 卷第 222 页）拉塞尔（F. Lassalle）注（224 页注 3）错误地，认货币仅为价值记号。

结束。

W-G（商品的第一形态变化：卖）。商品价值由商品体到货币体的跳跃，我曾在他处，名其为商品的"致命的飞跃"（der salto mortale der Ware）。没有这种飞跃，商品不受打击，商品所有者是会受打击的。社会的分工，使欲望成为多方面的，又使劳动成为一方面的。就因此故，对于他，他的生产物仅是交换价值。但必须先变作货币，它才是一般的社会公认的等价形态。货币是在别人钱袋中的。要把货币引出，则商品必须对于货币所有者为使用价值。但要如此，则投在商品内的劳动，其支出应在对于社会有用的形态上，或成为社会分工的一部分，但分工是一个自然发生的生产有机体，其纤维是在商品生产者背后交织着，继续交织着的。也许，他的商品是一种新劳动方法的生产物，仅以满足一种新欲望或唤起一种新欲望为目的，也许，成为特殊劳动作业的他的劳动，在昨日尚为同一商品生产者许多种机能中的一种机能，今日却脱离联络，独立起来，把他的局部生产物，当作独立商品，送到市场上去。但分离过程的条件，可以已经成熟，或尚未成熟。也许，他的劳动生产物是这样一种生产物，在今日它尚能满足一种社会的欲望，但在明日，却全部或一部分为其他类似的生产物所代替。再者，那怕麻布织造者的劳动确实是社会分工的公认的部分，那也不能保证他这20码麻布，确实是有使用价值的。社会对于麻布的需要，像社会对于别种东西的需要一样，是有限制的。其需要，也许已经由其他麻布织造者处满足了。在这场合，我们这位朋友的生产物，就成了过剩的，从而，成了无用的了。人固然不会斤斤计较礼物的优劣，但我们的麻布织造者绝非为赠送礼物到市场去。其次，我们且假设，他的生产物实际是一个使用价值，是可以吸引货币的。但问题又发生了。吸引多少货币呢？这个问题的答复，已暗示在商品的价格中。价格是商品价值量的指数。商品所有者主观计算上的错误，我们可以不管；因为，这种错误，可以立即在市场上得到客观的修正。且假设他制造生产物所支出的劳动时间，为社会必要的平均的劳动时间；商品的价格，也只是实现在商品内的社会劳动量的货币名称，但麻布织造业的旧沿的生产条件，可不顾织造者的意志而在背地里发生变化的。昨日生产一码麻布社会必要的劳动时间，可以不是今日社会必要的劳动时间。货币所有者会热心探访市场上各织造业者所要的价格。在这个世界上，不幸有许多织造业者，和我们这位朋友竞争。最后，假设市场上每一块麻布所包含的劳动时间，皆不多于社会必要的劳动时间，但投在全数麻布上的劳动时间，依然可以过多。假令市场不能依标准价格（即每码二先令）吸收麻布全量，那就证明，在总社会劳动时间中，有过大的一部分，支出在麻布织造的形态上。其结果，无异各织造业者，在各人生产物上支出的劳动时间，多于社会必要的劳动时间。这正应了德国一句俗话："捉在一处，绞在一处"。市场上所有的麻布，是当作一个商品；每一块麻布，是当作其中的一个可除部分。且在事实上，每一码的价值，也不外是社会规定的等量的同种人类劳动的体化物①。

　　商品是恋着货币的。但"真的恋爱的路"，殊不平坦。社会生产有机体。在分工体系中，表现它的分散的构成部分。其编制，在质的方面，是自然发生的，偶然的，在量的方面，也是这样。所以，我们的商品所有者发觉了，分工使他们变为独立的私生产者（Privatproduzenten），又使社会生产过程及他们在这过程

① 译者注：据马恩研究院版，1978年11月28日著者致俄文译者丹尼尔信中曾说，这最后一句，应改为"且在事实上，每一码的价值，也不外是支出在麻布总量上的社会劳动量的一部分的体化物。"但德文原本以后各版，皆为改正。

内的关系，和他们自己的意志相独立；还发觉了，人相互间的独立，是由物全般互相依存的体系来补足。

分工既使劳动生产物化为商品，又使其必须转化为货币。同时，它又使这种变质作用成为偶然的。但在此，我们既只考察纯粹的现象，故假定它的进行是常态的。并且，如果这种变质作用会发生，换言之，如果商品不是不能卖，那么，商品的形态变化总是要发生的；不过，在这种形态变化中，实体——价值量——可以变态地，发生损失或盈余。

对一个商品所有者说，是以金代替商品；对别一个商品所有者说，是以商品代替金。令人注目的现象是，商品与金（20 码麻布与 2 镑金）的转换，即二者的交换。商品因何可以交换呢？因其自身的一般的价值形态。金因何可以交换呢？因其特殊的使用价值形态。金因何与麻布相对为货币呢？因麻布的价格 2 镑（即麻布的货币名称）已经使麻布和当作货币的金发生关系。商品要蝉脱原来的商品形态，非经一度让渡不可。这就是，要到商品的使用价值，实际把表象在价格上的金吸引出来那时候，这种蝉脱过程方才完成。所以，商品价格或其观念的价值形态之实现，同时即是货币的观念的使用价值之实现；商品到货币的转化，同时即是货币到商品的转化。这一个过程是两面的过程。从商品所有者那一面看，是卖，从货币所有者那一面看，是买。卖即是买 W-G 同时即是 G-W。①

在此以前，我们只认识一种人类的经济关系，那就是商品所有者与商品所有者的关系，在这关系内，商品所有者仅因放弃了自己的劳动生产物，故能占有别人的劳动生产物。所以，一个商品所有者必须具有下述二因之一，始能当作货币所有者，而与那

---

① "如果货币在我们手上代表我们所欲买的东西，它也代表我们所要卖（为获取这个货币而卖）的东西。"（麦西尔前书第586页。）

个商品所有者相对立。（1）因为他的劳动生产物，天然有货币形态，是货币材料，是金之类的东西。（2）因为他的商品已经退皮，已经脱弃原来的使用形态。当作货币用的金，必须在某地点，加入商品市场。这地点，便是金的产源地。在那里，金是当作直接的劳动生产物，与别一种等价值的劳动生产物相交换。从此以后，它就常常代表实现了的商品价格①。若不说金在产源地上与别种商品的交换，则在任一个商品所有者手中，它也只是他所让渡的商品的转形姿态，是卖或商品第一形态变化（W-G）的结果②。我们讲过，金是观念的货币或价值尺度，因为一切商品的价值皆由它测量，因它已成为商品使用价值的观念的对立物，已成为商品的价值形态。金成为现实的货币，却因为商品已经让渡，已经把金当作它的现实的转形了的使用形态。换言之，已经把金当作它的现实的价值形态。在这个价值形态上，商品原有的使用价值的痕迹，及生产该商品的特殊的有用劳动的痕迹，全丧失了；必须如此，商品始可蛹化为无差别的人类劳动之等一的社会的体化物。单就一块金，我们不能辨别，它是由何种商品转化成的。在货币形态上，一种商品完全和别种商品相同。货币可以是土芥，虽然土芥不是货币。我们且假定，麻布织造者让渡其所有商品所得的二块金，是一卡德小麦的转化姿态。麻布的卖（W-G），同时即是它的买（G-W）。但卖麻布所开启的过程，是由其反对项（即买圣经）终结的；反之，买麻布所终结的过程，也是由其反对项（即卖小麦）开始的。W-G（麻布—货币），固然是W-G-W（麻布—货币—圣经）的第一阶段，但同

---

① "每一次卖，都是买。" 魁奈著《关于商业和工业的问管》巴黎1846年德尔版，第170页。魁奈在其所著《一般原则》中，也说："卖即是买。"

② "商品的价格是用别一种商品的价秩来支付的。"（麦西尔著《政治社会之自然的根本的秩序》，德尔编《重农主义者》第2部第554页）

时又是 G-W（货币—麻布），是别一个运动 W-G-W（小麦—货币—麻布）的终了阶段。此商品的第一形态变化（即由商品到货币的转形），同时是彼商品的第二形态变化（即由货币到商品的转形）①。

G-W（商品的第二形态变化，或终了形态变化，即买）。货币因为是其他一切商品的转形姿态，因为是商品全般让渡的结果，所以是绝对可以让渡的商品。它把一切价格倒转来读；那就是，把自己反映在一切商品体上，以一切商品体为自身转化为商品的材料。同时，价格——商品向货币投送的秋波——又指示货币转形能力的限界，指示货币自己的量。因商品一经转化为货币，而不复以商品的资格存在，故要单就货币，察知它是怎样到它的所有者手中，察知它是由什么东西转化成，乃是不可能的。货币是没有臭味的，它可以从任一个处所出来。一方面它代表卖的商品，他方面它又代表买的商品②。

G-W（买），同时即是 W-G（卖）；某商品的终了形态变化，即是他一商品的开始形态变化。我们这位麻布织造者，既以这2镑复转形为圣经，他的商品的生涯，自以圣经为终。但假设圣经的卖者，再把从缴者那里得到的2镑，用来购买白兰地酒。如是，G-W（即 W-G-W，麻布—货币—圣经的终段），同时即是 W-G（即 W-G-W 圣经—货币—白兰地的初段）。但因商品生产者只有一种生产物，他往往大量把它售卖的。但他的需要却是多方面的。因此故，他不得不将实现所得的价格，或所得的货币总和，拆开来，用在许多次的购买上。一次卖，引出各种商品的

---

① 以前曾经说过。金或银的生产者，是一个例外。他是直接换去他的生产物，用不着先把它卖掉。

② "如果货币在我们手上代表我们所欲买的东西，它也代表我们所要卖（为获取这个货币而卖）的东西。"（麦西尔前书第586页）

许多次的买。如是，一种商品的终了形态变化，构成其他许多种商品的开始形态变化之总和。

现在我们再检讨一个商品（例如麻布）的总形态变化。最先，我们看见，其总形态变化，是由两个互相反对但互相补足的运动构成。那就是 W-G 与 G-W。这两个互相反对的商品转形，是由商品所有者两个相反的社会过程完成的，并反映在商品所有者两种对立的经济身份上。如果他是卖，他便是卖者；如果他是买，他便是买者。商品即须在每一次转形中，以两种形态（商品形态与货币形态），在对立的二极上同时存在，所以，每一个商品所有者，当作卖者，皆须有一个买者和他对立；当作买者，皆须有一个卖者和他对立。又像一种商品须依次经历这两种相反的转形，由商品转成货币，复由货币转成商品一样，商品所有者也须依次转变他的身份，由卖者变为买者。这种身份不是固定的。它会在商品流通内，继续变更它的演出者。

一种商品的总形态变化，在最单纯的形态上，包含四极和三个登场人物。最先，商品把货币当作它的价值形态，与其对立。但货币实际是在别人钱袋中，商品所有者因此须与货币所有者对立。商品一经变成货币，货币就成为商品的暂时的等价形态。这个等价形态的使用价值或内容，存于其他诸商品体内。当作商品第一形态变化终点的货币，同时成了商品第二形态变化的始点。在第一幕扮作卖者的人，在第二幕成了买者。在第二幕与他对立的，有第三个商品所有者，当作卖者①。

商品形态变化中两个相反的运动阶段，构成一个循环，即商品形态，商品形态的脱弃，商品形态的复归。在此，商品表示了一种对立性。在始点上，它对于它的所有者，为非使用价值，在

---

① "这样，就有四个终点，三个当事人了，每一个当事人都要出场两次。"（勒·德洛尼《社会的利益》第908页。）

终点上，则为使用价值。货币在第一阶段，只当作定形的价值结晶，为商品转形之所向；在第二阶段，它只当作暂时的等价形态，是要消失的。

构成一个商品循环的二形态变化，同时又是别二种商品的相反的形态变化的部分。某商品（麻布）开始其自身形态变化的系列时，同时即结束别一种商品（小麦）的总形态变化。在第一转形或卖之中，麻布以其一身兼任这两种职务。然后，蛹化为金，并由此完成它自身的第二形态变化，同时，完成某第三种商品的第一形态变化。每一种商品在形态变化序列中画成的循环，就是这样与其他各种商品的循环，结着不解的缘。这全部过程，合起来，便构成商品流通（Warenzirkulation）。

商品流通，不仅在形式上，即在实质上，也与直接的生产物交换有别。我们且一回顾其经过。麻布织造者毫无条件的，曾以麻布交换圣经，以自己的商品交换别人的商品。但这现象仅对于他是实在的。要温暖身体的圣经的卖者，不会想到圣经与麻布的交换，正如我们的麻布织造者，不会想到小麦与麻布的交换。B的商品代替了A的商品，但A与B不是互相交换商品。A买B的商品，B也买A的商品的事情，不是不能发生。但这种特殊关系，绝非以商品流通的一般关系为条件。在此，一方我们看见了，直接生产物交换之个别的地方的限制，是破弃了；人类劳动的代谢机能，是发展了。但他方我们又看见了，曾由此发展出一个社会的自然关系的全体，那是不受当事人驾驭的。织者能售卖麻布，仅因农夫已售卖小麦；教徒能售卖圣经，仅因织者已售卖麻布；酒商能售卖酿造过的水，仅因教徒已售卖永生的水等。

是故，流通过程和直接的生产物交换不同。直接的生产物交换，因使用价值转换地位或转换主人而终了。流通过程不是这样。货币虽从一种商品形态变化的系列脱离，但决不因此而消灭。它会随时在商品在流通界空出来的位置上，沉淀进来。例如，在麻布的总形态变化（麻布—货币—圣经）中，麻布从流通界退出，货币就补替进来；次之，圣经从流通界退出，货币又补替进去。商品为商品所代替，货币商品则常在第三者手中①。流通，使货币不停地奔走。

曾有人武断地说，每一次卖都是买，每一次买都是卖，所以，商品流通以卖买的必然的平衡为条件。再没有什么比这个武断的论调更幼稚了。假令这种说法，是说现实的卖的数目和现实的买的数目相等，那就是同义反复。这种说法所包含的实在意义是，每一个卖者，都会把自己的买者带到市场上去。是的，卖与买，被视为对立二人（商品所有者与货币所有者）间的相互关系，乃是一个同一行为。但被视为同一个人的行为，则卖与买为两个对立的行为。所以，卖与买的同一性，包含如下的意思：假使商品投在流通的炼金炉中，不能化炼出货币来，换言之，假令商品不为商品所有者售卖，从而不为货币所有者购买，则商品即为无用。卖与买的同一性，还包含这样的意思：这个过程如果成功，它便是商品生涯上一个休息点，那有时长点，有时短点。因为商品的开始形态变化，同时是一次卖和一次买，所以这个局部的过程，便是一个独立的过程。买者得商品，卖者得货币，那就是有随时可以流通且迟早会在市场上再现的商品。没有人买，谁也不能卖。但已经卖的人，不必要马上买。生产物交换所包含的时间上空间上人身上的限制，皆为流通所破弃了。在直接的生产物交换上，本人劳动生产物的让渡和他人劳动生产物的取得，有一种直接的同一性。这种同一性，在流通中，分裂为卖与买的对立性了。说这二种互相独立而又互相对立的过程，形成一个内的

① 第2版注。这个现象虽很明显，但常为经济学者所忽略，尤其是为庸俗的自由贸易论者所忽略。

统一，无异说这个内的统一，是在一种外的对立上运用。内的非独立（因互相补充之故），进为外的独立。这情形发展到一定点，这个统一，便必须强烈的，由一次恐慌（Krise）来维持。商品内在的使用价值与价值之矛盾，私劳动必须表现为直接社会劳动之矛盾，特殊具体劳动必须表现为一般抽象劳动之矛盾，物的人格化与人格的物化之矛盾；总之，这种内在的矛盾，都在商品形态变化的矛盾中，取得了发展的运动形态。这诸种形态，包含恐慌的可能性，但也仅包含恐慌的可能性。这种可能性，会发展成为现实性。但从单纯商品流通的立场说，引出这种发展的种种关系，还是没有的①。

货币当作商品流通的媒介，取得了流通手段的机能。

B 货币的通流（De rumlauf des Geldes）

劳动生产物的物质代谢，是由 W-G-W 的形态变化实行的。这个形态变化，又以这样的事情为条件：一个价值，当作商品，为过程的始点，又当作商品，复归到这一点。因此，商品的运动，是一个循环。但这个形态，却排斥货币的循环。运动的结果，不是货币复归到出发点，而是货币愈离愈远于出发点。如果卖者固执着货币（这是他的商品的转形姿态），则商品仍在第一

---

① 参看我在《政治经济学批判》（第 74 页至 76 页）关于詹姆士·穆勒（James-Mill）的评述。在这里，我可以指出，辩护的经济学（Ökonomistischen Apologetik）在方法上有两个特征：第一，他们把商品流通，视为与直接的生产物交换相同，单纯的，把二者的区别抽象。第二，他们要除去资本主义生产过程的矛盾，单纯的，把资本主义生产当事人间的关系，还原为以商品流通为基础的关系。但商品生产与商品流通这两种现象，是许多种生产方法所共有的，不过程度不等罢了。抽象的商品流通的范畴，既为许多种生产方法所共有，所以，如我们仅认识商品流通的抽象范畴，我们对于这各种生产方法的特征，自不能有任何认识，从而，对于它们，我们也不能下任何判断。任一种科学，都不像经济学那样，常常把基本的普通的事情，当作非常重要的道理。例如萨伊，他就以为，因为知道商品即是生产物，故自认为论恐慌的专家。

形态变化的阶段中，只经过流通的一半。在过程（即为要买而卖的过程）完了时，货币必须再离开原所有者的手。当然，如果麻布织者购买圣经之后，再售卖麻布，货币是会再回到他手里的。但这种回到，非由于原 20 码麻布的流通；这个流通，宁可说是使货币到圣经卖者手里，而与麻布织造者相离。其复归于麻布织造者手中，仅由于新商品的同一流通过程之更新或反复。这种更新的过程，虽然和以前的过程有相同的结果，但毕竟是不同的。商品流通过程所直接分授给货币的运动形态，是愈离愈远于出发点。那就是，从一个商品所有者，交到别一个商品所有者。那就是货币的通流（Currency，Cours de la monnaie）。

货币的通流，指同一过程的不绝的单调的反复。商品常在卖者方面；货币当作购买手段（Kaufmittel），常在买者方面。货币实现了商品的价格，故为购买手段。它实现商品价格时，它使商品从卖者手里，移至买者手里；同时，它自身却从买者手里移至卖者手里，更与别种商品，复演相同的过程。事实是，货币的运动形态是一方面的，商品的运动形态是两方面的。前者由后者生出。但这事实，被掩饰过去了。商品流通的性质，引起了相反的假象。商品第一形态变化，固不仅表现为货币的运动，且表现为商品自身的运动。但商品的第二形态变化，却仅表现为货币的运动。在商品流通的前半，商品与货币换了位置；但商品的使用形态，也在此际，由流通界走到消费界①。代替商品的使用形态的，是商品的价值形态。或其货币假面（Geldlarve）。商品不复以它自身的自然形态，而是以货币形态，通过流通过程的后半。所以，运动的连续性，完全存在货币那一方面了。这一个运动，从商品方面说，包含两个性质相反的过程；但从货币方面说，它

---

① 一种商品，哪怕再三拿来卖（这个现象，在这里，我们是假作没有的），最后总归会由流通界，落入消费界，当作生活资料或生产手段的。

却永远是同一的过程，是货币与时时变更的商品相换位。所以，商品流通的结果，或商品与商品间的代置，好像不是以商品自身的形态变化为媒介，却是由于货币充作流通手段的机能。好像商品是不能运动的。好像，使商品流通，从非使用价值的人手里，运动到为使用价值的人手里，并引起一种运动而与货币运动方向相反的，就是货币，货币不绝置商品于流通界外，因为它不绝地替补它们在流通界的位置，它自身则愈离愈远于它自身的出发点。所以，货币运动虽只是商品流通的表现，但从外表看，商品流通似乎只是货币通流的结果[①]。

但货币所以有流通手段的机能，仅因为它是独立化的商品价值。货币充作流通手段的运动，实际只是商品自身的形态运动。这事实，必然会一目了然地，反映在货币的通流上。譬如，麻布就先把商品形态转化为货币形态。其次，即以商品第一形态变化（W-G）的后项，即货币形态，变为商品第二形态变化（G-W）——那就是在圣经形态上，复转形为商品——的前项。但这两种形态变化，每一个都是由商品与货币的交换，由二者的相互的换位完成的。同一枚货币，初当作商品的转化形态，走到卖者手里，再当作商品的绝对可以让渡的姿态，走出去。它两度更换位置。麻布的第一形态变化，使这一枚货币到织者钱袋里；其第二形态变化，再使其走出。同一商品发生两次互相对立的形态变化，货币也发生两次恰好相反的换位。前者反映在后者之上。

反之，如只经过商品形态变化的一面，即单纯的卖或单纯的买，则同一的货币也只换位一次。其第二次换位，系代表商品的第二形态变化，代表由货币复转化为商品的复转化。同一货币反复的换位，不仅反映一个商品的形态变化的系列，且反映全商品

---

① "货币，除有生产物所附与的运动之外，没有别的运动。"（勒·德洛尼《社会的利益》第 885 页）

界无数形态变化的错综。不用说，我们在这里只考察单纯商品流通的形态。以上所述，也只适合于这个形态。

每一个商品，当其初加入流通之际，换言之，当其发生第一形态变化之际，即从商品界退出，而为新的商品所替补。反之，当作流通手段的货币，却继续留在流通界，并不绝徘徊在其中。因此，起了一个问题：究竟有多少货币为流通界所继续吸收呢。

任一个国家，每日都有许多单方面的商品形态变化，在时间上空间上并存着。换言之，一方有许多单纯的卖，他方有许多单纯的买。诸商品，依照它们的价格，被视为与某想象的货币量相等。且因在直接的流通形态内，商品与货币常以物体形态，一方在卖者的极上，一方在买者的对极上，互相对立，所以，商品界流通过程所必要的流通手段量，已经由商品价格的总额规定了。货币不过把商品价格总额所观念地表现的金的总额，实在地表现出来。这两个总额的相等，乃系自明之事。但我们知道，如商品价值不变，则商品价格与金（货币材料）的价值俱变；明言之，金的价格跌落，商品价格即比例地昂腾，金的价值昂腾，商品价格即比例地跌落。那就是，商品的价格总额提高了或跌落了，流通货币额也须同样地提高或跌落。流动手段量的变化，在这场合，当然是由货币本身引起的；但引起这种变化的，绝非它的流通手段的机能，却是它的价值尺度的机能。先是商品价格与货币价值保持反比例的变化，然后是流通媒介量与商品价格保持正比例的变化。假设不是金的价值跌落，而是银代为价值尺度，或假设不是银的价值昂腾，而是金代为价值尺度，则完全相同的现象也会发生。在前一场合，银的流通额，必比以前的金的流通额为大；在后一场合，金的流通额必比以前的银的流通额为小。在这两个场合，货币材料（即用作价值尺度的商品）的价值都变化了，商品价值之价格表现，从而，以实现价格为任务的流通货币量，也生变化。我们讲过，商品流通界有一个口，金（或银，简言之，货币材料）便是当作有一定价值的商品，由这个口进来的。所以货币在充作价值尺度，并规定价格时，它的价值是已经规定了的。假定价值尺度的价值跌了，则在贵金属产源地，直接与贵金属交换的商品的价格，也必发生变化。当然，大部分别的商品的价值量计，会依照价值尺度的幻想的旧的价值，继续到一个颇长的时期。在资产阶级社会未大发展的地方，情形更加如此。但是价值关系中，一种商品会影响别种商品，致令商品的金价格或银价格，渐渐恢复由商品价值规定的比例，到后来，一切商品价值，才都依照货币金属的新价值来评计。但这个平均化过程，每每伴以贵金属的不绝的增加。既有商品在贵金属产源地，直接与贵金属交换，贵金属自然会流入，其量自然会增加。所以，当商品取得订正的价格，商品价值依照贵金属的已经跌落，且在一定程度内继续跌落的新价值来评价时，实现价格所必要的较大的贵金属量，乃是既经存在的。但随新金银矿源发现而起的事实，仅片面地被人观察。这种片面的观察，在十七世纪，尤其是在十八世纪，曾诱人妄言商品价格腾贵，是因为已有更多的金银，当作流通手段。所以，以下我们且假定金的价值是一定的；实在言之，在价格评计的那一瞬间，金的价值也确实是一定的。

在这假设下，流通手段量，是由待实现的商品价格总额规定。但进一步假定每一种商品的价格皆不变，则商品价格总额，又显然由流通界的商品量规定。稍为思索一下，便知 1 卡德小麦值 2 镑，100 卡德小麦值 200 镑，200 卡德小麦值 400 镑等。从而，在小麦售卖之际，与小麦换位的货币量，必须与小麦量随同增加。

假设商品量是一定的，则流通货币量，定于商品价格的变动。假如商品价格总额因商品价格变动之故发生了增加或减少，则流通货币量也会增加或减少。要生出这个结果，不必所有的商品在价格上同时提高或下落。只要若干主要商品的价格腾贵就够增加全部流动商品的现实的价格总额，从而使流通的货币增加。只要若干主要商品的价格下落，就够减少全部流通商品的现实的价格总额，从而使流通的货币减少。无论商品的价格变动，是现实价值变动的反映，抑仅是市场价格变动的反映，流通手段量所受的影响总归是一样的。

假设有若干在时间上、空间上并存，但不互相连络的售卖或局部形态变化；比方说，有 1 卡德小麦，20 码麻布，1 册圣经，4 加伦白兰地酒，同时售卖。假若每物的价格皆为 2 镑，则现实的价格总额为 8 镑；因此，合计也须有 8 镑货币在流通界。反之，假设这四种商品是依次序发生形态变化的（1 卡德小麦—2 镑—20 码麻布—2 镑—1 册圣经—2 镑—4 加伦白兰地—2 镑），则 2 镑货币已经够使这种种商品依次流通，因为这 2 镑货币会依次实现这各种商品的价格，从而实现合计 8 镑的价格总额。这 2 镑最后在酒商手中休息。如是，这 2 镑有了四次的通流。同一货币的反复的换位，表示商品的二重的形态变化，表示它通过了两个对立的流通阶段，表示各种商品的形态变化的错综①。这个过程所经过的互相对立但互相补足的诸阶段，不是在空间并存的，而是在时间上继起的。过程久暂所由而测量的时间，换言之，同一货币在一定时间内的通流次数，将测量货币通流的速度。假令这四种商品的流通过程是经过一日，则该日内待实现的价格总额为 8 镑，同一货币在该日的通流次数为四，流通货币量为 2 镑。在流通过程的一定期间内，我们有 $\dfrac{\text{商品的价格总额}}{\text{同名称货币的通流次数}}$ = 充作

---

① "使货币运动，并使货币流通的便是生产物。……货币运动的速率，可以补充它的分量。在必要时，它会毫不休息，由一个人手上转到别个人手上。"（勒·德洛尼前书第 915、916 页）

流通手段的货币量。这个法则一般是妥当的。

一国在一定时期内的流通过程，一方面包含许多分裂的在时间上空间上并存的卖（或买）或局部形态变化；在其内，同一枚货币只换位一次或流通一次；他方面又包含许多一部分互相独立，一部分互相错综，其关节多寡不等的形态变化系列；在其内，同一枚货币，皆经过若干次的通流。但由流通界内全部同名称货币的通流总次数，可以计算每一枚货币通流的平均次数或货币通流的平均速度，在每日（比方说）流通开始时，究须有多少的货币加入流通过程，当然要看同时同地流通的商品价格总额来决定。但在过程之内，可以说每一枚货币都会影响别一枚货币。设有某一枚货币的通流速度增加了，别一些货币的通流速度就会弛放，乃至从流通界退出，因流通界只能吸收这样多的货币。这个货币量，乘每一枚货币平均的通流速度，即等于待实现的价格总额。所以货币通流次数增加，则流通货币量减少；货币通流次数减少，则流通货币量增加。当作流通手段的货币的量，在平均通流速度不变时，也不变，所以，只要投一定量的一镑钞票到流通界，即可使等量的金币从流通界退出——这是一切银行家都很熟悉的办法。

货币的通流，只表现商品流通过程，或商品在对立形态变化上的循环；所以，货币通流的速度，也表现商品形态变化的速度，表现商品形态变化序列的连续的错综，表现物质代谢的迅速，表现商品从流通界退出和新商品补入流通界的迅速。货币通流的迅速，又可表现互相对立但互相补足的阶段（一个阶段是由使用价值形态转化为价值形态，一个阶段是由价值形态复转化为使用价值形态，前者是卖的过程，后者是买的过程）有怎样灵活的统一性。反之，货币通流的迟缓，则表现这两个过程的分离与对立的独立，表现形态变化从而物质代谢的停滞。这种停滞因何发生，当然不能由流通本身来判定。流通所指示的，只是现象。但通俗的见解，见货币的通流迟缓，货币在流通界各点上出没的次数较稀疏，每认这现象，是由于流通手段量的不足①。

在一定时期内充作流通手段的货币总量，一方视流通商品界的价格总额而定，他方视流通过程诸对立阶段继起的缓速而定。同一货币能在价格总额中实现的部分，也依这种速度规定的。但商品价格总额又视各种商品的价格，且视各种商品的数量而定。但这三个要素——价格变动，流通商品量，及货币通流速度——可以有各种方向各种比例的变动。所以，待实现的价格总额，及受价格总额限制的流通手段量，也须在这三个要素之极多种的结合下，发生种种的变动。在此我们仅能列举商品价格史上最重要的几种结合。

商品价格不变，流通手段量可因流通商品量增加或因货币通

---

① "货币是买卖的普通尺度。因此，有东西卖但不能找到购者的人，会以为，他的商品所以不能售脱，是因为国内或本地的货币缺乏；所以，货币缺乏，成了一个沸腾的怨声。这一个大错误。……要求货币增加的人，究竟需要什么呢？……农民诉苦……他以为，如果国内有较多的货币，他的生产物便能有好价钱。……这样，他想望的，不是货币，而是谷物家畜（那是他要卖而不能卖掉的）的好价钱了。……为什么他不能得到好价钱呢？……（1）或是国内的谷物家畜太多了，因此，到市场上来的人，要卖的居大多数，要买的居少数；（2）或是因为出口通路缺乏；（3）或是因为消费减退，当人民因贫穷而减少家庭支出时，便是这样。如此，能增进农民货物贩卖的，并不是货币的增加，只是这三个实际压迫市场的原因的扫除了。……商人和小店主，也在同样意义上，需要货币。那就是，他们需要货物的销场，因为市场是停滞着。……一个国家，当财货不能迅速由一人转到他人时，是决不会十分繁荣的。"（诺芝《贸易论》伦敦 1691 年第 11—15 页）赫伦希文德（Herrenschwand）的幻想，不过是这样：由商品性质而起，并在商品流通上表现的诸种矛盾，只要增加流通手段，便可以除去。不过，认生产过程流通过程的停滞，起因于流通手段的不足，固然是一种流行的幻想；但决不能因此，便说以"通货调节"为名的政府干涉，虽引起流通手段的实际的不足，也不会引起停滞。

流速度减小，而增加。反之，流通手段量可因商品量减少或通流速度增加，而减少。

如果流通商品量的减少，与商品价格的增加成比例，或货币通流速度的增加，在流通商品量不变时，与价格的提高同样迅速，则商品价格虽一般腾贵，流通手段量可依然不变。不仅如此，若商品量的减少，或货币通流速度的增加，比价格的提高更迅速，则流通手段量尚可减少。

如果商品量的增加，与商品价格的跌落成比例，或货币通流速度的减少，与价格的跌落成比例，则商品价格虽一般跌落，流通手段量也可依然不变。不仅如此，若商品量的增加或通流速度的减少，比商品价格的跌落更迅速，则流通手段量尚可增加。

各种要素的变动可以互相抵消。所以，那怕各种要素都不绝变动，待实现的商品价格总额，从而，流通货币量，可依然不变。即因此故，一国流通货币量的平均水准，并不像我们当初所预料那样时时变动。若所考察的时期甚长，那就更加如此。激变的情形（生产恐慌与商业恐慌，是其周期的原因，货币价值变化是其更罕见的原因）除外，任一国的流通货币量，也不像我们当初所预料那样厉害地，与平均水准相背离。

流通手段的量，定于流通商品的价格总额，与货币通流的平均速度。这是一个法则。① 这个法则还可表示如下：已知商品的价格总额，与商品形态变化的平均速度，则通流货币或货币材料的量，取决于货币自身的价值。但依据幻想，则商品价格定于流通手段量，流通手段量又定于国内现存的货币材料量②。这幻想的首倡者，把这个幻想，建筑在一个背理的假设上，即在加入流通过程之际，商品没有价格，货币也没有价值，在加入流通过程

① "推动一国商业所必需的货币，有一定的限度和比例。多于此或少于此，都会阻碍它。这好像，在小零售业上，必须有某比例的小铜板来兑换银币，或处理不能以最小银币处理的数目。其所需的小铜板数的比例如何，视购买者的人数，购买的次数，尤其是最小银币的价值如何而定。同样，实行商业所必需的货币（金或银），也视交换的次数，支付额的大小如何而定。"（配第《赋税论》伦敦 1667 年版第 17 页）休谟（Hume）的学说虽受斯杜亚等人的攻击，但杨格（A. Young）在其所著《政治算术》1774 年伦敦中，却拥护它。此书，有一章，名 "价格定于货币量"（该书第 112 页以下）。我曾在《政治经济学批判》149 页说过："他（亚当·斯密）错误地，认货币不过是商品，从而，默默地，把流通货币量的问题忽略过去了。" 这个批评，在亚当·斯密正式论述货币问题时，才是适合的。因为，在他批评以前的经济学体系时，他的见解却有时是正确的。例如，《国富论》第四篇第一章，他就说："在每一国，货币的数量，皆须调节于它所流通的商品价值。任一国每年买卖的货物价值，皆须有一定量的货币来流通它，来分配它给真正的消费者。再比这多的货币，是不能利用的。流通的水路，必然会吸引一个充分的数额来充满它，但决不许多余的部分流入。" 同样，亚当·斯密又郑重地，以分工的礼赞为全书的开端，但后来在最末一篇论国家收入的源泉时，他又复述其师福开森（A. Feuguson）的话，而斥责分工。

② "在每一国，当民间的金银增加时，物的价格都确实会提高的。从而，当一国的金银减少时，一切商品的价格也会相应地跌下来。"（凡德林《货币与一切物相当》伦敦 1734 年版第 5 页）详细的，拿凡德林的著作和休谟的论文比较一下。我觉得，毫无疑义的，休谟曾知道并曾利用凡德林这个重要的著作。流通手段量决定价格的主张，巴贲乃至还要早的著作家，也曾提出过。凡德林就说："无限制的贸易，是没有害处，只有极大的利益的，……因为，限制政策所要防止的，是一国现金的减少，但当一国的现金减少时，得到这些现金的国家，便会发觉，现金已经增加，每一种物的价格都依比例提高了。……而我国的制造品以及其他各种商品，却会在价格上低落，使贸易差额再于我有利，因而把货币收回。"（前书第 44 页）

之后，则商品总和的可除部分，将交换贵金属总和的可除部分①。

C 铸币：价值记号（Die Münze, Das Wertzeichen）

货币的铸币形态，是由货币充作流通手段的机能发生的。想象的在商品价格（或其货币名称）上表现的金的重量，必须在流通中，当作有同名称的金片或铸币，来与商品对立。像价格标准的确立一样，造币也是国家的事务。但金银在铸币形态上穿起的国家制服，一到世界市场上来，会再脱下来的。这情形，表示商品流通的国家领域，与其世界市场的领域，是分开的。

---

① 每一种商品的价格，都是流通商品全部的价格总和的要素。这是一个自明的命题。但是，不能互相比较的使用价值全部，为什么可以和该国所有的金银全部相交换，却还是一个全然未曾说明的事实。如果我们可以假想商品界是一个单一的总商品，在其中，各个的商品仅为一可除部分，我们就可得到一个巧妙的算式了。总商品＝x cwt 金；商品 A＝总商品的一个可除部分＝x cwt 金的相同的可除部分。关于这个问题，孟德斯鸠曾郑重地说："设我们将世界现有的金的总量，比于世界现有的商品的总量，那很明白，各个生产物或商品，也可以和货币总量的一定部分相比较。假设世界上只有一个生产物，或一个商品，或只有一个商品要拿来售卖，并假设这个商品是和货币一样可以分割的；这个商品的一定部分，就和货币总和的一个部分相当了；前者的半数，就和后者的半数相当了。……商品价格的决定，常在根本上，取决于商品总量与货币记号总量的比例。"（孟德斯鸠《法之精神》第 3 篇第 12、13 页）里嘉图以及他的学徒詹姆士·穆勒，欧维斯坦（Overstone）等把这种学说展开了。关于这点，可参看《经济学批判》第 140 页至 146 页，和 150 页以下。约翰·穆勒（J. S. Mill）用他的折中的论理学，发觉了，在这点，他可以接受他父亲詹姆士·穆勒（James Mill）的见解，同时又可采用相反的见地。试对照他的经济学原理的本文和该书的序文。——在那里，他自认他是当时的亚当·斯密。我们实不知道，是称赞他的天真无邪好，还是称赞公众（他们也相信，他是他们当时的亚当·斯密）的天真无邪好。实则，他之于亚当·斯密，假如威廉加斯将军之于威灵吞公。约翰穆勒在经济学范围内的独创的研究（其分量既不广，其内容也不深），已总括叙述在他 1844 年刊行的一本小书《经济学上未决诸问题》上面了。——洛克关于金银无价值性和其价值由其量决定这二事的关系，曾直截发表如下的意见。"人同意赋予金银以想象的价值，……所以，就这二种金属言，内在的价值，不外是它们的分量。"（《论利息减低的结果》1691 年，全集版 1777 年第 2 卷第 15 页）

金铸币与金块，本来只有形状上的差异；金会不绝从这个形态，转化为那个形态的①。但从造币局出来的路，即是走向熔炉的路。金铸币会在通流中，以种种程度渐次磨损。金的称号与金的实体，名义上的内容和实在的内容，开始分化了。同名称金铸币，因有不同的重量，遂致有不等的价值。充作流通手段的金，遂与充作价格标准的金相背离，因此，它虽实现商品的价格，但不复为商品的现实的等价物。中世及 18 世纪以前的近代铸币史，正是一部这样混乱的历史。铸币实含的金，变作金的假象。铸币变作其法定金属内容的象征，那本是流通过程的自然倾向。这倾向，又为近世法律所确认了。近世的法律，曾规定金属磨损的程度，规定磨损过此程度的铸币，不能通用，并失去通货的资格。

货币的流通，使铸币之实在内容与名义内容（即铸币之金属的存在与机能的存在）相分离。这事实，隐含着一种可能，即有铸币机能的金属货币，可以由他种材料造成的记号或象征来代替。要把金或银的极小重量铸成货币，在技术上，是极困难的。在古代，贱金属，本曾代贵金属（银代金，铜代银）充作价值尺度；在它们未被贵金属迫使退位以前，它们也曾以货币的资格流通。这种事情，又从历史方面，说明了银记号与铜记号（Silber-

①　当然，像造币料（Schlagschaltz）之类的问题，是不在本书讨论范围之内的。但因浪漫的诡辩者密勒尔（Adam Müller）对于英政府免费铸造货币的办法，曾备极称赞其"宽大"之故，所以我且引述诺芝爵士的判断在这里。诺芝说："金与银，像别的商品一样，是有涨落的。当西班牙运若干金银进来时，它们被运到伦敦塔去铸造了。不久，就发生了一种需要，欲把金银条块再输出。如果供输出的金银条块已经没有，一切金银都碰巧铸成了铸币，那又怎样办呢？再把它们熔化呀！这是没有损失的，因为铸造不费所有者一文。损失是由国家负担了。驴所吃的草料，是由国家出钱备办了。如果商人（诺芝自己也是查理二世时一位大商人）必须支付铸币费，那他们在送银到伦敦塔以前，就不能不有考虑了。如是，已铸币的价值，常常会在未铸银的价值之上。"（诺芝前书第 18 页）

oder Kupfermark），有代替金铸币的作用。在铸币必须急速流通，从而极易磨损的商品流通领域内，换言之，在卖与买皆以极小量不绝发生的商品流通领域内，它们遂代替了金。因要防止这些卫星永久篡夺金的位置，法律曾规定它们在极小比例之内，才有强人接受的资格。当然，各种铸币通流的特殊范围，是互相交错的。辅币（Scheidemünze）在支付最小金铸币的尾数时，将与金同时出现；金不绝流入零售的流通领域，但又因与辅币兑换，不绝从此领域吐出①。

银记号与铜记号的金属内容，可随意由法律规定。在通流中，它们比金铸币还磨损得快。所以，它们的铸币机能，实际全与其重量，从而与其价值无关。金的铸币存在，也可完全与其价值实体分离。比较无价值的东西，例如纸券，也可以有铸币的机能。但在金属货币记号中，纯粹象征的性质，尚有几分隐蔽。在纸币（Papiergeld），这种性质是完全外显了。诚如世人所云，难在最初一步。

这所指的，仅为有强制通用力的国家纸币（Stattspapiergeld）。那是由金属通货直接生出的。反之，信用货币（Kreditgeld）则以若干种我们尚未讲到的关系为条件。这几种关系，从单纯商品流通的观点看，还是我们全不知道的。但也不妨顺便附注一句。狭义的纸币，是从货币的流通手段的机能发

---

① "若银铸币量决不超过小额支付所必要的程度，它也不能积集起来，以为大额支付。……金币既在大额支付上应用，它必然也会在小额支付上应用。金币的所有者，是用金币来行小额的购买，而在接受所购买的货物时，收回银币的找头。这所谓找头，便是银币的余额。这个非此即将使零卖商人感到烦恼的余额，就是这样取消，而分散到一般流通界去的。但若银币的数量，可以在没有金的时候，办妥一切小额的支付，零卖商人就必须在小额售卖时接受银币，并且必须把银币积蓄在自己手里了。"（布哈南著《英国课税及商业政策研究》爱丁堡 1844 年第 248、249 页）

生的；信用货币则以货币的支付手段的机能为自然的根源。①

印有 1 镑 5 镑等货币名称的纸券，是由国家从外部投入流通过程中。如果它们的现实流通额，恰好代替同名称的金额，它们的运动，就只反映货币通流的法则。纸币流通只有一个特殊法则，那是以纸币代表金的比例为根据的。简言之，这个法则是纸币的发行额，有一个限制，构成这个限制的，是无纸币为象征代表时，实际必须有多少的金或银流通。流通界所能吸收的金量，是不绝在一个平均水平线的上下动摇。不过，一国流通手段量，决不会降到一定的最小限以下。这样的最小限，是可以根据经验来决定的。无论这最小限量由什么构成，换言之，无论构成这最小限量的金片如何，其量之大小，或其在流通范围内的继续的运动，皆不受影响。所以这最小限量，由纸印符号代替，是不成问题。反之，假令流通的水路，在今日已充分依照货币吸收力，由纸币充当，则在明日，商品流通突生变动的结果，它会发生泛滥，也未可知。这样，一切的限界，皆荡然无存。在这里，姑且不说纸币越过限界（即同名称金铸币得以流通的量），将不免有信用完全破坏的危险；就是超过了，它在商品世界内，也仍只能代表这样多的金，依照内在法则的规定，商品世界本只须有这样多的金，纸币也只能代表这样多的金。假使原只代表 1 盎斯金的

---

① 中国理财官王茂荫有一次曾上条陈给天子，要把一切官票化为兑现的宝钞。官票管理司，于 1854 年 4 月的报告中，对于他的计划，曾痛加指斥。他是否因此受过笞刑，却没有记录可查。报告的结论说："官票管理司审议该计划之结果，认该计划完全是为商人的利益，而于皇室毫无利益可言。"（驻北京俄国公使馆关于中国的调查研究，亚培尔，麦克伦堡 [Dr. K. Abelund, F. A. Mecklenburg] 合译，第 1 卷柏林 1858 年第 47 页以下）。关于金铸币在流通中不断磨损的问题，英伦银行某总裁曾在上院银行条例委员会中，以列席者的资格申述："每年都有一些新铸的金镑，变为过期的。曾在当年以十足重量流通的铸币，经过一年的磨损，到次年，就成为重量不足的了。"（1848年上院委员会报告书第 429 号）

纸币，现在竟代表 2 盎斯，则在实际上，1 镑将不复是 $\frac{1}{4}$ 盎斯金

的货币名称，却将成为 $\frac{1}{8}$ 盎斯金的货币名称。其结果，无异金充

作价格标准的机能已经发生变化。原用 1 镑价格表现的价值，现
今要用 2 镑价格来表现了。

纸币是金的记号或货币的记号。其与商品价值的关系，为商
品价值观念地由金量表现，此金量则象征地感觉地由纸币表现。
金量，像其他一切商品量一样，是价值量，而纸币也就在它代表
金量的限度内为价值记号①。

最后，请问，金因何可以由无价值的记号代替？我们讲过，
它所以能由无价值的记号代替的，是因为它充作铸币或流通手段
的机能独立化了。这种机能的独立化，可由金片磨损之后仍能继
续流通的情形而知。然决非每一枚金片都如此。金片在现实通流
之际，才是单纯的铸币或流通手段。但不适用于每一枚金铸币的
话，得适用于能由纸币代替的最小限量的金。这最小限量的金，
将不绝保留在流通界内，不绝用作流通手段，从而专门作这种机
能的担当者。它的运动，仅表示商品形态变化（W-G-W）——
在此，商品与其价值形态相对，仅因为接着这种价值形态会再消
灭——上诸对立过程的不断的交错。商品交换价值之独立的表

---

① 第 2 版注。富拉吞（Fullarton）是研究货币问题最有名的著作家了。他下述
那一段话，说明了，哪怕最上流的货币问题著述家，对于货币的种种机能，
也是极不明了。他说："就我们的国内贸易说，通常由金银币实行的一切货
币机能，可切实由不兑现纸币来实行。不兑现纸币也能有货币机能的事实，
我想，是任何人不能否认的，只要发行量能有限制，这种只依法律取得人为
价值的纸币，也等于有固有的价值，也得行使本位货币的机能。"（富拉吞
《通货的管理》第 2 版伦敦 1845 年第 21 页）就因为货币商品可以在流通上
为价值记号所代替，所以当作价值尺度和价格标准的货币商品，也成了不必
要的了！

现，在此，仅为暂时的阶段。它接着会再由别的商品代替。所以，这个使货币不绝由一手转至一手的过程，单有货币的象征的存在，已经很够。我们未尝不可说，货币的机能的存在，吸收了它的物质的存在。货币，在为商品价格之暂时的客观的反射时，本不过是记号，故能由记号代替①。不过，货币的记号，必须有客观的社会的妥当性。纸造的象征，是由强制通用力，取得这种妥当性的。但国家的限制行动，只能在本国的限界内或流通领域内，发生效力。货币充作流通手段或铸币的机能，也就是在这个领域内充分发挥的。所以，它也就在这个领域以内，能使纸币形式，取得纯粹的机能的存在，并完全和它的金属实体分开。

Ⅲ 货币 (Geld)

充作价值尺度，并以自体或代用物充作流通手段的商品，是货币。所以，金（或银）是货币。金充作货币的机能，是由这两个方面成立的。在一方面它必须以金身或银身出现。在这情形下，它是货币商品，不像用作价值尺度时那样纯粹是观念的，也不像用作流通手段时那样可以由他物代表。在另一方面它以自体或以代用物尽其机能，但由这种机能，凝固成为唯一的价值形态。在这情形下，它是交换价值的唯一有效的存在形态，并以这个资格，与其他一切只当作使用价值的商品相对立。

---

① 因为当作铸币用，从而只当作流通手段用的金银，已成为它们自身的记号，巴贲就由此推论，政府有权"提高货币价值"，例如，把名叫1格罗的银量，称为1台娄尔（一个较大的银量），使人们得以1格罗付于债权人，以偿清1台娄尔的债务。"货币会经过人手而磨损而减轻的。……人民在商业上考虑的，不是银的量，只是货币的名称如何与通用与否。……使金属成为货币，那是政府的权限。"（巴贲前书第29、30、及45页）

A 贮藏（Schatzbilduug）

对立的二商品形态变化，继续循环着。卖与买，不断交错着。这继续的循环，不断的交错，表现在货币不息的通流上或不绝流通的货币机能上。但商品形态变化系列一旦中断，卖之后不立即继以买，货币就停滞了。或如布瓦歧尔培尔（Boisguillebert）说它就由可动的，变为不动的，由铸币变为货币了。

自商品流通发展以来，即有保留第一形态变化结果（即商品的转形姿态，或其金蛹）的必要与欲情，随着发生[1]。在这种必要与欲情下，商品的售卖，非为要买商品，乃为要以货币形态代替商品形态。于是，形态变化不复是物质代谢的媒介；它成了它自己的目的了。商品的转形姿态，因此，不为绝对可以让渡的姿态，也不为仅仅暂时的货币形态。货币凝固为贮藏的货币，商品卖者成了货币贮藏者（Schatzbildner）。

当商品流通初开时，化为货币的，仅为使用价值的剩余。金与银，是有余或富之社会表现。有一些民族，其传统的自给的生产方法，与固定的有限的欲望范围相照应，而在这些民族内，素朴的货币贮藏形态，是永久化了。在亚细亚，尤其是在印度，情形就是这样的。凡德林（Vanderlint），信商品价格由国内现存金银量决定的凡德林，就问，为什么印度的商品这样便宜，答，因印度人埋藏货币。他说，自 1602 年至 1734 年，他们埋藏的银，计值 150,000,000 镑，那是由美洲经欧洲到印度的[2]。自 1856 年至 1866 年那 10 年间，由英国输往印度和中国（转往中国的银，大部分是再流出到印度的）的银，也值 120,000,000 镑，那原来是为交换澳大利亚的金的。

---

[1] "货币之富，无殊于转化为货币的生产物之富。"（麦西尔前书第 557 页）——"生产物的价值，只改变了形态。"（前书第 486 页）

[2] "他们就由此办法，使他们一切货物和制造品的价格，如此低廉。"（凡德林前书第 95、96 页）

商品生产越是发展，每一个商品生产者都不能不注意物的神经（nervusrerum），不能不注意"社会的质权"（gesellschaftliche Faustpfand）①。他的不绝更新的欲望，使他必须不断购买别人的商品，但他自己的商品的生产与售卖，又不能不费时间，并依存于机会。要不卖而能买，那自然要以前曾有卖而不买的时候。这种活动，当作一般的活动，似乎是自相矛盾的。但在贵金属直接与别种商品相交换的贵金属产源地上，就是有（商品所有者方面）卖，没有（金银所有者方面）买的②。以后的没有买的卖，又不过使贵金属更配分在一切商品所有者间。所以，在商业进行的每一点，都有金银的贮藏，不过程度不等罢了。商品有当作交换价值，或交换价值有当作商品来保持的可能性以后，贪金的念头就发生了。随着商品流通的推广，货币的权力是增加了。货币成了富的随时可以使用的绝对社会的形态。"金是一个令人惊叹的东西：谁有它，谁就能支配他所欲的一切。有了金，要把灵魂送到天堂，也是可以做到的。"（哥伦布自牙沫加寄发的信，1503 年。）货币既不说明它是由什么转形成的，故每一物无论为商品否，皆可转化为货币。一切都是可以卖可以买的。流通变成了一个社会的大蒸馏器。一切都要抛到里面去，俾能化为货币的结晶再出来。就连圣骨也不能抵抗这个炼金术，还没有圣骨那样粗硬的，人类商业范围以外的微妙的圣物，是更不能抵抗了。③不仅商品间的质的差别，会在货币的形式上消灭，同样，货币这位

① "货币是一种质权。"（白拉斯著《论贫民，制造业，商业，殖民，和不道德》伦敦 1669 年版第 13 页）
② 在严密的意义上，我们说"买"，都假定金或银已成为商品的转形姿态，换言之，已经是卖的结果。
③ 法国最信基督教的一个国王，亨利三世，尝劫夺修道院的遗宝，把它化为货币。我们又知道，伏克尔人劫夺德尔菲神殿这件事，在希腊史上是怎样重要。在古代，商品的神，是把神殿当作住所的。神殿就是"圣的银行"。以经商出名的伏克尔人，是把货币当作万物转化的形态。所以，在爱神祭礼中，委身于外方人而得金钱为酬的少女，会把金钱献于神，乃是当然之事。

彻底的平等主义者，还会把一切的差别消灭①。但货币也只是商品，一种可为任一个人私有的外界物。因此，社会的权力，成了私人可以私有的权力了。因此，古代社会常非难它，说它是一切经济秩序和道德秩序的破坏者②。而曾在幼年时代拉住财神头发，并从地中心，把财神拉出来的近代社会③，却颂扬金的圣杯，认它自身的生活原理，是辉煌地体化在其中。

当作使用价值，商品会满足一种特殊的欲望，并在物质财富中，成为一个特殊的要素。商品的价值，则测量该商品对于物质财富的各个要素，有怎样的吸引力，并测量该商品所有者，有怎样多的社会的富。在野蛮的简单的商品所有者看来，甚至在西欧农民看来，

---

① "金，黄的，光泽的，宝贵的金；

有了它，黑的会变白，丑的会变美；

邪的会变正，贱的会变贵，老的会变少，怯的会变勇；

……神啊！这是为什么？为什么？

它可以在你旁边，引走你的牧师和仆人；

把逞强者头下的枕头抽去。

这个黄色的奴隶，

会弥缝宗教，打破宗教；会向被诅咒者祝福；

会使白癞者变为高人；揞盗贼入座，

给他地位给他跪拜，给他名誉，使他与元老院议员同坐；

它使悲泣绝望的寡妇愿意再嫁。

……哼！你这个该死的东西，

你这个人类共同的娼妇！"

莎士比亚《雅典的隐者》

② "在世界流行的罪恶中，

钱是最大的一种，

它破坏都市，把人从家内逐出。

它会使人迷入不良的教，

会使正的心向于恶，

会使人厚颜无耻，

做各种亵渎神的事情。"

梭福可士《安地康尼》

③ "贪欲把财神柏鲁陀（Pluto）从地中心拉出。"（雅典累士《学者的晚餐》）

价值都是与价值形态不能分离的，从而，金银贮藏的增加，即是价值的增加。当然，因货币本身价值变化之故，或因商品价值变化之故，货币的价值会发生变化。但从一方面说，200 盎斯金，总比 100 盎斯金，300 盎斯金总比 200 盎斯金，包含更多的价值；从他方面说，这种东西的金属的自然形态，总归是一切商品的一般等价形态，是一切人类劳动之直接社会的体化物。货币贮藏的冲动，本来是无限制的。从质的或形式的方面看，货币因为可以直接和每一种商品交换，所以是无限制的，是物质财富一般的代表。但从量的方面看，则现实的货币额又是有限制的，只是效力有限的购买手段。货币在量方面有限在质方面无限的矛盾，使货币贮藏者不绝的，像西细法斯（Sisyphus）一样，从事于蓄积的工作。这种贮藏者，是像世界征服者一样，征服了一国，又想征服一国。

金要当作货币从而当作贮藏物来被保存，必须断绝流通，不用作享受品的购买手段。货币贮藏者，遂把他的肉欲，牺牲在黄金拜物教面前了。他诚心信奉禁欲的福音。但从他方面说，他能在流通界取出多少货币，又就看他能在流通界投下多少商品。生产愈多，则售卖量愈大。因此，勤劳、节俭、贪吝，成了他的主德。多卖少买，成了他的经济学全部[1]。

以上所言，为货币贮藏的直接形态。但在这形态之外，尚有一种美化的形态，那就是金银商品的保存。这种形态，与市民社会的富，偕同发展。“让我们成为富翁或像似富翁。”——第德罗（Diderot）语。这样既使金银除有货币机能之外，尚有一个广阔的市场；又为货币，创立了一个潜伏的供给来源，使金银可以在社会激动的时期，流出来供人使用。

金银贮藏，在贵金属流通的经济中，实行着种种的机能。它的

---

[1] “尽可能增加每一种商品的卖者人数，尽可能减少每一种商品的买者人数，那是一切经济政策的枢纽。”（维利前书第 52 页）

第一种机能，是由金银铸币的通流条件发生的。如上所述，商品流通在范围、价额与速度上，有不息的变动。跟着这种不息的变动，货币的通流额，也不断地有增有减。所以，货币的通流额，必须能有伸缩。有时候，货币须被吸收化为铸币；有时候，铸币须被斥化为货币。倘若实际通流的货币量，要不断适应于流通领域的饱和程度，则国内现存的金银量，必须比当作铸币用的金银量更大。这条件是具备了的，因有货币贮藏着。货币贮藏的蓄水池，可以当作流通货币流入和溢出的水路。货币通流水路之不致于泛滥，也即赖有此①。

B 支付手段（Zahlungsmittel）

以上考察的，是商品流通的直接形态。在这形态内，同一价值量，有二重的存在，在一极是商品，在对极是货币。所以，商品所有者，仅代表交互存在的等价诸物，以互相接触。但商品流通的发展，引起了若干种关系，使商品的让渡，得在时间上，与价格的实现分离。在此，我们所要列举的，仅为最简单的关系。有一些商品生产所必须经历的时期较长，别一些商品则较短。有一些商品的生产，依赖这节季，别一些商品的生产，则依赖那节季。有一些商品，在市场所在地生产；别一些商品却不能不旅行到远方的市场。一个商品所有者，可以在别一个商品所有者成为买者之先，成为卖者。当同一的卖买，在相同诸人间，反复发生

---

① 一国经营商业，必须有一定额的金属货币。此一定额，会视情形所必要，而变化，而增减的。……货币的涨落，无待政客的帮助，已能得自然的调节。……两只吊桶替换着用。当货币稀少时，金银条块会被铸造；当金银条块缺少时，货币会被熔化。"（诺芝前书第 22 页）约翰·穆勒，有一长时期任职东印度公司的约翰？穆勒，曾证明，在印度，银饰物是直接当作贮藏物。他说："当利息率提高时，银饰物拿出来铸造；当利息率减落时，它又退职去了。"（穆勒在 1857 年银行法报告中的述证 2084 号）依照 1864 年关于印度金银输出入的议会文书，则在 1863 年，该处金银的输入，超过其输出 19,367,764 镑。1864 年前 8 年间，贵金属的输入，又超过其输出 109,652,917 镑。在这一世纪内，有远过 200,000,000 的贵金属在印度被铸造了。

时，商品售卖条件，是要受商品生产条件规制的。但有一些商品，例如住屋，其使用权，是为一定的时间售卖的。购买者在期满以前，实际已受得商品的使用价值。像这样，他就是先购买而后支付。一个商品所有者售卖现存的商品，别一个商品所有者则仅以货币或未来货币（Künftigem Gelde）的代表者的资格，购买它。以是，售卖者成了债权者，购买者成了债务者。商品的形态变化或商品价值形态的发展，在这场合变化了，货币也取得了一种新的机能。它成了支付手段①。

在这场合，债权者（Gläubiger）与债务者（Schuldner）的资格，是由简单的商品流通发生的。这种流通的形态变化，用一个新的图章，盖在卖者与买者身上。最初，这种资格，原也像卖者和买者的资格一样，是交替的，暂时的，由相同的流通当事人交替着扮演。但这种对立，本来是更激烈，更容易凝固的②。且这种资格，还可与商品流通相离而独立。古代世界的阶级斗争，就主要是债权者和债务者间的斗争。在罗马，这种斗争是因平民债务者没落为奴隶，而终结的。在中世纪，这种斗争，是因封建债务者（他们的政治权力及其经济基础，一同被夺去了）没落而终结的。但在那里，货币形态，——债责权者债务者间的关系都有货币关系的形态，——只反映更深的经济生活条件的对立。

且回来讲商品流通的领域。等价的商品和货币，不复能在售卖过程的二极上，同时出现。现在，货币第一是当作价值尺度，

---

① 路德（Marten Luther）分别货币为当作购买手段的货币和当作支付手段的货币。他说："高利贷使我蒙二重困难，因为它在此处使我们不能支付，在彼处使我们不能购买。"（马丁·路德《致牧师诸君，反高利贷者》威吞堡1540 年版）

② 18 世纪初叶英国商民中债务人与债权人的关系，是怎样呢？《论债权与破产法》一书中曾说："在英格兰，特别在英格兰商界，最流行虐待的精神。这是别界所没有，也是别国所没有的。"（该书于 1707 年出版于伦敦，见该书第 2 页。）

以决定所卖商品的价格。契约上规定的价格，测量买者的义务；即买者必须在一定日期支付的货币额。第二，货币是充作观念的购买手段。这种货币，虽只存在购买者支付的承诺中，但会使商品变更它的所有者。在支付日期未到之前，支付手段实际不会加入流通；换言之，不会由买者移到卖者手上。流通手段，转形为贮藏货币；因流通过程滞留在第一阶段，商品的转形姿态（即货币），被排在流通之外了。支付手段终究会加入流通的，但它加入时，商品早已退出了。货币不复是流通过程的手段。它是当作交换价值之绝对的存在，或当作普通商品，使流通过程结束的。售卖者、货币贮藏者、债务购买者，皆要使商品转形为货币，但售卖者的目的，是使自己的欲望，可由货币来满足；货币贮藏者的目的，是使自己的商品，可以在货币形态上保存；债务购买者的目的，是使自己能够支付。若不支付，他所有的财产，不免会被强制拍卖（Zwangsverkäufe）。商品的价值形态（货币），在这里，由一种社会的必要，成了售卖的目的。这种必要，是由流通过程内种种关系引起的。

买者未以商品转形为货币之前，已以货币转形为商品；换言之，他在商品第一形态变化完成之前，已完成商品的第二形态变化。卖者的商品流通着，其价格的实现，却仅以私法上货币的要求权为媒介。商品在变为货币以前，已变为使用价值。第一形态变化是以后完成的①。

---

① 第2版注。在本文中，为什么我不注意对立的形态呢？此可由1859年刊行的拙著中一段话，来说明。"反之，在 G—W 的过程中，货币可以在货币的使用价值实现之前，换言之，在交货之前，当作现实的购买手段让渡于人，从而实现商品的价格。日常的先付价钱的方式，就是一例。英国政府向印度农民购买鸦片的方法，又是一例。……在这场合，货币还是当作购买手段。……当然，资本也是依货币的形式垫支的。……但这个见地，不在单纯流通的范围以内。"（马克思《政治经济学批判》第119、120页）

在流通过程一定时期内，到期的诸种债务，代表引起这种种债务的商品的价格总额。实现这个总额所必要的货币量，依存于支付手段通流的速度。那受限制于二种事情：（1）是诸债权者与诸债务者间的关系的连锁（那就是，A 从其债务者 B 处受取货币，再以之付于债权者 C 等）；（2）是不同诸支付日期间的间隔。络续的支付或延迟的第一形态变化，和前面考察的交错的形态变化系列，是本质上不同的。流通手段出通流，不仅表示卖者与买者间的关联，并且在货币通流之内，由这种通流，生出这种关联。反之，支付手段的运动，却表现一种先已完全存在的社会关联。

有许多的卖买在时间上空间上并行，使通流速度对于铸币量的补足作用，受到限制。但反之，那又是节省支付手段的新的机缘。支付集中于一地后，自然而然，会发生特殊的清算制度和方法。中世纪里昂的"维尔门"（Virments），便是一例。A 对于 B，B 对于 C，C 对于 A 所有的债权，只须互相对照，即可在一定程度内，当作正负量来互相抵消。因此，要支付的，就只有债务的余额了。支付越是集中，债务的余额，从而，支付手段的流通量，即相对的越是小。

货币充作支付手段的机能，包含一个直接的矛盾。在各种支付互相抵消时，货币只在观念上，有计算货币或价值尺度的机能。而在支付必须实行时，它并非充作流通手段，非充作物质代谢的暂时的媒介的形态，却是当作社会劳动的个别的体化物，当作交换价值的独立的存在，当作绝对的商品。这种矛盾，是在名叫金融恐慌（Geldkrise）的生产恐慌商业恐慌（Produktions-und

Handelskrisen）中爆发的①。支付的连锁与人为的清算组织十分发展以后，这种恐慌方才会发生。当机构全般因某种原因发生扰乱时，货币必须立即地，突然地，由观念的计算货币姿态，急变为现款。平常的商品，是不能代替它的。商品的使用价值，是无价值的了；商品的价值，在它自己的价值形态之前，消灭了。在繁荣时期，架子十足的市民们，曾宣称货币为空的幻想。只有商品是货币。但现在，全世界市场都喊，只有货币是商品。像麻鹿叫着要新鲜的水吃一样，它的灵魂叫着要唯一的富（货币）②。在恐慌中，商品与其价值形态（货币）的对立，激化为绝对的矛盾。货币的现象形态，在这场合，无关重要。用金抑用信用货币（例如银行钞票）支付的问题，不会影响到货币的饥慌③。

现在，我们且考察在一定时期内通流的货币的总额。假设流通手段和支付手段的通流速度为已知的，则此总额，等于待实现

---

① 本文所说的金融恐慌，是当作一般生产恐慌商业恐慌的一个特别阶段。但还有一种金融恐慌，可以独自发生，而在工商业上发生反响。这是必须分别的。后一种金融恐慌的运动中心，是货币资本（Geld-Kapital）。所以，它的直接影响的范围，是银行，交易所，和一般财政。（第 3 版马克思自注。）

② "由信用制度到现金制度的突变，曾以理论上的恐慌，加在实际的恐慌之上。流通当事人，在他们自身的关系之不可测的秘密之前战栗了。"（马克思《经济学批判》第 126 页）"贫者无事做，因为富有的人，虽然和以前同样，有供给衣食的土地和人力，但没有货币雇用他们。土地和人力，才是一国的真正的富。货币并不是。"（白拉斯《设立工业大学之提议》伦敦 1696 年第 3 页）

③ 被称为"商业之友"的人，是怎样利用这样的时机，可由以下的引语来说明。"有个时候（1839 年），伦敦有一位死要钱的老银行家，在他私人房间内，把桌盖揭起来，拿出一束钞票来给他一个朋友看，以笑容说，这里是 60,000 镑。它们收在这里，是为要造成金融紧张的空气，但本日三点钟以后，就要全部借出去的。"（《汇兑学说，1844 年的银行特许条例》伦敦 1864 年第 81 页）——半官报《观察者》（1864 年 4 月 24 日）也有一段纪事："曾有一种极奇怪的谣言，风传将采取某种手段，造成银行券不足的现象。……猜想这种手段会被采用，固尚有待，但谣言既如此广布，也是真正值得注意的。"

的商品价格的总额，加到期的支付的总额，减互相抵消的支付总额，再减同一枚货币时而当作流通手段时而当作支付手段的通流次数。比方说，有一个农民，他卖谷物得了 2 镑。这 2 镑在此是当作流通手段。假设他前曾向织者赊买麻布，约定在某日支付。到期，他把这 2 镑付给织者。这同一的 2 镑，现在是当作支付手段。次之，织者又以这 2 镑购买圣经，使这 2 镑再充作流通手段等。所以，就令价格，货币通流的速度，支付的经济，皆为已知数，一定期间内（例如在一日内）通流的货币额与流通的商品量，也不是一致的。商品早已从流通界退出，代表它的货币却继续在通流的情形，是常见的。商品现在流通，其货币等价必须在若干时后出现的情形，也是常见的。并且一日约定的支付与同日到期的支付，也是不可公约的量①。

信用货币，是直接从货币充作支付手段的机能发生的。由卖买商品而起的债务证券，会因债务移转而流通。并且，信用制度（Kreditwesen）推广到那里，货币充作支付手段的机能，也推广到那里。有这种机能的信用货币，在大卖买的领域内，有它特有

---

① 在某一日内成立的购买额和契约额，不致影响该日通流的货币额；但在大多数场合那会化成种种兑票，而影响到此后某日通流的货币额。……今日开的期票或欠账，在数量上，总额上，期间上，不必和明日或日后开的期票或欠账，有任何类似之处。宁可这样说罢。有许多今日开的期票或欠账，在到期时，会和许多以前发生的债务相抵。十二个月，六个月，三个月，或一个月兑付的期票，往往凑合起来，使某一日到期的债务，异常膨胀起来。（《通货问题批判》英格兰某银行家致苏格兰人民的一封信，爱丁堡 1845 年第 29、30 页。）

的种种形式。金银铸币，则主要保留在小卖买的领域内①。

商品生产发展到相当的高度和范围以后，货币充作支付手段的机能，能扩延到商品流通的领域之外。它将成为契约上的普通商品②。地租赋税等，皆会由现物支付变为货币支付。这个转化，曾怎样受支配于生产过程的总形态，可由罗马帝国一切赋税改收货币的尝试，曾两度失败的事实，来证明。路易十四治下法国农民的不可言状的痛苦，曾为布瓦歧尔培尔，瓦本（Vauban）将军等人所痛责。这种痛苦，非仅由于赋税苛重，且也由于物纳税（Naturalsteuer）到金纳税（Geldsteuer）的改革③。反之，地租的现物形态——那在亚细亚，是国税的主要要素，——却用以次的生产关系为基础，那种生产关系，是以自然关系的不变性，反复生产出来的。但这种支付形态，也就有维持这种古生产形态

---

① 要例解商业活动所用的实际货币是怎样少，我且引述伦敦一大商行（莫里逊，第伦公司）（Morrison, Dillon&Co.）全年的收支计算书如下，1856年，该行交易不知有多少百万镑，但结算下来，不过有 1,000,000 镑的数目。

支出（单位镑）		支出（单位镑）	
日后支付的银行票据及商业票据	533,596	日后支付的票据	302,674
见票即付的银行支票	357,715	伦敦诸银行的支票	663,672
地方银行券	9,627	英格兰银行券	22,743
英格兰银行券	68,554	金	9,427
金	28,089	银铜	1,484
银铜	1,486		
邮政汇票	933		
合计	1,000,000	合计	1,000,000

（右表见银行法特别委员会1858年7月报告第71页）

② "交易关系，逐由货物与货物，交货与受货的关系，变成了售卖与支付的关系。现在，一切的交易，都表现为纯粹的货币交易。"（《公共信用论》第3版伦敦1710年出版第8页）

③ "货币成了万物的死刑执行人"，理财官的技术，不外是"大规模蒸发货物和商品，其目的仅在取得其可厌的精华而已"。"货币向全人类宣战"。（布瓦歧尔培尔《富，货币与赋税之性质》德尔编《财政经济学者篇》巴黎1843年版第1卷，第413、417、419页。）

的作用。土耳其帝国得以保存至今者，这便是秘密之一。欧洲在日本的国外贸易，迫日本以现物地租改为货币地租时，又把日本的模范的农业破坏了。该国的模范的农业，又因此，失去了它的狭隘的经济的存在条件。

每一个国家，都会确定总支付的日期。决定这种日期的，把再生产上的别种循环撇开不说，在某种程度内，是与节季变化有关的自然的生产条件。并且非直接由商品流通发生的支付，例如赋税租金等，也要受这种生产条件的支配。分散在全社会，必须在每年某数日结账的种种支付，须有大量的货币来应付，因而，在支付手段的经济上，引起一种周期的表面的扰乱①。但试根据支付手段通流速度的法则，我们当可断言，定期支付全部（不问其原因何在）所必要的支付手段量，与支付所隔期间的长短，成

---

① 克累格氏（Craig）在1826年国会调查委员会中说："1824年圣灵降临节，爱丁堡银行钞票有异常大的需要，在11点钟时，就没有一张钞票在库里了。它到各银行去商借，但不能借到，因此，有许多交易，只好用小票来办理。但到下午3点钟，该行早上发出去的钞票，全回来了。这种钞票，不过转了手。"——在苏格兰，实际流通的银行券平均额，虽不到3,000,000镑，但在每年的总结账日，银行家所有的钞票（全数等于7,000,000镑）都会拿出去活动。在此际，钞票是只有一种机能的。这种机能完成之后，它会立即回到原发行的银行去。（富拉吞《通货的管理》第2版伦敦1845年第85页注。）——在此，我尚须附带说明一句。在富拉吞著书的当时，苏格兰应付存款的提取，是用银行券，不是用支票。

114

正比例①。

　　货币充作支付手段的机能越是发展，蓄积货币以待总支付日期的需要越是增强。市民社会进步了，当作独立致富形态的货币

① 规定国民银行只准备那种在国内当作货币用的金属，是不合理的。而其不合理，即由此发生。英格兰银行自造的"快意的阻碍"，是人人知道的。关于金银相对价值变动最大的时期，可参看拙著《经济学批判》第 136 页以后。——第 2 版补注。庇尔爵士（Sir Robert Peel）在 1844 年的银行法中，要准许英格兰银行，使该行在银准备不得超过金准备 $\frac{1}{4}$ 的条件下，以银块为准备，而发行纸币。银的价值，则视伦敦市场上银的市场价格（以金计算的）而定。——第 4 版注。我们现已进入一新时期，在这时期，金银相对价值的变动是更激烈了。大约在 25 年前，银与金的比价，约为 $15\frac{1}{2}$：1；现在，二者的比价，约为 22：1；银的相对价值，是还在减低。这种变动的主要原因，是这二种金属生产方法上的革命。在以前，生产金的方法，几乎只要淘砂，把含金岩石中所包含的金淘出来，现在，这种方法已经不够了。那已必须采用别的方法了。这个方法，——古代人已经很知道（见代阿多拉斯史书第 3 卷第 12—14 页），但一向被视为次要的——是直接加工于含金的石英层。反之，就银来说，不仅美国洛基山脉发现了新的大银矿；墨西哥，也有银矿，依铁道来开发了。新式的机械装置了，燃料的供给可以利用了。由此，银矿得以较低得多的费用，大规模开采出来了。并且，金银二金属在矿石层中存在的方式，又是极不相同的。金一般虽以纯粹的形态，存在于石英层中；但许多石英层，仅包含极少量的金。所以，必须击碎许多含金的矿石，而淘洗之，或用水银抽出之。一百万格兰姆石英，往往不过包含 1 至 3 格兰姆金，难得有 30 至 60 格兰姆。银却不是这样。纯粹状态中的银，是极少发现的；但它很容易由矿石中取出，且通例包含 40％至 90％的银。有时，它和铜矿，铅矿等（它们本身就是值得开采的）混在一起。我们这样讲价之后，当可明了，大体说，生产金的劳动是增加了，生产银的劳动是减少了。在这情形下，银的过值自然会跌落的。假设不是有种种人为的方法，维持银的价格，银价的跌落一定还更厉害。美洲的银产源地，还只开采了一小部分，我们自可预言，还有一个很长的时期，银的价值会继续跌落。此外，银价值会相对跌落，是还有一个理由。装饰品日用品往日用银制造的，现多改用镀银物或铝制造了。银的需要减少了。于此，我们当可见复本位主义的空想，是怎样谬妄了。这样空想，要依国际强制通用的方法，维持 1 与 $15\frac{1}{2}$ 的比价。但更可能的结果，是世界市场上银益加失去货币资格。——F. E.。

贮藏，是消灭了；但当作支付手段准备金的货币贮藏，却更发达了。

C 世界货币（Weltgeld）

货币一离开国内的流通领域，便会解除价格标准，铸币、辅币、和价值记号的地方形态，再还原为贵金属原来的条块形态。在世界商业上，诸商品必须普遍地展开它们的价值。所以，它们的独立的价格形态，在此，必须与充作世界货币的商品相对立。以上讲过，充作等价物的商品的自然形态，即是抽象人类劳动之直接社会的实现形态。货币只在世界市场上充分有这种作用。在这范围内，它的存在方法，才和他的概念相一致。

在国内流通领域，只能有一种商品用作价值尺度，用作货币。在世界市场上，则是受若两种价值尺度即金与银的支配。[①]

世界货币可以充作一般支付手段，充作一般购买手段，充作财富一般（Universal Wealth）之绝对的社会的体化物。就中，充作一般支付手段的机能，最为重要，那是发挥在国际贸易差额的结算上。重商主义的口号——贸易差额（Handelsbilanz）——即

[①] 重商主义——它把有利贸易差额所得的金银，视为国际贸易的目的——的反对派，也完全误解了世界货币的机能。我曾以里嘉图为例，在别处说过，谬误的关于流通手段量法则的见解，曾如何反射在同样谬误的关于贵金属国际流动的见解上。（《经济学批判》150页以下。）里嘉图的谬误的信条是："不利的贸易差额，只能是通货过多的结果。……铸币所以输出，是因为它的价值太低，那不是不利贸易差额的结果，只是它的原因。"这个信条，我们在巴贲著作中，也可以寻到。巴贲曾在里嘉图之前说过，"贸易差额，如果有贸易差额，那也不是送货币出国的原因，却只是各国贵金属价值参差不齐的结果。"（巴贲前书第59、60页）麦克洛克在其所著《经济学文献，一个分类目录》（伦敦1845年）中，曾称巴贲在这点有先见之明，但巴贲曾怎样素朴地，容纳"通货原则的不合理的前提"，他却诡谲地，完全没有提到。他这个目录是缺少批判性，缺乏诚实性的。这种缺少，在他论述货币学说史的那数节，达到了极点。所以会如此，是因为他在那数节，要谄谀欧维斯坦公（Lord Ovestone，原来是银行家洛伊特），称其为"银行界之巨擘"。

由此发生①。金银充作国际购买手段的机能，主要是发生在国际物质代谢的平衡突然发生扰乱之际。最后，还有一种情形；那就是，非为买，也非为支付，仅为要使财富由一国移到他国，但这种转移，却因商品市场发生特殊状况，或因所要目的有特别性质②，不能在商品形态上实行。在这情形下，世界货币也可充作财富之绝对的社会的体化物。

每一国皆须为国内流通，贮藏一个准备基金（Reservefonds），也须为世界市场流通，贮藏一个准备基金。所以，货币贮藏的机能，固有一部分，是由货币充作国内流通手段和国内支付手段的机能发生，也有一部分，是由货币充作世界货币的机能发生。在后一种机能上，必须有现实的货币商品，即现实的金银。因此，斯杜亚为区别金银与其地方代用品起见，曾称金银为世界货币（Money of the World）。

金与银的流动，是二重的。一方面，它是从产源地，散布到全世界市场去。在那里，它是以各种程度，为各国的流通领域所吸收，并充实各国国内的流通水路，补充磨损的金银铸币，供给奢侈品的材料，凝固为贮藏货币。最初的运动，是以一种直接交换为媒介的，那就是实现在商品的本国劳动，与实现在贵金属内

---

① 例如，补助金，战时借款，银行付现的恢复。在这诸种情形下，价值都必须在货币形态上。

② 第2版注。"贮藏机构，在用现金支付的国家，即不借助于一般流通界，也可以实行国际债务调整上一切必要的任务。我觉得，要证明这点，最好的证据，是法兰西下述的那一件事了。当法国初从敌国蹂躏下恢复时，它不得不在27个月的期限内，付还联合国将近20,000,000镑的强制赔偿金。这种赔偿金，大部分是要用现金支付的。但它在支付这20,000,000镑时，它并没有显著扰乱或收缩国内的通货，也没有在汇兑市场上引起惊人的变动。"（富拉吞前书第191页。）——第4版注。还有一个显著的例。在30个月（自1871年至1873年）中，法国竟能支付十倍于上额的战争赔款。不待说，那也是大部分用现金支付的。——F. E.

的金银生产国的劳动直接交换。他方面，金银又随汇兑市场上的不息的摇动，而在各国的流通领域，不断的往复。

市民生产已相①当发展的国家，会②限制大量集中在银行准备库中的货币贮藏，使其数额，大超③过其特殊机能所必要的最低限。除若干例外，若准备库的贮藏，不超过平均水准，那就表示商品流通迟滞，表示商品形态变化之流的中断。④

---

① "货币依各国的需要，分配于各区间，……因为它是时时受生产物吸引的"（勒·德洛尼前书第 916 页）——"不断供给金银的矿山，将供给充分的数量，使每国有其所必需的数量。"（凡德林前书第 40 页）

② "汇价是每星期变化的。在一年间，它有时会以顺势向上涨，有时会以逆势向上涨。"（巴贲前书第 39 页）

③ 当金银又须当作银行券的兑换准备金时，这各种机能不免陷于严重的冲突。

④ "国内贸易绝对所需额以上的货币，是一种死的资本，对于藏有这种货币的国家，是毫无利润可言的，除非拿来在国外贸易上输入和输出。"（白拉斯前书第 12 页）——"铸币过多时，怎么办呢？我们可以把最重的铸币熔解，把它化作金银什器食器和用器；或把它输出到需要这些东西的地方；或把它输出到利息率很高的地方去生利息"。（配第《货币问答》第 39 页。）"货币不过是国家身体的脂肪，过少，使身体生病，过多也妨碍身体的运动。……像脂肪滑动筋肉的运动，补充食物营养的缺少，补平身体上的不平的凹凸，使身体美化一样，货币也可加速国家的动作。由国外补充国内食物的不足，抵消债务……并美化全体"。不过（他讥讽地下结论说）"最能由此美化的，还是最有钱的人"。（配第《爱尔兰的政治解剖》第 14 页）

第二篇

货币的资本化

第四章

货币的资本化

I 资本的总公式

商品流通是资本（Kapital）的始点。商品生产与发展了的商品流通——商业——是资本成立之历史的前提。世界商业与世界市场，是在16世纪，开了资本的近代生活史的端绪。

若不说商品流通的物质内容，不说各种使用价值的交换，只考察这个过程所引起的经济形态，我们便发觉，这个过程的最后产物，是货币。但商品流通的最后的产物，正是资本的最初的现象形态。

从历史方面看，资本最初是在货币形态上，当作货币财产（Gellvermögen），商人资本（Kaufmannskapital），与高利贷资本（Wucherkapital），而与土地所有权相对立①。但我们要认识货币是资本的最初的现象形态，需是无回顾资本的成立史的。这种历史，每天会在我们眼前表演。每一个新资本，最初走到市场

---

① 以人格的服从以及支配关系为基础的土地所有的权力，和非人格的货币的权力，是相对立的。这种对立，可以拿两句法国谚语来明白表现，即"没有一块土地没有领主"，"货币是没有主人的"。

（Markt）——商品市场（Warenmarkt）劳动市场（Arbeitsmarkt），或货币市场（Geldmarkt）——这一舞台上来的姿态，便是货币，便是依一定过程即转化为资本的货币。

当作货币的货币，与当作资本的货币，最先是只由流通形态的不同去区别的。

商品流通的直接形态，是 W-G-W，由商品转化为货币，再由货币转化为商品这就是为要买而卖。但在这形态之旁，还有一个不同的形态，是 G-W-G，由货币转化为商品，再由商品转化为货币，这就是为要卖而买（kaufen um zu verkaufen）。依后一种方法流通的货币，转化为资本，成为资本，且在性质上，已经是资本。

试更精密考察 G-W-G 这个流通一下。这个流通，像简单的商品流通一样，通过两个对立的阶段。在第一阶段 G-W（或买）上，货币化为商品；在第二阶段 W-G（或卖）上，商品再化为货币。但这两个阶段的统一，是一个全部运动：赖有它，货币与商品交换，同一的商品再与货币交换，买商品，因为要卖商品。如果我们不问买与卖在形式上的差别，也未尝不可说，是以货币购买商品，再以商品购买货币①。这全部过程的结果，是货币与货币交换，是 G-G。比方说，假设我以 100 镑，购买 2000 磅棉花，再把这 2000 磅棉花卖掉，换得 110 金镑，结局是 100 镑与 100 镑交换。货币与货币交换。

很明白，假如我们不惜迂回曲折，以同一的货币价值，交换同一的货币价值，以置 100 镑交换 100 镑，则 G-W-G 的流通过程，是背理的，无内容的。不把 100 镑投入危险的流通中，把它贮藏起来，是更简便，更安全的。当然，无论商人以 100 镑购得

---

① "我们用货币购买商品；我们用商品购买货币。"（麦西尔著《政治社会之自然的根本的秩序》第 543 页）

棉花，再拿出去，是卖 110 镑，抑是卖 100 镑，抑仅卖 50 镑，无论如何，他的货币，总要画出了一个特别的新的运动，而与简单的商品流通（例如农人售卖谷物后，以所得的货币购买衣服），完全不同。但最先，我们必须研究 G-W-G 和 W-G-W 这两个循环在形态上互相区别的特征。潜伏在形态差别背后的内容差别，是会由此同时显露出来的。

我们且先看看这两种形态的同点。

这两个循环，可分为同样两个对立的阶段，即 W-G（卖）与 G-W（买）。在每一个阶段中，有同样两个物质的要素（商品与货币），同样两个经济舞台上的人物（买者与卖者）互相对立。每一个循环，都是这两个对立的阶段之统一，在这两个场合，这个统一，都以三个契约当事人的出现为媒介。在这三个契约当事人中，一个仅卖，别一个仅买，第三个则又买又卖。

此二循环 W-G-W 与 G-W-G 互相区别的第一种事情是二对立流通阶段的次序恰好相反。简单的商品流通，以卖为始，以买为终，当作资本的货币的流通，则以买为始，以卖为终。在前一场合，以商品为运动的始点和终点，在后一场合，则以货币。前一形态，以货币为全过程的媒介；后一形态，则以商品。

在 W-G-W 的流通中，货币结局要变成商品，商品则当作使用价值。货币是断然支出了。但在相反的 G-W-G 的形态中，买者支出货币，只是因为他要当作卖者，再把货币收入。他购买商品时，把货币投入流通中，想由同一商品的售卖，把货币取回。他叫货币走开，只是因为他怀着狡猾的企图，要把它再取回。所以，货币只是垫支（vorgeschossen）①。

———————————

① "当一物因要拿来再卖而买时，所用的金额，称为垫支货币；当一物买后不再卖时，我们就可说这个金额是支出了的"。（《斯杜亚全集》斯杜亚氏之子斯杜亚将军所编，伦敦 1801 年出版，第 1 卷第 274 页）

在 W-G-W 形态中，同一枚货币换位二次。资者从买者处收受到它，再把它付给别一个卖者。全部过程，以受货币交商品为始，以交货币受商品为终。但在 G-W-G 形态中，换位二次的，不是同一枚货币，只是同一件商品。买者从卖者处受到它，再把它交给别一个买者。在单纯的商品流通中，同一枚货币的二次换位，使这个货币，断然由一人手中移转到他人手中。但在此，则同一件商品的二次换位，是使货币回到原出发点来。

货币回到原出发点的运动，与商品卖价高于买价的事情，没有关系。这种事情，只会影响回来的货币总额的量。货币回来的现象，是在所买商品再卖出时，换言之，是在 G-W-G 循环完全画好时，发生的。在此，我们才明白看见，货币充作资本的流通和货币只充作货币的流通，是有怎样的差别。

一种商品售卖所得的货币，因购买别一种商品，而再被夺去时，W-G-W 的循环，就完全终结了。虽有货币回到原出发点来，那也是由于过程的更新或反复。当我售卖一卡德谷物，换得三镑，并用这三镑购买衣服时，在我，这三镑是断然支出了。我和它们再没有关系了，它们是属于衣服商人了。假令我再卖一卡德谷物，货币会流回到我手上来，但这不是前一次交易的结果，只是它反复的结果。只要我再买，完成第二次交易，货币就会再离开我的，所以，在 W-G-W 流通中，货币的支出，无关于货币的回来。但在 G-W-G 中，则货币的回来，已为货币支出的方法所限定了。没有这种回来，过程便要失败，便要中断，便要不完全，因为它将没有第二个阶段，没有终结的卖，去补足买。

W-G-W 循环，是从一个商品的极端出发，而以另外一个商品的极端为终结。后一商品，遂从流通退出，而归于消费。消费，欲望的满足，总之，使用价值，是它的最后目的。反之，G-W-G 循环，则从货币的极端出发，复归到货币的极端。所以，促进的动机和规定的目的，只是交换价值。

在简单的商品流通中，两个极端，有相同的经济形态。它们都是商品，是价值量相等的商品。但它们是性质上有别的使用价值，如谷物与衣服。生产物的交换，或表现社会劳动的不同种物质的转换，在此，形成了运动的内容。G-W-G 的流通，则不然。一看，这种流通，好像是无内容的，因为是同义反复的。它的两个极端，也有相同的经济形态。它们都是货币，不是在性质上有差别的使用价值（因货币是商品的转形姿态，在这个姿态上，商品所特有的使用价值已经消灭）。先以 100 镑交换棉花，再以这个棉花交换 100 镑，从而以货币交换货币，以同物交换同物，一看，好像是一种无目的而且是背理的活动①。一个货币额与别一个货币额，本来只能有量的差别。所以，G-W-G 过程的内容，不是因为二极（皆为货币）在质上有差别，只是因为二极在量上有差别；最后从流通中取出的货币，会更多于原来垫支的货币。用 100 镑购得的棉花，拿去再卖，也许可以卖得 £ 100+£ 10 即 £ 110。所以，这个过程的完全形态，是 G-W-

---

① 麦西尔在前书驳重商主义时曾说，"我们不是为货币而交换货币"（见前书第 468 页）。在一本名为论"贸易"论"投机"的著作中，我们又读到如下一段话："一切贸易，都是不同种物的交换。其利益（对于商人的利益?）也即由此种类的差别生出。以一磅面包交换一磅面包，是没有利益可言的。……所以，我们可以拿贸易和赌博比较，赌博便是以货币交换货币"。（歌尔伯著《论个人财富的原因与样式》，又名《贸易和投机的原理》伦敦 1841 年第 5 页）歌尔白虽不知道 G-G（货币交换货币），不仅是商业资本引为特征的流通形态，并且是一切资本引为特征的流通形态，但他仍承认，有一种贸易（即投机）是和赌博一样有这个形态的。但麦克洛克（Mac-Culloch）又告诉我们，凡为要卖而行的买，都是投机，从而，把投机和贸易的差别消灭。（麦克洛克《实用商业辞典》伦敦 1847 年第 1058 页）——阿谟斯特登证券交易所抒情诗人平托（Pinto）还以更素朴的方法，说："商业是赌博（这是借用洛克的话），如果我们的对手是一个穷光蛋，任何东西我们也不能赢到。并且，就令我们结局赢了，我们仍须把利润的大部分，拿出来再赌"。（《流通与信用论》阿谟斯特登 1771 年版第 231 页）

G'。在其中，$G'=G+\triangle G$，那就是等于原来垫支的货币额，加一个追加量。这个追加量，或原价值的超过额，我称之为剩余价值（Mehrwert，Surplusvalue）。原来垫支的价值，不仅没有在流通中受到一点损害，并且还曾经在流通中，变更了它的价值量，加进了一个剩余价值，增殖了。但使这个价值变为资本的，就是这个运动。

当然，在 W-G-W 内，二极（W 与 W 如谷物与衣服），也可以是两个不等的价值量。农民可以超过价值来售卖谷物，也可以低过价值来购买衣服。他可以沾衣服商人的光。但这个流通形态内，这样的价值差别，纯粹是偶然的。就令二极（谷物与衣服）是等价的，这个过程也不像 G-W-G 过程一样，是无意义的。反之，我们宁可说，二者的等价，是正常进行的条件。

为要买而卖的过程反复着，更新着。但这种反复与更新，是和过程本身一样，以过程外的最后目的——即消费，或某种欲望的满足——为限界。反之，在为要卖而买的过程中，开端与结末是同一的，即同是货币，同是交换价值。但即因此故，其运动为无限止。当然，G 已变成 $G+\triangle G$，100 镑已变成 100 镑+10 镑。但单从质的方面考察，110 镑和 100 镑是一样的，都是货币。即从量的方面考察，110 镑也和 100 镑，同样是有限的价值额。如果这 110 镑当作货币用掉，这些货币便被抛弃它的任务，它就不再是资本了。又假如它从流通界退出，贮藏起来，哪怕贮藏到世界的末日，它也不会生出一个铜钱的利来。所以，如果问题是价值的增殖（Verwertung des Werts），则增加 100 镑价值的欲望，也就是增加 110 镑价值的欲望；因为，110 镑和 100 镑，都是交换价值之有限的表现，从而有相同的任务，要由量的扩大，尽可能地变为绝对的富。不错的，原垫支的 100 镑的价值，暂时间，可以和在流通中增加的 10 镑剩余价值区别，但这种区别，迅即就会消灭。在过程终了时，100 镑原价值和 10 镑剩余价值，不会分别放在两边。他所有的，是一个 110 镑的价值，那和原来的 100 镑，一样可以开始价值增殖的过程，货币一经到运动的终末，即再为运动的开端①。所以每一个循环（为要卖而买的过程，即在其内完成）的终末，都成为一个新循环的开端。简单商品流通——为要买而卖——的最后目的，是在流通之外，即使用价值之取得，欲望之满足。反之，当作资本的货币的流通，则以自身为目的。价值的增殖，发生在这种不绝更新的运动内。所以，资本的运动，是无限界的②。

---

① "资本可分……为原本和利润，即资本的加额。……不过，在实际上，这个利润，会立即化为资本，和原本合起来运用"。（恩格斯《国民经济学批判概观》，《德法年报》鲁格、马克思合编，巴黎 1844 年第 99 页）

② 亚里斯多德以 Oekonomik（家计）和 Chrematistik（货殖）相对照。他是由前者出发。在家计为一种谋生术的限度内，这种术不过要获取生活的必需品，或获取于家于国有用的东西。他说："真的财富，是由这样的使用价值构成的。因为，能使生活优裕的东西，其量并不是无限的。但还有第二种谋生术，宜称为货殖。在这个范围内，财富与所有物似乎是没有限制的。商业（指零卖商业，亚里斯多德所以用此语，因为在这零售商业上，是使用价值占主要地位），不是在本质上，就属于货殖的范围，因为在这种场合，交换就是以他们（买者和卖者）自己必要的物品为限"。所以，他又说，商业原来的形态，是物物交换，然其扩大，却必致引起货币。货币发明之后，物物交换就必然发展为商业了。这种商业会反于它原来的倾向，以致于变成货殖，变成赚钱术。货殖与家计的区别在这里："就货殖说，流通便是富的源泉。货殖似乎是以货币为中心而旋转；货币成了这种交换的开始和结束。因此，货殖所求的富，乃是无限的。我们知道，每一种技术，如果它不是达到目的的手段，它本身就是目的，它的目的更是无限的，因为它总想和这个目的接近；反之，如果它只是达到目的的手段，则因它的目的本身就是限界，所以不是无限的。就因此，所以，以绝对富为目的的货殖，是目的上毫无限制的。家计有限界，货殖则无。……家计所要的，是和货币不同的东西。货殖所要的，就是货币的增加。……这两种形式本来是互相交错的。因为把二者混淆，所以，有人以为，无限的保存货币，无限的增加货币，便是家计的最后目的"。亚里斯多德《共和论》白克尔版第 1 篇第 8 章第 9 章及以下。）

货币所有者，当作这个运动的有意识的担当者，便成为资本家。他的人身，或者不如说，他的钱袋，是货币的出发点与复归点。流通之客观的内容——价值的增殖——是他的主观的目的；他，以资本家的资格，或当作有意志有意识的资本之人格化，是以抽象财富之递增的占有，为唯一促进活动的动机。使用价值，决不是资本家的直接目的[①]。又，他的直接目的，也不是个个的利得，只是牟利行为的不息的运动[②]。绝对的致富冲动，热情的价值追求[③]，是资本家和货币贮藏者共有的。但货币贮藏者只是发狂的资本家，资本家却是合理的货币贮藏者。价值之不息的增殖，是货币贮藏者所欲的，也是聪明的资本家所欲的，但前者是由流通界救出货币去完成这目的[④]，后者则是反复把货币投入流通去完成这目的[⑤]。

商品价值在简单流通中采取的独立化形态（货币形态），仅仅是商品交换的媒介，是会在运动的结果上消灭的。反之，在 G-W-G 流通中，商品与货币二者，都只当作价值的不同的存在方法，货币是价值的一般的存在方法，商品则为特殊的（或者说

[①] "商品（实指使用价值）不是经商的资本家的目的，……他的最后目的，是货币"。（查尔麦斯《论经济学》第 2 版伦敦 1832 年第 165、166 页）

[②] "商人对于已经获得的利润，是不重视的，因为他无时不想未来的利润"。（哲诺维西《市民经济读本》1765 年库斯托第编《意大利经济名著集》近世篇第 8 卷第 139 页）

[③] "难消的利润热情，可咒诅的黄金欲念，常常决定资本家的意志"。（麦克洛克《经济学原理》伦敦 1830 年第 179 页）不待说，麦克洛克和他的同志虽抱这种见解，但当他们进到理论上的困境（例如生产过剩问题的讨论）时，他们却毫不迟疑，把这些资本家，化为良善的市民，认他们只注重使用价值，渴望皮鞋帽子鸡蛋棉纱等有用物。

[④] "Σωζειν"（救）这个希腊字，恰好表示"贮藏"的意思。英语"to save"也有"救"与"贮"这两种意思。

[⑤] "一物在直进时没有无限性，在循环进行时却有"。（加里安尼《货币论》第 156 页）

是化装的）存在方法①。价值不断由一形态到他形态，不致在运动中消灭，并由此成为一个自动的主体。假若注意一下自行增殖的价值在循环中所交替采取的现象形态，我们将得到这样的命题；资本是货币；资本是商品②。但在事实上，价值在此成了过程的主体，在这过程中，价值会在货币形态与商品形态的不绝的转换中，自行把它的量变化，从原价值，生出剩余价值，从而使自身的价值增殖。它产生剩余价值的运动，即是它自身的运动；它的增殖，即是它自身的增殖。因此，它取得了一种玄妙的性质；那就是，因为它是价值，所以能产生价值。它会生儿子，至少，会生黄金的蛋。

在这样一个过程中，货币形态与商品形态，是时而为价值所采取，时而为价值所脱弃的。当作能动的主体之价值，既须在这种转换中保存它自身，扩大它自身，它自须有一个独立的形态，使自身的同一性得以确认。价值是要在货币形态上，才有这个形态的。所以，货币是每一个价值增殖过程（Verwertungsprozess）的出发点和终结点。它原来是 100 镑，现在是 110 镑。但货币在这里只是价值的一个形态，因为价值是有两个形态的。若不采取商品形态，货币也就不成为资本了。货币在此，不像在贮藏的场合一样，不是与商品相对敌的。资本家知道，无论商品是怎样不好看，不好闻，它总归在信仰上，在事实上，是货币，是已行割礼的犹太人，是从货币造出更多货币的古怪的手段。

在简单的流通中，商品的价值，只是采取与使用价值相对立

---

① "构成资本的，不是物质，而是物质的价值。"（萨伊著《经济学》巴黎第 3 版 1817 年第 1 卷第 429 页）

② "用在生产目的上的通流手段（！）便是资本"。（玛克里奥著《银行业的理论与实际》伦敦 1855 年第 1 卷第 1 章）"资本即是商品"。（詹姆士·穆勒著《经济学要论》伦敦 1821 年第 74 页）

的独立的货币形态罢了，但在这里，它就突然成为过程中的能动的实体了。货币与商品，不过是这个实体的两种形态罢了。并且，在这里，价值不表示商品关系，它只表示自己对于自己的私的关系。当作原价值的它与当作剩余价值的它，自相区别，正如神父当作神子与原来的他自相区别一样。二者是同年龄的，实际二者还只是一个人格；因为原来垫支的 100 镑之化为资本，仅因有 10 镑的剩余价值。但它一经化成资本，生出子，并由子而父也生出之后，二者的区别就会再消灭。二者归为一，那就是 110 镑。

于是，价值成了在过程中的价值，成了在过程中的货币；那就是，成了资本。它从流通出来，再加入流通，它在流通中维持自己，增大自己，扩大后再从流通中归来。它是这样反复开始同样的循环①。G—G′，货币产生货币。资本最初的解释者——重商主义派——就是用这句话来描写资本的。

当然为要卖而买的过程，详言之，为要贵卖而买的过程（G—W—G′），似乎只表现资本的一种，即商人资本（Kaufmanns kapital）。那是一种特别的形态。但产业资本（industrielle Kapital）也是货币，它会化成商品，并由商品的卖，再化为更多的货币。买之前卖之后发生在流通领域外部的行为，不会影响这个运动的形态。最后，就生息资本（Zinstragenden Kapital）说，也不过是把 G—W—G′ 这个流通，缩简表现而成为一个没有媒介的结果，即 G—G′。在这个铭语中，货币等于更多的货币，价值是比它自身更大的价值。

所以，G—W—G′ 是资本的总公式。直接流通领域中出现的资本，实际就是把这个公式，当作总公式的。

---

① "资本便是会自行增殖的永久的价值"。（西斯蒙第《新经济学原理》巴黎 1819 年第 1 卷第 88、89 页）

Ⅱ 资本总公式的矛盾

货币蛹化为资本的流通形态，和以上说明的关于商品性质，关于价值性质，关于货币性质，关于流通性质的法则，都是矛盾的。使这个形态，与简单商品流通区别的，是同样两个对立过程（卖与买）的相反的次序。请问，这个纯然形式上的区别，是怎样施行魔法似的，变化这两个过程的性质呢？

并且，在互相交易的三个人间，这种颠倒，只对其中的一个人说才是存在的。当作资本家，我是从 A 购买商品，再把商品卖给 B；若当作单纯的商品所有者，则我须先把商品卖给 B，然后从 A 购买商品。这种区别，在 A 与 B 看，是不存在的。他们只以商品买者或卖者的资格登场。我自己则每度皆以单纯货币所有者或商品所有者，买者或卖者的资格，和他们相对立。并且，在系列的二阶段中，我对于 A 只是买者，对于 B 只是卖者，对于 A 只是货币，对于 B 只是商品；我对于他们二人，都不是当作资本或资本家，或者说不是当作货币或商品以上的什么的代表，当作别的什么，可以在货币或商品的影响之外，发生别种影响。购买 A 的商品和售卖商品给 B，对于我，形成了一个系列。但这二种行为间的联络，只对于我是存在的。A 绝不关心我和 B 的交易，B 也不关心我和 A 的交易。假令我向他们说明，这样颠倒一下，我就会取得什么特殊的任务，他们就会对我说，你把这个系列看错了；他们会对我说，这全部过程，不是由买开始，由卖终结，反之，乃是由卖开始，由买终结。究其实，我的第一种行为——买——从 A 的观点看，便是卖；我的第二种行为——卖——从 B 的观点看，便是买。不只如此。A 与 B 还会说，这整个系列都是多余的，是一种骗术。A 可以直接卖给 B，B 可以直接向 A 买。

如此，这全部交易，可缩短为普通商品流通领域内的一方的行为；从 A 的观点看，单是卖，从 B 的观点看单是买。序列的颠倒，不够把我们驱出简单的商品流通领域。我们宁可看一看，这商品流通，有没有什么性质，可以使流通中的价值发生增殖作用，从而形成剩余价值。

我们在考察流通过程时，假设在这种形态上流通过程只表现为商品的交换。二商品所有者互相购买商品，而在支付日清偿相互货币请求权的差额时，情形就常常是这样的。在此，货币是充作计算货币，其目的，在使商品价值表现在它们的价格上，但非以物的形态，与商品相对立。在所论为使用价值的限度内，很明白，交换当事人双方都有利益。双方都放弃对于自己不能当作使用价值的商品，而取得使用上需要的商品。这种利益也许还不是唯一的利益。卖葡萄酒而买谷物的 A，比谷物栽培者 B，也许可以在同一劳动时间内，生产更多的葡萄酒；同时谷物栽培者 B，比葡萄酒酿者 A，也许也可以在同一劳动时间内，生产更多的谷物。交换价值虽相等，但与无交换而必须各自生产谷物和葡萄酒的时候比较，这时候，A 也许会有更多的谷物，B 也许会有更多的葡萄酒。所以，从使用价值的方面来考察，或许可以说，"交换是对于双方皆有利得的交易，"① 但从交换价值方面考察，却不是这样。"一个有许多葡萄酒但没有谷物的人，和一个有许多谷物但没有葡萄酒的人交易。一个交换发生了，交换的一方，是价值 50 的小麦，他方是价值 50 的葡萄酒。这个交换，对于任何一方，都没有交换价值的增殖，因为，交换前他们所有的价值，和他们由交换所得的价值，是相等的。"② 货币虽然加入而当作

---

① "交换是一件奇妙的事，交换的双方都常常有利益。"（斯特杜《意志及其效果论》巴黎 1826 年出版第 86 页）此书后改名《经济学》出版。
② 麦西尔前书第 544 页。

商品间的流通手段，从而使买与卖，成为显然分离的行为，但不会引起任何的变化①。商品价值，在加入流通以前，已表现在它们的价格上；从而，那是流通的前提，不是流通的结果②。

把一些事情，一些不是由简单商品流通的内在法则生出的事情置于度外，来抽象地考察，则在交换中，除一使用价值由另一使用价值去替换这一点不说外，我们所能够看见的是商品的一种变形，一种形态变化。同一的价值（即同量的对象化的社会劳动），在同一商品所有者手中，最初是表现为商品的姿态，然后转形为货币的姿态，最后再由货币转形为商品的姿态。这种形态变化，不包含价值量上的变化。商品价值在这个过程中受到的变化，是以它的货币形态上的变化为限。这个货币形态，最初是当作待售商品的价格。其次是当作一个已经在价格上表现的货币额，最后是当作一个等价商品的价格。这个形态变化，像五镑钞票换若干苏维令，若干半苏维令换若干先令一样，本身并不包含价值量的变化。所以，如商品流通只引起商品价值的形态变化，则在现象纯正的情形下，它也只引起等价物的交换。所以，虽不大了解价值为何物的庸俗经济学。在考察纯粹的流通现象时，也假定需要和供给相一致，假定它们的作用等于零。所以，从使用价值方面考察，交换双方当事人，都有利得；但从交换价值方面考察，他们却都没有利得。在此，不如说；"在等一的地方，没有利得。"③ 当然，商品售卖时的价格，可以和价值相差离，但

---

① "二个价值中，一个是货币呢，还是两个都是普通商品呢，那是完全没有关系的"。（麦西尔前书第 543 页）
② "决定价值的，不是缔约的当事人，在没有缔约以前，价值就经决定了。"（勒·德洛尼《社会的利益》第 906 页）
③ 加里安尼《货币论》，库斯托第编近世篇第 4 卷第 244 页。

这种差离只是商品交换法则被侵犯的表现①。在纯粹姿态下，商品交换是等价物的交换，不是价值增加的手段②。

在视商品流通为剩余价值源泉的各种尝试背后，还隐藏着使用价值与交换价值的混同。譬如，康狄亚克（Condillac）说："说我们在商品交换中，是以等价值交换等价值，是一个谬误。正好相反，双方当事人都是以较小的价值，交换较大价值。……倘我们真是交换恰好相等的价值，则对于当事人任何一方，也不会有利得。但双方都有利得，或都应有利得。何故呢？物的价值，仅存于该物对我们的欲望的关系上。同一量，对于甲为较大，对于乙可为较小；反之亦然……我们并不假定，拿我们自己消费所万不可缺少的东西去卖。……我们愿拿出对于我们无用的东西，来获取我们必要的东西，给予较少的东西，来获取较多的东西。……当交换物各在价值上与等额的金相等时，人们当然会认为，交换是以价值交换等价值。……但在我们的计算中，还有一点要加入。我们必须问，双方当事人不都是以过剩的物品，交换必要的物品么？"③ 在此，我们看见了，康狄亚克不仅把使用价值和交换价值搅在一处；且极幼稚地，假设在商品生产已甚发达的社会内，每一个生产者，会各自生产各自的生活资料，而以

---

① "当有外部的事情，使价格提高或减落时，交换将于交换当事人的一方不利；从而，平等的关系被侵犯了；但其侵犯，是上述诸种原因的结果，决不是由交换引起的。"（勒·德洛尼《社会的利益》第 904 页）

② "就本来的性质说，交换是平等的契约，是在一个价值和一个相等的价值之间进行的。所受的既与所给的相等，那当然不是任何一方致富的手段"。（勒·德洛尼前书第 903 页）

③ 康狄亚克《商业与政府》（1876 年）德尔与莫利那里版（Molinari）编《经济杂纂篇》巴黎 1847 年第 267、291 页。

自身需要有余的部分，即过剩部分，加入流通①。康狄亚克的议论，曾反复为近代经济学所提起。当他们研究商品交换的发展的形态，是否会生产剩余价值时，这个议论，是更为近代经济学所援引了。例如下述的主张。"商业增加生产物的价值；因为同一生产物，在消费者手中，比在生产者手中，有更多的价值。严格地说，商业是一种生产活动。"② 但人们对于商品，不会支付两次，一次为商品的使用价值，一次为商品的价值。商品的使用价值，对于买者，比对于卖者，有更大的效用，那是不错的；但商品的货币形态；对于卖者，比对于买者，也的确有更大的效用。不然，它为什么要卖呢？要这样，我们也可以说，当买者将商人的线袜化为货币时，严格地说他也是实行了一种"生产活动"了。

如果互相交换的，是交换价值相等，从而是互相等价的诸商品（或商品与货币），则很明白，从流通界取出的价值，不会比投入流通界的价值更大。不会有剩余价值在其中形成。不过，商品流通，在其纯粹形态上，虽以等价物的交换为条件，但实际的情形，并不是纯粹的。所以，我们暂且假定有非等价物的交换。

在商品市场上，只有商品所有者与商品所有者相对立。他们互相影响的权力，也只是他们的商品的权力。商品之物质的差别，是交换之物质的动机，并使商品所有者互相依赖，因他们却没有自己所欲的对象物，都有别人所欲的对象物在手中。但除商

---

① 勒·德洛尼回答他朋友康狄亚克的话，很适当。他说："在一个发展的社会内，这样的过剩部分是没有的。"同时他又讽刺他话："当交换者双方以同样少东西交换同样多东西的时候，他们的所得就没有差异了。"就因为康狄亚克对于交换价值的性质，连极淡漠的概念也没有，所以罗雪尔教授先生便选他，来证明他自己的幼稚的概念。（见罗雪尔著《国民经济学原理》第3版1858年）

② 牛曼（S. P. Newman）《经济学要论》安多华与纽约，1835年第175页。

品使用价值有物质的差别之外，商品之间只还有一种差别，即商品自然状态与其转化形态间的差别，或商品与货币间的差别。即因此故，在商品所有者间，仅有卖者（商品所有者）与买者（货币所有者）的差别。

假设因卖者有一种不能说明的特权，能以较高于价值 10% 的价格售卖商品，换言之，把价值 100 的东西，用 110 的价格售卖。在这场合，价格是在名义上提高了 10%，卖者可以取得 10 的剩余价值。但在他卖过以后，他会变成买者。第三个商品所有者，现在成了卖者，他也有特权把商品售价提高 10%。于是，我们的朋友，当作卖者赚得了 10，当作买者，也吃亏了 10[1]。通盘计算一切商品所有者，在互相售卖商品时，各把价格提高 10%。这等于各自依价值售卖商品。商品价格的提高是名义上的，一般的。其结果，和商品价值改用银评计不用金评计的结果，是一样的。商品的货币名称或价格是提高了，但它们的价值关系，依然不变。

反过来，假设买者有特权能依商品价值以下的价格购买商品。不待说，买者也会变成卖者。甚至在他成为买者之前，已经是卖者。所以，在他当作买者获利 10% 以前，他当作卖者已经损失 10% 了[2]。一切都照旧样。

所以，剩余价值的形成，从而货币的资本化，不能由卖者售卖的价格，高于商品价值，或买者购买的价格，低于商品价值的

---

① "提高生产物的名义价值，……不能使卖者变为富有。……以卖者的资格，他固将由此得到利益，但这种利益，他必须以买者的资格费去。"（《国富之基本原理》伦敦 1797 年第 66 页）

② "如果我们必须以值 24 里佛的某物，换 18 里佛尔，那我们用这 18 里佛尔购买物品时，这 18 里佛尔也能换得值 24 里佛尔的东西。"（勒·德洛尼《社会的利益》第 89 页）

假定，来说明①。

托伦斯上校（Torrens）曾说"在直接或间接的交换上，消费者为购买商品而给予的资本部分，会比生产所费者为大。消费者这样的能力和意向（！），构成有效需要。"②但像他那样导入不相干的考察，也不能使问题简单化。在流通中，生产者与消费者，只当作卖者与买者，而互相对立。说生产者有剩余价值，是因为消费者以价值以上的价格付于商品，等于干脆地说，商品所有者，以卖者的资格，有贵卖的特权。卖者曾自己生产商品，或是代表商品生产者；买者也曾生产由其货币代表的商品，或是代表那种商品生产者，所以，那是生产者与生产者相对立。使他们互相区别的唯一事情是：其一买，其他卖。所以，虽然假设商品所有者，得以生产者的资格，以价值以上的价格售卖商品，或以消费者的价格，以价值以上的价格付给商品，我们仍然不能说明剩余价值的起源。"③

认剩余价值出于名义上的价格提高，或认剩余价值出于卖者有贵卖商品的特权，乃是一种幻想。所以，这种幻想的贯彻者，乃假设有一个只买不卖的阶级，那就是只消费不生产的阶级。从我们以上的观点看，换言之，从简单流通的观点看，这一阶级的存在，还是不能说明的。但我们且抢前一步，假定有这样一个阶级。这一个阶级继续用来购买的货币，必须不经交换，无代价，由一种权力或强力，继续从商品所有者那里取来。抬高价格，把

---

① "任何卖者也不能习常把商品提高价格来卖，除非他情愿购买他人商品时，也支付较高的价格。反之，为相同的理由，任何购买者也不能习常以特廉的价格购买商品，除非他售卖商品时，同意接受同样低廉的价格。"（麦西尔前书第 555 页）

② 托伦斯著《财富生产论》伦敦 1821 年第 349 页。

③ "利润由消费者负担的思想，不待说，是全然不合理的。谁是消费者呢？"（兰塞《财富分配论》爱丁堡 1836 年第 183 页）

商品卖给这个阶级，实际不过是把已经送给他们的货币，瞒着取回一部分来。"① 小亚细亚诸市每年付给古罗马的钱贡，就是这样支付的。罗马人用这种货币，向小亚细亚人，以非常贵的价格购买商品。小亚细亚人欺骗罗马人，而在贸易进行中，从征服者处，收回钱贡的一部分。但被欺骗的，实际还是小亚细亚人。他们的商品，依旧是用他们自己的货币支付的。那不是致富的方法，也不是形成剩余价值的方法。

所以，我们还是留在售卖者也是购买者，购买者也是售卖者的商品交换范围内。我们的困难，也许是出于这一点。即，我们是把人物，视为人格化的范畴，不视为个人。

商品所有者 A，可以是极狡猾的，他的同伴 B 或 C 都上他的当，但 BC 却很忠厚，不稍存报复的意思。假设 A 卖原值 40 镑的葡萄酒给 B，而在交换中，得回价值 50 镑的谷物。A 把他的 40 镑，化成 50 镑，从更少的货币，造出更多的货币，把商品转化为资本。但我们且更进一步考察。在交换之前，我们在 A 手中，有值 40 镑的葡萄酒，在 B 手中，有值 50 镑的谷物，总价值为 90 镑。在交换之后，总价值仍为 90 镑。流通的价值，不曾增加一个原子；变更了的，不过是 A 与 B 间的分配。一方是剩余价值，他方便是不足价值（Minderwert），一方是加，他方是减。假令 A 不实行表面的交换形式，却直接从 B 处偷得 10 镑，这种变化同样会发生。流通的价值之总和，不能由分配上的变化，增加一点点，好比犹太人虽然把安女皇时代的一个铜钱，当作一个金币卖，但国内的贵金属量，仍无丝毫增加。一国资本阶级全体，不

---

① "当某一个人的商品没有人需要时，马尔萨斯先生会劝他先付钱别人，叫别人用这个钱，来买他的商品么？"这是一位愤怒的里嘉图学徒，向马尔萨斯提出的质问。马尔萨斯和他的学徒查尔麦斯，在经济学上，是赞美购买者或消费者阶级的。参看《马尔萨斯需要学说消费学说的研究》（伦敦 1821 年第 55 页）

能从他们自己全体，取不当的利得①。

无论怎样转弯折角，也不能把结果改变。假令互相交换的，是等价物，那不会发生剩余价值；假令互相交换的，不是等价物，那也不会发生剩余价值②。流通或商品交换，不创造任何价值③。

读者可以明白了，为什么在分析资本的基本形态（即决定近代社会经济组织的资本形态）时，我们在先全然不考虑习见的与所谓洪水期前的资本形态——即商业资本与高利贷资本。

G-W-G，形态（为要贵卖而买的形态）最纯粹地，表现在真正的商业资本上。这全部运动，是发生在流通领域之内的。但从流通本身，既不能说明货币的资本化，也不能说明剩余价值的形成，所以，在等价物互相交换的限度内，商业资本也不能成

---

① "特斯杜虽然是（或者就因为是）法国学士院会员，但他所持的见解正好相反。依他说，产业资本家所以能赚到利润"，是因为"他们的物品的卖价，比生产物所费的成本更高。他们卖给谁呢？第一，他们是互相买卖的。"（前书第 239 页）

② "二相等价值的交换，不会增加也不会减少社会现有的价值总和，二不等价值的交换，……也不会在社会价值总和上，引起任何的差异。那不过取出社会一部分人的财富；加到别一部分人的财富中去。"（萨伊《经济学》第 II 卷第 443 页以下）萨伊自己对于这个命题的结果，不待说是全不注意的。但他这个命题，几乎是依照字面，采用重农主义派的主张。我们还有一个证据，证明萨伊先生，曾怎样利用当时几乎被人忘记的重农主义派著作，来增加他自己的"价值"。萨伊的最有名的命题"我们以生产物购买生产物"（前书第 II 卷第 441 页），也不过是仿效重农主义派的。重农主义的原本是："生产物仅以生产物支付。"（见勒·德洛尼《社会的利益》第 899 页）

③ "交换不会给生产物以任何价值。"（惠兰《经济学要论》波士顿 1853 年第 168 页）

立①。于是，商业资本的发生，就只有依据这个事实才能说明，那就是寄生在贩卖的商品生产者和购买的商品生产者间的商人，占了双重的便宜。佛兰克林也就在这意义上说："战争是劫掠。商业是欺诈。"② 不由商品生产者的欺诈，说明商业资本的增殖，我们就必须以一长列的中间阶段夹在中间了。在此：我们既只以商品流通与其单纯要素为前提，所以这些中间阶段，还是完全不存在的。

以上关于商业资本所说的话，用到高利贷资本上来，尤为切合。在商业资本上，二极（即加入市场的货币和从市场取出的更多的货币），至少还有卖买为媒介，换言之，有流通的运动为媒介。就高利贷资本说，则 G-W-G′，这一形态就缩短为没有媒介的二极了。即 G-G′，货币与更多的货币相交换。这个形态，是和货币的性质矛盾的；从商品交换的观点看，还是不能说明。所以，亚里斯多德说："货殖（Chrematistik）是二重的，一方面属于商业，他方面属于家计。后者是必要的，可以赞赏的；前者以流通为基础，很有被指责的理由（因为它不是以自然为基础，是以互相欺诈为基础）。在这情形下，高利贷会被人憎厌，乃是当然的。在高利贷业上，货币本身成了营利的源泉。不被用在原来的目的上了。货币是为便利商品交换而成立的，利息却是从货币造出更多的货币。它的名称（τόος）利子，与生息，就是这样发生的。所生者与生者相似。利息是货币生出来的货币。在一切营

---

① "在不变的等价原则下，商业是不可能的。"（奥普特克《经济论》纽约 1851 年第 69 页）"在真实价值和交换价值之间，有一种差别。这种差别的根柢是；一物的价值，和当作该物代价而在商业上给予的所谓等价，是不等的，换言之，这所谓等价，其实不是等价。"（恩格斯《国民经济学批判概说》第 96 页）

② 佛兰克林全集，斯巴克士版第 II 卷第 376 页《几种待考校的关于国家财富的论旨》。

利方法中，高利贷是最与自然相反的。"①

在我们研究的进行中，我们将会发觉，生息资本和商业资本一样是派生的形态，同时又会了解，为什么它们会在历史上，比近代资本的基本形态，出现得更早。

上面讲过，剩余价值不能由流通生出来。在它的形成过程中，必须有某种不能在流通内看见的东西，发生在流通的背后②。剩余价值还能从流通之外发生吗？流通是商品所有者相互关系的总和。在流通之外，商品所有者仅和他自己的商品有关系。若所论为价值，这关系不过是，商品包含着他自己劳动的一定量，那是依照一定的社会法则计量的。这劳动量，表现为商品的价值量；价值量是用计算货币表示的，所以这劳动量也由价格表示，比方说，由 10 镑的价格表示。但他的劳动，既表现为它自身的价值，便不能同时又表现为自身价值以上的剩余，既表现为 10 镑，便不能同时又表现为 11 镑，换言之，不能同时表现为比自身更大的价值量。商品所有者能由自己的劳动形成价值，但不能由此形成增殖的价值。他可以把商品的价值提高，但提高的方法，是由新的劳动，把新的价值，附加到已有的价值中去。例如，从皮革制造皮鞋。相同的材料，现在因为包含着更多的劳动量，所以有更多的价值了。皮鞋比皮革有更多的价值，但皮革的价值，还是和先前一样，它不曾增殖它自身，不曾在皮鞋的制造中生出剩余价值。所以，在流通领域外，商品所有者尚未与其他商品所有者接触，所以也不能使价值增殖，从而，不能使货币或商品化为资本。

所以，资本没有由流通发生的可能，但也同样没有离开流通

---

① 亚里斯多德《共和国》第 10 章。

② "在通常的市况上，利润不能由交换得到。如果它不是已经存在，则在交易之后也不存在。"（兰塞前书第 184 页）

而发生的可能。它必须在流通中发生，但又不在流通中发生。

这样，一个二重的结果产生了。

货币的资本化，必须根据商品交换内在的法则来说明，从而，必须以等价物的交换为出发点①。当作资本家幼虫（Kapitalistenraupe）的货币所有者，必须依价值购买商品，也必须依价值售卖商品，但在过程的终末，他取出的价值，又不能不比当初投入的价值更大。他由幼虫变为蝴蝶的发展，必须在流通领域中进行，又必须不在流通领域中进行。这就是问题的条件。

"这里是罗得岛，就在这里舞蹈罢！"

Ⅲ　劳动力的买和卖

转型为资本的货币的价值变化，不能发生在货币本身。当作购买手段和支付手段，它不过实现它所购买或所支付的商品的价

---

① 以上的说明，使读者可以省悟，我们说这句话的意思是，那怕商品价格和商品价值相等，资本形成也是可能的。资本的形成，不能由商品价格和商品价值的不一致来说明。若价格果真与价值不一致，我们得先将前者还原为后者。换言之，我们必须视这种不一致是偶然的，把它搁在问题外面。要这样，以商品交换为基础的资本形成的现象，才能在纯粹形态上把握，不致于把与问题本身无关的附带事情插进去，妨碍我们的观察。并且，我们知道，这种还原，决不单是一种科学的手段。市场价格是不断动摇，不断腾落的，但此等腾落，将互相抵消，还原为平均价格，并以此为它们的内部规准。在每一种包含长时间的企业上，商人和产业家，都以平均价格为导星。他们知道，如果观察一个较长的时间全部，则商品既不在其平均价格之上出售，也不在其平均价格之下出售，却是依照平均价格出售。如果他们能够超越个人的利害来观察，他们一定会依照如此的形式，表现资本形成的问题。——在价格依平均价格来规定，那就是，结局依商品价值来规定时，资本怎样能够成立？我说"结局"，因为，平均价格，并非如亚当·斯密、里嘉图等人所信，直接与商品价值量相一致的。

格。它，在它自己的形态上，不过是凝固的不变的价值量①。同样，这种变化，也不能发生在流通的第二种行为（即商品的再卖）上；因为，这种行为，不过使商品从自然形态；复转化为货币形态。所以，这种变化，必须发生在第一种行为（G—W）所购买的商品上。但又不是发生在这种商品的价值上。因互相交换的，是等价物；商品是依照价值支付的。所以，这种变化，只能发生在商品的使用价值上，换言之，发生在商品的使用上。因为要从一种商品的使用上生出价值来，货币所有者必须在流通领域之内，在市场上，发现一种商品，其使用价值，有一种特别的性质，可以成为价值的源泉。那就是，发现一种商品，其现实的使用，将成为劳动的体化，从而成为价值创造。货币所有者，就在市场上，发现了这样特别的一种商品。那就是劳动能力（Arbeitsvermögen）或劳动力（Arbeitskraft）。

我们所谓劳动力或劳动能力，是指肉体力和精神力的总体，它存在于人的身体中，存在于活的人格中，其发动，通常会生产某种使用价值。

但货币所有者，要在市场上，发现当作商品的劳动力，必须具备种种的条件。第一，商品交换只能包含从商品本身性质发生的从属关系。在这个假定下，劳动力在市场上表现为商品，是因为（且以此为限）它的所有者（有劳动力的人），把它当作商品来让渡或出卖。但他要把它当作商品来卖，他必须能够处分它，必须成为劳动力的自由的所有者，换言之，成为人格的自由的所有者②。

---

① "在货币形态上……资本是不产生利润的。"（里嘉图《经济学及赋税之原理》第267页）

② 在各种关于古代的辞书中，我们可以发现一种无意义的事。依其记载，在古代世界，资本就已经充分发展了。依他们说，古代所没有的，不过是自由劳动者和信用制度。摩姆孙（Mommsen）在其所著《罗马史》中，对这点也有不少错误。

他和货币所有者相遇在市场上，必须彼此以平等的商品所有者的资格，发生关系，不过一个当作买者，一个当作卖者。所以，他们在法律上必须是互相平等的人格。并且，这种关系如要继续，劳动力所有者还只应以一定期间出卖劳动力；因为要是一次卖尽，即等于出卖自己，等于从自由人变为奴隶，从商品所有者变为商品。他，当作一个人，必须不断地把自己的劳动力，看作是自己的所有物，是自己的商品。这样，他只能在一定时间内，任买者支配使用。且必须如此，让渡劳动力，才不致放弃劳动力的所有权①。

货币所有者要在市场上，遇到当作商品出卖的劳动力，其第二个必要条件，是：劳动力的所有者，不能出卖本人劳动所依以实现的商品，却只能把那只存于他本人活身体上的劳动力，直接当作商品来卖。

一个人要能售卖劳动力以外的商品，他自然还须有生产手段。那就是原料，劳动器具等。没有皮革，他造不出皮鞋。此外，他还须有生活资料。那就是"未来派的音乐家"，也不能拿

---

① 因此，各国的法律，都确定劳动契约的最高限。在自由劳动占优势的地方，法律皆规定解除契约的条件。在各国，尤其是在墨西哥（在美国南北战争以前，墨西哥割让给美国的领土，是如此，库奢革命以前，多瑙河流域诸地，也是如此），奴隶制度是在抵债劳动（Peonage）的形态下，隐蔽住的。约定以劳动为代价的借债，会一代一代传下去，以致在实际上，不仅个别劳动者，要成为别人和他的家庭的财产，他们的家人也要这样。墨西哥大总统鸠亚勒兹（Juareg）把这种抵债劳动废止了，替位的皇帝玛克西米里安（Maximilion）再以敕令恢复之。华盛顿会议，很适当地，指斥这个敕令，是奴隶制度在墨西哥的再兴。黑格尔也说："我精神上肉体上的特别的熟练和活动能力，……可以在限定的时间内，让渡给他人使用；因为，赖有这种限定，这种种熟练和能力，方才和我的全体，保持一种外的关系。然若我把我的因劳动而具体化的时间全部和我的生产全部让渡于人，我就把我的实体，换言之，把我的一般活动性和现实性，我的人格性，变作别人的财产了。"（黑格尔《法律哲学》柏林 1840 年第 104 页第 67 节）

未来的生产物，或未完全生产出来的使用价值生活。人类自第一日出现在地球舞台上以来，一直到现今，每一日，都不能不在生产以前，且在生产之际，有所消费。生产物如果是当作商品生产的，它就不能不等到生产以后售卖，且须等到售卖以后，才能满足生产者的欲望。所以，在生产时间之外，更须加上售卖所必要的时间。

所以，货币所有者要使货币化为资本，他必须在商品市场上，遇到自由的劳动者。这所谓自由，有二种意义。第一，他必须当作自由的人，可以把自己的劳动力，当作自己的商品。第二，他没有别种可以卖的商品；那就是，实现劳动力所必要的一切东西，他是自由得一无所有。

为什么自由劳动者，会在流通领域中，和货币所有者遇见呢。这是货币所有者所不关心的问题。他是把劳动市场看作商品市场的一个特殊部门。在这里，这个问题也是我们所不关心的。货币所有者在实行上，固执着这个事实；我们在理论上，固执着这个事实。但有一点，是明白的。自然界未曾在一方面，生产货币所有者或商品所有者，在他方面，生产只有劳动力的人。这种关系，不是自然史上的关系，也不是一切历史时代共有的社会关系。那分明是既往历史发展的结果，是多次经济革命，全系列古代社会生产组织灭亡所得的产物。

又，我们以上考察的各种经济范畴，也全皆带有历史的痕迹。生产物之商品的存在，必须具备一定的历史条件。生产物要变成商品，其生产，应该不是为生产者自己生产直接的生活资料。若我们进一步探究，在什么情形下，生产物会全部（至少是大部分）变成商品，我们就会发觉，那是以一种极特别的生产方法，即以资本主义生产方法（kapitalistischen Produktionsweise）为基础的，但这种研究，是和商品的分析无关系的。一个社会，虽其所产物品大部分是直接为生产者自己的需要而不变成商品，其社会生产过程，也还没有完全受到交换价值的支配，但在其内，仍得有商品生产与商品流通。当然，生产物之商品的表现，是以社会分工的发展程度足以使使用价值和交换价值分裂为必要条件的。那种分裂，是由直接的物物交换开端。不过这样的分工发展程度，为历史上许多种经济社会组织所共有。

再考察货币。货币的存在，以商品交换已达到一定高度为前提。货币或当作商品等价，或当作流通手段，或当作支付手段，或当作贮藏货币，或当作世界货币。特殊的货币形态，将因它这种或那种机能的范围不同，或相对势力不等，而指示出，社会生产过程的相异发展阶段。但经验告诉我们，要形成这种货币形态，商品流通的比较低级的发展，已经很够。至于资本，却不是这样。它的历史的存在条件，单有商品流通货币流通，还是不够的。资本仅能在那种地方存在，在那里，生产手段和生活资料的所有者，在市场上，与售卖劳动力的自由劳动者相遇。这一个历史的条件，包含一个世界史。所以，资本，从它初出现的时候起，便在社会的生产过程上，划了一个时期①。

现在，我们必须更精密地考察这种特别的商品——劳动力。像别的一切商品一样，它也有它的价值②。但它的价值是怎样决定的呢？

劳动力的价值，像其他各种商品的价值一样，是由生产这种特别物品，从而再生产这种特别物品所必要的劳动时间决定的。

---

① 资本主义时代的特征是，劳动力成为劳动者自己所有的商品；从而，他的劳动，也成为工资劳动。他方面，劳动生产物的商品形态也就是从这时起普遍化的。

② "一个人的价值，像一切别的物的价值一样，和他的价格相等；那就是和他的能力被使用时的代价相等。"（霍布士《里维坦》，见摩勒斯伟编全集版伦敦 1839—1844 年第 3 卷第 76 页）

如果劳动力有价值，它所代表的，便是实现于其中的一定量的社会平均劳动。但劳动力是附属在活的人身上的。故其生产，也以个人的存在为前提。假定个人是存在的，劳动力的生产，便是他自身的再生产或维持。一个活的人要维持他自身，是不能不有一定量的生活资料的。所以，生产劳动力所必要的劳动时间，可还原为生产这种生活资料所必要的劳动时间，换言之，劳动力的价值，即是维持劳动力所有者所必要的生活资料的价值。但劳动力仅由运用而实现，它是实现在劳动之内的。在劳动力的实现——劳动——中，有一定量的人类筋肉，神经，大脑等要被支出，故必须再补充。支出的增加，使收入的增加成为必要①。劳动力的所有者今日工作了，他必须在明日，以同一的能力条件健康条件，复演同一的过程。所以，他的生活资料量，应能在正常的生活状态下，把他当作劳动的个人，予以充分的维持。自然的欲望，如营养，如衣服，如燃料，如住宅，随一国的气候和别的自然状况而异。所谓必要欲望的范围，又和满足欲望的方法一样，是历史的产物，从而，有一大部分，依存于国家的文化程度，尤其是依存于自由劳动者阶级所养成的习惯与生活要求②。所以，劳动力的价值的决定，和别的商品不同；在这种价值的决定上，含有一个历史的道德的要素。不过，在一定的国度，在一定的时期，必要生活资料的平均范围，总是一定的。

劳动力所有者，皆有一日会死。假如他必须继续不断地在市场上出现（这是货币不绝化为资本的条件），则劳动力的出卖者，也不能不"像每一种活的个体一样，由生殖"③维持他自

① 古罗马的 Villicus（农业奴隶的监督者），就因"工作更轻巧，所以得较小的报酬"（摩姆孙《罗马史》第 1 卷第 2 版柏林 1856 年第 810 页）
② 参看松吞（W. Th. Thornton）著《人口过剩及其救治》伦敦 1846 年。
③ 配第。

己。由消耗死亡而从市场取去的劳动力，至少，要由等数的新劳动力，不断地予以补充。所以，生产劳动力所必要的生活数据的总和，必须包含补充员——劳动者的儿女——的生活资料。要这样，这一种特别的商品所有者，才不致在商品市场上消灭。①

因要修改一般的人的本性，使其在某劳动部门获得熟练与技巧，从而变成发展的特殊的劳动力，一定的教育或训练，无论如何，是必要的。因此，不能不费去某量的商品等价物。教育费之多寡，视劳动力的性质如何复杂而异。就普通劳动力说，这种修养费是极小极小的，但总归要算在劳动力生产所支出的价值的范围内。

劳动力的价值，得还原为一定额生活数据的价值。所以，劳动力的价值，与这种生活资料的价值，或生产这个生活资料所必要的劳动量，同其变化。

生活资料的一部分，例如营养料，燃料等，因每日有新的消耗，故每日须有新的补充。别一些生活资料，例如衣服家具等。可以经用一个较长的时期，故也仅须在较长的时期内补充。有一些商品，是每日要购买或支付的；有一些商品，是每星期要购买或支付的；还有一些商品，是每季要购买或支付的等。但无论这种支出的总和，是怎样在一年内配分，它总归要由每日的平均收入，来应付。假设生产劳动力每日需要的商品量 = A，每星期需要一次的商品量 = B，每季需要一次的商品量 = C 等，则每日平均 $= \dfrac{365A + 52B + 4C + usw}{365}$。假设生产劳动力平均每日所需的商品量，包含六小时的社会劳动，则每日有半日社会平均劳动，实现在劳动力之内；换言之，劳动力每日的生产，必须有半日社会平

---

① "劳动的自然价格，……由一定量必需生活品享乐品构成。依照一国的气候习惯，要维持劳动者，维持劳动者的家庭，使其能在市场上保持劳动的供给，不致减少，这一定量的生活品享乐品，乃是必需的。"（托伦斯《对外谷物贸易》伦敦 1815 年第 67 页）劳动一词，在这里，是不当地，用来代替劳动力。

均劳动。劳动力每日生产所必要的劳动量，形成一日劳动力的价值，或每日再生产的劳动力的价值。若半日社会平均劳动。表现三先令或一台娄尔的金额，一台娄尔便是与一日劳动力价值相应的价格。假如劳动力所有者每日依照一台娄尔的价格，拿它出卖，它的售卖价格，使等于它的价值。依照我们的假设，专心要以货币化为资本的货币所有者，也支付这个价值。

人（劳动力的担当者）每日要更新他的生活过程。每日皆须有一定额商品的供给。从生理方面说，他必须有这样多的生活资料。构成劳动力价值的最终限界或最低限界的，便是此额商品或生活资料的价值。假令劳动力的价格，降到这最低限度以下，那也就是降到它的价值以下。在这场合，劳动力只能在萎缩的形态下去维持和发育，但每种商品的价值，都是由生产品质正常的商品所需要的劳动时间决定的。

劳动力价值的这种决定方法，乃由于事物的自然。认这种决定方法为粗暴，像洛西（Rossi）一样感叹，乃是一种极廉价的感伤主义。洛西曾叹说："考察能力时，把劳动在生产过程中所需的生活资料，置于度外，实等于考察一个幻影。我们说劳动或劳动能力时，我们是兼指劳动者和生活资料，兼指劳动者和劳动工资。"[1] 但说劳动能力不是说劳动，正如说消化能力不是说消化一样。在消化过程上，除须有健全的胃以外，谁也知道，还须有别的东西。每一个人说到劳动能力，都不会把维持劳动者生存所必要的生活资料，置于度外。这种生活资料的价值，即表现为劳动力的价值。若劳动力不卖出去，它对于劳动者便无用处。如是，劳动力，将会看到一种残酷的自然的必然。即，他的劳动能力的生产，必须有一定量的生活资料，其再生产，又须不绝有这

---

[1] 洛西《经济学教程》布鲁塞 1842 年第 370 页。

种生活资料的新的供给。如是，他将和西思蒙第（Sismondi）一样发现："劳动能力不出卖……即等于零。"①

这一种特别商品——劳动力——的特殊性质，告诉我们，它的使用价值，不与买者卖者间契约的缔结，同时实际转到买者手中。它的价值，像别的商品的价值一样，在加入流通以前，就决定了；（因为，劳动力的生产，也曾经支出一定量的社会劳动。）但它的使用价值，却是由以后的力的运用，才成立的。所以，力的让渡与其现实的运用（那就是劳动力的使用价值的存在），可以在时间上互相分离。有一些商品，它的使用价值由售卖而起的形式上的让渡，得与其现实的交给购买者的转移，在时间上分离开。就这一些商品说，购买者的货币，通常是当作支付手段②。在资本主义生产方法支配的国家，劳动力通常须依照购买契约，运用到一定期间（例如每星期末），方才有给付。所以，在一切场合，都是劳动者把劳动力的使用价值垫支给资本家，劳动者在受到劳动力价格的给付以前，已把劳动力让给买者消费了。所以，在一切场合，都是劳动者以信用给资本家。这种信用决不是妄想的，资本家破产时，工人应领而未领的工资，就往往会损失③。

---

① 西斯蒙第《新经济学原理》第 1 卷第 112 页。

② "劳动者出借他的勤劳。"说这句话之后，斯托齐（Storch）又机警地说："不过，除损失工资外，……劳动者不冒任何的险。……他是不出任何物质的。"（斯托齐《经济学教程》彼得堡 1815 年，第 2 卷第 37 页）

③ "一切的劳动，都是在成就以后，才有给付的。"（《需要学说消费学说的研究》第 104 页。）"商业信用，是从这时候开始的；在这时候，筋肉劳动者（生产的第一个创造者），因有储蓄之故，已能等候到一星期之末，二星期之末，一月之末，或一季之末，才来领取他的劳动的工资。"（甘尼尔《经济学体系》第 2 版巴黎 1821 年第 2 卷第 150 页）

但这不过是偶然的证明。还有一系列较永远的结果，可作证明①。

但无论货币是当作购买手段抑是当作支付手段，商品交换的性质，都不会稍有变更。劳动力的价格已由契约确定，不过它像房屋的租价一样，必须到以后才实现。劳动力是售卖了，不过它的代价，必须到以后才支付。因此，为使这关系能有更纯粹的理解起见，我们顶好假定劳动力所有者，在售卖劳动力时，同时即得其约定价格。

现在我们知道，这种特别商品（劳动力）所有者从货币所有者那里受到的价值，是怎样决定的。货币所有者在交换中取得的使用价值，表现在劳动力的现实的应用或其消费过程上。这过程所必须的一切物品，例如原料等，货币所有者已在商品市场上购得了，并已付以充分的价格了。劳动力的消费过程，即是商品和剩余价值的生产过程。劳动力的消费，像其他各种商品的消费一样，是在市场或流通领域之外，遂行的。我们且离开这任一事情都在众目昭彰的情形下进行的喧哗地带，同货币所有者和劳动力所有者，到静悄悄的生产场所去。那里大门上挂着"非公莫入"的牌子。在那里，不仅可以看见资本是怎样生产，而且可以看见资本是怎样被生产。货殖术（Plusmacherei）的秘密，结局是会暴露出来的。

劳动力的买卖，是在流通领域或商品交换领域内进行的。这

---

① 举一个例子。在伦敦有二种面包业者。一种以"实足价格"出售，那就是依照充分的价值售卖面包；一种是以"不足价格"出售，那就是在价值以下售卖面包。后一种，在面包业者总数中，占 $\frac{3}{4}$ 强。（参看调查委员托勒门希尔关于面包工人纠纷的报告伦敦 1826 年。）几乎没有例外的，这种以"不足价格"售卖的人，都用各种方法，把明矾、石碱、珍珠灰、石膏粉、德贝石粉，以及像似富有滋养分的东西，混合进去。（参看上述蓝皮书；并参看1855 年委员会关于面包掺假的报告；（转下页）

个领域，实际是天赋人权之真正的乐园。在那里行使支配的，是自由，平等，所有权，和边沁①（Bentham）。自由！因为这种商品（如劳动力）的买者和卖者，都只听命于自由意志。他们是以自由人、权利平等者的资格，缔结契约的。契约是一种最后结果，他们的意志，即在此取得共同的合法的表现。平等！因为他们彼此皆以商品所有者资格发生关系，以等价物交换等价物。所有权！因为他们都是处分自己所有的东西。边沁！因为双方都只顾自己的利益。使他们联合并发生关系的唯一的力，是他们自己

---

① （接上页注）还可以参看哈塞尔医生《被发觉了的掺假》一书，第 2 版，伦敦，1862 年。）戈登爵士（Sir Gorden）曾在 1855 年委员会中陈述，"掺假的结果，有许多每天只吃两磅面包的贫民，实际不能有必要营养料的 $\frac{1}{4}$；不用说健康上所受的有害的影响了"。依托勒门希尔说（见前述报告第 48 页），劳动阶级中虽大部分明知掺假的事，但仍有一大部分，情愿把明矾石粉等，当作面包的一部分来购买。他们所以如此的原因是，他们不得不由面包店或杂货店，买这种面包。因为，劳动者必须到星期之末，才有工资收入，从而，他们家中一星期所消费的面包的价钱，也必须到星期之末支付。托勒门希尔还引述证人的话说："这种掺假面包的制造，专为供应这种卖买，这已成为一个周知的事实。"在英格兰许多农业区域，尤其是在苏格兰许多农业区域，工资是半月支付一次，或一月支付一次的。支付的期间既这样长，农业劳动者就非赊买不可了。因此，他不得不支付较高的价格，且在事实上，只有到能够赊买的店去买。例如在威尔兹州的浩宁汉地方。在那里，工资是每月支付一次的，因此，在别处可用 1 先令 10 便士买到一石的面粉，在那里，竟卖到 2 先令 4 便士。（枢密院医官关于公共卫生的第 6 报告 1864 年第 264 页。）勃斯勒和基尔玛诺克（苏格兰西部）的木版印刷工人，曾在 1853 年，由一次罢工，才把每月支付工资一次的办法，改为每两星期支付一次。（工厂监督专员报告 1853 年 10 月 31 日第 34 页。）英国煤矿主人惯用的方法，还更可说明劳动者所给予资本家的信用。在那里，煤矿工人到一月之末，才收到工资，而在其间，如工人要求预付工资，矿主通常是给他以商品，其所记价格，通常是在市场价格之上的。（那就是所谓 Trucksystem 即以货物抵偿工资制度。）又，"煤矿主人还有一个常用的办法，是每月支付工资一次，但每星期之末，垫支现钱给工人。这种现钱，是在矿主开的杂货店（Tommy shop）交付的。工人一只手受钱，又一只手把钱支出。"（童工委员会第三报告伦敦 1864 年第 38 页第 192 号。）

的利益，他们的特殊利益，他们的私利。每一个人都只顾自己，不顾别人。但就因此，每一个人即按照事物之预定的调和，或按照全知的神的指导，为相互的利益，为共同的福利，为全体的利益，而工作。

庸俗自由贸易论者，曾在单纯流通或商品交换的领域，借取观念，概念，和标准，来判断资本和工资劳动的社会。我们离开这个领域，似乎就可以看到剧中人的形象的改变了。原来的货币所有者，现今变成了资本家，他昂首走在前头；劳动力所有者，则变成他的劳动者，跟在他后头。一个是笑眯眯，雄赳赳，专心于事业；一个却畏缩不前，好像是把自己的皮运到市场去，没有什么期待，只期待着刮似的。

第三篇

绝对剩余价值的生产

I 劳动过程

劳动力的使用，即是劳动。劳动力购买者消费它，即是使它的出卖者劳动。它的出卖者，也即由此，由可能的，变为现实的，活动的劳动力，即劳动者。为要使劳动表现在商品中，最要紧的一件事，是使劳动表现在使用价值中，表现在可以满足某种欲望的物体中。所以，资本家叫劳动者生产的，是特殊的使用价值，是某种物品。使用价值或财之生产，虽是为资本家利益，受资本家管理，但这个事实，不会变更这种生产的一般性质。所以，我们先且考察劳动过程（Arbeitsprozess），不问其一定的社会的形态。

劳动最先是人与自然之间的过程，在这过程中，人由他自己的活动，以引起，以规划，以统制人与自然之间的物质代谢。人以一种自然力的资格，与自然物质相对立。他因为要使自然物质，采取对自己生活上有用的形态，乃推动各种属于人身体的自然力，推动他的臂膀，他的腿子，他的头，他的手。但当他以这种运动，加在自身之外的自然，并变化它时，他同时也变化了他自己的本性。他会展开各种睡眠在本身性质内的潜在能力，使这诸种力的活动，受自己统制。在此，我们不要讨论最初的动物的本能的劳动形态。现在，劳动者在商品市场上成为劳动力的出卖者了。在这个情形看来，人类劳动尚未脱最初本能形态的情形，已消失在太古蒙昧的背景中了。我们所要讨究的劳动形态，专属于人类的形态。蜘蛛的工作，与织工的工作相类似；在蜂房的建筑上，蜜蜂的本事，曾使许多建筑师惭愧。使最劣的建筑师，比最巧妙的蜜蜂更优越的，是建筑师以蜂蜡建筑蜂房以前，已经在脑筋中把它构成。劳动过程终末时取得的结果，已经在劳动过程开始时，观念地，存在于劳动者的表象中了。他不仅在所工作的自然物上，引起一种形态变化，同时还在自然物中，实现他的目的。他知道他的目的，并以这个目的，当作法则来规定他的行为的种类和方法，并使自己的意志从属于这个目的。这种从属，还不单是个别分散的行为。劳动器官要紧张起来，固不待说。在劳动全过程中，尚须有有目的的意志。那表现出来，即为注意。一种工作的内容及进行方法，对于劳动者越少有吸引力，越不能使他由此享受运用肉体力或精神力的乐趣，则注意越是必要。

劳动过程的基本要素，是（1）人类的目的活动（即劳动），（2）劳动对象（Arbeitsgegenstand）和（3）劳动手段（Arbeitsmittel）。

土地（在经济学上，包括着水），天然会以食料，以现成的生活资料，供给人类，不待人类协力，即成为人类劳动的一般的对象。还有些物品，只能由劳动使其与大地脱离直接的关系。它们也是自然给予的劳动对象。例如从水中捕获的鱼，从原始森林采伐的材木，从矿山采掘的矿石。曾经过去的劳动滤过的劳动对象，我们才名之为原料（Rohmaterial），例如已经采出且准备拿去洗涤的矿石。一切原料都是劳动对象，但不是一切劳动对象都是原料。劳动对象，必须已由劳动引起变化，方才成为原料①。

劳动手段是一物或诸物的复合体，劳动者把它用在他自身和劳动对象之间，把它当作传导活动到对象上去的传导物。他利用物之机械的，物理的，和化学的性质，把它当作手段，加力于物上，使物适合于自己的目的②。采集现成生活资料（如果实）的劳动，可以不说了。在这场合，人自己的身体器官是唯一的劳动手段了。舍此不言，则劳动者最先占领的对象，非劳动对象，仅为劳动手段。在此，自然物成了他的活动的器官，成了一种器官，那附加在他自己的身体器官之上，并不顾圣经的教训，延长他自然所具的体格。土地是本来的食料仓，又是劳动手段的本来的藏库。比方说，人用来投，用来磨，用来压，用来切的石块，就是土地供给人的。但土地本身也是一种劳动手段，不过用作农业的劳动手段时，它尚须有一系列的别的劳动手段，和已经有比较高度发展的劳动力为前提③。劳动过程相当发展以后，加工的劳动手段，成了必要了。在太古人住的洞穴中，我们发现了石制的器具和武器。在人类历史开端的时期，人除利用加工的石块、木片、骨头和贝壳之外，还使已经驯养并曾以劳动施以变化的动

---

① "土地的自然生产物，是分量很小，且完全不依存于人类的。自然供给这少数生产物给人，像给青年人以少数钱一样，使他能用它们来做事情，谋财产。"（斯杜亚《经济学原理》杜柏林版 1770 年第 1 卷第 116 页）

② "理性不仅有力，且也狡智。理性的狡智，主要由间接的活动表示出来。理性，依各物的性质，使各物互相作用互相影响，不待它直接干涉，已能指挥事物，成就它自己的目的。"（黑格尔百科全书第 1 部《论理学》柏林 1840 年第 382 页）

③ 甘尼尔的《经济学理论》（巴黎 1815 年），就别的各方面说，是毫无价值的。但他这部书，曾极肯綮地，在反对重农主义的方法下，胪述各种劳动过程。要有真正的农业，是必须以这种种过程为前提的。

物，当作主要的劳动手段①，劳动手段的使用与创造，虽在其他某一些动物间已见萌芽，但特为人类劳动过程的特征。故佛兰克林说，人是"制造工具的动物"。研究古动物身体组织，必须研究遗骨的构造；同样，研究古社会经济组织，也不能不研究劳动手段的遗物。划分经济时期的事情，不是作了什么，而是怎样作，换言之，用什么劳动手段②。劳动手段不仅是人类劳动力发展程度的测量器，而且是劳动进行所在的社会关系的指示物。而在劳动手段中，机械性的劳动手段（总括起来，那可说是生产的骨骼系统和筋肉系统），又比仅当作劳动对象的容器的劳动手段（例如，导管、桶、笼、瓶等，总括起来，那可说是生产的脉管系统），更能指示社会生产时期的决定的特征。上述的种种容器，在化学工业上，才发生重要的作用③。

劳动手段，直接把劳动的作用传导到对象上，从而依某种方法当作活动的传导物。但就广义说，进行劳动过程所必要的一切对象条件（Gegenständlichen Bedingungen），也包括在劳动手段之内。这些东西，不直接加入劳动过程，但没有它们，则劳动过程不能进行，或只能不完全的进行。在这一类劳动手段中，又要算到土地，因为它是劳动者立足的处所，是劳动者工作的场所。但在这一类劳动手段中，还有一些，已经有劳动作了媒介，例如工厂建筑物、运河、道路等。

---

① 在《富之形成与分配之考察》（1776 年）中，杜尔阁（Turgot）曾切实说明，驯养家畜这件事，在文化初期是怎样重要。

② 在商品中，要算真正的奢侈品，在各生产时代之技术的比较上，最不关重要。

③ 第 2 版注。从来的历史记述，都不甚注意物质生产的发展，那就是，不甚注意一切社会生活和一切现实历史的基础。然历史以前的时代，却不是根据所谓历史研究，而是根据科学研究来分期。那就是，根据工具和武器的材料，把它分作石器时代、铜器时代和铁器时代。

所以，劳动过程是由人的活动，用劳动手段，在劳动对象上，引起预先企图的变化。过程在生产物（Produkt）中消灭了。它的生产物是一个使用价值，是一个由形态变化而与人类欲望相适合的自然物质。劳动与劳动对象相结合了。劳动是对象化了，劳动对象是被加工了。在劳动者方面呈现动态的东西，在生产物方面是呈现静态，即呈现存在的形态。他纺绩了。生产物是纺绩品。

假若我们从结果的观点，即从生产物的观点，考察这全部过程，则劳动手段与劳动对象，表现为生产手段（Produktionsmittel）[1]，劳动本身表现为生产劳动（Produktive Arbeit）[2]。

当一种使用价值，当作生产物，由劳动过程中走出来时，别一种使用价值，过去劳动的生产物，可以当作生产手段，加入劳动过程中去。同一使用价值，可以是这个劳动过程的生产物，又是那个劳动过程的生产手段。所以，生产物不仅是劳动过程的结果，同时还是劳动过程的条件。

在采掘产业上，劳动对象是自然直接供给的。采矿业、渔业、狩猎业等，就是这样。开垦处女地的农业也是这样，但除这种例外不说，则各产业部门（Industriezweige）所处分的劳动对象，都是原料，是曾经劳动滤过的劳动对象，换言之，已经是劳动生产物。农业的种子，就是这样。动植物，虽常被视为自然生产物，但不仅它们是前年度劳动的生产物，即其现形，恐怕还是许多代，在人类管理下，以人类劳动为媒介而继续发生变形的生产物。若就劳动手段说，那就在最浅薄的观察者看来，也大抵会

---

① 举个例。说未曾捕到的鱼，是渔的生产手段，好像是一种奇论。但在水里没有鱼的地方，捕鱼的技术是不会发现的。

② 对于生产劳动，单是这样由单纯劳动过程的立场来定义，就资本主义生产过程来说，决不是充分的。

指示过去劳动的痕迹。

原料既能构成生产物的主要实体，也能在生产物的形成上，当作补助材料（Hilfstoff）。补助材料或由劳动手段消费，例如石炭之于蒸汽机关，油之于车轮，干草之于劳动家畜；或加于原料之上，使原料发生物质变化，例如氯素之于本色麻布，石炭之于铁，染料之于羊毛；或帮助劳动进行，例如工厂取暖和取光的材料。但主要材料与补助材料的区别，在真正的化学工业上，会消灭去；因为，化学工业所用的原料，没有一种，会当作生产物的实体再现的①。

因每一种物皆有种种属性，从而有种种用途，故同一生产物，可以作许多劳动过程的原料。例如，谷物可以作制粉业者，制糊业者，造酒业者，牧畜业者等的原料。当作种子，它还是它自身生产的原料。又如石炭，它既当作生产物，从采矿业出来，又当作生产手段，加进采矿业去。

同一生产物，还可在同一劳动过程中，兼作劳动手段和原料。例如在家畜饲养业上，家畜既为加工的原料，又为肥料制造的手段。

一种已经完成而可供人消费的生产物，可变成别种生产物的原料，例如葡萄，可以作葡萄酒的原料。但劳动所给予我们的生产物，有时只能用作原料。在这情形下，原料是称作半制品（Halbfabrikat），或更适当地称作中段制品（Stufenfabrikat）。棉花、毛绒线、棉纱，皆属此类。这种原料，虽本身已经是生产物，但尚须通过种种的过程。在这种种过程中，它不绝以新的姿态，当作原料，直到最后的劳动过程，才吐出完成的生活资料或完成的劳动手段来。

---

① 斯托齐（Storch）称真正的原料为"Matière"，称补助材料为"Matèriaux"。舍尔彪利埃（Cherbullez）则称补助材料为"Matlèresinstrumentales"。

如是，我们知道，一个使用价值，究竟是表现为原料，是表现为劳动手段，抑是表现为生产物，要看它在劳动过程中的机能和地位而定。地位转换了，它的性质也会改变。

生产物，当它加入新劳动过程为生产手段时，会丧失生产物的性质。它将在活的劳动中，当作对象的要素。纺绩业者只以纺锤为所用的手段，以亚麻为所纺绩的对象。当然，任谁没有纺绩的材料和纺锤，也不能纺绩。所以，在纺绩开始时，我们必须假定，这种种生产物已经存在。但在这个过程之内，亚麻及纺锤为过去劳动生产物的事实，不致影响我们的问题。这好比，面包虽为农民、制粉业者、面包业者等人过去劳动的生产物，但这事实不致于影响营养过程。反之，劳动过程中的生产手段，只因为有缺点，所以时时表示它是过去劳动的生产物。钝刀叫用刀者时时想起它的制造者 A。断丝叫缝者时时想起它的纺绩者 E。若生产物完全无缺，则其效用性质虽也以过去劳动为媒介，但这事实是不会时时被注意的。

不参加劳动过程的机械，是无用的。不仅如此。它还会在自然物质代谢的破坏力下解体。铁会生锈，木会腐朽。不织也不编的纱，会成为废棉。它必须被活的劳动捉住，并从死梦中被唤醒，从可能的使用价值，变为现实的能动的使用价值。这些物品浴于劳动的火中，当作劳动的化体而被占有，且在劳动过程中，担任与其自身概念及职分最相适合的机能时，即是在事实上被消费掉，但其消费有一定的目的，那就是，当作新使用价值或新生产物的构成要素。这种新使用价值或新生产物，是可以在个人的消费上，充作生活资料，或在新劳动过程中，当作生产手段的。

所以，一方面我们发觉，生产物，是劳动过程的结果又是劳动过程的存在条件，他方面我们又发觉，过去劳动的生产物，即因（并以此为唯一的手段）投入劳动过程，与活的劳动相接触，所以能当作使用价值来保持并且实现。

劳动使用它的物质要素，使用它的对象和它的手段，消耗它们，所以也是消费过程。这种生产消费（Produktive Konsumtion）与个人消费（individuellen Konsumtion）有一点差别。那就是，在个人消费中，生产物是当作个别消费者的生活资料被消耗；在生产消费中，生产物是当作劳动（实现了的劳动力）的生活资料被消耗。个人消费的结果，是消费者自己；生产消费的结果，是和消费者有别的生产物。

在劳动手段与劳动对象都是生产物的限度内，劳动是消耗生产物以创造生产物，换言之，是利用生产物作生产物的生产手段。但劳动过程本来只是人与土地（没有人的协力就已经存在的东西）之间的过程；并且，甚至现今我们在劳动过程中使用的生产手段，也还有些是自然存在的，不代表自然物质与人类劳动的结合。

劳动过程，在只表现简单的抽象的要素时，是一种有目的的产生使用价值的活动，它使自然物适于满足人类欲望，是人与自然间物质代谢的一般条件，是人类生活的永久的自然条件，故与人类的生活形态无关，得在人类生活各种社会形态上共通适用。因此，在论述劳动过程时我们不必表示劳动者与劳动者的关系。劳动过程的一边，是人与其劳动，别一边是自然与其物材。你吃面包的时候，小麦的滋味不能告诉你，它是谁栽种的；同样我们研究单纯劳动过程的时候，它也不能告诉我们，它是在什么条件下进行的。那可以在奴隶管理人的残酷的鞭下，也可以在资本家的注意的眼下。辛辛拿达人耕种小田园，是劳动过程；野蛮人用石头击杀野兽，也是劳动过程①。

但我们且回头来讲我们这位尚在形成中的资本家。我们与他握别的时候，他已在商品市场上购买到劳动过程所必需的一切要素（即物质的要素——生产手段；和人的要素——即劳动力）了。他已用专家的眼光，选择好他在事业上（无论是纺绩业，是皮鞋制造业，抑是别的什么生产事业）必须应用的生产手段和劳动力了。现在，我们的资本家，着手要消费他所买的商品——劳动力——了；那就是，使劳动力的担当者（即劳动者），以劳动消费生产手段。当然，劳动者是不为自身利益，却是为资本家利益而工作的，但这情形，不致改变劳动过程的一般性质。皮鞋制造或棉纱纺绩的特殊方法，也不会因为资本家的插入，直接发生变化。当初，他在市场上发现什么劳动力，就得用什么劳动力；未有任何资本家以前那一时期的劳动是怎样，他就得用怎样的劳动。劳动隶从资本的事实，曾在生产方法上引起变化，但这种变化，是以后发生的。也等以后再讨论。

劳动过程。被视为资本家消费劳动力的过程，提示了两种特殊的现象。

第一，劳动者的劳动，属于资本家，他也就在资本家的管理下劳动。资本家会注意，使劳动能顺当地动作，生产手段能在合目的的方法上被使用，还使原料不浪费，使劳动工具节省，使其磨损以劳动过程所必要的使用程度为限。

第二，生产物是资本家的所有物，不是直接生产者（劳动

---

① 就因有这种极逻辑的根据，所以托伦斯上校（Cof. Torrens）得在野蛮人所用的石块中，发现资本的起源。他说："他用石击他所追逐的野兽，用棒击他用手不能摘到的果物。拿这种最初的石和棒来说，我们看见了，他是占有一物，冀由此获取别一物。这样，资本的起源就被发现了。"（《财富生产论》第70、71页）由这个最初的棒（Stock），我又好像可以说明，为什么在英语中，Stock 这个字会与 Kapital 同义。

者）的所有物。资本家支付劳动力每日的价值。在这一日内，它的使用权就像其他各种商品（例如马，那是以一日为期出租的）使用权一样，是属于他。商品的使用权，为商品购买者所有。劳动力的所有者，在提供自己的劳动时，实际也只提供他所售卖的使用价值。从他走进资本家工厂那时候起，他的劳动力的使用价值，从而，它的使用（即劳动），即属于资本家。资本家购买劳动力，即以劳动，当作活的酵母，使它和死的，同样属于他的，构成生产物的诸种要素，为物体上的结合。从他的观点看，劳动过程只是他所购商品（劳动力）的消费，但他所以能消费它，仅因为他给了它生产手段。所以在资本家看来，劳动过程，乃是资本家所购诸物间的过程，从而，是他所有诸物间的过程。所以，这种过程的生产物，和他酒仓内的发酵过程的生产物一样，是他所有的①。

Ⅱ 价值增殖过程

生产物——资本家的所有物——是一个使用价值，例如棉纱、皮鞋等东西。皮鞋，从某一种意义说，虽说是社会进步的基

---

① "生产物在转化为资本以前，就被占有了。这种转化，也不使生产物脱离这种占有。"（舍尔彪利埃著《贫呢富呢》1814 年巴黎第 53、54 页）"无产者以其劳动，为一定量的生活资料而出售。他对于生产物，是决不妄想染指的。生产物的占有方法，还是和以前一样，不因有上述的同意而发生变化。资本家供给原料和生活资料，生产物也专属于他，这是占有法则（Gesetzder Appropriation）的严密的结论，而这个法则的根本原则，却恰好相反是：劳动者对于自己的生产物，有绝对的所有权。"（前书第 58 页）詹姆士·穆勒《经济学要论》第 70 页，也说："当劳动者为工资而劳动时……资本家不仅是资本（在这里，他是指生产手段）的所有者，并且是劳动的所有者。如果所付的工资单像普通一样，包括在资本的概念里面，则从资本分开，单说劳动，便是极不合理的了。这所谓资本，应当包括资本和劳动二者。"

础，我们的资本家虽说是断然的进步主义者，但他决非为他自己制造皮鞋。在商品生产上，使用价值，不是人所属意的东西，在此，他生产使用价值，仅因为（且以此为限）它是交换价值的物质的基体，是交换价值的担当者。我们的资本家，有两个目的在心中。第一，他要生产一个有交换价值的使用价值，要生产一个决定用来售卖的物品，一个商品。第二，他要生产一个商品，其价值，较其生产所必要诸种商品——生产手段与劳动力，他已在商品市场上，为它们，垫支不少的货币——的价值总和为大。他不仅要生产使用价值，且要生产商品，不仅要生产使用价值，且要生产价值，不仅要生产价值，且要生产剩余价值。

因为我们讨究的，是商品生产，所以，以上我们只讨究了过程的一方面，商品是使用价值与价值的统一；商品生产过程，也必须是劳动过程与价值形成过程（Wertbidungsprozess）的统一。

所以，我们现在且把生产过程，当作价值形成过程，加以考察。

我们知道，每一商品的价值，皆由在其使用价值中实现的劳动量，由其生产上社会必要的劳动时间决定的。这个规则，在劳动过程结果所得的生产物，为资本家所有时，依然是适用的。所以，最先，且计算在生产物中实现的劳动。

比方说，生产物是棉纱。

制造棉纱，先须有原料，比方说是 10 磅棉花罢。我们且不研究棉花的价值是什么，因为，资本家已经在市场上照价值（比方说是 10 先令），把它购得了。在棉花的价格中，其生产所必要的劳动，表现为一般的社会的劳动。再假定，棉花加工时所消耗的纺锤量——我们暂以此代表一切被消耗的劳动手段——有 2 先令的价值。假如 12 先令的金额等于 24 小时劳动或 2 日劳动的生产物，则在棉纱中，已实现有 2 日的劳动了。

被消耗的纺锤量完全消失了，棉花也改变了它的形态了。但我们不可为这种事实所迷惑。依照一般价值法则，如果 40 磅棉纱的价值，等于 40 磅棉花的价值加一个纺锤的价值，或者说，如果等式两边的商品，其生产须有同一的劳动时间，那么，10 磅棉纱，就与 10 磅棉花和 $\frac{1}{4}$ 个纺锤为等价了。使用价值棉纱中，和使用价值棉花与纺锤中，表现了相等的劳动时间。价值是表现为棉纱，为纺锤，抑为棉花，那是一件没有关系的事。固然在这时候，纺锤与棉花不复是沉默地并列着，它们已在纺绩过程中结合了，它们的使用形态已经变化了，它们变成了棉纱了。但它们的价值，不曾变化；这情形，和它们与等价棉纱发生单纯交换的情形，是一样的。

棉花（棉纱的原料）生产所必要的劳动时间，是棉纱生产所必要的劳动时间的一部分，所以包含在棉纱里面。纺锤生产所必要的劳动时间，也是这样的；因为，没有纺锤的消耗或消费，棉花是不能纺的①。

考察棉纱价值（即棉纱制造所必要的劳动时间）时，在时间空间上分离的种种特殊劳动过程——即生产棉花及所费纺锤量的劳动过程，以及由棉花纺锤制造棉纱的劳动过程——可认为是同一劳动过程之不同的继起的阶段。棉纱包含的一切劳动都是过去的劳动。生产棉纱诸构成要素所必要的劳动，是以前过去了的，是过去完了的；直接用在最后过程（即纺绩过程）上的劳动，是更近于现在的，是现在完了的。但这是一件没有关系的事实。这好比建造一座房子，必须有 30 劳动日。第 30 日的劳动虽比第

① "不仅直接应用在商品上的劳动，会影响商品的价值，帮助这种劳动的器具工具建筑物，也须用去劳动，这种劳动，也会影响商品的价值。"（里嘉图《经济学及赋税之原理》第 16 页）

1 日的劳动后 29 日，但房屋所包含的劳动时间总量，绝不会因此而变。所以劳动材料和劳动手段包含的劳动时间，可以看为是纺绩过程初期阶段（即纺绩劳动开始以前的阶段）上支出的。

所以，生产手段（12 先令价格所表现的棉花与纺锤）的价值，是棉纱价值或生产物价值的构成部分。

然而要这具备两个条件。第一，棉花与纺锤必须实际参加使用价值的生产。就上例言，那就是，必须从棉花与纺锤生出棉纱。价值由何种用价值负担，那是一个于价值没有关系的问题；但必须有一种使用价值负担它。第二，所用的劳动时间，不得超过一定社会生产条件下必要的劳动时间。所以，假设纺绩 1 磅棉纱只须 1 磅棉花，则在一磅棉纱的生产上，也只应消耗 1 磅棉花。纺锤亦然。资本家虽大发狂想，不用铁纺锤，而以金纺锤代替，他仍只能在他所产的棉纱价值中，计算社会必要的劳动，计算铁纺锤生产所必要的劳动时间。

现在我们知道，在棉纱价值中，哪一部分是由生产手段（棉花与纺锤）构成的。那是等于 12 先令，或等于劳动 2 日的体化物。其次，我们要问，在棉纱价值中，哪一部分，是纺绩工人的劳动加到棉花内去的。

现在我们要从一个完全不同的见地，不把劳动放在劳动过程上来考察。在劳动过程上它是一种有目的的，使棉花变为棉纱的活动。故在其他种种条件不变时，劳动越适合目的，则棉纱越精美。纺绩者的生产劳动，是特别的，与别种劳动不同的。其差别，在主观方面与客观方面都表现得很明白。那就是，纺绩工人有特殊的目的，有特殊的活动方法，他的生产手段，有特殊的性质，他的生产物有特殊的使用价值。棉花与纺锤，可以作纺绩劳动的生活资料，是不能用来造快枪的。但反过来，在视纺绩工人的劳动为形成价值的劳动，为价值的源泉的限度内，他的劳动，却是和快枪制造工人的劳动，没有差别。举比较近一点的例说，他的劳动，便和棉花栽培者纺锤制造者的实现在棉纱的生产手段中的劳动，没有差别。也就因有这种同一性，所以棉花栽培，纺锤制造，纺绩，得为同一总价值（即棉纱价值）的部分，而只有量的差别。在这里，同我们有关系的，不是质，不是劳动的样式与内容，只是量。这只是计算的事情。我们假定，纺绩劳动是简单劳动，社会平均劳动。我们以后会知道，相反的假定，也于事情没有影响。

在劳动过程中，劳动不绝地由变动的形态，转化为存在的形态，不绝地由运动形态，转化为对象性的形态。1 小时终了，纺绩运动即表现为一定量棉纱；换言之，有一定量劳动（即 1 小时劳动）体化在棉花中。我们说 1 小时劳动（纺绩工人生命力在 1 小时内的支出），因为在这里，纺绩劳动只当作一般的劳动力的支出，不当作纺绩工人的特殊劳动。

在此，有一点非常重要。那就是，在过程——由棉花转化为棉纱的过程——继续中所费的劳动时间，应是社会必要的劳动时间。在正常的生产条件下，换言之，在平均社会的生产条件下，假设在一小时内，a 磅棉花应转化为 b 磅棉纱，则以 12×a 磅棉花转化成 12×b 磅棉纱的劳动日（Arbeit stag），才配算作 12 小时的劳动日。社会必要的劳动时间，才算是形成价值的劳动时间。

不把劳动放在真正的劳动过程上考察，则不仅劳动取得了一种完全不同的色彩，原料和生产物也是这样。在此，原料只被视为一定量劳动的吸收器。棉花得变成棉纱，也就因有这种吸收。劳动力在纺绩形态上支出了，加入原料中了。但生产物（棉纱），现在不外是吸收在棉花里面的劳动的测量器。假设在 1 小时内，有 $1\frac{2}{3}$ 磅棉花纺成或转成 $1\frac{2}{3}$ 镑棉纱；10 磅棉纱，就指示

6 小时被吸收的劳动了。一定量生产物（其量由经验而定），现在只表示一定量劳动，一定量凝固的劳动时间。它不过是 1 小时、2 小时或 1 日社会劳动的体化物。

劳动为纺绩劳动，其材料为棉花，其生产物为棉纱的事实，在这里没有关系，劳动对象已为生产物（为原料）的事实，也没有关系。假令劳动者不从事纺绩，而从事开采煤矿，劳动对象（煤炭）便是自然存在的。但虽如此，从炭坑采出的一定量煤，例如 100 磅煤，依然表示一定量被吸收的劳动。

我们假定，在劳动力售卖时，劳动力一日的价值等于 3 先令。假定 6 小时劳动体化为 3 先令，从而，劳动者每日平均的生活资料，须有 6 小时劳动来生产。现在如果我们的纺绩工人，在 1 小时劳动中，能把 $1\frac{2}{3}$ 磅棉花；化为 $1\frac{2}{3}$ 磅棉纱①，则在 6 小时劳动内，将有 10 磅棉花，转化为 10 磅棉纱。所以，在纺绩过程的持续中，棉花是把 6 小时劳动吸收了。在 3 先令金量中，也表示这样多的劳动时间。故棉花已由纺绩劳动增加了 3 先令的价值。

再考察生产物（10 磅棉纱）的总价值。在此 10 磅纱中，有 $2\frac{1}{2}$ 日劳动对象化了，2 日包含在棉花和纺锤量中，$\frac{1}{2}$ 日被吸收在纺绩过程中。15 先令的金量，既然也表示 $2\frac{1}{2}$ 日的劳动时间，故与 10 磅棉纱价值相当的价格，也为 15 先令。每磅棉纱的价格为 1 先令 6 便士。

我们的资本家愕然了。生产物的价值，等于垫支资本的价值。垫支的价值未曾增殖，剩余价值未曾产出，货币未转化为资

---

① 这里的数字，是随意假定的。

本。10 磅棉纱的价格是 15 先令；但在商品市场，为购买生产物诸构成要素（即劳动过程的因素，计 10 先令购买棉花；2 先令购买所费纺锤量，3 先令购买劳动力）而支付出去的，也是 15 先令。棉纱的膨大的价值，无济于事；它的价值，不过是原配分在棉花，纺锤，和劳动力上的价值的总和。单这样把原有价值加起来，依然不会生出剩余价值①。这诸种价值，现今累积到一种物上来了，但 15 先令的货币额，在尚未分开来购买三种商品以前，已经是 15 先令的货币额了。

这个结果，就它本身说，没有什么奇怪的地方。1 磅棉纱的价值为 1 先令 6 便士，我们的资本家，对于 10 磅棉纱，只须在商品市场上，支付 15 先令。很明白，我或是在市场上购买一座现成的房子，或是自造一座房子，但置备房子所须支出的货币额，是一样的。

熟习于庸俗经济学的资本家，也许会说，他把货币垫支时，他本有意要从此，造出更多的货币。到地狱的路，已经用好的意图铺好了；不从事生产，他也可以有赚取货币的意图②。他于是威吓我们，说我们不能再拉住他。他将来要在市场上购买商品，不再制造。但若所有的资本家，都像他一样，他在市场上，又到那里去找商品呢？货币是吃不得的。他再答辩。他叫我们想想他

---

① 这个，便是重农主义派学说——即一切非农业的劳动，都是不生产的——的根本命题。这个根本命题，是经济学者不能驳倒的。麦西尔就说："这样把许多种别的商品的价值，附加到一种商品上去（例如，把织布工人的维持费，加到麻布上去），把若干个价值一层一层加到一个价值上去，不过依比例把这一个价值增大。……这个'加'字，用来描写劳动生产物价格形成的方法，是再适切没有的。因为，劳动生产物的价格，外不是若干已消费的综合计算的价值之总和。'加'没有'乘'的意思。"（麦西尔前书第 599 页）
② 例如，在 1844 年至 1847 年之间，就有一部分资本，从生产事业撤回来在铁道股票上投机。又，在美国南北战争当时，他们把工厂关起来，把工人轰出去，俾便在利物浦棉花交易所作赌博生意。

的节欲（Abstinenz）。他可以把 15 先令花掉。他不这样做，却把它用在生产的消费上，由此造出棉纱来。就这样说罢，但不是已经有棉纱（不是后悔），作报酬了吗？作货币贮藏家，有什么好处呢？货币贮藏家的职务，已经指示，禁欲会生出什么结果。并且，在什么也没有的地方，虽国王也无从取得权力，无论禁欲有怎样的功德，他也不能由此得到额外的偿付；因为，在这情形下，由生产过程出来的生产物的价值，恰好与投入生产过程内各种商品的价值总和相等。所以，他应该以"德的报酬即是德"这一句格言，来安慰自己。但他不如此，却更愤懑起来。棉纱对于他是无用的。我生产它，仅因为要售卖它。好，售卖好了，或采取更简单的方法，在将来，只生产自己需要的物品好了。这个药方，是他的家庭医师麦克洛克开给他的。这是麦克洛克医治生产过剩（ueberproduktion）这一种流行病的特效药。到此，他更强硬了。劳动者能空拳赤手，凭空创造劳动生产物，生产商品么？劳动者的劳动，必须以物质为手段，而体化在物质中。这种物质不是他供给的么？现在社会上大多数人都是贫寒的。对社会提供生产手段（棉花和纺锤）的，不是他么？对劳动者供给生活资料的，不是他么？总之，一个这样大的服务，不是他供给的么？这样一个服务，能没有报酬么？有的。劳动者将棉花纺锤，转形棉纱时，不提供了适当的服务么？并且，在这里，我们的问

173

题也不是服务的问题①。一个服务，不外是一个使用价值（或是商品，或是劳动）之有用的作用②。在这里，我们只考虑交换价值。他付劳动者以 3 先令的价值。劳动者也把加到棉花里面去的 3 先令的价值，奉还他。于是，我们这位一向扮资本家面孔的朋友，现在也谦逊地，像他的工人一样了。他不是也自己劳动么？监督并指挥纺绩工人的劳动，不算么？他这种劳动，不也形成价值么？但他自己的工头和经理，忍不住要笑，同时，他自己在发一阵内心的笑以后，又把原来的面孔恢复了。他是用这种梦话来嘲弄我们的。他讲这种梦话并且是半文钱不费的。这一类梦话呓语，他统交给他所雇用的经济学教授去讲。他是一个实际家。他在事业范围外说的话，虽有时不加考虑，但在事业范围内，他是样样事情都明了的。

更精密地考察一下。劳动力 1 日的价值等于 3 先令；因为，在 1 日劳动力中，有 $\frac{1}{2}$ 劳动日对象化，那就是因为生产 1 日劳动力所必要的生活资料，要 $\frac{1}{2}$ 费劳动日。但过去的劳动（包含在劳动力中的劳动）和活的劳动（劳动力所引起的劳动），维持劳动

---

① "夸张你自己，装饰你自己罢。……但若有人，他所取的，比他所给予的更多或更好，他就是高利贷者，那是和偷或抢一样，不是为邻人服务，而是妨害邻人。因为，名为服务名为善行的事情，对于邻人，不必在实际上是服务，是善行。奸淫的男女，是相互服务，相互满足的。骑士帮助犯罪的人在大路上抢劫，或劫夺土地家室，也是对他服务。罗马教徒不把我们全体弄得淹死，烧死，杀死，关在牢里老死，却让我们当中有一部分人生存，仅仅把我们这一部分人逐出，或夺去我们所有的东西，也是罗马教徒对我们的一种服务。恶魔对于侍奉他的人，也会有种种极有价值的服务。……总之，在世界上，随处都有大的，显著的，日常可见的服务和善行。"（马丁·路德《致牧师，反高利贷业者》威吞堡 1540 年）

② 我曾在《政治经济学批判》第 14 页说过："服务（Donst）这个范畴，对于像萨伊，巴斯夏那样的经济学者，究竟会提供怎样的服务，是一件不难了解的事。"

力每日所费去的东西和劳动力每日所支出的东西，是全然不同的量。前者决定劳动力的交换价值，后者形成劳动力的使用价值。

$\frac{1}{2}$劳动日虽已足在 24 小时内，维持劳动者的生命，但这事实，不妨碍劳动者全日工作。所以，劳动力的价值和它在劳动过程中的价值增殖，是两个不同的量。资本家购买劳动力时，放在自己心目中的，就是这个价值之差。劳动力的有用性质，是制造棉纱或皮鞋。这种性质，在他看来，不过是一个不可缺少的条件；因为劳动必须在有用形态上支出，才形成价值。决定的事情，是这种商品有一种特殊的使用价值。它不仅是价值的源泉，而且是更多价值的源泉。这就是资本家希望劳动力提供的特殊服务。在购买劳动力之际，他须服从商品交换的永久法则。实际，劳动力的卖者，像别种商品的卖者一样，也须在实现其交换价值时，让渡其使用价值。不放弃其一，他不能取得其他。劳动力的使用价值（即劳动），在出卖之后，不属于劳动力的卖者，正如油的使用价值，在卖出之后，不属于油商。货币所有者已支付劳动力 1 日的价值；所以，劳动力 1 日的使用（即 1 日劳动），也为他所有。劳动力维持 1 日只须费半日劳动，但劳动力依然能够全日工作。也就因此，所以劳动力使用 1 日所创造的价值，得二倍于 1 日劳动力的价值。那当然是购买者特别造化的一件事情，但对于劳动力的卖者，那也不是不正当的事。

我们的资本家，预先知道了这种种。这正是他高兴的原因。劳动者在工厂中发现的，不是 6 小时劳动过程所必要的生产手段，却是 12 小时劳动过程所必要的生产手段。如果 6 小时劳动吸收 10 磅棉花，使其转成 10 磅棉纱，则 12 小时劳动会吸收 20 磅棉花，使其转成 20 磅棉纱。现在且考察这由 6 小时延至 12 小时的劳动过程的生产物罢。在 20 磅棉纱内，有 5 劳动日对象化。

4 劳动日对象化在被消耗的棉纱量和纺锤量中；1 劳动日，在纺绩过程中，被吸收在棉花里面了。5 劳动日的金表现为 30 先令，或 1 磅 10 先令。这就是 20 磅棉纱的价格。但现在每磅棉纱还是和先前一样，只费 1 先令 6 便士。加入过程中的商品的价值总额，等于 27 先令。但棉纱的价值，为 30 先令。生产物的价值，比原在生产上垫支的价值，较大了 $\frac{1}{9}$。27 先令变成了 30 先令。3 先令的剩余价值产生了。把戏变成功了。货币资本化了。

问题的全部条件都解决了。商品交换的法则，完全不受侵害。等价物仍是与等价物相交换。资本家是依照价值，购买各种商品——棉花，纺锤量，劳动力。于是，他的办法，是和每一个商品购买者一样。他要消费它们的使用价值。劳动力的消费过程（即商品的生产过程）生出了有 30 先令价值的 20 磅棉纱。资本家于是在购买商品之后，再回到市场上来卖商品。他依照棉纱每磅 1 先令 6 便士的价格来卖，不在价值以上，也不在价值以下。如是，他从流通过程取出的货币，也比原投入的货币，更多 3 先令。这全部过程（由货币到资本的转化），在流通领域内进行，又不在其内进行。它是以流通为媒介的，因为它以劳动力在商品市场上的购买为条件。它是不在流通内进行的，因流通不过诱起价值增殖过程，价值增殖过程却是在生产领域内进行的。"万事万物，都走向最善世界的最善处"。

资本家把货币转化为商品，使其充作新生产物的构成材料，或当作劳动过程的要素。资本家使活的劳动力，与死的对象性相结合。同时，他又把价值，把过去的对象化了的死的劳动，转化为资本，为自行增殖的价值，为一只活的怪物，好像有了胎一样，会生育的。

试比较价值形成的过程和价值增殖的过程，我们就知道，价值增殖过程，不外是延长到一定点以外的价值形成过程。若仅继续到这一点；使资本家购买劳动力所支付的价值，恰好由一个新的等价物代置，那便是简单单的价值形成过程。若超过这一点，那便是价值增殖过程。

再比较价值形成过程和劳动过程，就知道构成后者的，是生产使用价值的有用劳动。在此，我们仅考察这个运动的质的方面，即，依照其特殊的种类与方法，依照其目的与内容，来考察。但同一劳动过程，当作价值形成过程，却仅表现量的方面。其问题为劳动运转的时间。那就是劳动力曾依有用方法，继续支出多长的时间。在此参加劳动过程的诸种商品，不再在劳动力被人利用支出的时候，当作有一定机能的物质因素。它只当作一定量对象化的劳动。不问它是已包含在生产手段中的，抑或是现今才依劳动力附加进去的，我们总是依照时间尺度，来计算它，说它等于多少小时、多少日等。

但被计算的劳动时间，必须是社会必要的生产使用价值所耗去的劳动时间。这包含着几种条件。劳动力必须在正常条件下发生作用。假令纺绩机是社会纺绩工人常用的劳动手段。我们就不可再把纺车给劳动者。棉花也应有正常的质量，不可把时时裂断的棉屑给他。否则，生产 1 磅棉纱所须用去的劳动时间，会超过社会必要的劳动时间，但这种超过时间，仍是不会形成价值或货币的。但对象的劳动因素有没有正常性质那不是取决于劳动者，而是取决于资本家的。进一步的条件是，劳动力也须有正常的性质。劳动力在它所属的产业部门内，必须有该业盛行的平均的熟练，技巧，与速度。我们的资本家在劳动市场上，也只购买有正常品质的劳动力。这种力又须以习当的平均的努力，以社会一般的强度来支出。资本家也会当心着，使劳动不致有一分钟浪费。他已在一定时间内把劳动力购买了。他可以主张他的权利。他不欲遭别人盗劫。最后，这位先生还不要有原料和劳动手段用在反目的的消费上，即因此故，所以他有一种特别的刑法。材料或劳动手段的浪费，即表示对象化的劳动已过分支出。那是不被计算的也不参加入价值形成过程的生产物里面去①。

以上分析商品时，我们曾认识，创造使用价值的劳动与创造价值的劳动，虽是同一的，但有一种区别。这种区别，现在，表现为生产过程上两个方面的区别了。

生产过程，当作劳动过程与价值形成过程的统一，便是商品的生产过程；当作劳动过程与价值增殖过程的统一，便是资本主义的生产过程，或资本主义的商品生产形态。

上面讲过，在所论为价值增殖过程时，不必问资本家占有的

---

① 以奴隶制度为基础的生产所以如此昂贵，这便是原因之一。古代人常称奴隶为有声的工具，称动物为半有声的工具，称不会动的器具为无声的工具。但奴隶自己却要使动物和器具，觉得他不是它们的同种，而是人。他往往虐待动物，损坏器具，来表示他自己既不是动物，也不是器具。因而，奴隶劳动的生产，就有这样一个经济原则了：只宜使用最粗糙最笨重的不易损坏的工具。在美国盛行奴隶制度的数州，即濒于墨西哥湾的数州，到南北战争爆发的时候为止，都是使用旧式的中国式的犁。这种犁，是像猪或鼹鼠一样挖泥的，不能犁成沟畦，也不能把土壤翻转来。在这里，我们可以参看凯恩斯（Cairnes）所著《奴隶力》（1862 年伦敦第 46 页以下）。又欧姆斯台（Olmsted）在其所著《沿岸蓄奴的诸州》里面，也有如下的话。"我曾看见这里所用的工具。没有一个人，和我们同行的，有理性的，会让他的用工资雇来的工人，使用这种工具的。依我看，这种工具的笨重，一定会增加工作的困难。如果用我们平常用的工具，他们的工作至少要减轻十分之一的。我又相信，奴隶使用工具既不当心不仔细，那就给他们以比较精致的工具，他们用起来，也不见得就很经济。我们通常给劳动者使用，并曾由此造出利润的诸种工具，如果拿到威基尼亚的麦田里来使用，怕一天用不到，就要损坏的，虽然那里的麦田，要比我们的麦田更轻松，更少石块。所以，当我问，为什么这些农庄，普遍地，以骡代马时，我听到的最初一个最确实的理由是：马不堪黑人的虐待。马受久了黑人的虐待，便会昏倒，不能作事；骡却能忍受鞭笞，甚至饿一两次也不妨，那怕没人照料，或作事过度，也不致受寒生病。我从我执笔的窗户看去，就几乎随目可以看到虐待家畜的事情。若在北方，单有这种事情，在家畜所有者看来，就可以成为立即解雇的条件了。"

劳动，是简单的社会的平均劳动，抑是复杂的比重较高的劳动。较高的复杂的劳动，和社会的平均的劳动，都是劳动力的实现。不过，这种劳动力，比简单的劳动力，包含更大的教育费用，其生产曾费去较多的劳动时间，从而有较高的价值。假如这种劳动力的价值较高，它表现出来，也就是高级的劳动，从而，在同一期间内，对象化为依比例较高的价值。珠宝细工的劳动，虽然和纺绩劳动有很大的差别，但珠宝细工仅用来代置本人劳动力价值的劳动部分，和他创造剩余价值的追加劳动部分，仍是没有性质上的差别。剩余价值的源泉，一样是劳动的量的超过，是劳动过程（在一场合，是珠宝生产的过程，在他一场合，是珠宝生产的过程）的时间的延长①。

---

① 高级劳动和低级劳动，熟练劳动和不熟练劳动的区别，是一部分以幻想为基础。至少，我们可以说，是用一种已不现实，已成为传统因袭的区别作基础。还有一部分，则以这事实为基础，即劳动阶级的某数阶层（Schichten）要比别的阶层更弱小，更不能要求自身劳动力的价值。偶然的事情，在这里，有极大的影响；有时，两种劳动即由偶然的事情，互换它们的位置。例如，在资本主义生产发展的国家，劳动阶级的体格是渐趋衰弱，且相对地消耗的。因此，在那里，需要许多筋肉力的粗劳动，那和较精致的劳动比较，就往往被视为高级劳动。拿泥水匠的劳动来作例。在英国，这种劳动，要比绒织工人的劳动，占有更高得多的位置。反之，绒织物加工工人的劳动，虽需费较大的力气，同时又不卫生，但仍视为单纯劳动。并且，我们又不要以为，所谓熟练劳动，在国民劳动中，是在量上占有显著位置的。兰格（Laing），曾估计英格兰和威尔斯有 11,000,000 以上的人，依单纯劳动来生活。在那时，英格兰威尔斯的人口总数为 18,000,000。在其中，他们须减去 1,000,000 贵族，1,500,000 待救恤的贫民，流浪人，犯罪人，卖淫妇等，还须减去 4,650,000 中产阶级。这所谓中产阶级，包括依赖小额投资利息来生活的人，官吏，文笔生活者，艺术业者，学校教师等。为要得 4,650,000 的数目，银行业者等不必说，就连给付较优的工厂劳动者，也被包括到中等阶级去。泥水匠也得列在高级劳动者队伍中间。如是剩下的，便是上面讲的 11,000,000。（兰格著《国难论》伦敦 1844 年第 51 页。）——"必须用普通劳动来换取生活资料的这个大阶级，占人口大多数。"（詹姆士·穆勒《大英百科全书补篇》"殖民地"条 1831 年第 8 页。）

不过，在每一个价值形成的过程中，高级劳动都须还原为社会的平均劳动，那就是，把一日的高级劳动，还原为 X 日的简单劳动①。为省却一些多余的手续，并使分析更为简单起见，我们且假定，资本家所使用的劳动，是简单的社会的平均劳动。

---

① "当作价值尺度的劳动，一定是指某一定种类的劳动。……别种劳动对这种劳动所持的比例，是容易确定的。"（《经济学大纲》伦敦 1832 年第 22、23 页）

第六章

不变资本与可变资本

劳动过程的各种因素，是以不同的方法，参加生产物价值（Produkten Wert）的形成。

劳动者把一定量劳动（不问其内容，目的，与技术性质如何）加进去，即是把新的价值，加到劳动对象中去。他方面，被消耗的生产手段的价值，也会当作生产物价值的构成部分，被我们再发现。例如，棉花与纺锤的价值，会再发现在棉纱价值中。所以生产手段的价值，会转移到生产物上，并因以保存。这种转移，是在生产手段转化为生产物时，换言之，在劳动过程中，发生的。那是以劳动为媒介。但怎样媒介呢？

劳动者并不是同时作两次劳动，一次由他的劳动以价值加到棉花内，一次保存生产手段的旧价值，即以棉花（劳动对象）和纺锤（劳动手段）的价值，转移到棉纱（生产物）上来。旧价值是由新价值的加入而保存的。他在同时间只作了一次的劳动。但因新价值在劳动对象中的加入，和旧价值在生产物中的保存，是劳动者在同时间内作的两种完全不同的结果，所以很明白，结果的二重性，只能由劳动的二重性来说明。在同一时间内，就一种性质说，它是创造价值，就别一种性质说，它是保存或移转价值。

劳动者怎样把劳动时间，从而把价值加进去呢？很明白，是由特殊的生产的劳动方法。纺绩工人由纺绩，织物工人由编织，锻冶工人由锻冶。劳动一般，从而，新的价值，是在有一定目的的形式上，附加的。生产手段（棉花与纺锤，棉纱与织机，铁与铁砧）就是由这种形式，由纺绩，编织，锻冶，而成为一个生产物（一个新的使用价值）的形成要素①。旧使用价值形态消灭了，仅因为要生产一个新使用价值形态。但在考察价值形成过程时，我们看见了，一个使用价值，为要生产一个新使用价值，而为有目的的消费时，生产那被消耗的使用价值所必要的劳动时间，将成为生产新使用价值所必要的劳动时间的一部分。这就是，这种劳动时间，会由被消耗的生产手段，转移到新生产物上来。总之，劳动者要保存被消耗的生产手段的价值，或把它当作价值构成部分，转移到生产物上来，但其媒介，不是一般劳动的加入，却是这个追加劳动的特殊的有用的性质，或其特殊的生产的形态。纺绩，编织或锻冶，当作有目的的生产活动，而与生产手段相接触时，会把生产手段，从死态中唤起来，使它们变作劳动过程的因素，并与它们结合，以形成生产物。

假令劳动者的特殊的生产的劳动，不是纺绩，他就不是把棉花化成棉纱，不是把棉花和纺锤的价值转移到棉纱上。反之，假令他改业为木匠，他却依然会由一个劳动日，把价值加到他的材料中去。所以，新价值的加入，虽以他的劳动为媒介，但我们所指的劳动，不是纺绩劳动或木匠劳动，只是抽象的社会的劳动一般；一定量价值的加入，不是因劳动有特殊的有用的内容，只因为它持续了一定的时间。所以，从抽象的一般的性质看，把纺绩工人的劳动当作人类劳动力的支出，它是把新价值加到棉花和纺

———————————

① "劳动创造一新物，以代替所消灭之物。"（《国家经济论》伦敦1821年第13页）

锤的价值中去。从具体的特殊的有用的性质看，把纺绩工人的劳动当作纺绩过程，它就把生产手段的价值，转移到生产物中去，并在生产物内，保存它们的价值。劳动在同一时间的二重结果，就是这样发生的。

新价值的加入，是由于劳动之量的增加。生产手段旧价值在生产物中的保存，是由于追加的劳动之性质。同一劳动有二重作用。这种以劳动二重为根据的二重作用，由种种现象，显示出来了。

假设有一种新发明，使纺绩工人 6 小时所纺掉的棉花，等于以前 36 小时。当作有目的的，有用的，生产的活动来看，他的劳动的力量，已经 6 倍。它的生产物，将由 6 磅棉纱，增加为 36 磅。但 36 磅棉花现在所吸收的劳动时间，是和以前 6 磅相等。与旧法比较，每磅棉花现在加入的新劳动，仅等于旧时 $\frac{1}{6}$，故每磅棉花现在加入的价值，也仅等于旧时 $\frac{1}{6}$。反之，在生产物（36 磅棉纱）中，由棉花移来的价值，却 6 倍了。在 6 小时内被保存并移转到生产物上来的原料价值 6 倍了；同量原料所加入的新价值，却减为原先的 $\frac{1}{6}$。这情形说明了，劳动这二重性质——在同一的不可分的过程中，它会保存价值，又会创造价值——是本质上不同的。同量棉花在纺绩过程中所必需的时间愈多，则加入棉花中的新价值愈大；同一劳动时间所纺掉的棉花愈多，则保存在生产物中的旧价值愈大。

其次，假设纺绩劳动的生产力不变，纺绩工人要把一磅棉花转化为棉纱所需的时间，是和以前一样多。但棉花的交换价值变化了，1 磅棉花的价格，或提高等于以前 6 倍，或下落等于以前 $\frac{1}{6}$。在这二场合，纺绩工人会以同一的劳动时间，把同一的价值，加到同量棉花里面去；在这二场合，他会在相等的时间内，生产等量的棉纱。但由棉花转到生产物棉纱里面的价值，在一场合，等于以前 $\frac{1}{6}$ 在他一场合，等于以前 6 倍。当劳动手段在劳动过程的效率不变时，劳动手段价值的腾落也会生出这样的结果。

假设纺绩过程的技术条件（technischen Bedingungen）不变，生产手段的价值也不变，则纺绩工人在同一劳动时间内，将消费等量的原料和机械，其价值也不变。如是他在生产物中保存的价值，即与他所加入的新价值，成正比例。二星期所加入的劳动，从而所加入的价值，二倍于一星期。二星期所消费的原料及其价值，所消耗的机械及其价值，也二倍于一星期。所以他在二星期生产物内保存的价值，也二倍于在一星期生产物内保存的价值。在不变的生产条件下，劳动者加入的价值愈多，他保存的价值也愈多；但他所以能保存较多的价值，非因他所加入的价值已经较大，却因为他是在不变的与自身劳动相独立的条件下，把价值加入。

当然，从相对的意义说，劳动者所保存的旧价值，常与所加入的新价值，保持相同的比例。无论棉花价格是由 1 先令涨到 2 先令，抑是由 1 先令跌到 6 便士，他在一小时生产物内保存的棉花，总等于 2 小时的 $\frac{1}{2}$。固然，如果自己的劳动的生产力提高了或减低了，他一小时劳动所纺掉的棉花，比以前更多了或更少了，从而，一小时劳动生产物内保存的棉花价值，也会相应的增加或减少。但无论如何，他 2 小时劳动保存的价值，总 2 倍于一小时劳动。

把价值记号的象征表现除外，我们可以说价值只存在于使用价值之内，即存在于物之内。（人自己，被视为劳动力的存在体，也是一种自然对象，一种物，不过是一种活的有自意识的物，劳动便是这种力之物的实现）。所以，使用价值丧失，价值也丧失。生产手段丧失使用价值时仍不丧失价值，这是因为生产手段在劳动过程中虽然丧失了原来的使用价值形态，但却在生产物内，取得别一种使用价值形态了。价值虽必须存在在某种使用价值内，但依商品的形态变化所指示，他可以存在在任一种使用价值内。所以，在劳动过程中，生产手段的价值能转移到生产物上来，仅以生产手段在丧失其独立使用价值时，也丧失其交换价值为限。它所给于生产物的价值，即是它当作生产手段所丧失的价值。但就这方面说，劳动过程各种对象因素的作用，是各不相同的。

在机器内燃烧的煤炭，不会留下一点痕迹；轮轴上搽用的油，也是这样。染料与别种补助材料会消灭，但会出现在生产物的特性中。原料构成生产物的实体，但其形态已经变化。所以，原料与补助材料当作使用价值在劳动过程中所采取的独立的使用价值形态，将会丧失。狭义的劳动手段，不是这样。工具、机械、工厂建筑物、容器等，在它维持原来形态的限度内，才在劳动过程中，有所作用。它次日在劳动过程中所采的形态，是和在昨日一样。它存在多少时，在劳动过程中存在多少时，它便保持独立的姿态，而与生产物相对立多少时。即在它死去以后，也是这样。机械，工具，工厂建筑物等的尸骸，和由它帮助造成的生产物，是常常分别存在着。试从劳动手段最初加入工作场所的时候起，考察它到投入废料房的时候止，那就是考察发生作用的全时期，我们将发觉，在这时期内，它的使用价值完全被劳动消费掉了，它的交换价值也完全移转到生产物上来。假设一个纺绩机经用10年，则在这10年的劳动过程中，它的总价值，将转移到10年的生产物上来。所以一个劳动手段的生存期间，乃消磨在同种劳动过程的反复中，反复的次数多寡不等罢了。就这点说，劳动手段和人很像。人多活一日，就离死期近一日。一个人究竟还能活多少日数，当然是一件不易知道的事。但虽如此，人寿保险公司，仍能从人的平均寿命，推得极准确且极有利的结论。劳动手段也是这样。我们可由经验，知道一个劳动手段（例如某种机械）平均经用多少时候。假设它的使用价值，在劳动过程中，仅经用 6 日。是则，平均说，每劳动日会消耗它的使用价值 $\frac{1}{6}$，也会把它的价值 $\frac{1}{6}$，转移到每日的生产物上。劳动手段的磨损，其使用价值每日的丧失，及其每日转移到生产物去的价值，就是用这个方法计算的。

非常明白，生产手段移入生产物中的价值，决不比它在劳动过程内因自身使用价值丧失而丧失的价值更多。如果它没有价值可以丧失，换言之，如果它不是人类劳动的生产物，它也就不会移转价值到生产物上去。它有助于使用价值的形成，但无关于交换价值的形成。一切自然的不经人力协助就已存在的生产手段，例如土地、风、水、矿脉内的铁，原始森林内的木材，皆属此类。

还有一种更有趣的现象，会在这里表示出来。假设有一架机械值 1000 镑。也经用 1000 日。其价值每日有 0.1%，转移到每日的生产物中去。这种机械，虽然活力一天比一天少，但仍会继续以其全部，参加劳动过程。如是，劳动过程有一个因素（即生产手段）继续以全部参加劳动过程，但仅以一部分参加价值增殖过程。劳动过程与价值增殖过程的区别，在此，反映在它的对象因素上了。同一生产手段，当作劳动过程的要素，是全部算在生产过程中，当作价值形成的要素，则在同一生产过程中，仅一部分被计算①。

反之，生产手段也有时以全部参加价值增殖过程，而仅以一部分参加劳动过程。假设在棉花纺绩之际，在每日所用的115磅棉花中，有15磅不形成棉纱，只变成飞尘。假设15%的耗费，在棉花的平均加工条件下，是正常的，不可免的，则这15磅棉花虽不是棉纱的要素，但其价值，会和那100磅（棉纱的实体）的价值一样，完全移转到棉纱价值上来。要制造100磅棉纱，15磅棉花使用价值的破坏，是不可免的。这种棉花的破坏，乃是棉纱的生产条件之一。也就是因此，所以它的价值会移到棉纱上去。实则，劳动过程吐出的一切废物，若不能再利用作新生产手段，从而不能形成新的独立的使用价值，就都是这样的。但我们只要看看孟彻斯德的大机械制造厂，就可以看见这种废物利用的情形。在这一些工厂内，从机械吐出的铁屑，堆得像山一样高。这些铁屑，每天傍晚，用大车装到制铁厂去，别一日，再当作大块的铁，从铁制造厂搬回到工厂。

---

① 在此，我们暂不问劳动手段，机械，建筑物等的修理。正在修理中的机械，不是当作劳动手段，而是当作劳动材料。劳动者不是用它来劳动，却是在它上面劳动，冀图恢复它的使用价值。对于我们，这种修理劳动，常包括在劳动手段生产所必要的劳动之内。我在本文中所说的磨损，是任何医师不能医好的磨损，那是渐渐使它失去作用的磨损。这种磨损，是不能时时代置的。例如拿一把小刀来说。小刀用来用去，总有一天，使用刀的人，觉得它以后不能再用。我们已在本文说明，机械是以一个整体，参加劳动过程，但在同时进行的价值增殖过程中，它却是一断片一断片地参加。从这见地，我们可以判断下述的概念混乱了。"里嘉图说织袜机制造工人的劳动，将有一部分"，包含在一双袜的价值中，"但生产每一双袜的总劳动，……其实是包含着织袜机制造工人的劳动全部，不是一部分。因为，一架织机虽制造许多双袜，但只要缺少机械的一部分：便会一双袜也织不成。"（《经济学上若干名辞的论争，特别关于价值需要与供给》伦敦1821年第54页。）著者（一个非常自大的贤人样的人）的混乱，从而他的论争，只在这程度内有几分是处；即里嘉图自己和他以前以后的经济学家，都不曾正确分别劳动的这两方面；更不曾分析在价值形成上这两方面的全然不同的作用。

生产手段以价值转移到生产物的新形态上去，但它所移转的价值，都是它在劳动过程内，在旧使用价值形态上丧失的价值。生产手段能在劳动过程内丧失的价值的最大限度，分明是以它加入劳动过程时原有的价值量为限；换言之，以它自身生产所必要的劳动时间为限。所以，由生产手段附加到生产物上去的价值，决不能比它原有的价值更大。它原有的价值量，和它所参加的劳动过程，是完全没有关系的。无论一种劳动材料，一种机器，一种生产手段，怎样有用，假若它只费 150 镑，或 500 劳动日，它移转到总生产物中去的价值，总不能多到 150 镑以上。它的价值，非定于它充当生产手段的劳动过程，乃定于它充作生产物的劳动过程。在它充作生产手段的劳动过程内，它只充作使用价值，只当作有用物，倘若不是在加入这个过程之前，就原有价值，它决不能以任何价值，转移到生产物上去①。

---

① 萨伊曾要说明剩余价值（利息、利润、地租）的起源，说它是生产手段（土地、工具、皮革等），依其使用价值，在劳动过程中提供的生产服务（services Produc-tifs）之结果。在这里，我们可以洞见萨伊这种说明的胡说了。但在辩护工作上从来不肯轻易放弃机会的罗雪尔先生，却叹说："萨伊在其所著《经济学》第 1 篇第 4 章，曾适切地说，榨油机所生产的价值，在减去一切费用之后，还会残留一个新的事物。这种新事物，是和制造榨油机的劳动，在本质上不同的。"（《国民经济学原理》3 版 1858 年第 82 页注。）——很对的！榨油机所生产的油，和制造榨油机所用去的劳动，是极不相同的。当罗雪尔先生说"价值"时，他所指的，是"油"这种东西，因为"油"是有价值的。但石油是自然存在的，不过比较地不很多罢了。当他说"它（自然）差不多不生产交换价值"时，他是把这个事实放在心里的。罗雪尔先生的自然和交换价值有关系，是和愚昧少女和"还不过一点点大"的私生子有关系一样。这位博学者还曾说："里嘉图学派习惯把资本当作'蓄积的劳动'，而把它包在劳动这个概念下面。这是一个错误（！）因为（！）资本所有者（！）确（！）还（！）曾在单单（！?）生产（？）和（??）保存原物之外，作别的事情（！）；他还（?!?）节制了自己的享受，这种节制，比方说（！！！）也是要有利息作报酬的"。（前书）这种经济学的"解剖生理学方法"，竟以"要有"来说明"价值"，这是多么"巧妙"啊！

生产的劳动，把生产手段转化为新生产物的构成要素时，价值也经一度轮回。它已由消耗了的身体，转化为新形成的身体。但这种轮回，也发生在现实劳动的背后。劳动者不保存旧价值，即不能加入新劳动，那就是不能加入新价值；因为，他必须把劳动加到有一定用处的形态上去；但若不把生产物当作新生产物的生产手段，从而把这种生产物的价值，移转到新生产物上去，他就不能在有一定用处的形态上，把劳动加入。所以活劳动（即运用中的劳动力）加入价值同时借以保存价值的现象，乃是一种天惠。这种天惠，不费劳动者一文，但极有利于资本家。设无此，他原有的资本价值，就无法保存了①。在生意兴旺时，资本家固只知道赚钱，绝不留意这种天惠。但恐慌发生，劳动过程受强烈打击时，他却会敏锐地感到这一点②。

生产手段上所消耗的东西，是生产手段的使用价值。劳动也就由此种消费，把生产物生出来。它的价值，其实未曾消费③，故不能说再生产。它的价值被保存了，但不是因为它自身已经在劳动过程中发生作用，只因为它原先的使用价值已经消灭，已经

---

① "在农业的一切工具中，人的劳动……是他收回资本最依赖的东西，其他二者——劳动家畜和……车、锹、锄等——没有一定量劳动，是什么也不能做的"。（柏克著《关于饥馑之所见与原委》1795 年 11 月致庇特爵士，该文于 1800 年出版于伦敦，见第 10 页。）

② 1862 年 11 月 26 日《泰姆士报》记载，有一个工厂主，他的工厂雇用八百名工人，平均每星期消费东印度棉 150 捆，或美棉 130 捆。当该厂停工时，他曾以该厂停工时的用费，诉于公众。依他估计，每年须费 6000 镑。其中若干项，例如地租，租税，保险费，经理簿记员技师等人的薪俸，是和我们这里没有关系的。依他计算，为要使房间温暖，和间或开动蒸汽机关之故，每年须用 150 镑购买煤炭。此外，他还把临时雇来照料机械的工人的工资，计算在内。最后，因为，"虽机械停止转动，但气候和自然的腐败法则不会停止作用"，所以他又把机械折旧计入 1200 镑。他明白说，因为机械已经很磨损了，所以只计算 1200 镑这样小的数目。

③ "生产的消费。在这里，商品的消费，是生产过程的一部分。……在这场合，并没有价值的消费"。（牛曼《经济学要论》第 296 页。）

变为别种使用价值。所以，在生产物价值中，生产手段的价值再现了；但正确的说，那不是再生产。所生产的，是旧交换价值所依以重现的新使用价值①。

劳动过程的主观的因素（活动的劳动力），不是这样。劳动依照它的有目的的形态，把生产手段的价值，转移到并存在生产物上的时候，它在每一瞬间，都依它的运动，形成追加的价值，新价值。假设生产过程至一定点即止，在这点，劳动者生产的价值，恰好与其劳动力的价值相等，例如劳动 6 小时，附加价值 3 先令。这个价值，是生产物价值超过那由生产手段价值构成的部分的剩余部分。在生产物中，只有这一部分价值，是在过程内部形成的新价值，是这个过程所生产的唯一的价值部分。当然，这一部分，只代置资本家购买劳动力所垫支的货币，只代置劳动者用在生活资料上的货币。与支出的 3 先令相对而言，这 3 先令新价值，只是再生产。但它是实际再生产，不像生产手段的价值那样，只貌似再生产。在此，一价值，乃以新价值的创造为媒介，始得由他一价值代置。

劳动过程若到这一定点便止，它固然只再生产劳动力价值的等价物，且只以此等价物加到劳动对象上去。但我们知道，劳动

---

① 在一本也许已经销到 20 版的北美教科书中，我们可以读到如下一句话。"资本在何种形态上再现，是不成问题的"。作者在胪列各种能在生产物中再现其价值的诸生产成分之后，乃结论说："人类生存安乐所必要的各种衣食住，是有变化的。它们会时时地被消费掉，其价值则当作人身心的新生活力再现出来，且形成新资本，再用在生产过程上"。（惠兰著《经济学要论》第 31 页 32 页。）且不说这种说法的别的异点，我也须指出，再现为新活力的，不是面包的价格，只是面包的构成血液的元素。反之。当作此活力的价值再现的，也不是生活资料，只是生活资料的价值。同一的生活资料，那怕它的费用减少了一半，它所能造成的筋肉骨骼，它所能造成的活力，仍是和以前一样多。那就是，它能造成等量的活力，但不能造成等价值的活力。由再现的垫支价值来说明剩余价值的徒劳无功的尝试，就是这样把"价值"和"活力"混同，这样假正经地把概念弄得含糊。

过程会超过这一点，而继续进行的。要提供这种种等价物，6 小时已经够了，但过程将不以 6 小时为限，或将延至 12 小时。如是，劳动力的活动，将不只再生产它自身的价值，且将生产一个超过的价值。这种剩余价值，便是生产物价值超过所费诸要素（生产物的构成要素，即生产手段与劳动力）的价值的部分。

我们叙述劳动过程的各种因素，在生产物价值的形成上有种种作用时，我们实际又标示了，资本各不同构成部分在其自身价值增殖的过程上的机能。生产物总价值超过其构成要素价值总和，即是已经增殖的资本价值超过原来垫支的资本价值。原资本价值会放弃货币形态，转化为劳动过程的因素。生产手段与劳动力，不过是原资本价值的不同的存在形态而已。

转化为生产手段（即原料，补助材料，与劳动手段）的资本部分，在生产过程中，不会有价值量的变化。所以，我把这一部分，叫做不变资本部分（konstanten Kapita lteil），或简称为不变资本（konstantes Kapital）。

反之，转化为劳动力的资本部分，却会在生产过程中，发生价值的变化。它会生产它自身的等价，并生产一个超过部分，一个剩余价值。那是可以变动的，可以大可以小的。这一部分资本，会继续由不变量，变为可变量。因此，我称它作可变资本部分（Variablen Kapitalteil），或简称为可变资本（Variables Kapital），这两个资本构成部分，从劳动过程的观点看，是主观的因素和客观的因素，是生产手段和劳动力；从价值增殖过程的观点看，是不变资本与可变资本。

不变资本的概念，虽如上述，但其构成部分的价值，依然是可以发生变动的。假设一磅棉花，今日费 6 便士，明日因棉花歉收，可涨价至 1 先令。在继续加工中的旧来的棉花，虽依 6 便士的价值购进，但会以 1 先令的价值，加到生产物中去。已经纺成的棉花，也许已经变作棉纱而在市场上流通的棉花，也会以二倍于原价值的价值，加到生产物中。但很明白，这种价值变化，与棉花价值在纺绩过程中的增殖，毫无关系。旧棉花即不加入劳动过程，再拿出去卖，现在也不只卖6便士，而可以卖1先令了。并且，棉花加入劳动过程的程度愈小，这结果还会愈确实。这已经成为投机（Spekulation）的法则；即，在价值发生激变时，投机宜以加工最少的原料为对象；棉布不如棉纱，棉纱不如棉花。在此，价值的变动，非由于棉花当作生产手段，从而当作不变资本的过程，乃由于棉花生产的过程。一种商品的价值，由其所包含的劳动量规定，但这劳动量又是由社会规定的。假定生产一种商品社会必要的劳动时间变动了——比如，一定量棉花，在歉收后，就比在丰收后，代表较大量的劳动——切同种类的旧商品，皆会起反应。旧商品，仅当作该类商品的一个样品而已①，其价值，常依照社会必要的劳动，从而，依照规存社会条件下必要的劳动，来计量。

原料的价值可以变化；已经在生产过程中使用的劳动手段，机械等的价值，也可以变化，从而，由劳动手段移转到生产物内的价值部分，也可以变化。假设因有一种新发明，某种机械可由较少的劳动再生产出来，则旧机械的价值也不免多少要减低，从而，移转至生产物的价值，也依比例减少。但在此，价值的变化仍不是发生在机械当作生产手段的过程内。它在这个过程内所能移转的价值，决不能比它在这个过程外所具有的价值更多。

生产手段，那怕在已加入劳动过程之后，也受反应而在价值上发生变动，那也不会改变它的不变资本的性质。又，不变资本与可变资本间的比例虽发生变动，但这种变动，是同样不会影响

---

① "严格的说，同种类的生产物，构成一个总额，其价格，是全般决定，与特殊情形无关的。"（勒·德洛尼《社会的利益》第893页。）

它们的机能上的差别。劳动过程的技术条件，可以大大变动，以致以前 10 个劳动者，用 10 件价值很小的工具，还只能把比较小量的原料加工好；现在，一个劳动者用一架很贵的机器，便可以把百倍于前的原料加工好。在这场合，不变资本（即所使用的生产手段的价值量）大增加了，可变资本部分（即为购买劳动力而垫支的部分）大减少了。但这种变化，只会改变不变资本与可变资本的量的关系，或改变总资本中不变部分与可变部分的比例，却不会影响不变资本与可变资本的差别。

第七章

剩余价值率

I 劳动力的榨取程度

垫支资本 C 在生产过程中生出的剩余价值（或垫支资本价值 C 的价值增殖），最先，表现为生产物价值超过诸生产要素价值总和的超过部分。

资本 C 由二部分构成：一个货币额 c，是为购买生产手段而支出的；别一个货币额 v，是为购买劳动力而支出的。c 代表变作不变资本的价值部分，v 代表变作可变资本的价值部分。所以，原来是 C＝c＋v。假设垫支的资本为 500 镑，＝410 镑（c）＋90 镑（v）。生产过程终了时，有商品生产出来，其价值＝（c＋v）＋m（m 指剩余价值），例如〔410 镑（c）＋90 镑（v）〕＋90 镑（m）。原资本 C 变作 C′，由 500 镑变成 590 镑了。二者的差，等于 m，即 90 镑的剩余价值。因诸生产要素的价值等于垫支资本的价值；所以说生产物价值超过诸生产要素价值的超过部分，等于垫支资本的价值增殖，或等于其所生产的剩余价值，乃是一种同义反复的说法。

我们必须更精密地考察这个同义反复的说法。与生产物价值比较的，是价值形成过程中所消费的诸生产要素的价值。现在我们知道了，由劳动手段构成的那一部分不变资本，仅以其一部分价值，转移到生产物上，残余部分，则保持在旧的存在形态上。这残余部分既在价值形成上毫无作用，故不妨置之不论。即使把它计算进去，也是不会引起差别的。假设 C 等于 410 镑，其中，有原料 312 镑，补助材料 44 镑，在过程中磨损的机械值 54 镑，但实际所用机械的价值为 1054 镑。在这 1054 镑中，只有那在过程中磨损掉并转移到生产物中去的 54 镑，算在为生产生产物价值而垫支的价值中。因为，就把其余 1000 镑（那仍当作蒸汽机关，或其他，保持在旧的形态内）算入，我们也须在两面（一面是垫支的价值，一面是生产物的价值）①，都把它算入。如是，一面为 1500 镑，一面为 1590 镑。其差或剩余价值，依旧是 90镑。所以，假令上下文义未含有相反的意思，我们每次说到为价值生产而垫支的不变资本，我们总只指那在生产上消费掉的生产手段的价值。

在这个假定下，我们再回头来讲 C＝c＋v 公式。这个公式，会变成 C′＝（c＋v）＋m。C 会变成 C′。我们知道，不变资本的价值，只再现在生产物中。所以实际在过程中新生出的价值生产物（Wertprodukt），和这过程得到的生产物价值（produktenwert），是不同的。最初一看，新生出的价值生产物，好像是(c＋v)＋m，或是〔410 镑（c）＋90 镑（v）〕＋90 镑（m），实际却是 v＋m，或 90 镑 v＋90 镑 m，不是 590 镑，只是 180 镑。假设不变资本 c＝0。换言之，假设有一种产业，在那里，资本家可以不用一切由劳动生产的生产手段，如原料，补助材料，和劳动工具，只需

① "如果我们把所用的固定资本的价值，算作垫支资本的一部分，我们便也须把这个资本每年终残留下来的价值，当作年收入的一部分。"（马尔萨斯《经济学原理》第 2 版伦敦 1836 年第 269 页。）

使用自然供给的物质和劳动力。如此，在生产物上，就没有不变的价值部分，移转到生产物上了。所以，生产物价值的这个要素（就我们的例说，是 410 镑）可以除去，但价值生产物仍为 180 镑，（其内包含 90 镑剩余价值），和 c 代表最大价值额的时候，是一样的。于是，C＝（0＋v）＝v，已经增殖的资本 C'＝v＋m，C'－C＝m，是和以前一样的。反之，假设 m＝0，换言之，假设劳动力（其价值是当作可变资本垫支的）仅生产一个等价，则 C＝c＋v，生产物价值 C'＝（c＋v）＋0，所以，C＝C'。垫支的资本，没有在价值上增殖。

据以上所述，可知剩余价值，完全是 v（变作劳动力的资本部分）价值变动的结果。所以，v＋m＝v＋△v（v 加 v 的加量）。但现实的价值变化，及价值变化的比例，为以下的事实所蒙蔽了；那就是，可变资本部分增加，垫支的总资本也增加。它是 500 镑，现在已经是 590 镑了。若要对于这个过程加以纯粹的分析，我们还须把生产物价值中由不变资本价值再现的部分，加以完全的舍象，使不变资本 c＝0。这不过是应用一个数学法则。如果在问题里面不变量和可变量都有，则不变量仅依加减，与可变量相结合。

还有一种困难，是由可变资本原来的形态发生的。就以上的例说，C'等于 410 磅不变资本，加 90 镑可变资本，加 90 镑剩余价值。但 90 镑也是一个已知量，从而是一个不变量；把它当作可变量，似乎是背理的。不过 90 镑（v）或 90 镑可变资本，在这里，事实上，仅仅是一个过程（这个价值所通过的过程）的符号。垫支出来购买劳动力的资本部分，是对象化的劳动的一定量，和所购劳动力的价值一样，是一个不变量。但在生产过程中，这垫支的 90 镑，将为活的劳动力所代替，死的劳动，将为活的劳动所代替，静止的量将为流动的量所代替，不变量将为可变量所代替。结果是，v 和 v 的一个追加量再生产出来。从资本主义生产的观点看，这全部过程，便是一个原来不变的转化为劳动力的价值之自我运动。过程与其结果，都要归因于这个价值的作用。说 90 镑可变资本或 90 镑自行增殖的价值，好像是矛盾的，但这是因为这个公式，只表示资本主义生产上一个内在的矛盾。

最初一看，不变资本等于 0 的假定，似乎是不合理的。但我们每日都如此实行。例如，倘有谁要计算英国棉业的利润，他先会把付给美国、印度、埃及等国的棉花价格减去；那就是假定再现在生产物价值中的资本价值，等于 0。

当然，不仅剩余价值对可变资本部分（那是剩余价值的直接来源，其价值变化，即由剩余价值表示）的比例，是在经济上极重要的。剩余价值对垫支总资本的比例，也是在经济上极重要的。但后一种比例，且留待第三卷再详细讨论。因要使资本一部分，变作劳动力以自行增殖，资本的别一部分，也须变作生产手段的。因要使可变资本发生作用，不变资本也须适应劳动过程的技术性质，而以适当的比例垫支出来。好比，化学过程虽少不了蒸馏器及他种容器，但仍不妨在分析之际，把这种种容器舍象。若仅要对于价值创造和价值变化，就其自身，作纯粹的考察，则生产手段（不变资本之物质形态）不过给流动的形成价值的力以物质，使其可以在它里面固定而已。这种物质的性质如何（或是棉花，或是铁），是没有关系的。这种物质的价值如何，也是没有关系的。必要的，是有充分的量，可以吸收在生产过程中支出的劳动量。只要有充分的量，无论它的价值怎样涨落，或竟像土地和海一样无价值，也不能影响价值创造和价值变化的过程①。

我们且先假设不变资本部分等于零。如是，垫支的资本，由 c+v 还原为 v，生产物价值由（c+v）+m 还原为（v+m）。假设价值生产物 = 180 镑，这代表着在全生产过程中流出的劳动，在此额中，减去 90 镑可变资本的价值，即得 90 镑剩余价值。90 镑（m）的数字，在此，表示所产剩余价值的绝对量（absolute Grösse）。但其比例量，或可变资本价值增殖的比例，很明白，是由剩余价值对可变资本的比例来决定，或由 $\frac{m}{v}$ 表示。就以上的例说，其比例为 $\frac{90}{90}$，或 100%。可变资本价值上这种比例的增殖或剩余价值的比例量，我称之为"剩余价值率"（Rate des Mehr-werts）②。

我们讲过，劳动者在劳动过程的一个段落内，只生产他的劳动力的价值，那就是他所必要的生活资料的价值。因为他是在以社会分工为基础的情形下生产，所以他不直接生产他自己的生活资料，却在一种特殊商品（例如棉纱）的形式上，生产一个价值，与他的生活资料的价值，或其购买所用的货币相等。为这目的而用的他的劳动日的部分，是大小不等的，其大小，比例于每日平均的生活资料的价值，从而，比例于生产这种生活资料每日平均所必要的劳动时间。假设每日生活资料的价值，平均表现六小时对象化的劳动，劳动者要生产这种生活资料，平均每日就须

① 第 2 版注。鲁克理底斯（Lucretius）说："无不能生有。"这是一个自明的命题。当我们说"价值创造"时，我们是说由劳动力转化为劳动。而劳动力最先又就是转化为人体组织的自然物质。

② 这个名词，是仿效英语"利润率""利息率"等而用的。本书第 3 卷将说明，只要把剩余价值了解了，利润率是容易了解的。反之，如我们从利润率讲起，则对于利润率和价值率，我们都会不能了解。

劳动六小时。就令他劳动不是为资本家，而是独立地为他自己，在其他情形相等的条件下，他要生产他的劳动力的价值，从而，获得维持他自身或不断再生产他自身所必要的生活资料，每日平均，他依然要在一日中，劳动这样大的一个可除部分的时间。但因为，如果他在一劳动日中，只劳动这样一部分时间，他就只能生产劳动力一日的价值（比方说 3 先令），只能生产一个价值，与资本家已经支付给他的价值相等①；因为新创造的价值，只代置垫支的可变资本价值，所以这种价值的生产，只是再生产。这种再生产所经过的劳动日部分，我称之为必要劳动时间（notwendige Arbeitszei），在此时间内支出的劳动，我称之为必要劳动（notwendige Arbeit）②。从劳动者的立场说是必要的，因为这种劳动与其劳动的社会形态无关。从资本及资本世界的立场说也是必要的，因为劳动者的继续的存在，是资本及资本世界的基础。

劳动过程的第二期间——在这期间，劳动者超过了必要劳动的限界了——虽也费他的劳动，费他的劳动力的支出，但那是不为他自己形成价值的。它形成的是剩余价值。在资本家看来，这种剩余价值，仿佛是用各种魔力。从无生有的。劳动日的这一部分，我称之为剩余劳动时间（Surplusarbeitszeit）；在这时间内支出的劳动，我称之为剩余劳动（mehrarbeit, surplus labour）。在价值一般的认识上，我既视价值为劳动时间的凝结，为对象化的劳动；在剩余价值的认识上，我们也把剩余价值视为剩余劳动时间的凝结，为对象化的剩余劳动。而经济的社会组织（例如奴隶

---

① 第 3 版注。著者在此，是使用普通的经济名词。我们记得，著者曾经指出，不是资本家垫支给劳动者，却是劳动者垫支给资本家。——F. E.

② 本书一直到这里，我们都用"必要劳动时间"，指商品生产上一般社会必要的劳动时间。以后，我又将用此语，指这种特殊商品（劳动力）生产上必要的劳动时间。把一个专门名词用在不同的意义上，是容易引起误会的。但没有一种科学，能把这个缺点完全免掉。试把高级数学和低级数学比较看看。

社会与工资劳动社会）所以各有区别，也就因为，对于直接生产者（劳动者）的剩余劳动，各社会有各社会的榨取形态①。

因可变资本的价值，等于其所购劳动力的价值，因劳动力的价值，决定劳动日的必要部分，剩余价值则由劳动日的超过部分决定，故剩余价值对可变资本的比例，等于剩余劳动对必要劳动的比例。换言之，剩余价值率$\frac{m}{v}=\frac{剩余劳动}{必要劳动}$。这两个比例，是以不同的形态（一在对象化的劳动形态，一在活动的劳动形态），表示同一的关系。

所以，剩余价值率，正确地表示了劳动力由资本所受到的榨取程度，即劳动者由资本家所受到的榨取程度②。

依照我们以前的假定，生产物的价值，等于〔410镑（c）+90镑（v）〕+90镑（m），垫支的资本等于500镑。因为剩余价值等于90，垫支的资本等于500，所以，人们依照通常的计算方法，竟说剩余价值率（人们常常把它和利润率混同）等于18％。一个这样低的比率，会使卡勒君（Carey）及其他协调论

① 罗雪尔先生，曾以哥特舍德式的天才，发现以下的事情。依他说，剩余价值或剩余生产物的形成，及由此而起的蓄积，在现代，是以资本家的"节俭"为基础，所以他"要有利息"。反之，"在文化的最低阶段，却是弱者因强者强迫，不得不节俭"（《国民经济学原理》第78页）。节俭劳动么？还是节俭未曾存在的过剩生产物呢？资本家是用这个理由，来辩护已有的剩余价值的占有。为什么罗雪尔这样的人，只能复述资本家的理由，来说明剩余价值的发生原因呢？那，一方面固因为他们实际是无知的，他方面也还因为他们是辩护论者，不敢以科学方法分析价值和剩余价值，生怕由此得到的结论，会成为危险的，违反警章的。

② 第2版注。剩余价值率虽然是劳动力榨取程度的正确的表现，但不是绝对榨取量的正确的表现。例如，假设必要劳动为5小时，剩余劳动为5小时，榨取程度为100％，榨取额为5小时，又，假设必要劳动为6小时，剩余劳动为6小时，此时榨取程度也为100％，但榨取额却增加了20％，那就是由5小时增加至6小时。

者感动的比率。但考之实际，则剩余价值率非等于 $\dfrac{m}{c+v}$ 或 $\dfrac{m}{C}$，只等于 $\dfrac{m}{v}$，所以不是 $\dfrac{90}{500}$，只是 $\dfrac{90}{90}$，是 100％。比表面的榨取程度，要大五倍以上。在此，我们固不知劳动日的绝对量，也不知劳动过程的期间（日，星期等），更不知可变资本 90 镑所推动的劳动者数，但剩余价值率 $\dfrac{m}{v}$，因可转化为 $\dfrac{剩余劳动}{必要劳动}$，故可正确指示劳动日这两个部分的比例。那是 100％。由是知劳动者是为自己劳动 $\dfrac{1}{2}$ 日，为资本家劳动其余 $\dfrac{1}{2}$ 日。

计算剩余价值率的方法，可简述如次。试取生产物价值（Produktenwert）全部，把只在其内再现的不变资本价值，看作等于零。残余的价值额，是商品形成过程中实际产出的唯一的价值生产物（Wertprodukt）。已知剩余价值，则从价值生产物减去剩余价值，即得可变资本。反之，若已知可变资本，则从价值生产物减去可变资本，即得剩余价值。若已知可变资本与剩余价值二者，那就只要作最后一步，即计算 $\dfrac{m}{v}$，计算剩余价值对可变资本的比率。

这个方法虽很简单，但它所根据的见解，在读者看，却是崭新的。所以为便利读者明了起见，不妨列举数例如下。

第一个例，是一个有一万个精纺锤（Mule Spindel）的纺绩工厂。它用美国棉，纺 32 号纱，每星期每个纺锤，可以生产棉纱 1 磅，棉屑计 6％。所以，每星期可以把 10600 磅棉花，加工成为 10000 磅棉纱，600 磅棉屑。1871 年 4 月，棉花的价格为每镑 7 $\dfrac{3}{4}$ 便士，10600 磅概计为 342 镑。10000 个纺锤，把豫纺机蒸汽机包括在内，是每个纺锤值 1 镑，所以共计值 10000 镑。磨损额为 10%，每年等于 1000 镑，每星期等于 20 镑。工厂建筑物租金，每年等于 300 镑，或每星期等于 6 镑。煤炭每星期 11 吨（每小时每匹马力费煤 4 磅，每星期以 60 小时计算，100 匹实马力，须费煤 11 吨，取暖所用的煤包括在内），每吨值 8 先令 6 便士，每星期所费，概计为 $4\frac{1}{2}$ 镑。煤气每星期 1 镑，油及他物合计每星期 $4\frac{1}{2}$ 镑。故补助材料全部每星期合计 10 镑。不变价值部分每星期合计 378 镑。劳动工资每星期 52 镑。棉纱价格每磅 $12\frac{1}{2}$ 便士。10000 磅棉纱，值 510 镑。剩余价值 510－430＝80 镑。我们假定不变价值部分 378 镑等于零，因它无关于每星期的价值形成。每星期价值生产物为 132＝52 镑（v）＋80 镑（m）。所以，剩余价值率为 $\frac{80}{52}$ 或 $153\frac{11}{13}$%。在 10 小时平均的劳动日内，必要劳动＝$3\frac{31}{33}$小时，剩余劳动＝$6\frac{2}{33}$小时[①]。

哲科布曾于 1815 年提示下列的计算书。假定小麦每卡德价格 80 先令，平均收获为每英亩 22 布奂。如是，每英亩的收获为 11 镑。这个计算，因已有几项先整理过了，是极不完全的，但为我们的目的，这就很够了。

每一英亩的价值生产

种子（小麦）	1 镑 9 先令	什一税救贫税及国税	1 镑 1 先令
肥料	2 镑 10 先令	地租	1 镑 8 先令
劳动工资	3 镑 10 先令	农业家利润及利息	1 镑 2 先令
合计	7 镑 9 先令	合计	3 镑 11 先令

---

① 第 2 版注。第 1 版所举的 1860 年一个纺绩工厂的例，包含若干事实上的错误。本文所举的完全正确的数字，是孟彻斯德某一位工厂主供给我的。——请注意，在英格兰，旧马力，是用圆筒的直径计算的；现在，是用火表指示的实马力计算。

假设生产物的价格，与其价值相等，则在此，剩余价值是在利润，利息，什一税等项目下，分配的。我们且不问这种种项目，把它们加起来，其和即为 3 镑 11 先令的剩余价值。为购买种子肥料而付出的 3 镑 19 先令，当作不变资本部分，我们且假定其为零。垫支的可变资本，合计为 3 镑 10 先令。由此，生产了一个新价值 3 镑 10 先令加 3 镑 11 先令。所以，$\frac{m}{v} = \frac{£\ 3,\ 11s}{£\ 3,\ 11s}$ 剩余价值率在 100% 以上。劳动者以半日以上的劳动生产剩余价值，那是在好几种名义下，由好几种人分割的①。

II 生产物价值在生产物比例部分上的表现

现在我们再回头来讲一讲以前说明"资本家如何把货币化成资本"的例子。依这个例，纺绩工人的必要劳动是 6 小时，剩余劳动也是 6 小时，所以劳动力的榨取程度，是 100%。

12 小时的劳动日的生产物，为 20 磅棉纱，其价值 30 先令。其中有 $\frac{8}{10}$（24 先令）是所消耗的生产手段的价值（20 磅棉花值 20 先令，纺锤等值 4 先令）的再现，是不变资本构成的。其余 $\frac{2}{10}$，是纱绩过程中创造的新价值，为 6 先令。在这 6 先令中，有一半，代置可变资本（即购买劳动力 1 日所垫支的价值）。其余一半，形成 3 先令的剩余价值。20 磅棉纱的总价值，是依下式构成的。

30 先令棉纱价值 = 24 先令（c）+〔3 先令（v）+ 3 先令

① 这里所举的计算式，只当作例解的。所以，在这个计算式中，我们是假定价值和价格相等的。第 3 卷将说明，就拿平均价格说，这个假设也不能这样单纯得到的。

（m）〕。

这个总价值，既表现为 20 磅棉纱的总生产物，各价值要素（Wertelement）自然也要表现在生产物的各个比例部分上。

假设 30 先令的棉纱价值，存在于 20 磅棉纱中，则此价值的 $\frac{8}{10}$ 或其不变部分 24 先令，即存在于生产物的 $\frac{8}{10}$ 或 16 镑棉纱中。在这 16 磅棉纱中，有 $13\frac{1}{3}$ 磅表示原料（值 20 先令的被纺掉的棉花）的价值，$2\frac{2}{3}$ 磅表示被消耗的补助材料，劳动手段，纺锤等的价值，计为 4 先令。

$13\frac{1}{3}$ 棉纱，只代表那在总生产物 20 磅棉纱中纺掉的棉花，代表总生产物的原料。当然，在这 $13\frac{1}{3}$ 磅中，也只包含值 $13\frac{1}{3}$ 先令的 $13\frac{1}{3}$ 磅棉花；但 $6\frac{1}{3}$ 先令的追加价值，恰好与纺绩其余 $6\frac{2}{3}$ 磅棉纱所纺掉的棉花，为等价。所以，结果好像在后 $6\frac{2}{3}$ 磅棉纱中，不包含一点棉花，20 磅棉花全包含在 $13\frac{1}{3}$ 磅棉纱里面一样。但若这样看，这 $13\frac{1}{3}$ 磅棉纱里面，现在就完全不包含所费补助材料和劳动手段的价值，也完全不包含纺绩过程中创造的新价值了。

同样，包含其余 4 先令不变资本的 $2\frac{2}{3}$ 磅棉纱，也只代表总生产物 20 磅棉纱所消耗的补助材料与劳动手段的价值。

生产物的 $\frac{8}{10}$ 或 16 磅棉纱，就其现物体，当作使用价值，当作棉纱来考察，它们和生产物其余部分一样，是纺绩劳动的结果，但就这个关联说，它们却不包含纺绩劳动，不包含在纺绩过程中被吸收的劳动，好像它们不经纺绩，就会变成棉纱一样，好像它们的棉纱形态，纯然是欺诈的一样。但一考实际，则资本家依 24 先令的价值售卖它们，并用它们再购买生产手段时，那就指示出，这 16 磅棉纱，不过是假装了的棉花、纺锤、煤炭等罢了。

反之，生产物其余的 $\frac{2}{10}$ 或 4 磅棉纱，现在只代表 12 小时纺绩过程所生产的新价值 6 先令了。由所消耗的原料及劳动手段移转过来的价值，都被拔出，而与前 16 磅棉纱结合了。而在 20 磅棉纱内体化的纺绩劳动，却累积在这 $\frac{2}{10}$ 会生产物中了。好像这 4 磅棉纱是纺绩工人凭空造出来的，或者说，好像他所用的棉花和纺锤，都是不经人类劳动协助，就已天然存在，从而，不能以价值加到生产物中去一样。

一日纺绩过程的价值生产物，全部存于这 4 磅棉纱内。而在这 4 磅棉纱内，有一半只代表所费劳动力的代置价值（Ersatz wert），从而只代表 3 先令可变资本。其余 2 磅，则只代表 3 先令的剩余价值。

纺绩工人 12 小时的劳动，既对象化在 6 先令中，30 先令棉纱价值，便是对象化的 60 小时劳动力。这 60 小时劳动，实际是存在于 20 磅棉纱中的。其 $\frac{8}{10}$，或 16 磅棉纱，是纺绩过程前进行的 48 小时劳动体化物，即对象化在棉纱生产手段内的劳动的体化物。其 $\frac{2}{10}$ 或 4 磅棉纱，却是在纺绩过程中支出的 12 小时劳动的体化物。

以前我们讲过，棉纱价值等于在棉纱生产过程上所生产的新价值，加预先存于棉纱生产手段内的价值之和。现在，我们又指出了，生产物价值的在机能上或概念上有别的各个构成部分，是怎样表现为生产物的比例部分。

以上，我们把生产物——生产过程的结果——分为几个量。其一，只表现那包含在生产手段内的劳动，或不变资本部分。其二，只表现那在生产过程中加入的必要劳动，或可变资本部分。其三，只代表那在生产过程中加入的剩余劳动，或剩余价值。这种分法是简单的。后来，我们把它应用到未曾解决的复杂的问题上来，我们又知道，它还是重要的。

以上，我们把总生产物，当作 12 小时劳动日的完成结果来考察。但我们还可以就它的发生过程，考察它。这样，我们是把各部分生产物，表现为机能上有别的生产物部分。

纺绩工人在 12 小时内，生产 20 磅棉纱，那就是，在 1 小时内，生产 $1\frac{2}{3}$ 磅。所以，在 8 小时内，是生产 $13\frac{1}{3}$ 磅。这一部分生产物，在价值上，恰好与全劳动日所纺掉的棉花的总价值相等。同样，其次 1 小时 36 分钟的部分生产物，等于 $2\frac{2}{3}$ 磅棉纱，代表 12 小时劳动所消耗的劳动手段的价值。同样，再其次 1 小时 12 分钟，纺绩工人生产 2 磅棉纱，等于 3 先令。这个生产物价值，等于他用 6 小时必要劳动创造的价值生产物全部。最后 1 小时 12 分钟，他也生产 2 磅棉纱，其价值：与由半日剩余劳动产出的剩余价值相等。这种计算方法，正是英国工厂主日常使用的。比方，他就说，他在最初 8 小时或 1 日劳动的 $\frac{2}{3}$，只收回他的棉花等。我们知道，这个公式本来是正确的；它实际就是上述的公式，不过从时间考察，使这各部分依次出现。但这个公式，有伴起极野蛮的观念的可能。而在实际上，关心价值增殖过程，但在理论上又存心要误解这个过程的人，更加有这种可能。他们是这样想，我们的纺绩工人，在其劳动日的最初 8 小时内，只生产或代置棉花的价值，在其次 1 小时 30 分钟内，只生产或代置所消耗的劳动手段的价值，再次的 1 小时 12 分钟内，只生产或代置劳动工资的价值，所以，只有有名的"最后 1 小时"（letzte Stunde），是为工厂主生产剩余价值。如是，纺绩工人要表演二重的奇迹。第一，他用棉花、纺锤、蒸汽机、煤炭、油等纺绩时，同时要生产它们；第二，他要把有一定强度的一劳动日，变成五劳动日。就我们的例说，原料与劳动手段的生产，需有 $\frac{24}{6}$ 或 4 个 12 小时的劳动日。把它们变成棉纱，又需有一个 12 小时的劳动日。贪欲，竟教人相信这样的奇迹。而诡谲的理论家也竟要证明它。在此，我可以在下面举出一个历史上著名的例。

Ⅲ 西尼耳的"最后一小时"

1836 年的一个美丽的早晨，在英国经济学界有才子之称，而以经济科学及优美文章著名的西尼耳氏（Nassau W. Senior），从他教授经济学的牛津大学，被召往孟彻斯德，去学习经济学。工厂主召他去，不仅要他反对新通过的工厂法（factory act），且要他抵抗那更怕人的十小时运动（Zehnstundenagitation）。在实际上极有敏感的工厂主们，看清了这位教授先生尚"缺少许多琢磨的工夫"。所以写信教他到孟彻斯德来。这位教授，后来就把他从工厂主那里得来的教训，印在一本小册子上。那便是 1837 年在伦敦出版，题名《工厂法对于棉制造业的影响》的。在里面，我们可以看见这样的有教训意义的文句：

"依现行法，雇用未满十八岁的人的工厂……每日不得劳动在 $11\frac{1}{2}$ 小时以上。这就是星期一至星期五为每日 12 小时，星期六为 9 小时。以下的分析（!）却说明，这样的工厂，纯利润（Reingewinu）全部是由最后一小时得到的。假设某工厂主投下 100,000 镑——80,000 镑投在工厂建筑物和机械上，20,000 镑投在原料和劳动工资上。再假定，资本是每年周转一次，总利润为 15%。该工厂的年产额，应该是值 115,000 镑的货物。……在这 115,000 镑中，在每日 $23\times\frac{1}{2}$ 小时内，每 $\frac{1}{2}$ 小时，应生产其 $\frac{5}{115}$ 或 $\frac{1}{23}$。在这 $\frac{23}{23}$（或 115,000 镑全额）中，有 $\frac{20}{23}$ 或 115,000 镑中的 100,000 镑只代置资本；有 $\frac{1}{23}$，或总利润（!）（Brutto Gewinn）115,000 镑中的 5,000 镑，只代置工厂及机械的磨损。其余 $\frac{2}{23}$，即每日最后两个半小时，才生产 10% 的纯利润。所以，若价格不变，工厂工作时间，准由 $11\frac{1}{2}$ 小时加为 13 小时，那就只要增加 2,600 镑流动资本，就可以使纯利润增加一倍以上。反之，若工厂工作时间每日减少 1 小时，纯利润就会消灭。若减少

$1\frac{1}{2}$ 小时，总利润也会消灭。"①

西尼耳教授就把这个东西叫作分析（!）。若他相信工厂主的慨叹，说工人是把一日的最大部分，用在建筑物、机械、棉花、煤炭的价值的生产上，从而，用在它们的价值的再生产或代置上，那是根本用不着分析的。他只要这样回答——"诸君！若工作时间由 $11\frac{1}{2}$ 小时，减为 10 小时，其他事情不变，棉花机械等

---

① 西尼耳前书第 12、13 页。他这一段话里面的奇怪的见解，——例如，工厂主会把代置机械磨损所必要的金额，换言之，把代置资本一部分所必要的金额，当作总利润或纯利润的一部分——，被我们视为与我们的目的无关，故未加讨论。又，数字是否正确，也不在我们的论述范围之内。荷尔讷在致西尼耳的一封信（1837 年伦敦）中，曾说这种数字，在所谓"分析"之外，没有任何价值。荷尔讷是 1833 年工厂调查委员之一，又是 1859 年以前的工厂监察专员（其实是工厂检阅官）。他对于英国劳动阶级，曾有不朽的贡献。他终生与激怒的工厂主抗争，且与大臣抗争。对于此等大臣，工厂主在下院的投票数目，比工人在工厂的劳动时间，是更重要得多的。——补注。且不说内容的荒谬，西尼耳的说明方法也是混乱的。他真正要说的话是："工厂主每日雇用工人劳动 11 小时半，或 $\frac{23}{2}$ 小时。与一劳动日相同，1 年劳动也是由 $11\frac{1}{2}$ 或 $\frac{23}{2}$ 小时，乘 1 年的劳动日数而得。依此假设，$\frac{23}{2}$ 小时，1 年所生产的生产物为 115,000,000 镑；$\frac{1}{2}$ 小时劳动所生产的，将为 $\frac{1}{23}$×115,000 镑；$\frac{20}{2}$ 小时劳动所生产的，将为 $\frac{20}{23}$×115,000 镑 = 100,000 镑，此额仅够代置垫支的资本。如是，尚剩下 $\frac{3}{2}$ 小时劳动。$\frac{3}{23}$×115,000 镑 = 15,000 镑，这便是总利润。在这 $\frac{3}{23}$ 小时中，$\frac{1}{2}$ 小时劳动生产 $\frac{1}{23}$×115,000 镑 = 5,000 镑，此仅足代置工厂和机械的磨损。其余 $\frac{2}{2}$ 小时劳动，即'最后 1 小时'生产 $\frac{3}{23}$×115,000 镑 = 10,000 镑，便是纯利润。"在本文中，西尼耳是把这最后 $\frac{3}{23}$ 的生产物，转化为劳动日自身的部分。

物，每日的消费，也会依比例减少。诸君的利得，正可以补偿诸君的损失。诸君的工人，在将来，劳动 $1\frac{1}{2}$ 小时，已经可以再生产或代置诸君垫支的资本价值"。但若他不相信工厂主的话，却像一个专家一样，觉得必须有分析，则在专门讨究纯利润与劳动日长短的关系时，他应先恳求工厂主，不要把机械、工厂建筑物、原料和劳动混在一起。却宁可把工厂建筑物，机械，原料，各种不变资本，放在一面，把垫付工资的资本放在别一面。假如西尼耳教授仍旧觉得，像工厂主的计算一样，劳动者必须用 $\frac{2}{2}$ 小时（即 1 小时），来再生产或代置劳动工资，这位分析家，往下就应当说：

依照诸君的陈述，劳动者在最后前一小时，生产他的工资，在最后一小时，生产诸君的剩余价值或纯利润。他在同等时间既然会生产同等价值，可知最后前一小时的生产物，和最后一小时的生产物，有相等的价值。又，他生产价值，只因为他支出了劳动，而劳动量由劳动时间计量。依照诸君的陈述，一劳动日为 $11\frac{1}{2}$ 小时。他会在这 $11\frac{1}{2}$ 小时内，用一部分，来生产或补还他的工资，用其余的部分，来生产诸君的纯利润。在劳动日之内，他是只作这些的。但依照诸君的陈述，他的工资和他所提供的剩余价值，是同样大的价值，故可知，他是用 $5\frac{3}{4}$ 小时生产他的工资，用其余 $5\frac{3}{4}$ 小时生产诸君的纯利润。又因 2 小时棉纱生产物的价值，等于工资加诸君纯利润的价值总和，可知 2 小时棉纱生产物的价值，必须由 $11\frac{1}{2}$ 小时计量，即最后前 1 小时的生产物，

由 $5\frac{3}{4}$ 小时计量，最后 1 小时的生产物，也由 $5\frac{3}{4}$ 十小时计量。

现在我们到了要慎重考究之点了。请注意罢！最后前 1 小时，和最初 1 小时，同样是 1 小时，不更多也更不少。纺绩工人怎样能以 1 小时劳动，生产代表 $5\frac{3}{4}$ 小时劳动的棉纱价值呢？他其实没有作出这样的奇迹。他 1 小时劳动所生产的使用价值，是一定量的棉纱。此量棉纱的价值，由 $5\frac{3}{4}$ 小时劳动计量，在其中，有 $4\frac{3}{4}$ 未经他的协力，就包含在 1 小时所消耗的生产手段（棉花、机械等）中了；其余 $\frac{3}{4}$ 或 1 小时，才是他自己附加进去的。因为他的工资是用 $5\frac{3}{4}$ 小时生产的，故 1 小时纺绩的棉纱生产物，也包含 $5\frac{3}{4}$ 小时劳动，所以，$5\frac{3}{4}$ 小时纺绩的价值生产物，会与 1 小时纺绩的生产物价值相等，实毫不足怪。诸君若以为，他曾在劳动日中，以片刻用来再生产或代置棉花机械等的价值，诸君是完全错了。实则，棉花纺锤的价值会移转到棉纱里面去，就因为他的劳动曾由棉花纺锤造出棉纱，换言之，因为他纺绩了。这个结果，是以他的劳动的质为基础，不是以他的劳动的量为基础的。不错的，1 小时比半小时移转到棉纱里面去的棉花等物会更多，但这是因为 1 小时比 $\frac{1}{2}$ 小时要纺掉更多的棉花。这样，诸君明白了。诸君说劳动者在最后前 1 小时生产工资的价值，在最后 1 小时生产纯利润，等于说他 2 小时（不问是最后 2 小时，抑是最初 2 小时）的棉纱生产物，有 $11\frac{1}{2}$ 小时劳动，体化在其中。

即有全劳动日的时间体化在其中。而我说，他在前 $5\frac{3}{4}$ 小时生产他的工资，在后 $5\frac{3}{4}$ 小时生产诸君的纯利润，也等于说，前 $5\frac{3}{4}$ 小时是有给付的，后 $5\frac{3}{4}$ 小时是没有给付的。我说劳动的给付（Zahlung der Arbeit），不说劳动力的给付，那只是沿用诸君的习语。假令诸君比较一下，有给付的劳动时间和没有给付的劳动时间，诸君就会发觉，那是 $\frac{1}{2}$ 日与，$\frac{1}{2}$ 日之比，是 100％，是一个很好的百分比率。并且，假如诸君要使诸君的工人，不只劳动 $11\frac{1}{2}$ 小时，却劳动 13 小时，并把这额外的 $1\frac{1}{2}$ 小时，算入纯粹的剩余劳动里面，使没有给付的劳动时间，由 $5\frac{3}{4}$ 小时，增至 $7\frac{1}{4}$ 小时，剩余价值率也毫无疑问，会由 100％增至 $126\frac{2}{23}$％。

诸君希望增加 $1\frac{1}{2}$ 小时，便使剩余价值率由 100％增至 200％甚至 200％以上，即增加一倍以上，那固未免过于乐观；反之，——人的心是一件奇怪的东西，在人把心放在钱袋里面的时候，尤其是这样——当劳动日由 $11\frac{1}{2}$ 小时减为 $10\frac{1}{2}$ 小时时，诸君恐怕纯利润会全部丧失，也未免过于悲观。决不是这样的。假设其他一切的事情不变，则当剩余劳动由 $5\frac{3}{4}$ 小时减为 $4\frac{3}{4}$ 他小时时，诸君依然有极好的剩余价值率 $83\frac{14}{23}$％。这可怕的"最后一小时"，像"世界末日说"一样，全是"梦吃"。即令丧失了这最后一小时，诸君依然能有"纯利润"；诸君使用的童男童女，也依然不会失去心的纯洁①。
_____

① 当西尼耳论证，工厂主的纯利润，英国棉工业的存在，英国在世界市场上的优势，莫不依存于这"最后一小时劳动"时，乌尔博士却说明了，如果儿童和18岁未满的少年男女，不是在12小时以内，关在温暖的道德纯洁的工厂空气中，却提早一点钟，把他们放出，到冷酷残忍的外界来，他们将因怠惰和不学好之放，以致不能在灵魂上有得救的机会。1848年以降，工厂监督专员在其每半年发行的报告中，总想夺去这"最后的致命的一小时"。例如，荷维尔先生在1855年5月31日的报告中，就说："如果下述的计算（即西尼耳的计算）是正确的，则英吉利联合王国每一个棉工厂，自1850年以来，没有一年的营业不蚀本了。"（工厂监督专员关于1855年4月30日为止的半年报告书第19页20页。）在国会通过10小时法的1848年，就有若干分散在多塞州桑车塞州边境农村内的亚麻纺绩工厂的工厂主人，曾强迫工人签名反对这个法案。请愿书中有一段话说："我等以人的父母的资格，承认怠惰是万恶的根源，又认为增加一小时闲暇，即是使我们的儿女多一分堕落的机会"。关于这点，1848年10月31日工厂监督专员的报告（第101页），说："这些有德的温情的父母之儿女，是在亚麻纺绩工厂作工的。这种工厂的空气，充满着由原料发散的尘片和纤维屑，所以，只要在纺绩室内站十分钟，就会感到十分的不舒服。在那里，亚麻的尘片，会侵入我们的眼睛里，耳朵里，鼻子里，口里，我们没有方法可以躲避它，那一定要引起非常痛苦的感觉的。而这种劳动本身，又因机械旋风一样地转，所以必须在严格的注意力之统制下，不断地，以熟练和运动来动作。父母看见儿女除吃饭时间外，还须每日把足足的十点钟，在这种空气中，做这种事情，若还说他们怠惰，那就未免太无心肝了。……此等儿童，比邻近农村劳动者，要作较长的劳动时间。……'怠惰，不学好'云云，那完全是伪君子的口吻，是最不顾廉耻的伪善。……约12年前，社会曾有一种主张——工厂主全部纯利润，是由最后1小时劳动流出，若把这最后一小时削去，他们的纯利润就会全部消灭。——在最高权威的裁可下，以确信，公然地，最诚恳地宣布出来。这种确信，是社会一部分人所自吉的。现在，这最后一小时的好处又增不仅包括利润，且包括道德，以致于如果儿童的劳动时间减为十小时，则儿童的道德，将和雇主的纯利润一同消灭，因二者皆依存于这最后的致命的一小时。当这部分人看到这种说法时，他们或许会不相信自己的眼睛罢。"——这个工厂报告往下还举了若干的例，表明这些工厂主的道德和德性。由此，我们知道，工厂主曾用种种的计略，诱惑，威吓，伪造，强迫小部分无依无靠的工人签名在请愿书上，并把请愿书假作是他们全业全州的意见的代表，而向国会提出。所谓经济科学现在的特色本来是这样的，所以，后来坚决拥护工厂立法的西尼耳，和以前反对他或此后反对他的人，都不能说明这个"原始发现"的谬论。他们曾诉于事实上的经验。但"因何"与"为何"的问题，依然是秘密。

好了，每当诸君的"最后一小时"发生问题时，请想起这位牛津的教授。再会罢，希望我们会在一个更好的世界再见①。……果然，西尼耳在 1836 年发现"最后一小时"的信号，1848 年 4 月 15 日经济学界就有一位大官威尔逊氏（James Wilson），在伦敦经济学界（Economist），重唱这种学说，来反对十小时法了。

Ⅳ 剩余生产物

代表剩余价值的生产物部分（依第 2 节所举的例，是 20 磅棉纱的 $\frac{2}{10}$ 或 2 磅棉纱），我们称之为剩余生产物（Mehrprodukt，Surplus，Produce Produitnet）。剩余价值率，不是由剩余价值对总资本的比例决定，而是由剩余价值对可变资本部分的比例决定的。同样，剩余生产物的相对量，也不是由剩余生产物对总生产物余额的比例决定，而是由剩余生产物对代表必要劳动的生产物部分的比例决定的。剩余价值的生产，是资本主义生产的决定目的；同样，富的程度，也不是由生产物的绝对量，而是由剩余生

---

① 西尼耳先生总算曾由这一次孟彻斯德的旅行，得到若干利益！因为，在"论工厂法书"内他已认纯利润全部——"利润"，"利息"，乃至以上的某物——是依存于这一小时无给劳动。一年前他却还在《经济学大纲》（为牛津学生和自修市民写的），反对里嘉图的价值依劳动时间决定的学说，"发现"利润是资本家劳动的结果，利息是资本家禁欲的节欲的结果。这种思想虽然很古，但"节欲"（Abstinenz）这个名词却是新鲜的。罗雪尔先生把这个名辞译为"Enthaltung"，是很正确的。不大通拉丁语的他的同国人威尔德，苏尔詹等人，却把它译作"Entsagung"。

产物的相对量来计量的①。

　　必要劳动与剩余劳动的总和，换言之，劳动者生产劳动力的代置价值和生产剩余价值的时间总和，构成他们的劳动时间的绝对量，即劳动日（arbeitstag，Working day）。

---

① "对一个有 20,000 镑资本每年得利润 2,000 镑的人而言，他是雇用 100 人还是雇用 200 人，商品是卖 10,000 镑还是卖 20,000 镑，都只要利润不减到 2,000 镑以下，便是毫无关系的。国家的实在利害关系，不是一样么？只要实在的收入（地租和利润）不变化，人口是 10,000,000 还是 12,000,000 的问题，有什么重要呢？"（里嘉图《经济学及赋税之原理》第 416 页。）——在里嘉图以前许久，杨格（Arthur Young）——他狂热地看重剩余生产物，在其他各点，他是一个饶舌而无批判的作者，其名声虽大，其功绩是成反比例的——就曾说过："在现代国家，如果像在古时罗马一样，把土地分给许多独立的小农民耕作，除了足使人口增殖外，能有什么用处呢？当然，单独地说，人口增殖是一个极无意义的目的。"（《政治算术》伦敦 1774 年第 47页。）——补注。"有一种人，因见纯富（Net Wealth）可给劳动阶级以劳动机会，便说这种纯富对于劳动阶级有利。这种强烈的倾向，是很可异的。即令如此，那也不因为它是纯净的。"（荷蒲金斯《论土地的地租》伦敦 1823年第 126 页）

第八章 劳动日

劳动日

I 劳动日的限界

我们出发的假定是：劳动力依照它的价值卖买。其价值，像其他各种商品的价值一样，由其生产所必要的劳动时间去规定。假设劳动者平均每日的生活资料的生产，需有 6 小时，他平均每日就须劳动 6 小时，来生产 1 日的劳动力，或再生产其售卖所得的价值。这样，劳动日的必要部分，就等于 6 小时了。在其他条件不变的限度内，这是一个定量。但这个定量，不能告诉我们劳动日的长短的。

假设 a ⌐1|2|3|4|5|6⌐ b 线，代表必要劳动时间的长度，比方说 6 小时。假设劳动超过 ab 线，延长 1 小时，3 小时或 6 小时，我们便有这样 3 根不同的线，

劳动日 I：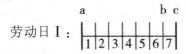

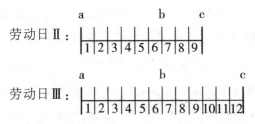

代表 3 个不同的劳动日,即 7 小时的劳动日,9 小时的劳动日,12 小时的劳动日。延长线 bc 代表剩余劳动的长度。因劳动日等于 ab+bc 或等于 ac,所以,劳动日是和可变量 bc 一同变化的。ab 既为定量,所以 bc 对 ab 的比例,常常可以计算。在劳动日 I 为 $\frac{1}{6}$;在劳动日 II 为 $\frac{3}{6}$,在劳动日 III 为 $\frac{6}{6}$。又因 $\frac{剩余劳动时间}{必要劳动时间}$ 的比例,规定剩余价值率,故后者可由 bc 与 ab 的比例表示。就上述 3 个不同的劳动日说,剩余价随率为 $16\frac{2}{3}$%,50% 与 100%。但单有剩余价值率,我们仍不能断定劳动日是怎样长。例如,如果剩余价值率为 100%,劳动日可以是 8 小时、10 小时、12 小时不等。这个剩余价值率,指示劳动日的二构成部分(必要劳动与剩余劳动)相等,但不指示这二部分究竟是怎样大。

所以,劳动日不是不变量,而是可变量。其一部分,固然是由劳动者自身继续再生产所必要的劳动时间决定,但其总量,随剩余劳动的长短而有不同。所以,劳动日是可以决定的,但其自身是不定的①。

不过,劳动日虽不是固定的量,而是流动的量,但它的变动,有一定的范围。所不能定的,是它的最低限。当然,如果我们使 ab 的延长线 be 或剩余劳动等于零,我们是有了一个最低限,那就是,劳动日随便怎样短,也必须等于劳动者维持自身所

---

① "一劳动日是一个不定量,它可以长也可以短。"(《工商业论》伦敦 1770 年第 73 页)

必要的劳动时间。但在资本主义生产方法的基础上，必要劳动只能构成劳动日的一部分。劳动日无论如何不能缩短到这个最低限。但劳动日有一个最高限。它决不能延长到一定的限界以上。这个最高限，受二事决定。其一是劳动力的物理限界。1 日自然有 24 小时，在这 24 小时内，一个人只能支出活力的一定量。一匹马每日平均也只能劳动 8 小时。人的力每日都须有若干时间休息睡眠，都须有若干时间用来饮食，沐浴，穿衣，满足种种生理的欲望。但在这种纯粹物理的限界之外，劳动日的延长还有道德上的限界。劳动者须有时间满足他的精神上和社会上的欲望。这种欲望的大小多少，视一般文化状况而定。所以，劳动日的变化，是在物理的限界和社会的限界之内进行的。不过，这两个限界都极有伸缩性，可以容纳极大的变通。所以，我们发现。劳动日的长短是极参差的，短者 8 小时，10 小时，12 小时，长者竟达 14 小时，16 小时，18 小时不等。

资本家曾依照一日的价值，购买劳动力。在一劳动日之内，劳动力的使用价值也就属于他。他有权使劳动者在一日之内为他劳动。但什么是一劳动日呢[①]？当然比一昼夜 24 小时要短。但更短多少呢？关于劳动日的必然的限制，资本家有他自己的见解。当作资本家，他本来是人格化的资本。他的心，便是资本的心。资本的生命冲动是增殖价值，创造剩余价值，即用不变资本部分，用生产手段，吸收最大可能量的剩余劳动[②]。资本是死的劳动，它像一只吸血鬼，必须吸收活的劳动，才能有生命；所吸收

---

① 庇尔爵士曾向伯明翰商会提出一个质问，说："什么是一镑？"庇尔爵士因为和伯明翰"小先令派"（Little shilling men）一样不理解货币的性质，所以会发这样的问。我觉得，本文提出的问题，比庇尔博士的问题不知要重要多少。

② "资本家的任务在凭所支出的资本，取得尽可能最大量的劳动。"（库塞塞努尔《工业企业的理论与实务》第 2 版巴黎 1857 年第 63 页）

的血愈多，其生命也愈活跃。劳动者劳动的时间，即是资本家消费其所购劳动力的时间①。假令劳动者竟用自己的时间作自己的事情，他就劫夺资本家了②。

资本家由商品交换法则中找到辩护了。他希望，能像他种商品购买者一样，从所购商品的使用价值，生出最大可能量的效用。但在生产过程激动中被镇伏多时的劳动者的声音，突然发表了。他说：

我卖给阁下的商品，是和普通的商品不同的，因为它的使用，可以创造价值，所创造的价值，还比它本身的价值更大。阁下购买它，就是为这个缘故。这件事情，在一方面看，是资本的价值增殖，但在我这方面看，却是劳动力的过度支出。在市场上，阁下和我都只知道一个法则，那就是商品交换的法则。依照这个法则，商品的消费权，不是属于它的卖者，而是属于它的买者。我每日劳动力的使用权是属于阁下的。但我必须由每日劳动力所得的售卖价格，日日再生产劳动力，俾能重新用它来售卖。由年龄等发生的自然消耗，姑不置论，但至少，我明日，应该能和今日一样，以正常的能力，健康，和朝气来劳动。阁下不是常常劝我"俭省""节制"么？好，我唯一的财产是劳动力。我就合理地，节省地，使用我的劳动力，当心不教它有浪费罢！我每日就依照正常的时间，和健全的发展，来使劳动力运转，使其化为劳动罢！倘若阁下无限地把劳动日延长，要在一日把我三日尚补还不来的劳动力的分量推动，阁下固然在劳动上得利了，我却在劳动实体上受害了。利用我的劳动力和剥夺我们的劳动力，是

---

① "每日损失一小时劳动，对于商业国，那是莫大的损失。""我国劳动贫民，尤其是制造业方面的劳动贫民，曾消费大量的奢侈品。他们还消费时间，这是各种消费中最有害的一种。"（《工商业论》伦敦 1770 年第 47、153 页）

② "自由劳动者休息一瞬间，贪心不足的经济家，就以怒眼相视，说他们劫夺了他。"（林格著《民法学说》伦敦 1767 年第 2 卷第 266 页）

两件完全不同的事。假令从事适度工作的平均劳动者，平均可以活 30 年，我的劳动力的价值，以日计算，便应该是它的总价值的 $\frac{1}{365 \times 30}$ 或 $\frac{1}{10950}$。阁下要在 10 年内，把它全部消费掉，但每日仍付我以总价值的 $\frac{1}{10950}$，不付我以总价值的 $\frac{1}{3650}$，阁下就仅支付它一日价值的 $\frac{1}{3}$；我的商品的价值，就每日有 $\frac{2}{3}$ 被阁下偷了。你给我一日劳动力的代价，但使用了它 3 日。这不但违背我们的契约，并且也违犯商品交换的法则。所以我要求劳动日恢复正常的长度。我这种要求，并不是向阁下求情，因为在金钱事务上，人心是无感情可谈的。阁下也许是一位模范的市民，也许还是动物保护会的会员，也许还是圣人君子一类的好人。但我们互相对立时，在阁下所代表的事情里面，是没有心脏的。好像在里面鼓动的，乃是我自己的心脏。我要求标准劳动日（Norma larbe-itstag）。我是和别的卖者一样，要求我的商品的价值①。

　　把极有伸缩性的限界搁开不讲，我们知道，商品交换的性质，没有定下劳动日的限界，也没有定下剩余劳动的限界。资本家主张他的买者的权利，尽可能把劳动日延长，只要是可能的时候，就把一劳动日作成二劳动日。但所售商品的特殊性质，却使购买者的消费，受一种限制。因为劳动者也主张他的卖者的权利，要限制劳动日，使其不超过标准的长度。在这种卖买上，发现了一个二律背反（Autinomie）了。权利与权利相争。这二种

---

① 当伦敦建筑工人大罢工（1860 年至 1861 年），要求将劳动日减为 9 小时，罢工委员会曾发表一篇宣言。这篇宣言，就许多点说，都和本文所述的劳动者的要求相合。这篇宣言，曾以讽刺法指摘某庇托先生（建筑业老板中利润欲最大的一位），说他有"圣者的名誉"。[这位庇托先生，其后在 1867 年，是和破产的斯托洛白格（Stroussberg）一样结局了。]

权，同样为商品交换的法则所承认。在两种平等的权利间，决定的，是强力。也因这缘故，所以，在资本主义生产的历史上，标准劳动日的规定，会表现为限制劳动日的斗争。斗争的一方，是资本家全体即资本阶级，他方是劳动者全体即劳动阶级。

Ⅱ　对于剩余劳动的贪求：工厂主与领主

剩余劳动不是资本发明的。在生产手段为社会一部分人独占的地方，劳动者（自由的或不自由的），都须在维持自身所必要的劳动时间之上，加入超过的劳动时间，去替生产手段所有者①——无论是雅典的 Χαλσξ Χαταθοξ（贵族）或是伊持拉斯康的僧徒，或是罗马的市民，或是诺尔曼的领主，或是美国的奴隶所有者，或是瓦拉基亚的领主（Bojar），或是近代的地主，或是资本家②——生产生活资料。但很明白，如果在一个经济社会组织内占优势的，不是生产物的交换价值，而是它的使用价值，则在该社会组织内，剩余劳动将为一个或大或小的欲望范围所限制，还不会从生产过程本身的性质上，发生无限制的对于剩余劳动的欲望。也就因为这个缘故，所以在古代，过度劳动，在交换价值系在其独立货币形态上获取时（即生产金与银），方才成为可怕的现象。在这场合，强迫致死的劳动，才是过度劳动的公然的形态。这可以参看狄奥多鲁士·西库鲁士（Diodorus Siculus）

---

① "劳动的人，……不仅凭他的劳动，扶养了他自己，同时还扶养了称为富翁的年金生活者。"（柏克前书第 2 页）

② 尼拔尔（Niebuhr）在其所著《罗马史》中，曾极素朴地说："古代伊特拉斯康人的建筑物，虽仅留有废迹，但仍使我们惊异。我们承认，在这种小（！）国，这种建筑物的存在，是以徭役领主（fronoherrn）和奴仆（knechte）的关系为前提的。"西斯蒙第还更深刻地说，"布鲁塞的花边"，是以工资领主和工资奴仆的关系为前提。

的记载①。但这情形，在古代，毕竟还是例外的。不过生产仍未脱弃低级的奴隶劳动形态徭役劳动形态的民族，一经卷入资本主义生产方法所支配的世界市场，而以生产物的国外销售为主要利害关系时，则在奴隶制度农奴制度的野蛮的虐待之上，又会发生过度劳动的文明的虐待。所以，美国南部诸州的黑奴劳动，在生产主要是为满足主人的欲望时，尚能维持温和的家长社会的性质。但棉花输出一旦成为诸州的主要利害关系时，黑奴过度劳动——有时，只要7年劳动，就会把他一生消费掉——就在每一件事都计算，每一件事都被计算的制度内，成了一个因素了。问题不复是从黑奴那里取得一定量的有用的生产物了，现在是生产剩余价值的问题了。多脑河沿岸诸公国的徭役劳动（Fronarbeit），也是这样。

把多脑河沿岸诸公国对于剩余劳动的贪欲和英国工厂主对于剩余劳动的贪欲比较一下，是一件极有味的事，因徭役制度下的剩余劳动，有一种独立的一目了然的形态。

假设劳动日是由6小时必要劳动和6小时剩余劳动构成。如是，自由劳动者每星期须供资本家以6×6或36小时的剩余劳动。这等于劳动者每星期为自己作3日工，每星期无报酬地为资本家作3日工。但是这个事实是不显明的。剩余劳动与必要劳动是融合的。为要表示这种关系，我也可以说，劳动者每一分钟是用30秒钟为自己作工，用30秒钟为资本家作工。徭役劳动不是这样。必要劳动（瓦拉基亚农民维持自身的劳动）与剩余劳动

---

① "埃及，伊西俄比亚，阿拉伯境内不幸的金矿工人，连干净的身体也没有，连裹体的衣服也没有。有谁看见他们，不可怜他们的悲惨的命运呢。但在那里，对于病人，对于体虚者，对于老人，对于女子，是没有任何慈悲心，宽赦心的。每一个人都在鞭笞下面，继续工作，直到死，方才把贫穷痛苦了结。"（西库鲁士《历史文库》第3卷第13章第260页）

（为领主的劳动）是在空间上分离的。必要劳动投在自己的耕地上，剩余劳动投在领主的所有地上。所以，劳动时间的这两个部分，是互相独立的。在徭役劳动的形态上，剩余劳动完全和必要劳动分开。但现象形态的差别，决不会影响剩余劳动与必要劳动的量的关系。每星期3日的剩余劳动，不问是叫做徭役劳动，抑是叫做工资劳动，总归是劳动者无报酬的3日劳动。不过，资本家贪图剩余劳动，是渴望把劳动日无限延长；领主贪图剩余劳动，却是直接把徭役的日数增加①。

在多瑙河诸公国，农民对于支配阶级，尚须付纳实物地租和农奴制度下的他种课赋。但主要的课赋，依然是徭役劳动。在事实像这样的地方，与其说徭役劳动从农奴制度发生，毋宁说是农奴制度从徭役劳动发生②。罗马尼亚各地方的情形，就是这样。那些地方原来的生产方法，是以共产为基础的，不过那里的共产，和斯拉夫的共产形式、印度的共产形式都不同。那里，土地一部当作自由的私田，由共产体各成员独立耕作，一部当作公田，由他们共同耕作。这样共同劳动的生产物，一部分当作收获不足时或他种情形的准备，一部分当作国家贮藏，以支办战争、宗教及其他各种共同事务的费用。但行之既久，这种公地，就被

---

① 以下所述，是指克里米亚战争以后革命以前的罗马尼亚各州的情形。

② 第3版注。"关于德意志，尤其是爱尔伯河东的普鲁士，我们也可如此说。在15世纪，德意志的农民，几乎到处都只要依生产物和劳动的形态忍受一定的负担，便可在其他各点，至少在实际上，成为自由人。加之，德国在布朗登堡，西里细亚，东普鲁士各处的殖民者，甚至在法律上，也被视为自由人。但这个状态，因贵族在农民战争中得胜之故，是消灭了。不仅被战败的南德意志的农民，再变成农奴。16世纪中叶以后，东普鲁士，布朗登堡，波美拉尼亚、亚里细亚的自由农民；不久，希勒斯维格·荷尔斯坦的自由农民，都变成农奴了。"　[摩勒尔著《徭役土地》第4卷。——梅依詹（Meitzen）著《普鲁士国的土地》。汉森（Hanssen）《希勒斯维格荷尔斯坦的农奴制度》。——F. E.）

军事上宗教上的高官侵夺了。在公地上从事的劳动，也被他们侵夺了。自由农民在公地上从事的劳动，就变成替公地侵夺者劳动的徭役劳动了。农奴关系就是这样成立的。但在最初只是一个事实，还没有成为法律上的制度。直到世界解放者俄罗斯，才以废止农奴制度的口实，使农奴制度有了法律上的地位。当然，1831年俄国基塞勒夫将军（Kisselew）制定的徭役劳动法（Kodex der Fronarbeit），是领主所口授的。俄罗斯由此一举，把多瑙河诸公国的大官征服了，同时又博得了全欧自由主义狂的喝彩。

依照这个称作"组织法"（Réglement Organigue）的徭役劳动法，瓦拉基亚农民除必须上纳一定量详细规定的宝物贡纳外，还必须支付（1）12日一般劳动；（2）一日耕作劳动；（3）一日木材搬运劳动，合计每年14日劳动，给所谓的地主。但用经济学上深透的见解去看，这所谓的劳动日，决不是普通所谓的劳动日，而是一日平均生产物在生产上必要的劳动日。依照法典的狡猾的规定，这所谓一日平均生产物，即使是巨人，也不能在24小时内完成。所以，该法典，用真正俄国式的露骨的讽刺说明了12劳动日必须解为36日筋肉劳动的生产物，又耕作劳动一日和木材搬运劳动一日，各须解为3日，合计是42日徭役。此外，还有临时徭役（Jobagie），那也是付给地主，以应付临时需要的。各村落，皆应按比例，每年以一定数的人员，担任这种临时徭役。这种附加的徭役劳动，在瓦拉基亚，每个农民每年应有14日。所以合计起来，每年的徭役劳动，实为56日。瓦拉基亚因气候不良，每年只有210日可从事农业工作。其中有40日是星期日和假日，平均有30日是风雨天，共减除70日，如是就只剩下140日了。徭役劳动和必要劳动的比例为$\frac{56}{84}$，或$66\frac{2}{3}$%。其剩余价值率，比较英国农业劳动者工厂劳动者间盛行的剩余价值率，是更小得多的，但这不过是法定的徭役劳动。这个法典，比英国工厂法还更以"自由主义"的精神，促成法律上的规避。它不仅从 12 日作出 54 日，且又设法，使这 54 日徭役每日的名义工作，必须侵入次日的时间。例如，规定必须一日作完的耘田工作（在玉蜀黍的栽培上，尤其是这样），实际要有两倍的时间才能作完。又，农业劳动 2 日的法定工作，竟可以这样解释，以致该日从 5 月算起到 10 月才止。在摩尔多，规定更为严酷。所以，有一个领主，竟在胜利的陶醉中说，"组织法规定的 12 日徭役，简直和一年 365 日相等。"①

多瑙河诸公国的组织法，每一条，都使剩余劳动的贪欲，成为合法的。它是这种贪欲的积极的表现。英国的工厂法，却是这种贪欲的消极的表现。这种法律，要依国家——资本家和地主支配的国家——颁布的强迫限制劳动日的办法，节制资本无限吮吸劳动力的渴望。即不说那一天厉害一天的劳动运动，工厂劳动仍然是有限制必要的，这就像英国田地有搬运海鸟粪去加肥的必要一样。盲目的贪欲，在一场合，使土地枯竭，在他一场合，则使国家的活力根本枯竭。英国周期流行病的蔓延，和德法二国兵士

---

① 要知其详，可参看勒诺（E. Regnault）著《多瑙河诸公国的政治社会史》巴黎 1855 年第 303 页 321 页以下。

体格标准的递降，证明了这同样的事情①。

现在还有效（1867 年）的 1850 年制定的工厂法，规定星期日以外，每日平均劳动 10 小时，星期一至星期五，每日 12 小时，从上午 6 时，至下午 6 时，其中包含 $\frac{1}{2}$ 小时早餐的时间，1 小时午餐的时间，净为 $10\frac{1}{2}$ 小时；星期六为 8 小时，从上午 6 时到下午 2 时，其中有 $\frac{1}{2}$ 小时早餐的时间。故实计为 60 小时。星期一至星期五，每日 $10\frac{1}{2}$ 小时，星期六为 $7\frac{1}{2}$ 小时②。为促使这种法律施行起见，曾经指派工厂监督专员（Fabrikns Pektoren），直属内政部。其报告，每半年由国会公布一次。这种报告，在资本家剩余价值的贪欲上不断地供给官报的统计。

---

① "一般说，当某有机体的躯体，超过物种全体的平均水准以上时，我们总可在一定限度内，说这个有机体是繁荣的。就人类来说，当他由物理的事情或社会的事情而在发育上受到损害时，他的发育是决不会充分的。实施征兵制的欧洲各国，自实施这种制度以来，成年男子的平均高度是渐渐减少的。一般说，他们服兵役的能力是一般减低了。法国在 1789 革命以前，步兵身长的法定最低限度为 165 公分。1818 年，依 3 月 10 日的法律，减为 157 公分了。1852 年，又依 3 月 21 日的法律，减为 156 公分了。在法国，因身长不够和体质软弱，而不合兵役资格的，平均有半数以上。在沙格逊 1780 年兵士最低的高度为 178 公分，现在是 155 公分。在普鲁士，是 157 公分。据梅耶（Meyer）在 1862 年 5 月 9 日巴维利亚新闻的计算，九年平均，在普鲁士 1000 名征兵中，有 716 人是不能服兵役的；317 人因身长不足，396 人因身体虚弱。……1858 年，当柏林兵额缺 156 人时，竟没有人可以补充。"（利比居著《化学在农业和生理上的应用》第 7 版 1862 年第一卷第 117、118 页）。

② 1850 年以后的工厂法历史，可参看本章后段。

现在我们且听听工厂监督专员的话①。

"狡猾的工厂主，在上午6时以前15分钟（有时略早，有时略迟）就开工，在下午6时过15分钟后（有时略早，有时略迟），才放工。名义上的早餐时间，前后各被取去5分钟；名义上的午餐时间，前后各被取去10分钟。星期六下午2时后，多做15分钟（有时略少，有时略多）。所以结果他赚了：

星期一至星期五		星期六	
上午6时以后15分钟		上午6时以前15分钟	
下午6时以后15分钟		早餐	10分钟
早餐	10分钟	下午2时以后15分钟	
午餐	20分钟		
合计	60分钟	合计	40分钟
五日共计	300分钟		

全星期总计340分钟

那就是每星期共赚5点40分钟。每年50星期（假定有2星期是假日或意外的停工），合计为27劳动日。"②"劳动日只要每

---

① 关于英国自大工业开始以来至1845年这个时期的情况，我在这里只略略提到，其详可参看恩格斯著《英国劳动阶级的状况》（莱比锡1845年）。恩格斯对于资本主义生产方法的精神的了解，是很精深的。这一点，由1845年以来公布的工厂报告，矿山报告所证实了。若我们把他的著作，和18年后20年后发表的童工委员会的报告（1863年至1867年）比较，我们又知道，他的叙述是怎样安适。童工委员会的报告，主要是报告1862年尚未实行工厂法的各产业部门的情形。直到现在这些产业部门，还有一部分是未实行工厂法的。而这些产业部门现在的情形，也就和恩格斯描写的情形，没有表示多大的变化。我所举的实例，主要是1848年以后自由贸易时期的实例，在科学上不值一顾的专门吹法螺的自由贸易商人，向着德国人，是把这个时期夸称作乐园时期的。在这里，因为英国是资本主义生产的典型的代表并且因为只有英国对于我们现在讨论的问题，曾有连续不断的统计发表，所以我们就把英国放在前头了。

② 工厂管理法（1859年8月9日以下院之命令公布的）中工厂监督专员荷尔讷的提议第4、5页。

日在标准时间之外延长 5 分钟，一年合起来，就可以延长 $2\frac{1}{2}$ 日。"① "每日只要在上午 6 时以前，下午 6 时以后及食饭时间两端延长一小时，一年 12 个月，就变成了 13 个月了。"②

在恐慌时期，生产中断了，工时缩短了，每星期不是每日都开工了。这情形，自然不会影响资本家延长劳动日的行动。生意越是清淡，他越是想从缩小的营业范围内，取得大的利润。开工的时间越是短，他越要延长剩余劳动时间。所以，在 1857 年至 1858 年恐慌时期，工厂监督专员的报告说：

"说生意这样清淡的时候，仍有过度劳动的事情，似乎是矛盾的；但刺激那些不守本分的人去犯法的，正是营业不振。他们由此得了格外的利润。"荷尔讷（Leonhard Horner）说："过去半年间，我这区域有 122 家工厂关门了，有 143 家工厂尚在停业（其余一切工厂，也在把工时缩短）。但超过法定时间的过度劳动，依然不止。"③ 荷维尔君（Howell）说："在这时期因营业不好，大多数工厂只开半工。但我依旧接到那样多的控告，说因法定进餐时间休息时间被侵占，以致每日有 $\frac{1}{2}$ 小时或 $\frac{3}{4}$ 小时的时间被掠夺。"④

1861 年至 1865 年棉业发生大恐慌时，这种现象也发生了，不过没有那样厉害⑤。

---

① "工厂监督专员报告 1856 年 10 月 31 日"第 35 页。
② "1858 年 4 月 30 日报告"第 9 页。
③ 前揭报告第 43 页。
④ 前揭报告第 25 页。
⑤ "1861 年 4 月 30 日报告"附录二；"1862 年 10 月 31 日报告"第 7、52、53 页。犯法的事件，在 1836 年后半年，次数还更多。参看"1863 年 10 月 31 日报告"第 7 页。

"若在进餐时间或其他不合法时间，仍见有劳动者工作，就有人辩护地说，他们是不愿意在规定时间内，离开工厂的，所以，要他们停止工作（例如洗涤机械等）非用强制手段不可（尤其是在星期六下午）。他们在机械停止转动以后仍留在工厂内。……但若在下午 6 时以前或 2 时以前（星期六），在法定劳动时间内，留下充分的时间，让他们从事洗涤等类工作，他们是决不会这样做的。"①

——"法定时间以上的过度劳动，使工厂主获得额外的利润。就多数工厂主说，这种利润是一种过大的不能抵抗的诱惑。他们认此为难得的机会。犯罪发觉后所受的处罚既甚小，所以，他们觉得，即被发觉，也还是利得多于损失。"② "在一日内，他们分几回，每一回偷一点点时间。当情形如此时，监督专员要侦察出证据来，是极难的。"③ 这种小偷（资本偷取工人进餐时间

---

① "1860 年 10 月 31 日报告"第 23 页。依工厂主在法庭的供述，工厂工人狂热地反对工厂劳动的中断，但同时却有下述种种珍闻。1836 年 6 月初旬，杜斯白勒（约克夏）的审判官曾告发巴特勒附近有八个大工厂的厂主，曾违反工厂法。某位绅士曾被控雇用 12 岁至 15 岁的儿童，在星期五早晨 6 时起劳动到星期 6 午后 4 时，不让他们有休息，除了吃饭和夜半一小时的睡眠。这些儿童必须在"屑洞"（那里，毛织物的破布，被撕成碎片，充满着尘灰粉末等物，甚至成年男工人，也不得不用手帕掩住口，来保护肺），继续作 30 小时的工作。被告诸先生，幸而是魁克派（Quaker）教徒，不然，他们一定会宣誓，证明他们本人是非常慈悲，原要给这些可怜儿童以 4 小时的睡眠，但这些儿童却不肯睡。结局，这几位魁克派教徒，是处了 20 镑的罚金。诗人德赖顿（Dryden）在写如下数行时，一定曾把这种魁克派教徒记在心里。他写道：
"狐，他满装着表面的神圣，
怕宣誓，但像恶魔一样说谎，
像四旬祭的忏悔者一样，用神圣的眼凝视着，
在祈愿之前，他是不敢犯罪的。"
② 1856 年 10 月 31 日报告"第 34 页。
③ 前揭报告第 35 页。

229

休息时间的小偷），被工厂监督专员称为分秒的小偷①。工人间流行的术语，是"进餐时间的侵吞。"②

在这样的情形中，剩余价值由剩余劳动形成，决不是什么秘密。有一位很可尊敬的工厂主曾对我说："倘允许我每日越限 10 分钟，你就每年把 1000 镑，放在我钱袋里了。"③ "一分钟一秒钟，便是利润的要素。"④

从这个见地看，最有特色的事实，莫过于"fulltimers"（全时间工）和"halftimers"（半时间工）⑤ 的称呼了。能以充分时间作工的工人，称作"全时间工"，13 岁以下只能作 6 小时工的儿童，称为"半时间工"。在此，劳动者不外是人格化的劳动时间。一切个人的区别，都没入"全时间工"和"半时间工"的区别里面了。

Ⅲ　无法律限制劳动榨取的英国各产业

关于延长劳动日的行动，以及狼一样的对于剩余劳动的贪欲，我们已具论如上了。在我们以上所论的那一些产业内，劳动力的榨取是无限制的。英国有一位资产阶级经济学者就说，虽西

---

① 前揭报告第 35 页。
② 同上。
③ 前揭报告第 48 页。
④ "I860 年 4 月 30 日报告"第 56 页。
⑤ 这是法定公民权的表示。工厂是用这个名词，工厂报告也是用这个名词。

班牙人待美洲红人的残暴，恐也不过如此①。但就因此，卒使资本受法律规定的束缚。但现在，我们且转过来，看看某一些生产部门的情形。在这些部门，劳动力的榨取，在今日，依然是自由放任，或不久以前，依然是如此的。

州判官布洛吞·加尔登（Broughton Charlton）氏在 1860 年 1 月 14 日诺亭汉市会议厅的会议席上，曾以主席的资格说："从事花边制造业那一部分都市人口，比世界任何文明地方的人，都更痛苦，更贫乏。……那里，9 岁至 10 岁的儿童，在天未亮的 2 点钟，3 点钟，4 点钟，就从污秽的床上被拉起来，单为生存，而劳动到夜里 10 点钟，11 点钟，甚至 12 点钟。他们的四肢是破裂的，他们的身体是萎缩的，他们的面容是惨白的，他们的人性简直僵化了，叫人想到就害怕。……玛勒君以及别的工厂主，会抗议这件事情的讨论，是毫不足怪的。……真的像曼德古·沃尔勃（Montagu Valpy）牧师所说，那简直是不折不扣的奴隶制度，在社会方面，在生理方面，在道德方面，在智力方面，都是奴隶制度。……试想到，在一个都市里面，竟有大众集会请求把男人一日的劳动时间，限为 18 小时，我们将作何感想。……我们常反对威基尼亚和加洛林纳的棉花栽培业者。但他们的黑奴市场，他们的鞭笞，他们的人肉卖买，比这种缓慢的为资本家利益的，制造花边硬领的人类虐杀行为，见得更可厌么？"②

斯台福的陶业，在过去 22 年内，曾三度成为国会调查的对

---

① "工厂所有者追求利得的残忍性，虽与西班牙人征服美洲追求黄金的残忍性相比，恐也只有过之，无不及。"［韦德（John Wade）《中产阶级和劳动阶级的历史》3 版伦敦 1833 年第 114 页］这本书是一本经济学概论性质的书，它的理论部分，在当时，很可说是一本颇有创见的书，尤其是论商业恐慌的地方。它的历史部分，却十分无耻地，抄艾登（M. Eden）《贫民史》（伦敦 1799 年）的记载。

② 《伦敦每日电闻》1860 年 1 月 17 日。

象。调查的结果，第一次，见斯克莱文君（Scriven）1841年"童工委员会报告"，第二次，见格林浩医师（Dr Geenhow）1860年依枢密院医官命令刊行的报告。（《公共卫生》第3报告第1部分第112页—113页）；第三次，见隆格君（Longe）1863年的报告（即1863年6月13日童工委员会第一次报告）。在此，我只要从1860年及1863年的报告，摘录那被榨儿童的供述。由此等儿童的供述，可以推知这种工业成年男工人的情形，尤其是少女和妇人的情形。与这种工业比较起来，纺绩业算比较是愉快的卫生的职业了①。

吴特9岁，初入工厂作工时，只七岁零十个月。他的工作是搬运模型（把已经入模的东西，搬到干场去，再把空模搬回来）。他每日早晨六点钟到工厂去，晚九点钟左右回来。"除星期日外，每日我要做到晚上九点钟。我已经这样做了7~8个星期了"。一个七岁的小孩，每日竟劳动15小时。穆雷，12岁，他说："我的工作是转辘轳，并搬运模型。我6点钟来。有时是4点钟来。昨日全夜都作工。一直作到今晨6点钟。昨天一天，没有上床。昨晚，除我之外，还有八九个儿童作工。除了一个，都是这天早晨进厂的。我每星期得3先令6便士。晚上作工，没有分外的工钱。上星期，我作了两晚夜工。"肥尼浩，10岁，他说："我不常有一点钟吃饭的时间，在星期四、星期五、星期六只有半点钟。"②

按照格林浩医师的报告，在斯托克·托伦特和沃尔斯坦登这两个陶业区域内，人的生命是极短的。在斯托克区域内，20岁以上的男子，虽仅有30.6%，在沃尔斯坦登区域内，20岁以上的男子，虽仅有30.4%，被雇用在制陶业，但在这一类人中间，

---

① 参看恩格斯著《英国劳动阶级的状况》第249页至251页。
② "童工委员会第一报告1863年"供述第16、19、18页。

就前一区域说，有半数以上的死亡，就后一区域说，约有$\frac{2}{5}$的死亡是患肺病的结果。在汉雷市行医的布兹洛伊特医师（Boothroyd）说："陶工是一代比一代虚弱，一代比一代矮小。"别一个医师麦克比恩君（McBean）也说："我在陶工社会行医已25年，发觉他们的体格有显著的退化，那尤其在身长身辐上表示出来。"这几种供述，也是由1860年格林浩医师报告中采录的[1]。

1863年童工委员会的报告，有这样的话：——北斯台福州医院主任医生阿勒居（J T. Arledge）说："陶工，当作一个阶级，不分男女，代表了生理上道德上退化的人口。他们通例是发育不全的，是体态不正的，且往往是胸腔不正的。他们是早老的，从而是短命的。他们是迟钝的，没有血气的，虚弱的，为消化不良症，肝脏肾脏病，风湿症所袭击。他们最容易犯的病，是肺炎，肺结核，气管支炎，气喘等呼吸器病。有一种病，似乎是他们特有的，称作陶工气喘或陶工肺结核。陶工中有$\frac{2}{3}$以上的人，患有侵害腺、骨及其他部分的瘰疬。……设非有新的人口从附近地方移入，或与更健康的人种结婚，这个地方人民身体退化的程度，恐怕还不只是这样。"同医院前任外科医生查理·庇亚孙（Charles Pearson）在给童工委员隆格的书面新告中，也说："我没有统计的材料。我的话，都以我实际见到的情形作根据。但我敢断言，我每次看到这些可怜的儿童，为满足两亲或雇主的贪欲，而牺牲健康时，我心里就很愤激。"他列举陶业工人疾病的原因，认其最大原因为"时间过长"。童工委员在报告中曾说："英国的陶业，在全世界，占这样重要的位置。其得有今日，

---

[1] "公共卫生第三报告"供述第102、104、105页。

实赖有工人的劳动与熟练；它决不能长此在这种伟大的成功之旁，任劳动者的身体趋于退化，任劳动者受各种肉体的痛苦，任劳动者短命而死。"① 以上所言，适用于英格兰的陶业的，也适用于苏格兰的陶业②。

火柴制造业，开始于 1833 年，以磷涂于木梗上的方法，就是那时候发明的。1845 年以降，这一种制造业在英国发达得极迅速；在孟彻斯德、伯明翰、利物浦、布里斯托、挪尔威齐、纽凯赛、格拉斯哥等处及伦敦人口稠密的地方，尤为发达。但跟着这种制造业的发展，牙关锁闭症（1945 年一位维也纳医生，发现这是火柴制造业的特殊病）也蔓布了。该业所用的工人，有半数是 13 岁未满的儿童，或 18 岁未满的青年男女。这种制造业的有害卫生，叫人听了难过，是谁也知道的，所以只有最可怜的工人（例如濒于饿死的寡妇等），才会送他们的"衣裳破烂的，饥饿的，毫无教养的儿童"，去作这一种工③。在委员淮特（White）1863 年审问的证人中，有 270 人是未满 18 岁的，50 人是未满 10 岁的，10 人只有 8 岁，5 人只有 6 岁。每日劳动自 12 小时到 14 或 15 小时；赶夜工是常事，吃饭时间也无一定，而且他们吃饭，大多数就在充满磷毒的工室内。但丁所描写的地狱，也没有这种情形可怕。

在壁纸制造厂内，较粗的壁纸是用机器印刷的，较精的壁纸是用手印刷的（木板印刷）。生意最忙的月份，从 10 月开始到 4 月底止，在这期间，工作进行极速，自早晨 6 点钟至晚 10 点钟（或 10 点钟后）一点停歇也没有。

里齐供述："前一冬，在 19 个女孩中，有 6 个因劳动过度，

---

① "童工委员会第一报告 1863 年"供述第 24、22 页，第 XI 页。
② 前揭报告第 XLVII 页。
③ 前揭报告第 LIV 页。

害了病，而不能照常上工我常常要在她们耳边大声叫着喊着，她们才不致于在工作中瞌睡下去。"杜菲供述："我看见那许多小孩，没有一个能睁开眼睛工作，实际，我们自己也是这样。"赖德朋供述："13岁……这个冬天，我们劳动到晚上9点钟，前个冬天，我们劳动到晚上10点钟。这时，我每晚都因足痛而哭。"阿蒲斯登供述："我这个小孩，当他7岁时，我常在雪中把他背来背去，他每日通常有16小时工作。……他不能离开机器或停止它，必须常常站在它前面，所以我常常要跪下来喂他。"斯密（孟彻斯德某一个工厂的经理股东）供述："我们（指为'我们'工作的工人）继续工作，连吃饭的时候也不停下来，所以，每日工作到4点30分钟，就满 $10\frac{1}{2}$ 小时了。4点30分钟以后的时间，都是分外时间。"①"这位斯密先生自己，在这 $10\frac{1}{2}$ 小时内，也不吃饭么？""我们（还是这位斯密先生）很少在下午6时以前停止工作（那就是停止消费'我们的'劳动力机械），所以我们（殉道的劳动者）实际全年都有分外的工作时间。但……在过去18个月中，儿童和成人都一样（152个儿童和青年人，140个成人），平均每星期至少要劳动7日和5小时，那就是每星期 $78\frac{1}{2}$ 小时。今年（1862年）以5月2日为止的那6个星期内，多平均时间还更长——每星期常增至8日或84小时。"这位

---

① 我们不要把分外时间（uberzelt）这个名词，和剩余劳动时间的意义混同了。此辈先生认每日10小时半的劳动为标准劳动日，那已经包含标准的剩余劳动。作完10点半钟之后，"分外时间"就开始了。这种分外时间，有稍较为好的给付。我们以后将会知道，在"标准日"内使用劳动力的代价，已在其价值之下，所以，"分外时间"，也不过是资本家榨取多量剩余价值的手法。并且，就令"标准日"内使用的劳动力实际有充分的给付，这种"分外时间"仍不过是这么一回事。

抱"我们主义"的斯密先生，还带着微笑说："机器劳动是轻快的。"但木版印刷的壁纸制造家，却说："手工劳动比机器劳动更卫生。"大体说，工厂主诸君，对于"机器至少应在吃饭时间停止"的条文，都以愤激的态度反对。阿提勒君，布罗（伦敦）地方一个壁纸公司的经理，曾说："准许在上午6时至晚9时工作的法律，是于我们（!）适宜的，但工厂法规定的上午6时至下午6时的时间，是于我们（!）不适宜的。我们的机器，常在吃饭时间停止（这是何等的宽大!）。这种停止，不会惹起纸张颜料的损失。"但（以同情心往下说）"我知道，由此引起的时间的损失，是叫人不高兴的"。委员会的报告就坦直地说："有些大公司担心会损失时间（占有他人劳动的时间），损失利润。但虽如此，我们仍没有充分理由，要准许13岁未满的儿童和18岁未满的青年人，每日做12小时至16小时的工，连午餐时间也没有。炭与水，是蒸汽机的补助材料，肥皂是羊毛的补助材料，油是车轮的补助材料，但在生产过程中给于劳动者的食物，决不能视为是劳动手段的补助材料。"①

在英格兰，没有别种产业，还比面包烙制业——暂且不说近来才开始采用的面包机械制造法——更保存古代的基督教前期的生产方法了。在今日，我们还可由罗马帝政时代诗人的歌咏，认识这种生产方法的实际情形。我们曾经讲过，资本当初遇到怎样的劳动过程，就采取怎样的过程。它当初并不关心，在它支配下的劳动过程，有怎样的技术性质。

面包掺假的程度，简直是叫人不能置信的。尤其是在伦敦。这情形，最初是由下院食品掺假调查委员会（1855—1856年）

---

① 童工委员会1868年供述第123、124、125、140页，第LIV页。

及哈塞尔医士（Dr. Hassall）"食物掺假"一文指发的①。其结果，是 1860 年 8 月 6 日"防止饮食品掺假"法的制定。这个法律未发生何等效果。它对于买卖掺假货以赚"正当钱"的自由贸易家，还是抚慰体恤有加的②。该委员会曾坦直承认，自由贸易在本质上就是掺假货（英国人很幽默地，称它作"诡辩货"（So-phistizierten Stoffen）的贸易）。实在说，这一种诡辩，甚至比勃洛大哥拉斯（Protagoras），还更了解怎样以白转黑，以黑转白；又比埃里亚学徒（Eleaten），更能证明，一切实在皆为假象。"③

但该委员会曾使公众注意"日常的面包"，从而对于面包烙制业，加以注意。同时，伦敦面包工人对于过度劳动及其他种种虐待所发出的呼声，又由公众集会及议会请愿，发放出来了。这种呼声，是极迫切的，以致政府也不能坐视，乃委托勒门希尔君（1863 年童工委员会委员）为救命调查委员。他的报告，以及他

---

① 擂碎之后使其与盐混合的明矾，就成了一种常见的商品，名作"面包材料"（baker's stuff）了。

② 煤烟（Russ）大家知道，是炭素一种极强烈的形态。英吉利农业家，常向资本主义的烟囱扫除业者购买来，当作肥料。1862 年，英国有一位陪审官，遇到一次这样的诉讼要他判决。即，不给购买者知道，私自将 90% 的灰尘和砂混进去，在"商业的"意义上，是否还是"现实的"煤烟。那就是，在"法律的"意义上，那是不是掺假的煤烟。依这个"商业之友"判决，那应当是商业上现实的煤烟。农业家败诉了，不但败诉，并且要担负诉讼的费用。

③ 法国化学家舍发利埃（Chevallier）在讨论商品掺假的一篇论文中曾说，在他检验过的六百余种商品中，每一种商品，都有 10 种、20 种乃至 30 种的掺假方法。他还说，他所知道的，还只是掺假方法的一部分；并且，他还没有把他所知道的掺假方法，全部列举出来。依他说，砂糖有 6 种掺假方法，橄榄油有 9 种，牛油有 10 种，盐有 12 种，牛乳有 19 种，面包有 20 种，白兰地有 23 种，面粉有 24 种，朱古力有 28 种，葡萄酒有 30 种，咖啡有 32 种，等。就连神，也难免这个命运。参看卢纳尔（Ronard de Card）著《圣物的假造》巴黎 1856 年。

所列举的证言①，激动了公众，虽未激动公众的心，但确曾激动公众的胃。读过圣经的英国人，很知道，除得天独厚的资本家地主或领干薪者外，每一个人都须用额头的汗，来换面包，但不知道在他每天吃的面包中，除含有明矾、砂粒及其他种种不讨厌的矿物质以外，尚含有一定量的人的汗，并且是混有脓血、蜘蛛网、死虫、腐败酵母。不管是怎样神圣，怎样自由，这种一向自由的面包烙制业也终于要受监督专员的监视了（1863 年议会期间终了时）。依照这个议会通过的条文，18 岁未满的面包业工人，不得在晚间 9 时至晨间 5 时劳动。这个条文，关于这一种古朴职业的过度劳动，曾经暴露出了许多证据。

"伦敦面包业工人的劳动，通例是晚 11 时左右开始的。晚 11 时，他动手造面膜——这是一种极费力的工作，费 $\frac{1}{2}$ 或 $\frac{3}{4}$ 小时不等。要看膜分的大小精粗而定。此后，他就仰卧在兼作槽盖的搓面板上，铺开一个粉袋作垫子，卷起一个粉袋作枕头，差不多睡两点钟左右。其次，他须进行 5 点钟左右无间断的急速的工作，从槽里把面膜投出，分成一块一块，造成面包的形式放进灶里去烤成卷面包或果子面包，再从灶里取出来，搬到店里去，及其他种种工作。面包制造室内的温度，大概从 75 摄氏度到 90 摄氏度，但在小规模制造室内，温度常是接近 90 摄氏度的。但制造面包的工作完毕后，分配面包的工作又开始了。该业职工，大部分在晚间担任上述种种艰苦的工作以后，尚须在日间作几小时工作，提着篮，推着车，挨户分送面包。有时依照节气，依照营业的分量性质，尚须在下午 11 时至 6 时，清理各种室内的工作。别一部分人，则在制造室，制造面包，一直到下午。"② 在习俗

---

① 《面包工人纠纷的报告》伦敦 1852 年；第 2 报告，伦敦 1863 年。
② 第一报告第 VI 页。

上所谓"伦敦季"的时节，市西区所谓全价格面包制造业者（CerBaker zu vollen Brotpreisen）手下的工人普通是夜 11 时就开始制造面包到翌晨 8 时，中间不过有一次或两次短（有时极短）期间的休息。以后，就整日运送面包，到下午四时、五时、六时，甚至到傍晚七时；有时在下午还须在制造房内，帮助制造饼干。他们工作作完，有时只睡五六点钟或三四点钟，就要起来再作工。星期五他们工作更早，大约在晚间 10 点钟就要开始，继续作制造和分配的工作，到星期六晚间 8 点钟，但一般须继续到星期日早晨四五点钟。星期日，他们仍然要替次日的制造准备，在日里，作两次或三次一两点钟久的工作。……至若廉价求售者（Underselling masters，他们以全价格以下的价格售卖面包，这一种人在伦敦面包业者中，据说占 $\frac{3}{4}$）手下的工人，那他们不仅平均须作时间较长的工作；他们的工作，还几乎完全在制造房内。这种面包业者通例只在本店售卖面包。即令送出（除供给杂货店外，这不是普通的办法），他们也会雇用别的工人，专作这一件事。挨户派送面包，他们是不做的。一星期快要完了时，……工人从星期四晚 10 点钟起，就忙起来，一直到星期六晚 10 点钟，中间仅有仅少的间断①。

从资产阶级的观点看，也不难识破廉价求售者所用的手法。工人的无代价的劳动，便是他能够这样竞争的理由②。全价格面包制造业者，就曾向调查委员会，斥廉价求售者为掠夺他人劳动和掺假的能手，说"他们维持自己的方法，第一是欺瞒公众；第二是使工人作 18 小时工作，但仅付他 12 小时的工资。"③

---

① 前揭报告第 LXX 页。
② 里特（George Read）《面包业史》伦敦 1848 年第 16 页。
③ 第一报告，全价格面包业者齐士曼的供述第 108 页。

在英国，面包掺假的事实和廉价求售的面包业者阶级的成立，是从 18 世纪初叶发展起来的。那时候，这种职业已脱去行会性质，资本家已以制粉厂主的资格，出现在名存实亡的面包店老板背后了①。在这种职业上，资本主义生产的基础，劳动日无限延长与夜间劳动的基础，就是这时树立的。但后者即在伦敦，也在 1824 年以后，才有真正的基础②。

据以上所述，就无怪委员会报告，会把面包业工人归到短命工人那一类了。这个报告告诉我们，在儿童时期幸免夭亡的面包业工人，很少活到 42 岁。不过，想到面包业去作工的人，依然非常拥挤。就伦敦一处言，面包业劳动力的供给，是得于苏格兰，英格兰西部农业区域，和德意志。

1858 年至 1860 年间，爱尔兰面包业工人曾自费组织一大会，反对夜间劳动和星期日劳动。公众（例如杜白林五月大会）多以热情参加。运动的结果，夜工在威克斯福（Wexford），居尔肯尼（Kilkenny），克隆梅尔（Clonmel），沃特福（Water ford）等地禁止了。但"在面包业工人痛苦逾常的里梅利克州（Limerick），因面包业老板（尤其是制粉厂主）强烈反对，运动是失败了。该州的失败，影响到恩尼斯（Ennis），提白拉利（Tipperary）二州，也失败了。在反感最烈的考克州（Cork），老板凭借解雇的权力，也把运动挫折了。在杜伯林（Dublin），面包业老板，对于这个运动，首下最决断的处置，惩罚主谋，使别

---

① 里特前书。在 17 世纪末和 18 世纪初，挤进某种职业去的代理处，是被视为"公害"的。例如，大陪审官就在桑牟塞特郡的治安审判官季会中，向下院致送一个呈文。呈文中说："布勒克威尔馆中的代理处，是一种公害，足以防害织物商人，应视其为有害物制止之。"（《英国羊毛业诉讼事件》伦敦 1685 年第 6、7 页。）
② "第 1 报告"第 Ⅷ 页。

的工人不敢再反对夜间的和星期日的劳动。"①

常用武力对付爱尔兰的英国政府，对于杜伯林、里梅利克、考克等州的面包业老板，却采用比较温和的态度。英国政府的委员，是以温和而沉痛的语调，对他们说："本委员相信劳动时间，有自然法作限制。违犯它，是有惩罚的。老板们以失业的恐怖，引诱工人去违犯他们的宗教信仰，违背他们的良心，并违犯国家的法律，不顾公共的舆论（这些，都指星期日的劳动说），实足以激动工人和老板之间的恶感，造成在宗教道德和社会秩序上有害的先例。……本委员会相信，劳动日延长到 12 小时以上会把工人的家庭生活私人生活破坏，招致道德上不祥的结果，破坏每一个人的家庭，使父母兄弟子女夫妇不能履行家庭的义务。12小时以上的劳动，会破坏工人健康，使他们早老早死，从而，大有害于家庭，使家庭不能在必要的时候，得到家长的保护和扶助。"②

以上讲爱尔兰。再看看海峡的彼岸苏格兰。在那里，农业劳动者，农人曾抗议，在气候不良的季节，每日劳动 13 小时乃至14 小时，星期日还要作 4 小时追加的工作。（苏格兰的安息日主义者竟如此么！）③ 当他们反对这种状态时，恰好有三个铁路劳

---

① "委员会关于 1861 年爱尔兰面包业的报告"。

② 前揭报告。

③ 农业劳动者在格拉斯哥附近拉斯威特地方曾公然集会于 1866 年 1 月 5 日（见 1866 年 1 月 13 日《工人拥护》杂志）。1865 年岁暮以来，农业劳动者方在苏格兰，组织了一个工会。这是一个历史的事件。英格兰巴金汉州农业劳动者最受迫害的各农业区域，曾有工资劳动者于 1867 年 3 月大罢工，结果把工资由每星期 9 先令或 10 先令，提高到 12 先令了——（由上述的话，我们可知道，英国农业无产者的运动，自 1830 年以后，虽因禁止过激示威运动，因采用新救贫法之故完全中断了。但在 19 世纪 60 年代，又再起了。结果，遂在 1872 年成了一个划时代的事情。关于这个问题，我将在本书第 2 卷回头来讨论。1867 年以来公布的关于英国农业劳动者状况的各种蓝皮书，也留在那里再讨论。第 3 版加注。）

动者——一个车掌，一个司机，一个打旗——站在伦敦大陪审官面前。他们为了一次惊人的火车意外事件，曾使数百旅客死亡而被控告。铁路工人的疏忽，被认为是这次不幸事件的原因。但他们在陪审官前异口同声说：在 10 年或 12 年前，他们每日仅劳动 8 小时。但在过去五六年间，增到 14、18、乃至 20 小时了。假期开行游览专车时，他们有时还继续作 40 点钟乃至 50 点钟的工作，没有间断。他们都是平常人，不是怪物。到一定限度后，他的劳动力就用尽了。他们的知觉，于是迟钝了。他们的脑筋停止思考，他们的眼不能视了。但这位可尊敬的英国陪审官，却以杀人罪的判决，着在下期审问，仅附以温和的语句，表示他虔诚希望从事铁路业的大资本家诸君，将来在购买劳动力时，应比较宽大一点，在吸收所购劳动力时，应比较节制，比较俭省一点①。

一大群不分男女，不分老幼，不分职业的劳动者。他们比奥特赛的绑赴刑场的人还更给我们以深刻的印象。即不问他们手里

---

① 《勒诺新闻》1866 年 1 月。这个每周发行一次的杂志，每期都有"感人的标题"，例如"可怕的杀人的大意外事件"，"凄惨的悲剧"等。在这些标题下面，我们可以见到一个表，列举着铁道的意外事变。北斯台福线有一个工人曾说："每一个人都知道，如果机关驾驶人和机关火夫怠于不断注意，会发生什么结果。但是，一个在寒暑影响下继续不断作这种工作达 29 小时乃至 30 小时的工人，怎能做到这样呢？以下便是常常发生的例。一个火夫，在星期一黎明的时候开始作工。当他做了 14 小时 50 分之后，刚好有吃一杯茶的工夫时，他又被招唤去作工了。……第二次，他作 14 点 25 分才完。因此，他合计作了 29 小时 15 分，中间没有间断。该星期其余各日的劳动，是照下面那样分配的：星期三计 15 小时，星期四计 15 小时 35 分，星期五计 14 小时 30 分；星期六计 10 小时 10 分，全星期共劳动 88 小时 40 分。先生，但这劳动之后，他全星期仍不过得到 $6\frac{1}{4}$ 日的工资，我们可以想象他是怎样惊异了。他以为，一定是计时员弄错了；……他问计时员，怎样算一日，计时员答说，普通是一日算 13 小时，一星期计共 78 小时。……他要求，78 小时以上的工作，应有工钱，但被拒绝了。结果只加给他 10 便士，那就是 $\frac{1}{4}$ 的工钱。"（前揭新闻 1866 年 2 月 4 日。）

挟着的蓝皮书，我们也看得见他们劳动过度的情形。现在，我们且从这一群人中，选出两种人来。一种是女服裁缝工人，一种是铁匠。试一比较，就知道在资本之前，一切人是平等的。

1863年6月下旬，伦敦各日报，皆以"过劳而死"的标题，记载一段新闻，叙述一个女服裁缝工人玛利·安·沃克勒的死。她20岁，在一个很像样的成衣店作工，老板娘芳名叫爱丽丝。这里新发现的，也不过是常常听到的老故事罢了[①]。这个女工，平均每日劳动 $16\frac{1}{2}$ 小时，在忙季，往往作工30小时，没有间断。劳动力感到疲倦时，她常以酒和咖啡作刺激。正是忙的时候，威尔斯亲王妃，方从外国输入。贵妇人们，正筹备为新皇太子妃，开盛大的庆祝跳舞会。她们的豪华的服装，都有限期作成的必要。我们这位女工沃克勒，与其他60个女工，30个人一组，在一个必要空气还供给不到。$\frac{1}{3}$ 的房间里，做了 $26\frac{1}{2}$ 小时不间断的劳动。到晚上，她们每两个人睡一铺，这种铺，是不通

---

① 参看恩格斯《英国劳动阶级的状况》第253、254页。

气的，用木板隔成的①。这还算是伦敦最大的女服成衣店。沃克勒是星期五病倒的，星期日就死了。她死的时候，赶着要做的衣服还没有完成，这使爱丽丝夫人惊愕不已。来医不及的凯医生，在大陪审官前供述："沃克勒之死，是劳动时间过长，工作房间太挤，寝室太小又不通气之所致"。但大陪审官却判说："死者系因中风而死。但她曾在过于拥挤的工室内，作过度的工作，或者，这种事情，也曾促成她的死"。彼时，自由贸易主义者科布登（Cobden），与布赖特（Bright）的机关报《晨星》也曾大声

---

① 利帝伯医生（Dr. Letheby 卫生局的顾问医生）曾说："每个成年人应有的最小限，在卧室，为 300 立方尺，在住室为 500 立方尺。"依照里嘉孙医生（Dr. Richardson 伦敦某医院的主任医生）说："各种裁缝女工人——包括女服女工人，精致衣服女工，以及各种普通衣服女工人——有三种苦恼。那就是工作过度的苦恼，空气不足的苦恼，食物营养不足或消化不良的苦恼……大体说，裁缝劳动……是更适于女子，而更不适于男子的。这种职业的祸害，尤其是在首都，是因为这种职业，为某二十六个资本家所垄断了。他们享有由资本生出的种种权力手段，而要由劳动榨出经济来（他是说，由劳动力的滥用得到资本的经济）。他们的权力，影响了裁缝女工人全体。如果一个裁缝店女老板，在一个小范围内，得到了一群顾客，她因为怕别人竞争，必定会拼死命把这一群顾客拉牢。当然，帮助她的女工人，遂也能不和她作同样过度的劳动。不能得到顾客，或无意独立营业的女工人，都须加入某别的裁缝店去，在那里，她的工作是一样繁重，不过收入较可靠些。但一旦走上这条路，她就成了一个纯粹的奴隶了，不得不在社会的激变中，度日了。有时，在家内，那就是一个房间内，饿得要死；有时，不得不在空气非常闷闭的地方，每日作 15 小时、16 小时乃至 18 小时的工作；虽有食物那怕是上等的食物，在没有纯洁空气的地方，也是不能消化的。肺结核（这纯然是空气不良的病）便是这些牺牲者的食物。"（《工作与过度工作》见《社会科学评论》1863 年 7 月 18 日）

说："劳苦而死的白色奴隶，死了就算了。"①

"劳动致死是这个时代的特征。这特征，不仅表现在成衣店内。还有许多别的地方也表现这个特征。我们几乎可以说，每一个生意旺盛的地方，都是如此。……且以铁匠为例。如果诗人的叙述是真的，则世间最快活最愉快的人，莫过于铁匠了；他起得很早，在日出之前，就钉铛钉铛地打起来了；他的饮食睡眠，都是别人不及的。是的，假使工作不过度，从生理方面说，他的位置，的确是人类的最好的位置。但我们到都市上去看看罢。这种健壮的男子，是担负着如何重的劳动呀，他们在英国的死亡表上，又占着什么样的位置呀！在玛利尔堡铁匠每年的死亡率为 3.1%比英国全国的成年男子死亡率，较高 1.1%。这种职业，这一种本能的人类技术，其本身是无可反对的，但因劳动过度之故，已成为人类的破灭事业了。他本来每日能击这许多锤，走这许多步，呼吸这许多次，生产这许多作品，平均生活这许多年，（比方说 50 年）。现在，却要使他每日多击几锤，每日多走几步，每日多呼吸几次，每日多支出生命的 $\frac{1}{4}$。他应付了这种要

---

① 《晨星报》1868 年 6 月 23 日。《泰姆士报》曾利用这件事，来攻击布赖特，而为美国奴隶所有者辩护。该报谓"我们多数人认为：我们尚且以饥饿痛苦，代竹鞭笞打为强迫少年女人工作致死的工具。在此际，我们决无权利，以剑以火，向那生而为奴隶所有者的家庭挑战。他们至少曾好好以东西给奴隶吃，使他们的工作不致过苦。"（《泰姆士报》1863 年 7 月 2 日。）同样，保守党机关报《标准杂志》也责难纽曼·洛尔牧师说："他指责奴隶所有者，但与毫无悔意，以狗的工资，使伦敦客车驾驶人卖票人每天劳动 16 小时的绅士们，一同祈祷。"最后卡莱尔（Thomas Carlyle）——关于他，我曾在 1856 年说过："天才是死去了，礼拜是残留着。"——又用一个简单的比喻，把现代史上唯一的大事件（南北美战争）譬作，北方的彼得，要击破南方的保罗的头，因为北方的彼得"要日佣工人，南方的保罗却要雇用他们终生"（见《麦美伦杂志》1863 年 8 月号《美国的伊里亚特》一文）。但保守党对都市工资劳动者（保守党对农村工资劳动者是从来没有同情心的）的同情的泡，不过这样，就破裂了。问题还是奴隶制度！

求。结果是，在有限期间内他多生产了 $\frac{1}{4}$ 的作品，但他不是平均 50 岁死，是平均 37 岁死了。"①

Ⅳ 日间劳动与夜间劳动——轮班制度

(Das Ablöungs-system)

不变资本（生产手段），从价值增殖过程的观点看，是只吸收劳动的，它每吸收一点劳动，即依比例吸收一定量的剩余劳动。若它不能那样做，它的存在，便成为资本家的消极的损失因它不被使用时，将代表无用的资本垫支。设从休用状态恢复使用状态时，必须有追加的支出，则其休止，还会成为资本家的积极的损失。劳动日超过自然日限界延长到夜间的办法，也只是缓和的救济，不能十分满足吸血鬼对于活劳动的血的贪欲。在 1 日 24 小时内占有劳动，乃是资本主义的内在的行动。但同一劳动者在日间被榨取之后，又要在夜间同样被榨取，这是生理上不可能的事情。要把这生理的阻碍制服，则使一批工人在日间消费劳动力，一批工人在夜间消费劳动力，使他们互相交代，乃属必要之事。这种交代，可由种种方法实行；例如，使劳动者一部分在这星期作日班，在下星期作夜班。这就是大家知道的轮班制度。这个制度，在初期英国棉制造业中，是极盛行的；即在今日也还在莫斯科行政区的棉纺绩业上盛行。每日 24 小时无时停止的生产过程，在大不列颠境内许多依然"自由"的产业部门里面（例如英格兰、威尔斯、苏格兰的镕矿工厂、锻冶工厂、辗铁工厂及其他金属制造工厂），尚当作一种制度留传到今日。其劳动过程除包括星期一至星期六每日的 24 小时外，大多数还包括星期日

---

① 里嘉孙《工作与过度工作》。见《社会科学评论》1863 年 7 月 18 日第 476 页以下。

的 24 小时。工人是男女都有，儿童，青年人，成年人都有。儿童和青年人，自八岁（有时是六岁）至十八岁，各种年龄都有①。在某一些产业部门，少女与妇人，终夜和男子在一处劳动②。

　　且不说夜间劳动一般的有害作用③。生产过程不间断地继续到 24 小时，那当然是极好的超过名目上的劳动日限界的机会。譬如在上述各种非常吃力的产业部门内，每个劳动者名目上的劳动日，通例是昼间或夜间 12 小时。但在许多场合，用英国官厅报告的话来说，这个限界以上的过度劳动是"实在可怕的。"④报告说："每一个人，只要想到以下所述九岁至十二岁儿童的劳动量，都一定会得到结论，认为父母及雇主这样的权力滥用，非

---

① 《童工委员会第 3 报告》伦敦 1864 年第Ⅳ、Ⅴ、Ⅵ页。

② "在斯台福州和南威尔士，少年女子和妇人，不仅要在昼间，并且要在夜间，在矿山和煤炭堆积场上劳动。在致送国会的报告中，这个办法，是屡次被注意了的。这个办法，曾招致极大且又极显著的弊端。这些妇女，和男子在一块工作，服装上几乎没有差别，终日在尘埃煤烟中过日。这种非女性所宜的职业，极易使他们丧失自重心，因而使她们品性堕落。"［前揭报告供述 194 第 XXVI 页。参看第四报告（1865 年）供述 61 号第 XIII 页。］——在玻璃工厂，也是这样。

③ 一个雇用儿童作夜工的钢厂主人曾说："作夜工的儿童，不能在昼间睡得好，休息得好，而必须跑来跑去，那是当然的结果。"（前揭第四报告供述 63，第 XIII 页。）关于日光在身体维持和发展上的重要，有一位医生曾说："光线曾直接发生影响，使身体组织巩固，使其弹性力维持。动物的筋肉，当缺少适量的光线时，就会成为柔软的、没有弹性的，神经力将因刺激不足而失却强度，一切的发育的完成，都受妨碍。……拿儿童来说，在昼间不断受丰富的光线，且受太阳光的直射，是健康上一件最重要的事。光线可以助长血液的形成力，可以将形成后的纤维组织巩固。它还当作刺激，而在视觉器官上发生影响，并由此增加各种大脑机能的活动。"斯托伦基（W. Strange 渥塞斯特一般医院的主任医生）——上段即采自他 1864 年发表的《卫生》一书，——有一封信致准特（童工委员会委员之一）说："当我以前在兰克夏时，我有机会观察夜工对于儿童的影响，我毫不迟疑地说，某一些雇主的说话是不对的。正好相反，这情形下的儿童，很快就在健康上受损害了。"（前揭报告供述 234 第 55 页）。这件事也会引起严重的争论，那可以证明，资本主义的生产，曾如何影响资本家的和他们的家臣的大脑机能了。

④ 前揭报告供述 57 第 XII 页。

立即加以取缔不可。"①

"童工昼夜轮班的办法，无论在平时抑在忙时，都必然会诱致劳动日的过度延长。这种延长，在多数场合，对于儿童，不仅是太残忍，而且叫人难于置信。当然，在许多童工中，不免常常有一个或几个，会因某种原因要请假。当情形如此时，就有一个或几个别一班的儿童，要在作过一班工作以后，补充他们的位置了。这个办法已是一般承认的，所以，有一次我问一个辗铁工厂的经理，请假的童工是如何补充的，他就答说：'先生，你所知道的，想必和我们所知道的办法，不会有两样。'他毫不迟疑承认这是事实。"②

"有一个辗铁工厂，名义上的劳动日，是从上午 6 时继续到下午 5 时半。在这个工厂内，有一个未成年人，每星期大约有四晚，要作到次日下午 $8\frac{1}{2}$ 时，……这情形，继续有六个月之久。别一个儿童，九岁，有时接连作三班，那就是作 3 个 12 小时。当他十岁时，他还接连作过两日两夜"，还有一个儿童，"现在十岁……从午前 6 时作起；有三晚要作到午后 12 时，其余各晚，作到午后 9 时。" "还有一个，现在十三岁，……从午后 6 时作起，有一全星期，要作到次日正午，甚至接连作三班，那就是由星期一早晨作到星期二晚。" "还有一个，现在十二岁，在斯达夫勒一个镕铁工厂作工，他从午前 6 时作起，作到午后 12 时；他这样作了两个星期，不能再作了。" "乔治·埃林伟士，九岁，上星期五到这里来，当地下室仆役；翌晨，我们三点钟就要起来，所以我通夜留在这里。因我家离此有五里路。我就睡在装熔炉的地板上，身下垫一幅包被，身上盖一件短衫。还有两天，我是从午前六时作起的。唉，这里真热呀！在来此以前，我差不多

---

① 前揭第四报告（1865 年）供述 58 第 XII 页。
② 同上。

有一年，在乡下一个工厂，作同样的工作。在那里，星期六早晨3 点钟就起工。因离家很近，我还能回家睡。其余各日，我是早晨 6 时起工，晚 6 时或 7 时下工的。"①

---

① 前揭报告第 XIII 页。此等"劳动力的教育水准，可由下述的对话"（和一个调查委员的对话）而知，黑尼斯，十二岁；"他答说，4 的 4 倍是 8，4 个 4 是 16。国王是有一切的钱和金的人。我们有一个国王（告诉他是女王），他们叫她作亚力山大妃。告诉他，亚历山大妃是女王的子的配偶。他说，女王的子是亚力山大妃。他说，妃是男子。"杜尔讷十二岁，他说："我不住在英格兰。他觉得，这是一个国家，但以前不知道这是一个国家。"摩里斯十四岁。"他曾听说上帝创造世界，听说一切人都溺毙了，只有一个没有；他还听说，这个人便是小鸟。"斯密，十五岁。"他说，上帝造男人，男人造女人。"台娄尔十七岁。"他说他不知道伦敦在那里。"马太曼十七岁。"他说他作过多次礼拜，但后来错过了许多次数。他们讲的是耶稣；耶稣之外，我不知道有别个，并且，关于他，我也不知道什么。他不是被害的，他是像平常人一样死的。他和普通人有一些不同，因为他有些是宗教的，普通人却不是。"（前揭报告供述 74 第 XV 页。）——"恶魔是善人，我不知他住在那里。""耶稣是一个恶人。""这个女孩读 God 作 dog，也不知道英国女王的名字。"（童工委员会第五报告 1866 年第 55 页供述第 278 号。）——金属制造厂有上述的制度，玻璃制造厂和纸制造厂也有这种制度。在用机械造纸的名工厂内，除了撕碎布的工作，每一种工作都有夜工。在以轮班制实行夜工的地方，夜工是全星期继续不断自星期日半晚间起，至星期六半晚间止。作日班的，有 5 天，每天作 12 小时，有一天作 18 小时；作夜班的，有五晚每晚作 12 小时，一晚作 6 小时。但有时，是依轮班制，在隔日间，作满 24 小时。在这场合，在星期一作工 6 小时的，便在星期六作 18 小时，凑足 24 的数目。还有一种介在中间的制度，例如造纸工厂的工人，就是星期一至星期六，每日作 15 小时至 16 小时。关于最后一种制度。调查委员洛得（Lord）说："这种制度，似乎兼有 12 小时轮班制和 24 小时轮班制的各种弊端。"十三岁以下的儿童，十八岁以下的少年人和女人，都有在这种夜工制度下劳动的。有时，他们虽依照 12 小时轮班制工作，但若下一班有人告假，他们就得连作两班，接连作 24 小时。依据报告中的供述可以证明，男女儿童，有许多作着过度的工作，甚至接连不断作 24 小时乃至 36 小时。十二岁的少女，往往全月，每日 14 小时，从事单调无味的磨玻璃的工作，"除了两次至多三次吃饭时间（半小时）外，没有任何规定的休息"。有若干工厂废止了规则的夜间劳动，但过度的劳动却推进到了可怕的程度。"并且，这种现象，往往在最污浊最热最单调的过程上发生。"（童工委员会第四报告 1865 年第 38、39 页）

我们再听听，资本自身是怎样看待这种 24 小时制度。当然，对于这种制度的极端的推行（使劳动日过分延长，成为残忍的，不能置信的），资本是默无一言的。它所说的，只是这种制度的"正常的"形态。

讷娄尔，维克尔二君，钢铁制造家，雇有工人 600 至 700，其中仅有 10%，是十八岁未满的。并且，只有 20 个十八岁未满的儿童，是作夜班的。他们说："这些孩子，都不苦于热。温度恐怕在 86 度至 90 度之间。在锻冶工厂和辗铁工厂，工人都是昼夜轮班的，其他各部分尽是日间劳动，自午前 6 时至午后 6 时。在锻冶工厂，劳动时间，自 12 时至 12 时。有一些工人，完全作夜工，没有昼夜轮班的办法。……在健康（是讷娄尔维克尔二君的健康么!）上，尽作夜班和尽作日班的工人，我们不见有任何差别。休息的时间相等，恐怕不轮班的工人，还比轮班的工人睡得好些。……大约有 20 个十八岁未满的儿童，是作夜班的。……我们没有十八岁未满的儿童作夜班，是不行的。否则生产费就要增加。各部的熟练工人和工头，是难寻的，但童工欲有多少就可以有多少。……当然，我们所雇用的童工，比较是极少数的，所以，限制夜工的问题，对于我们，没有多大重要，也没有多大的利害关系。"①

约翰布罗钢铁制造公司（Messrs John Brown&Co.）雇用成年男子和青年人约 8000 人，其工作一部分（铁及重钢的制造工作），是昼夜轮班的。该公司的霭理思（Mr. J，Ellis）君曾说："在重钢的制造上，每 20 个或 46 个成年男工人，须配合一个或两个少年工人"。该工厂雇用 500 个以上的十八岁以下的少年工人，其中有 $\frac{1}{3}$（即 170 人）是不满十三岁的。关于上述法律

---

① 第四报告 1865 年供述 79，第 XVI 页。

修正案，霭理思说："规定每一个未满十八岁的工人，不得在24小时内，工作12小时以上，我并不觉得，必须怎样抗议。但规定十二岁以上的少年人，不得作夜工，我们却认为，难划分明确的界线。若不许我们在夜间使用儿童，我们就宁可完全禁止使用十三岁或十四岁未满的儿童。作日班的儿童，必须轮换作夜班，因为成年男子不能专作夜班；这样做，是有害健康的。……我们以为，每隔一星期作一星期夜工，决无妨害。（但讷娄尔维克尔二君依照他们自己的利益，却认为轮换的夜间劳动比继续的夜间劳动，更有妨害。）我们发觉，轮换作夜班的成年男子，在健康上，并不比专做日班的成年男子更差。……我们反对禁止雇用十八岁未满的少年人作夜工，是因为成本要增加。这就是唯一的理由（这是怎样坦白的自白！）。我们觉得，这种营业是负担不起这样大的成本的，如果成本这样增加，那决难有成功的希望（这是何等婉转的辞句！）。劳动在这里是稀少的；设再采用这个规则，劳动就会不足了。"这就是，布罗公司必须陷于致命的困难，不得不用充分价值，购买劳动力了①。

康麦儿公司（Commell&Co.）的西克洛甫斯（Cyclops）钢铁工厂，和布罗公司是规模一样大的。该公司的经理董事，曾以文书向政府委员淮特（White）供述。后来，这文书退回来修改时，他却发觉，应该把这个文书压下来。但淮特君是记忆力很好的。他还记得这个文书的内容。即——禁止儿童和少年人作夜工，"将为不可能之事，这种禁止，无异封闭他们的工厂"。但一计其数，则他们营业上雇用的十八岁未满的童工，不过6%强，十三岁未满的童工，不过1%弱②。

① 前揭报告供述80，第 XVI 页。
② 前揭报告供述82，第 XVII 页。

关于这一个题目，阿特克利夫钢铁工厂珊德生兄弟公司的 E.
F. 珊德生（Sanderson）君说："禁止十八岁未满的儿童作夜工，
会引起大的困难。最要者，将为成本的增加，因须雇用成年男
子，代替儿童。我不能预言结果如何，但工厂主总不能以此为提
高钢铁价格的理由。成年男子（何等顽抗的人！）当然拒绝负担
这种损失。这种损失，是必定要落到工厂主身上来的。""珊德
生君不知自己所雇用的儿童有多少工资，但岁数较小的儿童，也
许每星期可得 4 先令至 5 先令。……儿童的劳动，大概（只是大
概，不是常常）是轻巧的，有儿童那样的力气，已经正好。所
以，除少数情形（金属过于笨重的情形），成年男子的力气虽较
大，但还是得不偿失。成年男子更没有服从心，所以，成年男子
都更愿有儿童，更不愿有别的成年男子，听从自己指挥。加之，
儿童学习职业，必须从幼年开始。只许儿童作日工，这一点便不
能办到了。"为什么呢？为什么儿童不能在白昼学得手艺呢？理
由何在呢？"因为成年男子昼夜轮班的，他们一个星期作日班，
一个星期作夜班。假令儿童只作日班，那就有一半时间，要和他
的师傅分开，他师傅可以从他那里得到的利润，也会丧失一半。
师傅所给于学徒的训练，原是儿童劳动的报酬的一部分，他能以
低价得到儿童的劳动，也就因有此。所以，假若禁止少年人作夜
工，每一个成年男子，也须丧失利益的一半"。（这就是，珊
德生公司，必须从他们自己的钱袋，支付成年男子工资的一部
分，不能再以少年工人的夜间劳动支付给他们。因此，珊德生公
司的利润，必致于减少几分。但这就是珊德生君认少年人不能在

白昼学到手艺的好理由)①。并且，照此办法，现在可以和少年人换班的成年男工人，必须完全作夜工了，这是他们不能忍耐的。总之，实施这种办法的困难甚多，其实施，直等于完全废止夜工。E. F. 珊德生说："就钢铁生产本身说，这不会有多大的影响，但是。"但是，珊德生公司除制造钢铁之外，还须制造别的东西。制造钢铁不过是生产剩余价值的托词。错矿炉，辗铁设备，建筑物，机器，铁，煤等，除须变成钢之外，还须作一些别的事情。那就是吸收剩余劳动。在 24 小时内吸收，比在 12 小时内吸收，当然可以吸收到更多的剩余劳动。它们由上帝和法律的恩惠，实际曾给珊德生兄弟一种证书，让他们有资格，在一日 24 小时内，支配一定数工人的劳动时间。它们吸收劳动的机能一经中止，它们就会丧失资本的性质，从而是珊德生兄弟的纯粹的损失。"让这样贵的机器，有一半时间停着不用，委实是一种损失。依现制度，我们一日所能完成的生产量，依新制度，必须有加倍的设备，才可以完成。结果，费用也要加倍。"但别的资本家既然只作日工，既然让他们的建筑物、机械、原料在夜间停止，为什么珊德生兄弟却要求别的资本家所没有的特权呢？E. F. 珊德生代他们答道："不错的，只须在日间作工，让机器在夜间停止的工厂，都有这种损失。但在我们，因须使用熔矿炉，故损失更大。假令熔矿炉烧着不熄，那会浪费煤炭（现在是浪费劳动者的生命物质），假令熄下来，则起火的时间，等火热的时间，将成为时间上的损失（现在，睡眠时间的损失——八岁的儿童，也不免这种损失——却是珊德生兄弟在劳动时间上的赢余）。并

---

① "在我们这个好反省好谈玄理的时代，不能为每一种事情给予相当理由（不管是最恶的最不合理的理由）的人，都要被人轻视的。世间每一种做错了的事情，都为相当的理由才做错的。"（黑格尔《百科全书》第一篇《论理学》第 249 页。）

且，温度的变化，还会使熔矿炉受伤。”（现在，劳动昼夜轮班，熔矿炉是不会受伤的）①。

V 关于标准劳动日之斗争——十四世纪中叶到十七世纪末叶强制劳动日延长的法律

“什么是一劳动日呢？”资本已付一日劳动力的价值以后，它有怎样长的时间，可以消费劳动力呢？再生产劳动力所必要的

① 童工委员会第四报告1865年第85页。玻璃制造厂主恐怕，若准许儿童以规则的吃饭时间，则熔矿炉发散的热的一定量，将成为纯粹的损失或浪费。他们恐怕，这种准许是行不通的。对于他们的这种恐惧，调查委员准特的答复，是很确当的。他不像乌尔，西尼耳等人，也不像德国方面抄袭他们的意见的罗雪尔。那些人只能感到资本家在货币支出上的“节欲”，“自制”和“节俭”，和他们在人类生命上的“浪费”。准特却答说：“固然，在这诸场台，若准许规则的吃饭时间，接上页注）现水准以上的热量是不免要浪费掉的，但把这种浪费，和现时全国玻璃工厂内方在发育中的儿童（因为没有充分安静的时间，让他们安安逸逸吃一顿饭，吃饭之后，又不让他们有稍许休息的时间来消化）生命力的浪费相比较，即以货币估价，也是不相等的。”（前揭报告第45页。）——但这就是“进步年”1865年的事实。不说搬运和提举物件的能力支出了；被雇在玻璃瓶和强性玻璃的制造厂中的儿童，就得在继续的工作内，在6小时内，走15里乃至20英里的路。并且，工作往往继续到14小时乃至15小时！这种工厂有许多，像莫斯科的纺织工厂一样，实行6小时的轮班制度。“在每星期的劳动时间内，6小时是最高度的连续时间，其中必须包含往返工厂，洗濯，着衣，吃饭的时间，残余的时间，才是真正休息的时间，这当然是极小的。除了牺牲睡眠的时间，便没有时间呼吸新鲜空气和游戏了，但对于在这样高热中从事这种劳动的少年，睡眠是非常重要的。……这短时间的睡眠，也不免被扰醒的；在夜间，他们是必须在夜半起来，在日间，则为外面的喧哗所闹醒。”准特先生曾引述事实：“证明曾有某少年，接连劳动36小时；证明有某12岁的小孩，在作工作到晚间2点钟后，只在厂内睡到五点钟（不过3个小时），就再起来作工！”总报告起草人托勒门希尔和杜夫讷尔（Tufnel）说：“少年，少女，妇人，在昼夜轮班服务中的劳动量，一定是异常的。”（前揭报告第43、44页。）同时，那位“节欲”的玻璃资本家，也许正在深夜吃醉了葡萄酒，由俱乐部回家来，傻子一样哼着：“决不，决不，英国人决不会是奴隶！”

劳动时间是有限定的，劳动日能更延长到什么程度呢？关于这些问题，大家知道，资本是这样答复的：劳动日等于每日 24 小时减去几小时休息的时间，没有这种时间，劳动力要重新运用，便绝对是不可能的。这是自明的。劳动者终生不外是劳动力，他所有的时间，依照自然和法律，全都是劳动时间，是用来使资本价值增殖的。人格教育的时间，精神发达的时间，履行社会职分的时间，社交的时间，生理活力与精神活力的自由表现的时间，甚至星期日的安息时间（哪怕在盛行安息主义的国度）①，全然是骗人的。资本因为有无限制的盲目的冲动，因为对于剩余劳动有狼样的贪欲，不仅突破了劳动日的道德的最高限，且突破了劳动日的生理的最高限。它剥夺了身体生长，发达，和健康维持的时间。它偷去了消费新鲜空气和阳光所必要的时间。它侵蚀了饮食的时间，只要可能，便把这种时间，并入生产过程之中。从而，劳动者也被视为单纯的生产手段。以食物给予他们，也就像以煤炭添入汽炉，以油脂注入机器一样。生命力搜集，恢复，和更新所必要的酣睡，被还原为若干小时的无感觉状态。没有这样几小时，精力完全消耗掉了的身体组织，是不能复活的。所以，不是劳动力的正常的维持，决定劳动日的限界；乃是劳动力每日最大可能量的支出（不问这种支出是怎样有害，怎样勉强，怎样痛

---

① 例如，在英格兰的农村地带，设有工人在安息日在自己家里的前庭劳动，还有时要受拘禁的处罚。但若这个劳动者以宗教的借口，在星期日，不到金属工厂，制纸工厂，或玻璃制造工厂去，他就得以破坏契约的名义，受处罚。正统派教徒的议会，也不过问安息日破戒的事情，如果这种破戒是为增殖资本的价值。1863 年 8 月，伦敦鱼店家禽店的日佣劳动者（Taglöhner）曾上一呈文，请求废止星期日劳动。他们的呈文上说，自星期一至星期六他们平均每日劳动 15 小时，星期日还得劳动 8 小时至 10 小时。由这个呈文，我们可以知道，爱克塞特商馆的贵族的伪善的养尊处优者，也奖励"星期日劳动"。这样热于肉体快乐的"圣者"，由第三者忍受过度劳动，忍受穷乏，忍受饥饿的谦让，来表示他们是基督教徒。美食是于劳动者有害的。

苦），决定劳动者休息时间的限界。劳动力的生命长短，是资本所不过问的。它所关心的，只是在一劳动日内，使劳动力得到最大限度的消耗。要达到这个目的，它的方法是缩短劳动力的生存期间，像贪得无厌的农民，因要增加收获，竟滥肆劫夺土地的丰度一样。

资本主义生产，在本质上就是剩余价值的生产，就是剩余劳动的吸收。由劳动日的延长，这个生产方法，不仅剥夺了人类劳动力在道德方面生理方面正常发展和正常活动的条件，从而使人类劳动力萎缩。它还促早了劳动力自身的消耗与死亡①。它缩短劳动者的生存期间，俾在一定期限内，延长劳动者的生产时间。

但劳动力的价值，尚包含劳动者再生产或劳动阶级维持所必要的商品的价值。资本自行增殖其价值的无限制的冲动，必然会引起劳动日的反于自然的延长。如果这种反于自然的延长，会缩短个别劳动者的生存时期，从而，缩短他们的劳动力的持续期间，则被消耗的劳动力，也必须更迅速地补充，从而再生产劳动力所必要的费用，也必须增大。这好比一架机械，消耗愈速，则必须每日再生产的价值部分也愈大。所以，资本为它自身的利益，似乎也赞成标准劳动日（Normalarbeitstag）的规定。

奴隶所有者购买劳动者，是像买马一样。他失了一个奴隶，就是失了一个资本，必须再投资到奴隶市场上，才能把它补起来。"乔基亚州的稻田，和密西西必流域的沼地，对于人体组织，是有致命妨害的。但人命的浪费尚能由威基尼亚和肯达克二州的丰富的劳动供给来补充。再者，在经济的打算，与奴隶所有者保存奴隶的利益相一致时，经济的打算，固然是奴隶享受人间待遇

---

① "在我们以前的报告中，我们曾述，若干有经验的工厂主，也供述这种分外时间，一定会过早地，把劳动者的劳动能力消耗损坏。"（前揭报告供述64第 XIII 页）

的一种保证，但奴隶贸易一度实行，则经济的打算，会转为极度酷使奴隶的理由；盖奴隶既可立即由外国的供给得到补充，则奴隶生存期间和他在这期间的生产力比较，会成为更不重要的问题。所以，在奴隶输入国，奴隶管理法的格言是：最有效果的经济方法，是在尽可能最短的期间内，尽可能从人身动产（human chattle）榨取出最大量的劳力。在热带，殖民的常年利润，往往与殖民的总资本相等，而在那里，黑人的生命，也最惨酷地被牺牲。数百年来成为巨富资源的西印度农业，曾吞灭数百万的非洲人。在古巴今日，赢利动辄以数百万计，该处殖民者的生活，和王公一样。但在那里，我们却在奴隶阶级当中，看见了最坏的营养，看见了最耗精力最无间断的劳动，甚至年年看见有一部分人口，绝对地被破坏。"①

我们且把名称换一下，讲讲我们自己罢。试以劳动市场代替奴隶贸易，以爱尔兰及英格兰苏格兰，威尔斯的农业区域，代替威基尼亚和肯达克，以德意志代替非洲！我们曾听说过度劳动曾使伦敦的面包烙制工人稀少。但在伦敦劳动市场内，我们仍看到，有从德国及其他各处来的人拥护着，希望在面包坊，候补到一个致死的位置。我们还知道制陶业一向就是工人最短命的产业之一。但制陶业又几时发生过工人不足的现象呢？近世制陶业的发明者韦居武德（Josiah Wedgwood）——他原来也是一个普通的工人——在 1785 年，就曾在下院说，这种制造业全部雇用的工人数，大概有 15000 人至 20000② 人。但 1861 年，单是大不列颠盛行这种产业诸市的人口，已有 101,302 人。"棉制造业已有 90 年的历史，……它通过了英国人的三代，但我相信，我敢说，在

---

① 凯恩斯（Carnes）著《奴隶力》第 110、111 页。
② 瓦德（John Ward）著《斯托克·托伦特布的沿革》伦敦 1843 年第 42 页。

这时期，它曾破坏棉业劳动者九代。"① 在发热的商业振兴时期，劳动市场有时表示缺乏，那是不待说的。例如 1834 年就发生过这样的情形。当时，工厂主纷向救贫法委员会提议，把农业区域的过剩人口，送到北方。他们说，"制造家将吸收这种人口，并消费他们。"② "得救贫法委员会的同意，……在孟彻斯德，成立了一个事务所。农业区域失业工人的名簿，交到它那里了。失业工人的名字，都登记到账册上。制造家到事务所来，要用什么人，就选择什么人；当他们把人选定时，他们便通知把他们送到孟彻斯德。他们被运送的方法，是和一包一包的货物一样，由运河或货车装送的。就中，也有些徒步的人。徒步者中，常发生半途迷失或濒于饿死的事。后来，这个方法，竟变成一种正规贸易了。国会简直不相信有这件事；但我告诉他们，这种人肉卖买，是像奴隶卖买一样维持的。黑奴被卖给美国棉花种植家，这种劳动者，却是正规地，卖给孟彻斯德的制造家。……1860 年棉业兴旺到极点。……制造家又发觉他们缺少工人。他们向'人肉贩卖事务所'申请事务所派人到英格兰南部，到多塞州牧场，到德文州草原，到菲尔特州牧牛区域，但没有结果。过剩的人口已经吸收掉了"。英法通商条约缔结后，《布勒加丁》杂志曾说："兰克夏还可以吸收 10000 工人，也许还需要 30000 人至 40000 人。"当"人肉办事员副办事员"在农业区域搜寻没有结果之后，"制造家还会派代表到伦敦伺候救贫局长维利尔士（Villiers），要求

---

① 弗兰特（Ferrand）1863 年 4 月 27 日在下院的演说。
② "工厂主将吸收这种人口，并消费他们。这正是棉纺织工厂主的话。"（前揭演说）。

准他们从救贫院取出贫苦儿童，送到兰克夏各工厂去。"①

经验告诉资本家一般的事情，是人口常常过剩，——这就是，与资本增殖价值的欲望比较，人口常常过剩。这过剩的人

---

① 前揭演说。维利尔士氏对于工厂主不能说没有好意了，但在法律上，他仍不能不拒绝工厂主的这样的要求。但工厂主们提出的要求，毕竟由地方救贫局的好意，达到了目的。工厂监督专员勒德格莱夫（A. Redgrave）曾宣言，这一回，在法律上把孤儿和待救济儿童当作徒弟看，并不曾伴着引起旧时的"弊端"。（关于这种弊端，可参看恩格斯《英国劳动阶级的状况》。）但接着，他又说："不过，这个制度，在一个场合是被滥用了。那就是，把从苏格兰农业区域来的少女和妇人，送到兰克夏和彻夏去。"在这个"制度"下，工厂主与救贫所当局，订结了一定期间的契约。在这期间内，工厂主应给衣食住于儿童，并予以小额的津贴。若我们记起，1860 年尚是英国棉业最繁荣年度，且因当时劳动稀少 [这是爱尔兰人口减少，英格兰苏格兰农业地带人口移往澳大利亚和美洲，英格兰若干农业区域人口又绝对减少——这是因为农业劳动者的生命力被破坏，残余人口的供给已为人肉商人所消耗干尽——的结果]，工资特别高等事实，我们以下引述的勒德格莱夫的一段话，也是十分值得注意的。他说："这种劳动（救贫院儿童的劳动），在没有别种劳动可用的时候，才有人要用。因为，这是价格极高的劳动。一个 13 岁儿童普通能得的工资，每星期大约 4 先令；但要给 50—100 个这种少年以衣食住和医药费，并予以监督，不说小额的津贴，也是每星期每人 4 先令不够的。"（1860 年 4 月 30 日工厂监督专员报告第 27 页。）工厂主把 50 个乃至 100 个儿童放在一块来养活他们，监督他们，尚且不能以每星期每人 4 先令的开销来应付，一个工人怎样能以每人每星期 4 先令的工资，供应儿童这种种呢？这一点，是勒德格莱夫忘记对我们说明的。——为预防本文的说明引起谬误的结论，我且在这里附带声明一笔。自 1850 年的工厂法，以其劳动时间的规定及其他种种规定，实施到棉业上以来，棉业已在英国被视为标本的工业了。英国棉业劳动者，无论就哪一点说，都比大陆方面命运相同的人，居有较高的位置。"普鲁士的工厂劳动者，每星期至少要比英国的工厂劳动者，多作 10 小时的工作；如果他是在自己家里，用自己的织机劳动，则 10 小时的追加，尚不足形容其时间的过度。"（工厂监督专员报告 1855 年 10 月 31 日第 103 页。）工厂监督专员勒德格莱夫，在 1851 年的工业博览会后，曾游历大陆，尤其是德法二国，从事工厂状况的调查。关于普鲁士的工厂劳动者，他曾说："他们所得的工资，仅足换取单纯的食物和多年习惯的少额的舒适品。……他们是食少而工繁的，与英国劳动者比较，他们的地位是更苦。"（工厂监督专员报告 1853 年 10 月 31 日第 85 页。）

口，是由发育不全，短命，迅速代谢，摘取过早的人种构成的①。反之，对于聪明的观察者，经验却指示了，资本主义生产虽还只有极短的历史，但已极迅速地，深深枯竭了民力之生命的根基；指示了，工业人口退化的倾向仅因有农村不断地把健壮的生命要素输送进来，才得以阻缓；指示了，农村劳动者，虽有新鲜的空气可以呼吸，同时依照万能的自然淘汰原则，虽又只有最强健者可以生存，但他们现在也已开始衰落了②。资本有当然的理由，否认他们周围的劳动者常在痛苦中。他们不为地球与太阳相对撞的预言所动；在实际运动上，他们也不为人种将要退化终于消灭的预言所动。在证券投机中，每个人都知道，暴风雨有一天会到来，但每个人都希望，在自己已经赚到大钱，把钱藏好之后，让暴风雨侵压自己的邻人。等我安全以后再发洪水罢！这是每一个资本家，每一个资本家国家的标语。资本家对于劳动者的健康和寿命，是一点不关心的。要他关心。除非社会强迫他关

---

① "过度劳动的人，是以惊人的速率死亡了。但死亡者的缺额，很快又补充起来。登场人物的频频的更换，并不曾在戏目上，引起任何变化。"［卫克斐尔德（E. G. Wakefield）著《英国与美国》1833年伦敦第I卷第55页］

② "公共卫生。枢密院医官的第一报告1863年。"（1864年伦敦出版）这个报告，特别论到农业劳动者。"苏德兰……普通认为是极改良的一州……但最近的调查，却发现了，此州虽曾一度以出美男子出勇士兵而为世所知名，但现在那里的居民已退化为弱小的萎缩的种族了。它虽占有海面山足的极合卫生的位置，但那里的饥饿儿童的面容，和伦敦巷内住在腐败空气中的儿童的面容，是一样灰白。"［松吞（W. T. Thornton）著《人口过剩及其救治》第74、75页］——苏德兰人，他们实际是像30,000"雄赳赳的高地人"一样。这种高地人，变作娼妇毛贼，杂集在格拉斯哥的街头巷角。

心①。关于生理退化精神退化的问题，关于早死的问题，关于劳苦致死的问题，他将答说：他们这种种痛苦，既然能增加我们的快乐（利润），我们又何必费神去管它呢？不过，就大体说，这种种痛苦，实在不是由个别资本家的善意或恶意决定的。自由竞争，会使资本主义生产的内在法则，当作外来的强制法则，支配着各个的资本家②。

标准劳动日的制定，是数世纪来资本家与劳动者斗争的结果。但这种斗争的历史，包含两个相反的潮流。试比较现代英国的工厂立法，与英国自 14 世纪至 18 世纪中叶的劳工法（Arbe-itsstatuten）③。现代的工厂法，要强迫把劳动日缩短；彼时的劳

---

① "人民的健康，虽然是国家资本中一个如此重要的要素，我们仍不得不说，资本家并不怎样要保存要爱护这种财宝。……必须有外部的强制，工厂主才会考虑到劳动者的健康。"（《泰晤士报》1861 年 11 月 5 日。）——"约克夏西区的人，成了人类的织布业者。……劳动者的健康被牺牲了；人类种族，不出数代，就退化了。但反动跟着发生。儿童的劳动时间是被限制了。"（注册总局的报告 1881 年 10 月。）

② 例如，我们就为这个缘故，所以发觉，在 1863 年初，在斯台福州，有大规模制陶所的 26 家公司（约赛亚·韦居武德父子公司，便是其一），曾呈请"国家加以强制的干涉"。他们说，因有别的资本家竞争之故，他们要自动限制儿童的劳动时间等，乃是办不到的。"对于上述种种弊害，我们是深恶痛恨的，但要由工厂主间的协约加以防止，却是不可能的。……把这各点加入考虑，我们确信，有以法律强制的必要。"（童工委员会第一报告 1863 年第 322 页。）

补注。一个最近的更显著的例，可以引在这里。在发狂似的棉业振兴时期中，棉花价格的提高，曾诱使布莱克浦尔的棉工厂所有者，相互约定在一定期间内（至 1871 年 11 月底为止）实行缩短工厂的工作时间。在此际，兼营纺绩业和织布业的更有钱的工厂主，却利用这个协定减少生产的机会，来扩充营业，从而，牺牲较小的厂主，以获得极大的利润。小厂主在此穷境中，遂唆使工厂劳动者起而宣扬九小时运动，并答允担负运动的经费！

③ 这种劳工法（同时，在法国，在荷兰等国，也可发现），在英国，是在 1813 年初次正式撤消的，不过，生产关系在许久以前，就使这种法令不能发生作用了。

工法，却要强迫把劳动日延长。资本在胚胎时期（在那时期，它还是发生不久的东西，单依靠经济关系的力量，不得国家的扶助，决不能保证充分吸收剩余劳动的权利），提出的要求，和它在成年时期不得不忍痛承认的让步比较，好像是十分谦逊。它必须经过数百年，才使"自由"劳动者，在发展的资本主义的生产方法下，自愿（那就是单由社会的强制）为普通生活资料的价格，而出卖全部的生涯，全部的劳动能力；为一碗稀饭，而出卖生得的权利。所以，自 14 世纪中叶至 17 世纪末叶，资本得国家之助，想要使成年工人忍受劳动日的延长程度，会和 19 世纪后半期，国家为要防止儿童的血也转化为资本，而在此处彼处对于劳动时间所加的限制程度，大体上是一致的。这种一致，决不是偶然的。例如，麻塞鸠塞州，最近以前，尚被推为北美共和国最自由的一邦，但该州现在为 12 岁未满儿童所规定的劳动时间限制，正是英国（那就是 17 世纪中叶的英国）昔日为强壮手工业者，强壮农业劳动者，强壮锻冶劳动者规定的标准劳动日①。

最初的劳工法（Statute of Labourers）——爱德华三世第 23 年即 1349 年制定的——以曾扑灭人口 $\frac{1}{10}$ 的黑死病为口实（只是口实，不是原因，因为这个法律在口实已不存在后，还继续存在了

---

① "12 岁未满的儿童，每日不得在工厂作 10 小时以上的工。"（麻塞鸠塞州一般法令第 63 页第 12 章。这种法律，是 1836 年至 1858 年间制定的。）"一切棉工厂，羊毛工厂，丝工厂，纸工厂，玻璃工厂，亚麻工厂，铁制造厂，铜制造厂，每日皆以 10 小时为法定的劳动日。又规定，以后，工厂雇用的未成年人，每日作工不得在 10 小时以上，每星期作工不得在 60 小时以上。又规定 10 岁未满的未成年人，不得在本州，视为工厂劳动者，而雇用之。"（纽吉萨州劳动时间限制法第 61、62 条，1855 年 2 月 11 日制定）。"12 岁已满 15 岁未满的未成年人，每日工作时间，不得超过 11 小时，并不得在早晨 5 时以前，晚间 7 时半以后作工。"（罗特岛州的修正法令第 36 章第 23 条。1857 年 7 月 1 日制定）

数百年之久）。有一位保守党著作家就说："要以合理价格（那就是使雇主能够取得合理剩余劳动量的价格）获得工人劳动，成了一件事实上非常困难的事。"[1] 因此，不得不以法律，规定"合理"的工资，及劳动日的限界。劳动日的限界（在此我们只关心这一点），再在 1496 年（时在亨利七世治下）规定了。按照这个始终没有实行过的法令，一切手工匠人和农业劳动者的劳动日，自 3 月至 9 月，规定由早晨 5 时，至傍晚 7 时或 8 时。其中进餐时间，为早餐一小时，中餐半小时，午后点心半小时，等于现行工厂法规定的进餐时间的二倍[2]。在冬季，工作从早晨 5 时至天黑为止，进餐时间如前。依照 1562 年在伊利沙白女皇治下制定的法令，"得每日工资，或每周工资"的劳动者，其劳动日照旧未改，但进餐时间，规定在夏季合计为 $2\frac{1}{2}$ 小时，在冬

季为 2 小时。午餐只许一小时，"$\frac{1}{2}$ 小时午睡时间"，只在 5 月中至 8 月中准许。每缺工一小时，规定扣工资一便士。但工人实际享受的条件，要比法律规定的，好得多。威廉·配第——经济学之父且在某程度内为统计学的发明者——就在 17 世纪末叶著书

---

[1] 《自由贸易的诡辩》（第 7 版伦敦 1850 年第 205 页）。这个保守党著述家还说："有害于劳动者，有益于雇主而规定工资的议会法令，维持 464 年之久。人口增加了。这种法令才被发觉了，变成了不必要的，累赘的。"（该书 106 页）

[2] 关于这个法令，韦德的话说得很对。他说："由上所述，可知在 1496 年，食用的费用，被认为与手工匠的收入 $\frac{1}{3}$ 相等，与农业劳动者的收入是相等。这表示了，那时候的工人，要比今日的工人更有独立性。就手工匠和农业劳动者说，现在的营养所费，都在工资中，估着更高得多的比例。"（《中产阶级和劳动阶级的历史》第 24 页 25 页及 577 页。）——试一读佛里特武主教（Bischof Fleetwood）的物价年表（第 1 版伦敦 1707 年出版；第 2 版伦敦 1745 年出版），任谁亦知道，这当中的差别，不是由于食物价格对衣物价格的比价上的差别。

说："劳动者（指农业劳动者）每日作工 10 小时。每星期有 20 次进餐时间（那就是每日 3 次，星期日 2 次）；所以，很明白，假令星期五晚餐可以废止，自 11 点钟至 1 点钟那 2 点钟的午餐时间，可缩短为 $1\frac{1}{2}$ 小时，从而，把工作时间延长 $\frac{1}{20}$，把消费时间缩短 $\frac{1}{20}$，上述的（租税）就可以征得了。"① 安德鲁·乌尔博士（Dr. Andrew Ure）不是很正当地说过，1833 年十小时劳动法，是复入黑暗时代么？不错的，配第所说那个劳工法的种种规定，也是适用于徒弟的。但 17 世纪末叶童工的状况，可由下述慨叹中表示出来。"我们英国的少年人，不到学徒弟的时候，是什么也不学的，所以，他们要成为一个完全的匠人，自然要有较长的时间——7 年"。反过来德国是被赞美的，因为在那里，儿

_____

① 配第《爱尔兰的政治解剖》1672 年初版，1691 年版第 10 页。

童从摇篮时期起，就"受了相当的职业训练了。"① 既在 18 世纪的大部分时期中（至大工业时代为止），英国资本，依然不能由劳动力一星期价值的支付，而把劳动者全星期的时间占有（农业劳动者的情形除外）。当时的劳动者，有 4 日的工资，就可以生活 1 个星期，但在劳动者看来，这事实，似乎不是其余 2 日也应为资本家劳动的充分理由。当时经济学界中，有一派，代表资本的利益，猛烈攻击劳动者这种顽固，别一派则为劳动者辩护。且听听鲍士尔兹维特（Postlethwayt）——他的商业辞典和麦克洛克及玛克·格里哥（Mac Gregor）等人的同类著述，曾享有同样的

_____

① 《奖励机械工业的必要》（伦敦 1689 年第 13 页）。麦皋莱（伪造英国史，使其与自由党与资产阶级利益相合一的历史家），就曾宣言："使未成熟儿童劳动的办法，……在 17 世纪异常盛行。其盛行程度，与当时工业的情况相比，几乎叫人不能相信。诺威齐是织布业的中心；在那里，6 岁的孩子，也被视为有劳动能力。当时有几位著作家（当中，还有几位被公认为极有慈悲心的），曾以狂喜，叙述如下的事实。即，这一个城市里的年轻男女，他们所造成的财富，比他们生活所需的费用，是每年多有 12,000 镑。有人说，我们这个时代新起的社会弊害是特别多，但试一考察既往的历史，我们便越有理由，认这种见解是不当的……可说是新的东西，不过是救治这种弊害的知识和人情。"（《英国史》第一卷第 419 页）麦皋莱还可报告如下的事实：17 世纪的"非常慈悲"的商业之友，曾以"狂喜"引述某人曾从荷兰某救贫院取出某仅四岁的儿童来作工这件事。而这个可以说明"德性实际"的例，也在麦皋莱式人道主义的书籍中，在亚当·斯密时代以前，当作标本通用的。这是确实的，当与手工业有别的制造业开始时，儿童的榨取——这种榨取，以前也曾认某程度，在农民间实行过，而当农民颈上的枷加重时，这种榨取显然加甚了——也就出现了。资本的倾向，在那时就很显明了，但这个倾向的事实，却像二头婴儿一样，是难逢难遇的。也就因此，这些有远见的"商业之友"，才以"狂喜"，把它当作一件特别值得记载的事，当作一个值得当时后世称颂的模范，记载下来了。这位喜欢诙谐，喜欢说好话的苏格兰人麦皋莱还说："我们今日只听到说退步，实则只看到进步。"这是什么眼睛，这又是什么耳朵呀！

好评——和《工商业论》作者间的争辩①。

鲍士尔兹维特说:"有许多人以为,假设劳动者(工业上的贫民),只要作 5 日工,就可以维持。他们决不会每星期作 6 日工。关于这种无意义的话,我不能不作简单的评述。他们曾根据以上的理由,断言要使匠人或制造业工人,每星期作 6 日工,必须以赋税或其他方法,使生活必需品腾贵。对于那些要使我国工人永远处在奴隶状态中的大政治家的意见,我不禁要提示相反的见解。他们忘记了只工作不游戏的俗语。英国人不常自夸她本国的工匠,有特别的创意与技巧,所以英国货一向为人所信用所称许么?这是为什么缘故呢?或者,仅因为英国工人能够依照自己的方法休养呀!假令他们必须终年劳碌,每星期 6 天,全须反复作同样的工作,那不会减少他们的创意么,不会使他们由技巧变为愚钝么。这种永久的奴隶状态,不但不会维持且会破坏他们原有的名声。……这样遭人虐待的动物,能有什么好的手艺呢?……他们当中,有许多人做 4 日工,比法国人作 5 日或 6 日工,还能成就更多的作业。但若英国人竟变成永久的苦力,恐怕他们会倒转过来,不及法国人的。我们英国人以勇于战斗著名,我们不常说,这是因为他们吃好的熏牛肉和糕,因为他们抱有立宪的自由精神么?我想,英国工匠所以有优等的创意和技巧,也因为

① 在非难工人的著述家中,要以本文所引《工商业论》(1770 年伦敦)一书的匿名著者,为最激烈了。他较早的一本著作《赋税论》(1765 年伦敦),已经讨论过这个问题。和他站在一面的,有饶舌的统计家杨格。反之,为劳动者辩护的,则以凡德林(Jacob Vandelint 1734 年伦敦出版《货币与一切物相当》一书的著者),福斯德(Nathanael Forster《现今食物价格腾贵的原因的研究》伦敦 1767 年的著者),蒲莱士(Price)尤其是鲍士尔兹维特(《工商业大辞典》附录和《英国商业利益及其改良》第 2 版伦敦 1759 年二书的著者)等为最著。但事实本身,尚为当时许多别的著述家所确认,例如杜克尔(Josiah Tucker)。

他们有自由，可以照自己的方法做。我希望，他们永远不会丧失这种特权，永远不会被夺去这种良好的生活，这是他们所以勇敢的原因，也是他们所以技巧的原因。"①

《工商业论》的著者答说——"每逢第七日放假的制度，虽说是神的制度，但因这种制度包含劳动（以下我们会知道，他其实是说资本）应占有其余 6 日的意思，所以一星期劳动 6 日，决不能说是惨酷。……人一般的天性是倾向安逸懒惰这句话，由我们英国劳动者的行为看来，可说是完全正确的。我国的工业劳动者，除了在食物异常昂贵时，平均每星期只作 4 日工……试以小麦一布奚代表劳动者一日的生活资料全部，又假设一布奚小麦值 5 先令，劳动者工作一日得 1 先令，他每星期就不得不做 5 日工。假令小麦一布奚仅值 4 先令，他就仅要作 4 日工；因英国工资，与生活资料的价格比较，是更高得多……所以，每星期只作 4 日工的劳动者，已有剩余的货币，可以在其余数日不做事了。……我希望，我以上说的话，已经说明了，每星期做 6 日适度的劳动，决不是奴隶的状态。我国农业劳动者就是如此做的，所以无论从那一点判断，他们在我国各种劳动者中都是最幸福的②。但在荷兰，制造业劳动者也是这样做，所以他们好像是极幸福的国家。法国，在不妨害假日的限度内，也是这样③。但我国劳动者，抱有一种观念，认为他们生来就有权利，可以比欧洲其他各国的劳动者更自由，更独立。这种观念，既然是我国军队更勇敢的原因，我不能说它没有用处；但为劳动者自己的利益，为国家

---

① 鲍士尔兹维特《工商业大辞典》序论第 14 页。
② 《工商业论》。这位匿名著者自己也在 96 页说明 1770 年英国农业劳动者享受了一些什么。他说："他们的劳动力不断拉紧着；他们的生活费，已经低到无可再低了；他们的工作，已经苦到无可再苦了。"
③ 布洛推斯坦教徒（新教徒）把一切相沿的假日变作工作日。它在资本的发生上，是有重要贡献的。

的利益，这种观念是愈少愈好的。劳动者绝不应幻想自己可以和在上的人相独立。……像我国这样的商业国家，人口有$\frac{7}{8}$是无产的，或近于无产的。在这样的国家内，煽动群众，是一件极危险的事①。必须制造业上的贫民，情愿作 6 日的劳动得 4 日的工资，这种情形，方才有救。"② 有这个目的在心中，资本之"忠实的爱喀尔特"（Eckart des Kapitals）还提议一个好方法，以"消灭怠惰，放纵，与邪恶"，以"促进产业精神，并减低制造业劳动的价格，减轻救贫税的负担"。这个方法是：把依赖公共扶助的劳动者（简言之，一切待救恤的贫民），通统关在一个"理想的工作场所"内。这个工作场所，必须是"恐怖之室"③，在"这个工作场所内，贫民每日应作工 14 小时，因为当中包含着相当的吃饭时间，故净有 12 小时劳动。"④

每日在"理想工作场所，在恐怖之室"内，作 12 小时工作。这是他在 1770 年的提议。但 63 年后，在 1883 年，英国国会把四种产业 13 岁至 18 岁少年人的劳动日，缩短为足 12 小时的时候，大家都说，英国产业的最后审判日已经到了。1852 年，路易·波拿巴特（L. Bonarparte）为加强市民地位，而倾覆法定劳动日时，法国劳动者又异口同声说："限制劳动日不得超过 12 小

① 《工商业论》第 15 页，41 页，96 页，97 页，55 页，57 页。
② 《工商业论》第 69 页。——凡德林早在 1734 年就说过，资本家抱怨工人懒惰，是因为他们要以同额工资，使以前劳动 4 日的工人，变为劳动 6 日。
③ 《工商业论》第 242 页。——"这样一个理想的工作场所，须是恐怖之室，不应变作贫民的救护所，使贫民在那里有丰富的食养，有相应的温度，而作仅少的工作"。
④ 《工商业论》。他还在该书说："法兰西人也在讥笑我们的热烈的自由思想。"（第 77 页）

时的法律，是共和国法律留给我们的唯一的财产。"① 在舒里克（Zurich）十几以上儿童的劳动时间，以 12 小时为限；在亚高（Aargau）1862 年 13 岁至 16 岁儿童的劳动时间，由 $12\frac{1}{2}$ 小时减为 12 小时；在奥地利，1860 年 14 岁到 16 岁儿童的劳动时间，也减为 12 小时②。麦皋莱（Macaulay）看见这种现象，想必又要以"狂喜"，欢呼"1770 年以来的进步是多么大啊！"。

待救贫民的"恐怖之室"，在 1770 年，尚还是资本灵魂所梦想的东西。但此后不多几年，这种东西，就当作制造业劳动者的大"工作场所"出现了。它叫作工厂（Fabrik）。理想在现实之前褪色了。

Ⅵ 关于标准劳动日之斗争。劳动时间之强制的法律限制。1833 年至 1864 年英国的工厂立法

资本经历数世纪时间，始将劳动日延长到标准的最高限，并

---

① "他们反对每日作 12 小时以上的劳动。限定劳动时间不得超过 12 小时的法律，是共和国法律留给他们的唯一的财产。"（工厂监督专员报告 1856 年 10 月 31 日第 80 页）。——法国的 12 小时劳动法（1850 年 9 月 5 日）——那是 1848 年 3 月 2 日临时政府法令的翻印版——不加区别，适用于一切工厂。在这个法令通过以前，法国的劳动日是没有限制的。工厂的劳动日，为 14 小时，15 小时，乃至 15 小时以上。参看布隆基（Blanqui）著《1848 年法国的劳动阶级》。这位布隆基是经济学者，不是那位革命家。他曾被委任去调查劳动阶级的状况。

② 比利时，在劳动日的调节上，是资产阶级的标本国家。英国驻布鲁塞全权大使浩瓦德公（Lord Howard），1862 年 5 月 12 日致外交部的报告曾说："大臣洛基尔（Rogier）通知我说，儿童劳动并没有依一般法令或地方法令限制的。在过去 3 年间，政府每一次会议，关于这个问题，都想提一个法案，但总感觉有不能克服的困难；有些人，对于立法以干涉劳动完全自由的原则的事情，总是反对的，猜忌的。"

超过此限延长到自然日 12 小时的限界①。但此后，当大工业在 18 世纪末叶出现时，却发生了一种像雪山崩溃一样激烈的无限制的侵袭了。道德与自然的限制，年龄与性别的限制，昼夜的限制，统被粉碎了。甚至昼夜的概念——那在旧法令上是非常单纯的——也弄成如此暧昧，以致 1860 年，还有一位英国审判官，为要在判决上，确立昼夜的区别，不得不运用犹太法典那样的敏感②。资本则欢欣鼓舞，庆祝自己的成功。

但被生产警钟蒙蔽的劳动者阶级，只要稍稍恢复自己的感觉，反抗的运动，便开始了。那是发端于大工业的故乡英吉利的。但有 30 年，劳动者在资本那里获得的让步，全是有名无实的。自 1802 年至 1833 年，国会通过了五种劳工法，但都非常狡猾，不曾指定一个铜板，作实施的经费，作吏员的薪资③。那始

---

① "无论哪个阶级，如果他们每日要作 12 小时的劳动，那都是一件非常可悲的事情。并且，名义上是 12 小时，若加入食事时间和工厂往返时间，那实际是 24 小时中的 14 小时。……且不说健康，单从道德的见地说，我以为，也没有谁会否认，自 13 岁起（在没有法律限制的职业上，还不到 13 岁），就毫无间断地，把劳动阶级的全部时间吸收掉，是一件极有害的，极可悲的弊害。……所以，为公共道德的目的，为要教义一种有秩序的人民，使大多数人有合理的生活享受之故，我们亟望，每一种职业，都保留每劳动日的一部分，供他们休息闲散。"（荷讷尔工厂监督专员报告 1841 年 12 月 30 日。）

② 1860 年安特林州贝尔法斯市高等法院阿提威氏（J. H. Otwey）的判决"。

③ 布尔侨亚王路易·菲理（Louis Philippes, des roi bourgeois）治下，有一个极特别的事实，即在他治下，曾制定一个工厂法（1841 年 3 月 22 日），但始终没有实行。这个法律，只规束儿童劳动。该法规定，8 岁至 12 岁的儿童，每日限定作工 8 小时，12 岁至 16 岁的儿童，每日限作 12 小时等。但设许多例外。在这种例外情形下，虽 8 岁的儿童也准许作夜工。在当时的法兰西，哪怕一只老鼠也要受警察监视，但这个法律的监察和实行，却委诸"商业之友"的善意。直到 1852 年，法国才有一县——诺都县——委任了第一个有薪给的监督官。但法国社会的发展，还有一种同样特别的事，即在法国的法律全书中，路易·菲理上述的法律，在 1848 年革命以前，竟然是这方面的独一无二的法律。

终是死的条文。"事实是，1833 年以前，少年人和儿童，是终夜工作，终日工作，乃至终日夜工作。"①

为现代工业规定标准劳动日的，以 1833 年的工厂法为嚆矢。这个工厂法，适用于棉工厂、羊毛工厂、亚麻工厂和丝工厂。没有什么再比 1833 年至 1864 年英国工厂法的历史，更能表示资本精神的特征了。

依照 1833 年的法律，工厂普通的劳动日，应自午前 $5\frac{1}{2}$ 时起，至午后 $8\frac{1}{2}$ 时止。在这共包含 15 小时的制限内，雇用少年人（自 13 岁至 18 岁者）作工，才是合法的。但附有这样的条文，说："除特别列举的例外情形，同一少年人，不得在 1 日之内作 12 小时以上的工作。"该条例第 6 条说："适用本条例的每一个人，每日至少应有 $1\frac{1}{2}$ 点钟的食事时间。"除下述的例外不说，9 岁未满的儿童，不准雇用。自 9 岁至 13 岁的儿童，每日至多准许作 8 小时工作。夜工（那是指午后 $8\frac{1}{2}$ 时至午前 $5\frac{1}{2}$ 时的工作），不许雇用 9 岁至 18 岁的人担任。

因立法者本来不想干涉资本吸收成年劳动力的自由，或如法律条文说，不想干涉"劳动的自由"，故设计了一种特殊的制度，使工厂法不致发生惊人的结果。

1833 年 6 月 25 日中央委员会（Central Board of the Commission）的第一次报告曾说："现今这样的工厂制度，有一种大的弊害。这弊害，在我们看，便是儿童劳动必须延长到和成年人劳动日一样长。在救治这种弊害时，若伴着限制成年人的劳动，则在我们看，其弊害会比它要救治的弊害更大。所以，对于这种弊

---

① "工厂监督专员报告 1860 年 4 月 30 日"第 50 页。

害唯一的救治方法，似乎是儿童分二组作工的计划。"这计划，后来在"轮班制度"（System of Relays）——relay 一词，在英语在法语，都有驿马到站更番迭代的意思——的名义下实现了。自 9 岁至 13 岁的儿童，分成二班，一班从午前 $5\frac{1}{2}$ 时，做到午后 $1\frac{1}{2}$ 时，别一班从午后 $1\frac{1}{2}$ 时，做到午后 $8\frac{1}{2}$ 时。

工厂主在过去 22 年间，对于取缔儿童劳动的法律，是完全忽视的。为报酬他们这种忽视起见，这次通过的法律，曾把丸药搓得特别好看，叫他们容易吞服。国会是决定，自 1834 年 3 月 1 日起，11 岁未满的儿童，概不得在工厂作 8 小时以上的工作，自 1835 年 3 月 1 日起，12 岁未满的儿童，概不得在工厂内作 8 小时以上的工作，自 1836 年 3 月 1 日起，13 岁未满的儿童，概不得在工厂作 8 小时以上的工作。弗雷医生（Dr. Farre）、凯里赛爵士（Sir A. Carlisle）、布罗狄爵士（Sir B. Brodie）、贝尔爵士（Sir C. Bell）、古士利君（Mr. Guthrie），总之，伦敦当时最著名的内外科医士，在下院，都力言延滞的结果极危险。试一看他们的证言，则这种为资本打算得如此周到的"自由主义"，就更值得注意了。弗雷医生更露骨地说："还须立法来防止由任何种方法引起的早死。但工厂方法，必须认为是最残忍的引起早死的方法。"① 并且，这个为资本细密计算，勉强 13 岁未满儿童，在此后数年间，仍不得不在工厂地狱中，继续每星期作 72 小时工作的"改良的"国会，后来却在一滴一滴地灌输自由的"解放法令"中，一开始，就命令殖民家，不得在一星期内使黑奴作 45 小时以上的工作。

---

① "Legislation is equally necessary for the prevention of death, in any form in which it can be prematurely inflicted, and certainly this must be viewed as a most cruel mode of inflicting it."

但资本不但不接受和解，且更加骚动起来。这种骚动，继续了好几年。该法规定，儿童只许作 8 小时工作，且须受一定的强迫教育。他们骚动的主要问题，是儿童年龄的问题。因为，依照资本家的人类学，儿童年龄以 10 岁，至多以 11 岁为终了。工厂法充分执行的时期（即 1836 年）愈近，工厂主的暴民运动也愈强化。他们实际曾威胁政府，并于 1835 年，提议把 13 岁的儿童年龄，减为 12 岁。但外部的压迫也成了威胁的。下院终没有勇气实行上项建议。它不敢答应再把 13 岁未满的儿童，掷在资本的轹杀车下，叫他们每日作 8 小时以上的工作。1833 年的法律遂全部施行了，一直到 1844 年 6 月，没有更改。

这个法律，最初是局部施行，后来是全部施行。在这个法律约束工厂劳动的 10 年间，工厂监督专员的政府报告，曾备细诉说这个法律的实施为不可能。1833 年的法律，使资本家，在自午前 $5\frac{1}{2}$ 时至午后 $8\frac{1}{2}$ 时那 15 小时内，得使每一个少年人，每一个儿童，在任何时开始，在任何时中止，并在任何时终了他应做的 12 小时或 8 小时。吃饭时间，也准许资本家随意指定，以致各人有各人不同的吃饭时间。因此，资本家发明了一种新的轮班制度；按照这种制度，工作的马，无须在一定的驿站换班，却可在不绝变化的驿站上换班。我们不要在此叙述这种制度的好处，以后我们还有论到它的机会。但一看就知道，这种制度不仅在精神上，并且在文字上，把这个法律全部取消了。关于各个儿童与少年人的账册是这样复杂，工厂监督专员有什么方法，执行法律规定的劳动时间和法律规定的吃饭时间呢？就大多数工厂说，旧时的野蛮，再可以为所欲为了。1844 年工厂监督专员，与内务大臣会谈之际，即指述在这种新发明的轮班制度下，任何约束，皆不可能①。但在这时候，情形大大变化了。特别自 1833 年以来工厂工人既以大宪章作政治方面的标语，又以十小时工作法，作经济方面的标语。甚至那一些遵守 1833 年法律来办理工厂的工厂主，也向国会诉说有一些虚伪的市民，因违犯法律也无惩罚，或因地方情形比较更利于违犯法律之故，曾引起一种不道德的竞争。加之，个别的工厂主虽可照旧放纵自己的贪心。但工厂主阶级的发言人与政治指导者，却不能不对于劳动者，改变他们一向的态度和说辞。他们已发起撤废谷物条例的运动，如要胜利，他们正需有劳动者的援助②。所以，他们不仅允许给劳动者一个双倍大的面包，且允许在自由贸易的千年太平国内，采用 10 小时工作制。他们自然不敢反对以实行 1833 年法律为目的的方策。同时，保守党徒，因见自己的最神圣的利益——地租——受到威胁，故也以博爱的愤怒，对于他们的敌人的"凶恶行为"，痛加指斥③。

　　1844 年 6 月 7 日的工厂法附加条文，就是这样成立的。那是 1844 年 9 月 10 日开始实施的。这个附加条文，使一种新的工人，即 18 岁以上的女工，受到保护。她们与少年工人，在各方面，皆受同样的待遇了。其劳动时间限为 12 小时，夜间劳动禁止等。法律直接约束成年劳动，这是最初一次。1844 年至 1845 年的工厂报告，曾以反语叙述："据我们所知，没有一个成年妇女，曾对于本人权利所受的这种干涉，表示怨言。"④ 13 岁未满儿童的

---

① "工厂监督专员报告 1849 年 10 月 31 日"第 6 页。
② "工厂监督专员报告 1848 年 10 月 31 日"第 98 页。
③ 工厂监督专员荷尔讷，在他的正式报告中，是用"nefarious practice"（凶恶行为）这几个字。（工厂监督专员报告 1859 年 10 月 31 日第 7 页。）
④ "工厂监督专员报告 1844 年 9 月 30 日"第 15 页。

劳动时间，减为每日 $6\frac{1}{2}$ 小时。在若干场合则减为每日 7 小时①。

为要防止假"轮班制度"的滥用起见，法律又规定一个重要的条文："儿童或少年人的劳动日，应从任一个儿童或任一个少年人午前在工厂开始工作的时候算起。"所以，如果 A 在午前 8 时开始工作，B 在午前 10 时开始工作，B 的劳动日仍须与 A 的劳动日，在同一时候终了。"时间应以公共标准钟为准"；那就是，工厂的钟，应以最近的火车钟为准。工厂主必须以大字印刷的告示，表示劳动日的开始时间，终了时间，和休止时间。儿童在正午 12 时以前开始工作者，不得再在午后一时以后作工。午后班与午前班，因此，就必须使用不同的儿童了。在 $1\frac{1}{2}$ 小时的吃饭时间内，至少有一小时，应在午后 3 点钟以前给予，……且应在同一时候，给予一切被保护的工人。儿童或少年人午后一点钟以前作工 5 小时的，至少应有 30 分钟休息的吃饭时间。在吃饭时间中劳动过程依然进行的室内，不得雇用也不得留置任何儿童或少年人或妇女等。

依照军队的纪律，用定时钟规定劳动的期间，限制，和休息的这种种规则，决不是国会幻想的产物。那是由现实的关系，当作现代生产方法的自然法则，次第发展出来的。其制定，其正式承认，其公布，乃是长时期阶级斗争的结果。这种规则的直接结果之一，是：工厂成年男子的劳动日，须受相同的限制。因为，大多数生产过程，须有儿童，少年人，与妇女合作的；所以，自 1844 年至 1847 年，在受工厂法约束的各种工业，12 小时的劳动日，大体说是普遍的，划一的。

_____

① 该法允许儿童作 10 小时劳动，但不准每日作，只准隔日作。大体说，这个条文是从来没有发生作用的。

但工厂主没有抵消的"退步"，是决不会容忍这种"进步"的。在他们的唆使之下，下院是把就业儿童的最低年龄，由9岁减为8岁了。其目的，在保障"工厂儿童的追加的供给"，这是上帝和法律允许给资本的①。

1846至1847年，是英国经济史上划分时代的年度。谷物条例（Kornge-setze）撤废了，棉花及其他各种原料的入口税废止了，自由贸易被称为立法的北斗星了。总而言之，千年乐园就要开始出现了。但同年，大宪章运动（Chartistenbewegung）和十小时工作运动（Zehnstundenagitation），正好达到绝顶。亟思报复的保守党员，又成了他们的同盟。因此，虽有布赖特、科布登领头的自由贸易派热烈反对，奋斗多年的十小时工作法，终归在议会中通过了。

1847年6月8日的新工厂法，规定自1847年7月11日起，应先准备将少年人（13岁至18岁者）及妇女的劳动日，减为11小时，1848年5月1日起，再决定减为10小时。但在其他各点，这个法律，却不过是1833年工厂法和1844年工厂法的修正条文。

资本当即策划，使这个法令不致在1847年5月1日充分实施。工人自己，也依照经验的教训，参加进来，把他们自己的工作破坏。时间又选择得十分巧。"必须记着，因1846年至1847年发生恐慌之故，工厂工人曾有两年陷于极度困难中。有许多工厂减工了，有许多工厂关闭了。有许多工人非常贫苦，恐怕还有许多工人负有债务；所以在现在，我们当然会推测，他们会情愿有较长的劳动时间，以弥补过去的损失，偿还债务，赎回已经典

---

① "他们的劳动时间缩短了，结果，必须有较多数的儿童供使用。人们以为，这种追加的需要，可以拿8岁至9岁儿童的追加的供给，来应付。"（工厂监督专员报告1844年4月30日第13页。）

276

去的家具。添置已经卖去的，或为自己，为家人，添置新的衣服"①。事态的自然倾向已经如此，工厂主又减低一般工资10%，图借此加强这种倾向。这大概就是自由贸易新时代的开幕纪念了。当劳动日缩短为11小时的时候，工资再减少 $8\frac{1}{3}$%；最后缩短为10小时的时候，工资再减少了。在情形许可的程度内，工资的减少，至少等于25%②。在这样准备的机会中，撤消1847年法律的运动，竟在劳动者间发生了。在这当中，欺诳，贿赂，胁迫，无所不用其极。但皆无效果。前后曾有六回诉说这种法律的压迫。但请愿人在口供时皆供述他们的署名是受勒逼的。"他们都觉得自己在受压迫，但不是受工厂法压迫"③。工厂主虽不能使工人说他的欲说的话，但他曾假借工人的名义，在报纸上，在议会中，高声呼号。他们斥工厂监督专员，和德国国民会议的革命委员一样，要惨酷牺牲可怜的工人，以满足改善世界的幻想。但这种诡谋，也失败了。工厂监督专员荷尔讷，曾亲自，并间接由副监督员，讯问兰克夏各工厂的证人。工人约有70%，赞成10小时工作法，赞成11时工作的人数，占有较为小的百分比；赞成旧制12时工作的人数，是极少极少的④。

---

① "工厂监督专员报告1848年10月31日"第16页。

② "我发觉了，每星期能得10先令的工人，因须减低工资10%，是失去了1先令，又因时间缩短，失去1先令6便士。即合计减少2先令6便士。但虽如此，仍有许多人宁愿每日作10小时"。（前揭报告）

③ "我虽签名在请愿书上，但当时我就说过，我作错了。——然则，你为什么要签名在那上面呢？——因为，如果我拒绝签名，我就会被开除。——这些请愿者在事实上是受压迫的，但压迫他们的，不是工厂法。"（前揭报告第102页）

④ 工厂监督专员报告1848年10月31日第17页。在荷尔讷所管辖的区域内，有10,270个成年男工，分别在181个工厂内受询问。他们的供述，附录在1848年10月的工厂报告中。这种询问，对于别的问题，也供给了有价值的材料。

别一种"善意的"诡谋，是使成年男工的劳动日，由 12 小时增至 15 小时，故意把这种事实铺张起来，看做无产者志愿的最明白的表示。但这位惨酷的工厂监督专员荷尔讷，再出现在前面。大多数"时间超过者"（Ueberstündigen）都供述："他们情愿为较少的工资，作 10 时工作，但他们没有选择的余地。有这许多人失业，许多纺绩工人，当作零工，为极低微的工资而工作，无法上进。所以，如果他们拒绝较长的劳动时间，别一些人会立即挤进来。他们面前的问题是：同意作较长时间的工作呢，还是完全失业。"①

资本的预备运动，于是失败了。10 小时工作法，于 1848 年 5 月 1 日起实施了。但同时，大宪章运动失败了。其领袖被拘禁了，其组织被解散了。这种失败，曾摇动英国劳动阶级的自信心。此后不久，巴黎六月暴动流血镇压的结果，又在大陆，在英国，都促使支配阶级各派——地主与资本家，交易所豺狼与零售商人，保护贸易论者与自由贸易论者，政府党与在野党，牧师与自由思想家，轻年的娼妇与老年的尼姑，——在救济财产，救济宗教，救济家庭，救济社会的共同口号下，结合起来了。劳动阶级到处被视为危险人物，在"嫌疑犯取缔法"下面被放逐。工厂主现在是毫无顾虑地为所欲为了。他们开始了公然的反抗，不仅反抗 10 小时工作法，且反抗 1833 年以来一切限制劳动力"自由"榨取的法律。那是"护奴叛变"（Proslavery Rebellion）的缩图。资本家在二年余的时间内，是用鄙野的浅见，可怕的能力，来表演这一幕的。但一无足道，因叛变的资本家，不过是用他的工人的皮来冒险罢了。

---

① 前揭报告。参看荷尔讷集录的供述 69、70、71、72、93，和副监督 A 集录的供述，在附录的 51，52，58，59，62，70，有一个工厂主，也有坦白的供述。参看前揭报告供述 14 及 265。

要了解以后发生的情形，我们必须记着，1833 年，1844 年和 1847 年的工厂法，在后者不修正前者的限度内，是在法律上同样有效的。这三个法律，都没有限制 18 岁以上的成年男子的劳动日；自 1833 年以来，午前 $5\frac{1}{2}$ 时至午后 $8\frac{1}{2}$ 时那 15 小时，仍为法定日，在法定日的限界以内，少年人与妇人当初得依照规定的条件，作 12 小时劳动，嗣后减为 10 小时。

于是工厂把少年工人和女工，裁去了一部分，甚至于裁去一半，同时又恢复成年男子作夜工的制度。他们都说 10 小时工作法逼迫他们，使他们如此办理[1]。

他们进攻的第二着，是对准法定的吃饭时间而发的。且听听工厂监督专员的话。"自劳动时间限为 10 小时以来，工厂主都以为，假设劳动时间自上午 9 时至下午 7 时，他们依照法律的规定，一小时半的吃饭时间，可以在上午 9 时以前给一小时，在下午 7 时以后给半小时，虽在事实上他们不曾充分依照这种见解去做。他们有时也给予一小时或半小时，作午餐时间，但认为他们自己没有义务，必须在 10 小时劳动日中，给予一小时半的任何部分。"[2] 工厂主认为，关于食事时间曾有细密规定的 1844 年的法律，仅许工人在进厂以前和退厂以后饮食，那就是在家里饮食。为什么工人不在正午 9 时以前吃中饭呢？但刑事裁判官却判决说："规定的吃饭时间，必须在实际劳动日的期间内。从上午 9 时至下午 7 时继续作 10 小时没有间断，是不合法的。"[3]

在这种快意的演习战之后，资本就采取与 1844 年法律条文一致的，从而合法的步骤，开始它的反抗运动了。

---

[1] 1848 年 10 月 31 日报告第 133、134 页。
[2] 1848 年 4 月 30 日报告第 47 页。
[3] 1848 年 10 月 31 日报告第 130 页。

1844 年的法律规定：8 岁到 13 岁儿童，已在午前作工的，不得再在午后一时以后作工。但它不曾规定，自正午或午后开始工作的儿童，每日应如何分配 $6\frac{1}{2}$ 时的劳动。所以，从正午 12 时开始工作的 8 岁儿童，可以把 $6\frac{1}{2}$ 时照这样分配，自 12 时至 1 时一小时，自午后 2 时至 4 时二小时，自午后 5 时至 $8\frac{1}{2}$ 时，$3\frac{1}{2}$ 时，合计 $6\frac{1}{2}$ 小时，或采取更好的办法。因要使儿童的工作，与成年男工人的工作，在午后 $8\frac{1}{2}$ 时以前配合，工厂主不在午后 2 时以前，叫儿童作任何工作，从午后 2 时起，八岁儿童就能继续不断，在工厂作工到午后 $8\frac{1}{2}$ 时了。因工厂主要使机械每日转动 10 小时以上，儿童在少年工人和女工离厂后还和成年男工一同劳动到午后 $8\frac{1}{2}$ 时，这就成为英国通行的办法了[①]。工人和工厂监督专员，从卫生的及道德的理由，提出抗议。但资本答说：

"我的行为并没有越轨。我要求我的权利。那就是我契约上规定的罚金和抵押！"

虽有种种抗议，但依照 1850 年 7 月 26 日下院刊布的统计，在 1850 年 7 月 15 日，实行这个办法的工厂，仍有 275 家，照这个办法使用的儿童，计有 3,742 人。但这还不够！资本的鹰眼，又发觉了，1844 年法律虽规定在午前劳动 5 小时，至少须有 30 分钟的休息，但关于午后的劳动，却没有同样的规定。所以，工厂主不但可以使 8 岁的童工，从午后 2 时不间断地，作到 $8\frac{1}{2}$

[①] 前揭报告第 42 页。

时，且使他们必须在这时间内挨着饥饿！

"呀，心呀，契约上是这样说的。"①

1844年法律约束儿童的劳动，也约束"少年人和妇人"的劳动。在该法律约束儿童劳动的限度内，工厂主是像薛洛克一样固执着法律的条文。在该法律约束"少年人和妇人"劳动的限度内，他们却发起公然的反抗。我们还记得，这个法律的主要目的，主要内容，是废止"假轮班制度"。工厂主的反抗，以这样单纯的宣告开始。即，1844年禁止在15小时工厂日（Fabriktag）内，随意使用少年人与妇人的条文，在劳动时间为12小时的时候，是"比较没有妨害"的，但在10小时工作法下，那却是"不能忍耐的困难。"② 所以，他们竟以极冷静的态度，通知工厂监督专员，说他们将超越法律的文字，以自力恢复旧时的制度③。他们是假借没有思虑的劳动者的名义，说：要这样，"他们才可以得到更高的工资"。说："要在10小时工作法下，维持英国产业的最优势，这是唯一可能的办法。"④ 说："要在轮班制度下侦察犯法的事情，或不无困难；但这有什么要紧呢？难道救济国家工业利益的问题，还比工厂监督专员或副监督员减少一些

---

① 资本，无论是在发展的形态上抑是在未发展的形态上，它的性质总是没有差别的。南北美战争爆发之前，奴隶所有者，曾以这样的法典，课加于新墨西哥领土内。这个法典规定，劳动者在其劳动力为资本家所购买时，他本人也"是资本家的货币"。在罗马的贵族间，也流行这种意见。他们所垫支于负债平民的货币，已经由生活资料，转化为债务者的血和肉。所以，这种"血和肉"，也是他们所有的货币。薛洛克式的十铜表，就是这样出来的。林格（Linguet）的假定——贵族债权人，时时在台伯彼岸，以债务人的肉，大张筵席，——和笃昧尔（Daumer）关于基督教圣餐的假定一样，是真是伪，到现在还是不能决定。
② 1848年4月30日报告第28页。
③ 例如，慈善家亚脊伟兹。他在一封致荷尔讷的信中便是这样说。（工厂报告1849年4月第4页）
④ 前揭报告第134页。

281

麻烦的问题，更属次要么？"①

这种种手腕，自然都是无效的。工厂监督专员，诉于法院。但不久，工厂主请愿的文书，像雪片一样，飞到内务大臣格勒爵士（Sir George Grey）那里。他在 1848 年 8 月 5 日的通告中，便谕告工厂监督专员说："假令毫无理由，可据以推测少年人妇人的工作时间，已超过 10 小时的时候，即无须控告工厂主违背法律条文，说他曾违法用轮班制度使用他们。"就因此，工厂监督专员斯图亚（Z. Stuart）遂准许苏格兰全境，在 15 小时工厂日内，实行轮班制度。在那里，轮班制度又和以前一样繁荣了。但英格兰的监察专员，则认为内务大臣无使法律失效的独裁权，故仍依法律程序，反对护奴运动的叛徒。

代表法院的尽义务的州法官②既宣判工厂主无罪，徒然传唤，有什么益处呢？在这种法院，审判工厂主的就是工厂主。试举一例。某爱斯克利居君，一位棉纺绩业者（凯绍·里斯公司）曾规划一种轮班制度，请工厂监督专员核准其在工厂内实行。专员不准，当初他也没有话说。数月后，有一个名叫鲁滨逊的人，也是一个棉纺绩业者。他即令不是爱斯克利居君的鹦鹉，也至少和他有关系。这个人，因实施一种轮班制度，和爱斯克利居发明的制度一样，被控到斯笃克卜市法院来。四个审判官列席，当中有三个是棉纺绩业者。这位爱斯克利居先生，就昂然坐在首席。爱斯克利居是判决鲁滨逊无罪的。当然，鲁滨逊做的事既不犯法，爱斯克利居去做又如何算犯法呢？判决发下以后，他马上就在他

---

① 前揭报告第 140 页。

② 这种州法官，——科培特（W. Cobbett）曾称其为"伟大的尽义务者"——是由各州显贵构成的一种无给的治安审判官。事实上，他们是支配阶级的世袭的审判所。

自己工厂内，采用这种制度了①。当然，这种法院组织，本身就是不合法的②。工厂监督专员荷维尔就曾经叹气说，"这种滑稽的审判，亟有改革的必要。不是改变法律来迁就这种判决，就应使法律由更正直的法院执行，希望这种情形的判决能与法律相符合。我痛感到，法官必须是有薪俸的职务。"③

刑事裁判官认工厂主对于 1848 年法律的解释，为不合理，但"社会的救主"决不会幡然改图。荷尔讷报告说："我在七个审判区，遇到十件诉案，我要奉公守法，但只有一案，得到州法官的扶助。……我认为，再告发这种违法事件，也无用处。1848年法律保证劳动时间划一的条文，在我统辖的区域（兰克夏）内，早就不发生效力了。我和副监督员在检查发现某工厂实施轮班制度时，虽要防止少年人和妇人每日作 10 小时以上的工作，也无能为力。……1849 年 4 月 30 日，依这方法实行轮班制度的工厂，达 114 家，最近数目还有激增的趋势。……大概言之，工厂的工作。已延长为 $13\frac{1}{2}$ 时，即是午前 6 时至午后 $7\frac{1}{2}$ 时……也有已延长至 15 小时者，自午前 $5\frac{1}{2}$ 时至午后 $8\frac{1}{2}$ 时。"④ 1848年 12 月，荷尔讷列举一个名单，其中有 65 位工厂主，29 位工厂管理者异口同声，说明在这种轮班制度下，任何监察制度，也不能防止过度的劳动⑤。有一些儿童与少年人，有时从纺绩室迁至

① 1849 年 4 月 30 日的报告第 21、22 页。还可考看第 4、5 页所载的类似的实例。

② 威廉四世第 1、2 号法令（第 24 章第 10 条）——号称霍布浩士爵士的工厂法（Sir John Hobhouse's Factory Act）——禁止棉纺织工厂厂主及其父子兄弟在工厂法问题上充任仲裁法官。

③ 前揭报告。1849 年 4 月 30 日报告第 22 页。

④ 1849 年 4 月 30 日报告第 5 页。

⑤ 1849 年 10 月 31 日报告第 6 页。

机织室，有时在 15 小时内由这一厂迁至那一厂①。"这种制度，在轮班制度的掩饰下，使工人有无穷的编列，各个人的劳动时间和休息时间，也时时变化，再不见有某组工人全体常在同室同时一同工作了。"似此，虽要加以取缔，也是不可能的②。

这种轮班制度——由此在现实上引起的过度劳动且不说——是资本幻想的产物。这种幻想，虽与佛利埃（Fourier）在《短会议》中描写的幽默的故事比较，也只有过之而无不及。唯一的异点是劳动的吸引，变作了资本的吸引。有些工厂主的计划，曾为上流报纸，推为"依适度注意和斟酌所成就的事业"的标本。我们就看看这种计划证。工人全部有时分成 12 类至 15 类，各类的组成分子，是不绝变更的。在 15 小时工厂日中，资本吸引劳动者 $\frac{1}{2}$ 小时或 1 小时后，再把他放出，重新吸进，重新呼出，在一片段时间之内，把他赶往这里，又把他赶往那里，而在作满 10 小时之前，是决不放他走的。像在舞台上一样，同一个人会在各幕扮演不同的人物。但像演员在演剧进行中完全属于舞台一样，工人在这 15 小时内也是完全属于工厂的。来往的时间还不计算在内。休息时间，被转化为强制不做事的时间，从而，驱使少年男工走入酒馆，少年女工陷于妓馆。资本家想出种种新的方法，图使机械每日能转动 12 小时或 15 小时，但不增加工人。他在这种企图下发明的方法，使劳动者连咽饭的时间，也成了变化莫定的。在 10 小时工作运动中，工厂主曾斥劳动者请愿的目的，是希图以 10 小时劳动得 12 小时劳动的工资。现在情形反过来了。他们付 10 小时劳动的工资，得到了 12 小时或 15 小时劳动

---

① 1849 年 4 月 30 日报告第 21 页。
② 1848 年 12 月 1 日报告第 95 页。

力的支配权①。这就是问题的要点，是工厂主对于 10 小时劳动法的解释。犹忆十年间，以甘言诱人，带着博爱假面具的自由贸易论者，曾在反谷物条例运动中，明明白白对工人说，如果谷物输入自由，英国产业的资源又不减少，10 小时劳动就很够使资本家富裕②。但现在却是怎样呢？

资本家从事反抗有两年。当英国最高四法院之一（即 Court of Exchequer），在 1850 年 12 月 8 日一件案子上，判决工厂主的行为违犯 1844 年的法律，但该法文字已使该法成为毫无意义时，资本的反抗就终于胜利了。"依照这个判决 10 小时工作法废止了③。有一群工厂主，一向不敢在少年工人和女工中实行轮班制度的，现在也双手接纳它了。"④

资本在表面上得到了决定的胜利，但伴着这种胜利，不久就发生了反动。向来劳动者的反抗，虽是不折不挠，无日或止的，但全然是被动的。现在他们是在兰克夏约克夏大会中，高声抗议了。所谓 10 小时工作法已成为泡影，成为国会的诈策，是从来未存在的。工厂监督专员也恳切警告政府，说阶级对立已达到不能置信的地步。就连工厂主也有些人抱怨说"因州判官在裁判上互相矛盾之故，一种反常的无政府的状态是蔓延了。约克夏实行一种法律，兰克夏实行别一种；兰克夏这一教区实行这种法律，

① 见 1849 年 4 月 30 日报告第 6 页，及工厂监督专员荷维尔与桑特士 1848 年 10 月 31 日报告中关于轮班制度的说明。还可参看 1849 年春阿胥登市及其附近各处牧师致女王反对轮班制度的请愿书。
② 参看格勒著《工厂问题与十小时工作法》。（伦敦 1837 年）
③ 恩格斯著《英国十小时工作法》（拙编《新莱茵新闻》1850 年 4 月号第 13 页所载）。在美国南北战争当时，这个"高级"审判厅曾发表如下的意见。取缔海贼船武装的法律，是在字义上非常暧昧的。这种暧昧，恰好使它原来的意义，变成正相反对。
④ 1850 年 4 月 30 日报告。

其邻近教区实行彼一种。大都市的工厂主可以漏去法网，小地方的工厂主，却不能发现必要的人员来实行轮班制度，更不能发现必要的人员，来使劳动者由一厂奔波至别一厂"。但榨取劳动力的平等权利，是资本的天赋人权呀！

在这状态下，工厂主与劳动者间成立了一种妥协。这种妥协，得国会批准后，成为 1850 年 8 月 5 日的工厂法新修正案。少年工人及女工人，星期一至星期五每日劳动由 10 小时增至 $10\frac{1}{2}$ 时，星期六则减为 $7\frac{1}{2}$ 时。劳动必须从午前 6 时起，至午后 6 时止①。其间必须有 $1\frac{1}{2}$ 时的食事时间。食事时间不得彼此分别给予，必须与 1844 年法律的规定相符。依此法，这种轮班制度算永远消灭了②。关于儿童劳动，则，1844 年法律，依然有效。

在这次像在以前各次一样，有一类工厂主，对于无产阶级儿童，要保持着一种特殊的支配权。那就是缫丝工厂主。1833 年，他们已以威胁的态度喊："剥夺自由，限制各种年龄的儿童，不得每日作 10 小时工作，这等于封闭他们工作的工厂。"他们说，完全使用 13 岁以上的儿童，在他们是不可能的。他们强求他们所欲的特权。以后的研究，证明他们的口实完全是假的③。但虽如此，他们仍得在十年间，雇用这样年小而必须站在足踏椅上作工的儿童，用他们的血，每日纺绩 10 小时④。1844 年的法律，

---

① 在冬季，改为自晨 7 时至晚 7 时。

② "现行法（1850 年的法律）成了一种妥协，依此，雇工牺牲了依 10 小时工作法他们应享的利益。但从此以后，劳动时间受着限制的他们，能有一致的上工时间和下工时间了。"（1852 年 4 月 30 日报告第 14 页。）

③ 1844 年 9 月 30 日报告第 13 页。

④ 同上。

虽剥夺他们的"自由",使他们不得雇用 11 岁未满的儿童,每日作 $6\frac{1}{2}$ 时以上的工作,但在反面,却给了他们一种特权,让他们有权使 11 岁至 13 岁的儿童,每日作 10 小时工作;这个法律,还格外开恩,免除他们的以强迫教育供给工厂儿童的义务。那一回,他们的口实是:"他们所制的织物,都是极精细的,必须有极轻巧的手指。这种手艺,只有从年轻时入厂的人,可以练得。"[1] 俄国南部的有角兽,为皮革与脂肪,而被屠杀,这些儿童却为轻巧的手指,而被屠杀。到 1850 年,1844 年所给予的这种特权,才受限制,而以捻丝及卷丝二部为限。但这种自由的剥夺,也不是没有赔偿的。11 岁至 13 岁儿童的劳动时间,由 10 小时增至 $10\frac{1}{2}$ 小时了。这场合的口实是:"丝厂的劳动,比别的工厂的劳动,更轻易,而且更不致于在健康上有妨害。"[2] 但以后政府医官的调查,却证明事实恰好相反。"丝业区域的平均死亡率,是非常高的,就妇女部分说,比兰克夏棉业区域的死亡率还要高。"[3] 关于这个问题,工厂监督专员虽然每半年提一次抗议,

---

① 前揭报告第 20 页。

② 1861 年 10 月 31 日报告第 26 页。

③ 前揭报告第 27 页。一般说,受工厂法限制的就业劳动者的身体,已有显著的改善。就这点说,各个医生的供述,是众口一辞的。我个人随时的观察,也足为此事的印证。且不说初生婴儿的惊人的死亡率。依格林浩医生的正式报告,工厂区域的健康状态,与有正常健康状态的农业地带相比较,依然应该说是不良的。且引述他 1861 年报告中的表,以为例证。(转下页)

但是这种弊害，一直到现在还没有消灭①。

1850 年的法律，把自午前 $5\frac{1}{2}$ 时至午后 $3\frac{1}{2}$ 时的 15 小时，改为自午前 6 时至午后 6 时的 12 小时，但仅适用于"少年工人与女工"。所以，那对于儿童是没有影响的。只要使用时间不超过 $6\frac{1}{2}$ 时，他们仍照旧例在这期间开始以前 $\frac{1}{2}$ 时，或在期间完了以后 $2\frac{1}{2}$ 小时被使用。当这个法案还在讨论中的时候，工厂监督专员曾向议会胪陈统计，说明这种反常现象所引起的弊害。但没有效果。因为，在这个法案背后，潜藏着一种企图，那要在营业兴旺的年度，再以儿童为助，把成年男工的劳动日，拉长为 15 小时。依照此后三年的经验，才知道，这种企图一定要被成年男工反抗而挫折。所以，1853 年才开始禁止，"在少年工人与女工

① 大家知道，英国的"自由贸易家"，对于丝制造业的保护税，是迟迟不肯取消的。当时，法国丝织品输入英国的数额甚大。当这种保护税取消时，为补偿起见，故对于丝织工厂的儿童劳动，不再加保护。

工业使用的成年男子的百分比率	男子十万名中因肺病死者的死亡率	地名	女子十万名中因肺病死者的死亡率	工业使用的成年妇女的百分比率	妇人职业的种类
14.9	598	威干	644	18.0	棉 业
42.6	708	布莱克浦尔	734	34.9	棉 业
37.3	547	哈利法克斯	564	20.4	毛绒业
41.9	611	布拉德福	603	30.0	毛绒业
31.0	691	马克尔斯菲尔德	804	26.0	丝 业
14.9	588	利克	705	17.2	丝 业
36.6	721	斯托克·托伦特	665	19.3	陶 业
30.4	726	吴尔斯坦吞	727	13.9	陶 业
—	305	八个健康的农业区域	340	—	

进厂以前或退厂以后，不得使用儿童"。此后，除少数例外，①
1850 年的工厂法，已能在它所规范的各产业部门，约束全部工
人的劳动日了②。自第一次工厂法通过以来，到这时，已经过半
世纪了③。

工厂法超过原范围的第一次，是"1844 年的印刷工厂法"。
资本在接受这种"非法"时的不快，可以从该法的每一条看到。
但这个工厂法，只把妇女和 8 岁至 13 岁的儿童的劳动日，限为
午前 6 时至午后 10 时的 16 小时，且未规定法定的吃饭时间。它
准许 13 岁以上的男子，任意在日间夜间被使用④。这是国会的一
个流产⑤。

不过，工厂法在这诸种大工业（那是近代生产方法的最特色
的产物）上胜利了，其原理也跟着胜利了。自 1853 年至 1860
年，工厂工人在生理方面道德方面退化了，但这诸种大工业的异

---

① 1853 年 4 月 30 日报告第 31 页。
② 1859 年及 1860 年为英国棉工业的全盛期。在这时有若干工厂主以分外时间
有较好待遇的话作饵，诱致成年男纺绩工人等，赞成劳动日的延长。手推精
纺绩（Hand Mule）工人、自动机精纺绩工人（Self-actor Minders）曾向雇主
呈建议书，请求把这种实验中止。建议书上说："坦白地说，我们的生命，
是我们自己的一种负荷；当我们发觉，我们比别的劳动者，每星期几乎必须
在工厂多束缚二日，我们简直觉得我们是像奴隶；还觉得，我们现在维持的
制度，不仅于我们有害，且于我们的子孙有害。……我们现在敬告诸位先
生，圣诞节和新年过后我们开工时，我们每星期将只作工 10 小时，不得较
多；换言之，我们将从 6 时作到 6 时，其中包含 $1\frac{1}{2}$ 小时的休息。"（1860
年 4 月 30 日报告第 30 页）
③ 这个法律的文字，有叫人违犯的可能。关于这点，可参看议会报告"工厂管
理法"（1859 年 8 月 6 日）。并参看该报告所载荷尔讷所撰《提议修正工厂
法，使工厂监督专员得防止现在流行的违法工作》一文。
④ "过去半年间在我所管辖的区域内，8 岁及 8 岁以上的儿童，往往从午前 6 点
钟，作到午后 9 点钟。"（1857 年 10 月 31 日报告第 39 页）
⑤ "印刷工厂法，就其保护的意义说，就其教育的意义说，都被承认是失败
了。"（1862 年 10 月 31 日报告第 52 页）

常的发达，虽迟钝的眼，也看得很明白。工厂主在半世纪斗争之后，虽逐步逐步受法律的限制约束，但也常拿他们这几种工业，和别一些依然有"自由"榨取权的工业相比较，来夸示他们自己的成功①。"经济学"上的伪善者，也以为，法定劳动日的需要的认识，是他们这种"科学"的特殊的新发现②③。我们很容易知道，当工厂贵族服从这不可免的命运，并与之和解时，资本的反抗力，是渐次衰落下。同时，当劳动阶级获得其他社会阶层（即与此问题无直接利害关系的阶层）为同盟时，劳动者的进攻势力，又加强了。1860年以来工厂法的遥较为速的进步，即由于此。

　　1860年染色工厂与漂白工厂，1861年花边工厂与织袜工厂，

------

① 可参看博德尔（E. Potter）1836年3月24日致《泰晤士报》的一封信。该报教他记起工厂主方面反对10小时工作法的运动。

② 与杜克共著并发行《物价史》的纽马奇（W. Newmarch），就是这样主张的。怯弱地对舆论让步，也是科学的进步么？

③ 1860年制定的关于漂白工厂和染色工厂的法令，是规定，自1861年8月1日起，劳动日应暂定为12小时，但自1862年3月1日起，应确实减为10小时，即星期一至星期五每日劳动 $10\frac{1}{2}$ 小时，星期6劳动 $7\frac{1}{2}$ 小时。但不祥的1862年到来时，旧的把戏又重演了。工厂主向国会请愿，请准许将期限延长一年，在延长的一年内，每日仍许使用少年人和妇女12小时……"在棉业的现状下（1862年，正是棉花不足的年），每日作12小时，让他们尽可能获得多额的工资，乃是于劳动者有利的事情。"就因此故，有一个法案在下院提出了，"其撤消，主要是得力于苏格兰漂白工人的运动"。（1862年10月31日报告第14、15页。）——1860年这个名义上要保障漂白工人和染色工人利益的法律，就连工人也是反对的。资本家借用法律家的眼睛已能看出1860年这个法案，像一切"保护劳动"的立法一样，含着意义暧昧的字眼。这种意义暧昧的字眼，使他们有所借口，把Calen derers（使布匹光泽的工人）和finishers（最后加工的工人），排在法律规定之外。英国的司法机关（那永远是资本的忠实的奴仆），在普通诉讼法庭，把这种强辞夺理的解释裁可了。"劳动者非常失望，……他们通统诉说工作过度。良足引为遗憾的一件事，是立法院的明白的意图，竟因字义欠明了，以致徒劳而无功。"（上述报告第18页）

先后受 1850 年工厂法的约束。童工委员会（1863 年）第一次报告的结果，又使各种黏土工业（不仅指陶业）、火柴工业、雷管工业、弹药筒工业、花纸工业、绒布加工业，以及统称为"加工"的各种过程，接受同一的命运。1863 年，屋外漂白业①与面包烙制业，各受特殊的法律限制。在前者，儿童、少年人、与妇人，不得在夜间（自晚 8 时至晨 6 时）工作；在后者 18 岁未满的面包工人，不得在晚 9 时至晨 5 时工作。童工委员会以后各次

---

① "屋外漂白业者"，诳说他们这种职业不雇用妇女作夜工，因以躲避 1860 年关于漂白业所规定的法律。工厂监督专员把这个诳说揭破了；同时，国会又依劳动者的请愿，知道屋外漂白业，并不是在草原空地上进行的工业。屋外漂白业的烘干室，常在华氏 90 度乃至 100 度，其室内工作大多数是由少女担任的。"凉一凉"，这便是她们自烘干室逃出来呼吸自由空气的专门名词。"烘干室用了 15 个少女。热度，在麻布，为 80—90 度，在上白麻布，为 100 度以上。一个小房间，大约有 10 平方尺宽，其中央是一个闭口的炉。有 12 个少女在里面拿熨斗工作。她们站在炉的四周。炉发出一种异常的热，把上白麻布烘干来，给她们用熨斗烫平。她们的劳动时间，是没有限制的。如果忙，就得接连每天作到晚间 9 时至 12 时。"（1862 年 10 月 31 日报告第 56 页。）——一位医生说："没有特别的时间给她们出去凉一凉，但温度过高时，或工人满手是汗时，他们可以出去几分钟。……我曾诊察许多炉间工人，这种经验，使我觉得，他们的健康状况，不及纺绩工厂的女工人。（不过资本家在呈国会的请愿书中，却以鲁本斯的笔法，把她们描写得非常健康。）在他们中间，最常见的病，是肺结核、气管支炎、子宫机能异样、恶性歇斯底里和风湿症。我相信，这种种病，都直接间接起因于工作室内空气的不洁或过热；她们又没有充分的衣物，可以在冬季，在归途中，抵抗寒气湿气的侵扰。"（前揭报告第 56、57 页。）关于屋外漂白业 1860 年的追加补充条例，工厂监督专员曾说："法律名义上要保护这种工人，但不但没有给他们保护，且包含一条……依照字义，凡不在夜间 8 时以后劳动的工人，不应受任何保护，而在夜间 8 时以后尚劳动的工人，也因证明的方法非常暧昧，以致很少有判决有罪的机会。"（前揭报告第 52 页。）"所以，无论就教育方面说，抑就人道方面说，这个法律都是失败了；因为，这个法律，准许（实等于强迫）妇女和儿童每日作 14 小时（有或者没有吃饭的时间），甚至 14 小时以上，不拘年龄，不拘性别，也不顾当地家庭的社会习惯。这能说是人道的么？"（1863 年 4 月 30 日报告第 40 页。）

惊人的提议——要在农业、矿业、运输业以外各种英国重要产业上，剥夺工厂主的"自由"——则留待以后再考察①。

VII 关于标准劳动日之斗争，
英国工厂法所及于其他各国的反应

读者大概还记得，若不说劳动隶属于资本这件事在生产方法上引起的变化，则资本主义生产方法特别的内容和目的，是剩余价值的生产或剩余劳动的榨取。读者大概还记得，依照以上展开的观点，又只有独立的工人（即法律上的成年工人），才能当作商品售卖者，而与资本家缔约。所以，当我们在历史叙述上，一方面以近代产业为主题，他方面以生理上法律上未成年的人的劳动为主题时，我们是把前者当作劳动榨取的一个特殊范围，把后者当作劳动榨取的特别显著的例子。不预先假定往后研究的结果，我们已经可以由这各种历史事实的关联，得到如此的结论：

第一，资本无限制无顾虑延长劳动日的冲动，最初是在棉纺织业，羊毛纺织业，麻纺织业，丝纺织业上满足的。这几种产业，是最早依水力，蒸汽，机械，发生革命的。它们是近代生产方法的最早的创造物。变化的物质生产方法及与其相应而变化的生产者的社会关系②，最先引出无限制的非法现象，随后又在反对方面，唤起一种社会的统制，要用法律，把劳动日和休息时间加以限制，调节，和划一。在十九世纪前半，这种统制，仅表现

---

① 第2版注。我于1866年写这一段话以来，反动是再发生了。

② "这两个阶级（资本家与劳动者）的行为，是他们所处的相对地位的结果。"
（1848年10月31日报告第113页。）

为例外的立法①。但这种统制，一旦把新生产方法原来的范围征服，就发觉了，不仅有许多别的生产部门，也采用真正的工厂制度，并且像制陶业，制玻璃业那样仍采用旧式经营方法的制造业，像面包烙制业那样旧式的手工业，像制钉业那样的分散的所谓家内劳动（Hausarbeit）等②，也早经和工厂一样，极度沉溺在资本主义的榨取中。所以，这种立法，渐次脱却了例外性，像罗马的决疑论者一样，在英格兰，断然认为，一切有人在其内劳动的房屋都是工厂（Factory）③。

第二，劳动日制定（在若干生产部门，这种制定已经实行，在别一些部门，尚在继续奋斗，求其实现）的历史，确实证明了，当资本主义生产达到一定的成熟阶段时，孤立的劳动者，换言之，当作"自由"出卖劳动力者的劳动者，将无抵抗地屈服。所以，标准劳动日的制定，乃是资本阶级与劳动阶级长期间暗中斗争的结果。这种斗争，既开始在近代产业的范围以内，故也最初表现在近代产业的诞生地，即英吉利④。最先对资本理论挑战

① "受限制的各种职业，皆与使用汽力水力的织物制造业有关。一种职业必须同时具备下述二条件，始受专员监察，即使用汽力或水力，并制造某种织物。"（1864 年 10 月 31 日报告第 8 页。）

② 关于所谓家内工业，童工委员会最近的报告，曾包含极有价值的材料。

③ "前届议会（1864 年）法令……所约束的，有习惯异常不同的种种职业。使用机械力推动机械这个条件，已经不似先前是法律上成为工厂的必要条件了。"（1864 年 10 月 31 日报告第 8 页。）

④ 比利时——大陆自由主义的乐园——没有这个运动的形迹。即在炭坑和金属矿山内，也是不问性别，不问年龄，让资本以完全的自由，以任何的时间，在任何时候，把劳动者消费。在那里，每雇用 1,000 个人中，有 733 个男人，88 个妇人，135 个 16 岁以下的男孩，44 个 16 岁以下的女孩。就熔矿工厂说，每雇用 1,000 个人中，就雇用 668 个男人，149 个妇人，98 个 18 岁以下的男孩，85 个 16 岁以下的女孩。加之，又不问劳动力成熟与否，其极端榨取所出的工资，都是极贫弱的。男人每日平均的工资为 2 先令 8 便士，女人每日平均的工资为 1 先令 8 便士，少年人每日平均的工资为 1 先令 2 便士半。但与 1850 年比较，1863 年的煤铁诸项的输出量与输出价值，都几乎加了一倍。

的，是英国的理论家①。同样，英国的工厂劳动者，又不仅是英国劳动阶级的战士，并且是近代全世界劳动阶级的战士。无怪工厂哲学家乌尔，见资本决然要取争"劳动的完全自由"，而英国劳动阶级却以"工厂法的奴隶制度"（Sklaverei der Fabrikakte）为标榜来反对资本，会说，"那是英国劳动阶级的永远洗不干净的耻辱。"②

　　法兰西慢慢跟在英吉利后面。在那里，12小时工作法的制定，必须有二月革命作催生③。其所制定的法律，是模仿英国的，但比较更不完全得多。但法国的革命方法，也有它的特别长处。英国立法在环境压迫下，违反志愿，时而在这点屈服，时而

----

① 19世纪最初10年刚刚过去的时候，欧文即主张有限制劳动日的必要。他不仅把这点当作理论上的主张，且实际在他创设在纽拉那尔克的工厂内，实行这个主张。当时的人，曾讯笑这个主张，说它是共产主义的乌托邦。他又主张，"儿童的教育应与生产劳动相结合"，主张创设工人合作社。这二种主张，也是同样被嘲笑。到现在，上述第一个乌托邦，就是工厂法；第二个乌托邦，已成为工厂法上政府公然使用的字眼；第三个乌托邦，已成为反动欺骗政策的外衣了。

② 乌尔《制造业哲学》（法文译本巴黎1836年第2卷第39、40、67、77页及其他各页）。

③ "1855年巴黎国际统计会议"的报告中说："限制工厂和工作场所的劳动日为12小时的法国法律，没有规定应从何时至何时为止。它只规定，儿童劳动只准在早晨5时至晚间9时之内使用。有些工厂主，就利用决律的沉默，每日（也许除开星期日）毫无间断地使工人劳动。为此目的，他们使用两班工人，每班在工厂内的工作，皆不超过12小时，但工厂的工作，仍昼夜不断。法律是实行了，但于人道有何益处呢？"该报告除力说夜间劳动对于人身体有破坏的影响外尚力说："夜间把男女关系在一个灯光不亮的工作场所内，可以招致有害的结果。"

在那点屈服，不过产生出一个新的法律上的合尾鼠①。法国的工厂法，则不分彼此，以劳动日的限制，加在一切工作场所和工厂。法国法律承认为原则的东西，在英国，最初是以儿童少年人及妇女的名义获得，近年才当作一种普遍权利来要求的②。

北美合众国，在尚有奴隶制度染污共和国之一部时，任何独立的劳动运动，皆不能奋起。在黑人劳动受压迫的地方，白人劳动无论如何不能解放。但奴隶制度的死灭，引起了一种新的活的生命。南北美战争的第一个果实，是八小时工作运动（Achtstun-denagitation）。这个运动，以特别快车的速度，由大西洋传布至太平洋，由新英格兰传布至加里福尼亚。在巴尔提摩尔开的全美工人大会，曾于 1866 年 8 月 16 日宣言："在今日，要从资本主义的奴隶制度，把这个国家的劳动解放出来，第一件须做的事情，是通过一种法律，使美国各州，皆以八小时为标准劳动日。我们誓以全体的力量，使其得到这个光荣的结果。"③ 同时，国

① "例如，在我管辖的区域内，就有一个工厂建筑物，在其内，同时经营漂白业和染色业经营印刷业，更经营加工业。前二业，是应受漂白工厂染色工厂条例限制的；印刷业，是应受印刷工厂条例限制的；加工业则应受工厂法限制。"（1861 年 10 月 31 日报告第 20 页贝克尔氏的报告。）贝克尔氏（Mr. Baker）在列举这种种条例的种种规定，指明它们非常复杂以外，尚说："很明白，在工厂主起意要躲避法律的地方，要使这些条例皆能切实履行，是一件极困难的事。"审判官先生所能保证的，只是诉讼事件的发生。

② 最后，工厂监督专员竟也说："这种异议（资本对于法律限制劳动时间的异议），必须在广泛的劳动权的原则之前屈服。……哪怕这个问题没有了结的时候，也会有一日，雇主不复有支配工人劳动的权利。到那时，他的时间将成为他自己的。"（1862 年 10 月 31 日报告第 54 页。）

③ "我们，丹基古（Dunkirk）市的劳动者，谨宣言：现制度下的劳动时间未免太长了，那不但没有给劳动者以休息和教育的时间，它所给于劳动者的状况，不过略比奴隶制度好些罢了。也就因此，所以我们决议，一劳动日有 8 小时已经很够，且宜由法律如此规定；所以我们敢请新闻界予以有力的援助。凡拒绝此种援助的，我们必断然认其为妨碍劳动改良，剥夺劳动权利的敌人。"（1866 年纽约州丹基古劳动者的决议案。）

际劳动者协会日内瓦大会，也根据伦敦理事会的提议，作如此的决议："劳动日的限制，是一个预备的必要条件，没有它，一切进步的改良或解放，都会没有结果。……我们提议八小时为劳动日的法定限制。"

在大西洋两岸，劳动阶级的运动——那是本能地从生产关系发生出来的——都证实了英国工厂监督专员桑特士（R. J. Saunders）的话"不限制劳动时间，或仅限制而不切实施行，都足使社会改良的进步，永远没有希望。"[1]

我们必须承认，我们的劳动者从生产过程出来，和他加入生产过程那时候，是不同的。在市场上，他以"劳动力"这种商品的所有者的资格，和别种商品的所有者相对立。这是商品所有者与商品所有者相对立。他以劳动力售于资本家的契约，据说，是明白证明了，他可以自由处分他自己。但交易终了，我们却发觉，他并不是"自由契约的当事人"；他自由出卖劳动力的时间，乃是他被强迫出卖劳动力的时间[2]，实际，劳动力的榨取者，"在有一块筋肉，一束腱，一滴血，尚可榨取的限度内，是决不会放手的。"[3] 劳动者如要防止这个使他们痛苦的蛇，必须把头团聚在一块，当作一个阶级，要求制定一种国法，设立一个非常有力的社会屏障，使劳动者不得依照与资本缔结的自由契

---

① 1848 年 10 月 31 日报告第 112 页。

② "这种行动（资本自 1848 年至 1850 年的演习），提供了一个不可掩饰的证据，证明那个屡屡有人提出的主张——劳动者不需有任何保护，他们可以自由处分他们唯一的所有物（他们的手的劳动和他们的额头的汗）——是谬误的。"（1850 年 4 月 30 日报告第 45 页。）"自由劳动（假如可以这样称呼），即在自由国家，也需有法律的强臂，予以保护"（1864 年 10 月 31 日报告第 34 页。）——"准许他们每日作 14 小时工作，有或者没有吃饭的时间，……等于强迫他们每日作 14 小时工作。"（1863 年 4 月 30 日的报告第 40 页。）

③ 恩格斯著《英国劳动阶级的状况》第 5 页。

约，在死与奴隶的状态下，出卖自己和自己的家人①。"不能出卖的人权"，不过是华而不实的目录。不要这个。我们要一个朴实的以法律限制劳动日的大宪章。在其中，明白规定"工人出卖的时间，在何时终，工人自己的时间，从何时起。"② 这是怎样大的一种变革呀！

---

① 十小时工作法，已经在它所约束的各产业部门，"使以前作长时间劳动的劳动者，不复再有早衰之象"。（1859年10月31日报告第47页。）"用工厂的资本，来推动机械，使其超过限定的时间，那一定有害于所雇工人的健康和品行。这种工人所处的地位，是不能保护他们自己的。"（前揭报告第8页。）

② "一个更大的利益，是把属于劳动者自己的时间和属于雇主的时间，分得清清楚楚。劳动者现在知道，他所出卖的时间是何时终了，他自己所有的时间是何时开始。因为有这种确实的预知，所以他们能够预先为自己的目的，支配好自己的时间。"（前揭报告第52页。）——"工厂法要使他们能够支配他们自己的时间，这是给他们一种道德能力，使他们最后能够行使政治上的权利。"（前揭报告第47页。）——工厂监督专员曾用谨慎的讽刺，仔细的言辞，暗示了如下一点：现在的十小时法，还可使资本家解除若干自然的蛮性，使他们不单纯成为资本的体化，并给他们以少许"教养"的时间。以前"雇主所有的时间，都是用在金钱问题上面，雇工所有的时间，都是用在劳动上面"（前揭报告第48页）。

第九章

剩余价值率与剩余价值量

在这章，像在以上各章一样，我们假设劳动力的价值，从而，假设劳动力再生产或其维持的必要劳动日部分，为已知的，不变的量。

在这个假设下，当我们知道个别劳动者在一定时间内供给资本家的剩余价值率，我们也就知道剩余价值量。例如，假设必要劳动等于每日 6 小时，表现为 3 先令或 1 台娄尔（Taler）的金额，1 台娄尔便是一个劳动力 1 日的价值，便是购买一个劳动力所垫支的资本价值。再假设剩余价值率为 100％，便知道 1 台娄尔的不变资本，将生产 1 台娄尔的剩余价值量。那就是，劳动者每日所供给的剩余劳动量，为 6 小时。

资本家同时使用的全部劳动力的总价值，以货币表现出来，便是可变资本。故可变资本的价值，等于一个劳动力的平均价值，乘所使用的劳动力的总数，已知劳动力的价值，则可变资本的量，与同时使用的劳动者数，成正比例。假设一个劳动力 1 日的价值，等于 1 台娄尔，则每日要榨取 100 个劳动力，须垫支 100 个台娄尔，每日要榨取 n 数劳动力，须垫支 n 数台娄尔。

同样：1 台娄尔的可变资本（一个劳动力 1 日的价值）既每日生产 1 台娄尔的剩余价值，所以，100 台娄尔的可变资本，每日生产 100 台娄尔的剩余价值；n 数台娄尔的可变资本，每日生产 n 数台娄尔的剩余价值。所以，生产的剩余价值之量，等于一个劳动者劳动一日所供给的剩余价值，乘所使用的劳动者数。但因一个劳动者所生产的剩余价值量，在劳动力价值为已知的场合，是由剩余价值率决定，故可得第一定律如下：所生产的剩余价值量，等于所垫支的可变资本量，乘剩余价值率；换言之，若已知同一资本家同时榨取的劳动力的数目，又知每个劳动力的榨取程度，则所生产的剩余价值量，由二者间的复比例决定。

以 M 代表剩余价值量；以 m 代表每个劳动者每日平均供给的剩余价值；以 v 代表每日购买每个劳动力所垫支的可变资本，以 V 代表可变资本的总和，以 k 代表一个平均劳动力的价值，以 $\dfrac{a'}{a}\left(\dfrac{剩余劳动}{必要劳动}\right)$ 代表榨取程度，以 n 代表所使用的劳动者数，我们即得下式：

$$M = \begin{cases} \dfrac{m}{v} \times V \\[2ex] k \times \dfrac{a'}{a} \times n \end{cases}$$

我们以上不仅假定一个平均劳动力的价值是不变的，且假定一个资本家所使用的劳动者，都已还原成平均劳动者。但例外情形还是有的。在例外情形下，所生产的剩余价值，可以和被榨取的劳动者数不为比例的增大。劳动力价值并非不变的情形就是这样。

所以，在一定量剩余价值的生产上，一个因素的减少，可由别个因素的增加来补偿。假设可变资本减少，但剩余价值率依同一比例提高，所生产的剩余价值之量，便依然不变。再依照以前的假定，假设资本家每日要榨取 100 个劳动者，必须垫支 100 台娄尔，并假设剩余价值率为 50%，则此 100 台娄尔的可变资本，将提供 50 台娄尔的剩余价值，或 100×3 劳动时间的剩余价值。现在假设剩余价值率加倍了，劳动日非由 6 小时延长至 9 小时，却由 6 小时延长至 12 小时，则已减少一半的可变资本 50 台娄尔，仍会提供 50 台娄尔的剩余价值，或提供 50×6 劳动时间的剩余价值。可变资本的减少，可由劳动力榨取程度之比例的提高来补偿；换言之，所使用的劳动者数的减少可由劳动日之比例的延长，来补偿。所以在一定限度内，资本所能榨取的劳动供给，无关于劳动者供给①。反之，剩余价值率的减少，也可由可变资本量（或所使用的劳动者数）之比例的增加来补偿，从而，使所生产的剩余价值量依然不变。

　　但要由剩余价值率的提高或劳动日的延长，来补偿劳动者数（即可变资本量）的减少，其中自有不能超过的限界。无论劳动力的价值如何，无论维持劳动者所必要的劳动时间为 2 小时抑为 10 小时，一个劳动者每日平均所能生产的总价值，总比 24 小时劳动对象化的价值更小；假设 24 小时对象化的劳动，以货币表现，等于 12 先令或 4 台娄尔，则劳动平均每日所能生产的总价值，总比 12 先令或 4 台娄尔更小。依照以前的假设，每日必须有 6 小时劳动，才能动，才能再生产劳动力，或代置购买劳动力所垫支的资本价值。在这假设下，500 台娄尔的可变资本，雇用 500 工人，剩余价值率为 100%（那就是一劳动日等于 12 小时），每日即生产剩余价值 500 台娄尔，或 6×500 小时劳动的剩余价值。100 台娄尔的资本，每日雇用 100 工人，剩余价值率虽为 200%，使一劳动日等于 18 小时，也仅能生产 200 台娄尔或 12×100 小时劳动的剩余价值。其总价值生产物——与所垫支的可变

---

① 这个根本法则，庸俗经济学的先生们，似乎一点也不知道。他们认劳动的市场价格定于供给与需要。他们在这点，正好与阿基米德（Archimedes）相反。他们以为，他们由此发现了使世界静止（不是使世界运动）的支点。

资本，加剩余价值相等，——决不能每日等于 400 台娄尔或 24×100 小时劳动。平均劳动日有一个绝对的限制；因为，依照自然那必须小于 24 小时。这种绝对的限制，使可变资本的减少，只能在这绝对的限制内由剩余价值率的提高来补偿；或者说使被榨取劳动者数的减少，只能在这绝对的限制内，由劳动力榨取程度的提高来补偿。这是我们的第二个定则。资本虽然有一种趋势，要尽可能生产最大量的剩余价值，但还有一种矛盾的趋势（这是以下我们要讲的），要尽可能减少所使用的劳动者数，尽可能减少转化为劳动力的可变资本部分。要说明从后一种趋势发生的种种现象，这个明明白白的定则，是极重要的。反过来说。所用劳动力的量的增加，可变资本的量的增加，如果不与剩余价值率的减低成比例，则所生产的剩余价值量，一定会减少。

所生产的剩余价值量，由二因素而定，其一为剩余价值率，其一为所垫支的可变资本之量。这事实，引出了第三个定则。已知剩余价值率或劳动力的榨取程度，又已知劳动力的价值或必要劳动时间的大小，那很明白，可变资本越是大，所产价值与剩余价值之量也越是大。假设已知劳动日的限界，又已知必要部分的限界，则一个资本家所生产的价值与剩余价值之量，很明白，只是由他所推动的劳动量决定。但在假定的条件下，劳动量，又由他所榨取的劳动力之量，由劳动者的人数决定。劳动者数，又由所垫支的可变资本之量决定。故若已知剩余价值率，已知劳动力的价值，则所生产的剩余价值量，与所垫支的可变资本之量成正比例。但我们知道，资本家把他的资本分成二部分。他把一部分用来购买生产手段。这是资本的不变部分。他把别一部分用来购买活的劳动力。这一部分，便是他的可变资本。在同一生产方法的基础上，不变部分与可变部分的划分，是各生产部门彼此不同的；在同一生产部门内，二者的比例，也因生产过程的技术基础与其社会结合之不同而不同。但无论一定的资本，是以如何比例分为不变部分和可变部分，无论后者与前者的比例为 1 对 2，为 1 对 10 抑为 1 对 x。上述的法则，皆不受影响。因为，依照前面的分析，不变资本的价值，仅再现在生产物价值中，不会加入新形成的价值生产物中。雇用 1000 个纺绩工人，当然比雇用 100 个纺绩工人，需要更多的原料纺锤等。但追加的生产手段的价值，无论有无增减，无论是大是小，都不会在劳动力——推动生产手段的劳动力——的价值增殖过程上发生影响。所以，上面所论证的定则，可述如下式：假定劳动力的价值为已定的，劳动力的榨取程度为不变的，则各个资本额所生产的价值与剩余价值之量，与可变资本部分（即转化为活的劳动力的部分）之量，成正比例。

这个法则，显然与一切以外观为基础的经验相矛盾。每一个人都知道，以所用总资本的百分比率言，棉花纺绩业者，是使用比较多的不变资本，使用比较少的可变资本，面包烙制业者是使用比较多的可变资本，使用比较少的不变资本，但前者的利润或剩余价值，不因此而更少。要解决这个表面上的矛盾，我们尚须有许多中项，就好像必须有许多中项，我们才能从初等代数学的观点，说明 $\dfrac{0}{0}$，是代表一个现实的量。古典派经济学，虽未定立这个法则，但曾本能地坚持这个法则，因这个法则，是价值法则一般的必然结论。他们要由强烈的抽象，从现象的矛盾中，把这个法则救出来。以后[①]我们会知道，里嘉图学派怎样被这块拦路的石头绊倒。至若那实际毫无研究的庸俗经济学家，在此处是和在其余各处一样，固执外观以与现象的法则相反对。他们与斯宾诺莎（Spinoza）相反，是把无知当作充足理由的。

---

① 其详，可参看本书的第 4 卷。

社会总资本每日平均推动的劳动，可以当作一个劳动日来考察。假设劳动者数为 1,000,000，劳动者平均劳动日 10 小时，则社会的劳动日为 10,000,000 小时。设劳动日的长度为已定的，其限界已由物理的方法或由社会的方法规定，则剩余价值之量，随劳动者数（即劳动人口）增加而增加。在此，人口的增加，对于社会总资本的剩余价值生产，形成数学的限界。反之，若人口数为已定的，则形成此限界的，为劳动日的可能的延长①。在下一章，我们会知道，这个法则的应用，是有限制的。它只适用于我们以上所考察的剩余价值形态。

根据以上关于剩余价值生产所说的话，可知绝非任何的货币额或价值额，皆可转化为资本。这种转化有一个前提，即个别货币所有者或商品所有者手中的货币或交换价值，须达一定的最低额。可变资本的最低额，即是在一年间每日使用一个劳动力来获取剩余价值所必要的成本价格（Kostenpreis）。假设劳动者有他自己的生产手段，并以劳动者的生活为满足，再假设其本人生活资料再生产所必要的劳动时间，为每日 8 小时，如是，他也只需用 8 小时劳动所需用的生产手段。但资本家既要在这 8 小时之外，再要求 4 小时的剩余劳动，他自须有追加的货币额，用来购买追加的生产手段。但按照我们的假设，就令他只想过劳动者一样的生活，只想满足自身的必要欲望，也必须用两个工人，才能每日取得这样多的剩余价值。在这场合，他的生产的目的，单是为生活，不是为财富的增殖（财富的增殖，才是资本主义生产的目的）。又，假设他要过的生活，不过比普通劳动者生活好一倍，

---

① "社会的劳动，即社会的经济时间（economic time），表现为一个定量，例如 1,000,000 人每日 10 小时或 10,000,000 小时。……资本的增殖，是有限界的。在一定期间内，这个限界，由经济时间的现实的数量而定。"（《国家经济论》伦敦 1821 年第 47、49 页）

且仅要以所生产的剩余价值之半数，再转化为资本，垫支资本的最低限，就须与劳动者数的增加，同时增加 8 倍了。当然，他自己可以和劳动者一样，直接参加生产过程，但若如此，他便成了资本家与劳动者的中间人物，是"小老板"（Klein Meister）了。资本主义生产达到一定高度以后，资本家必须能以充任资本家（人格化的资本）的全部时间，来占有并统制他人的劳动，来售卖这种劳动的生产物①。因此，中世的基尔特（Zuaftwesen），曾以强力限制一个老板所能使用的劳动者数，使不得超过极小的最高限，以防止手工业老板化为资本家。货币或商品的所有者要实际转化为资本家，他在生产上垫支的最低额，必须远过中世纪规定的最高额。我们在这里，又像在自然科学上一样，为黑格尔在伦理学中发现的法则——单纯的量的变化，达一定点，即转化为

---

① "租地农业家不能依赖自己一人的劳动；他如果这样，我敢断言，他是会损失的。他的事务，是照料全盘；他必须监视打麦的人；没有监视，麦粒会打不干尽。同样，刈草的人，刈麦的人，其他各种人，都须监视。他还要不断巡视他的耕地，看有没有忽略的地方。如果他只注意一处，这种忽略就难免的。"（《食物价格与农场面积的关系的研究》一个农业家著，伦敦 1773 年第12 页。）这个著作是极有兴味的。在该书内，我们可以研究"资本主义农业家（capitalist farmer）"或他所谓"商人农业家（merchant farmer）"是怎样发生的；我们还可以看到这种农业家，和主要为生存目的的"小农业家（small farmer）"的区别。"资本阶级最初只部分地解除筋肉劳动的必要，后来才全部把这种必要解除。"［琼斯（Richard Jones）著《国家经济学教程》赫特福 1852 年第 3 讲第 39 页。］

质的差别①——得到了一个证明。

个别货币所有者或商品所有者蛹化为资本家所必须有的最低价值额，视资本主义的发展阶段不同而异。发展阶段相同，则在各生产部门，视其特殊技术条件如何而异。若干生产部门，在资本主义生产初发端时已经必须具有的最低资本额，不能在个人手中发现。这情形，一方面引起国家对私人的补助［科尔培（Colbert）时代的法国，及德意志现时若干邦，就是例子］，他方面，又引起一种公司，在某工业部门和商业部门，享有法律上的营业独占权②。后者，实为近代股份公司的先驱。

* * * *

我们不要细述，在生产过程的进行中，资本家与工资劳动者的关系，会发生怎样的变化。我们也不要细论资本的进一步的归宿。我们只要提出少数要点来说一说就够了。

在生产过程中，资本取得了对于劳动（实现的劳动力或劳动者自己）的支配权。资本家（人格化的资本）务求劳动者以适合的强

---

① 最初依科学方法，由罗隆（Laurent）和该尔哈特（Gerhardt）确立的近代化学的分子学说，便是用这个法则作基础。——第 3 版加注。上述的注解，对于一个在化学上没有多大修养的人，是不十分明了的。要把这点说明，我再说明如下。著者在此所指的，是该尔哈特 1843 年初次命名的碳水化合物的"类似序列"（homologen Reihen）。此等化合物，各有各的代数组成公式。例如，巴拉芬序列的公式为 C_nH_{2n+2}；通常的酒精的公式为 $C_nH_{2n+2}O$；通常的脂酸的公式为 $C_nH_{2n}O_2$ 等。就上例说，可知 CH_2 的单纯的量的加入（加入到分子公式去），已经可以形成性质相异的物体。但关于这点，马克思未免把罗隆和该尔哈特在这个重要发现上的贡献，过于看重了。请参看科蒲（Kopp）著《化学发展史》慕尼黑 1873 年第 709 页及 716 页，和萧里梅（Sehorlemmer）著《有机化学的发生与进步》伦敦 1879 年第 54 页。——F. E.
② 路德称这种商店为"独占公司"。

度，顺常地进行工作。

进一步，资本发展成为一种强制关系，使劳动阶级，超过满足其生活欲望所必要的程度来劳动。当作他人劳动力的生产者，当作剩余劳动的吸收器，当作劳动力的榨压器，它的能力，它的无限制性，它的作用力，和过去任何以直接强制劳动（direkter Zwangsarbeit）为基础的生产制度比较，皆只有过之，无不及。

资本最初是依照它在历史上发现的技术条件，支配劳动的。它并未直接变化生产方法。所以，剩余价值生产，在我们以上论述的形式上——单延长劳动日以生产剩余价值的形式——好像与生产方法的变化无关。在这方面，旧式的面包烙制业，并不向新式的棉纺绩业示弱。

如果我们从劳动过程的观点，考察生产过程，则生产手段对于工人不是资本，只是有目的的生产活动之手段和材料。例如在鞣皮业。他是把皮革当作单纯的劳动对象来处理。他所鞣的，不是资本家的皮。但若从价值增殖过程的观点来考察生产过程，情形就不同了。生产手段立即转为吸取他人劳动的手段。不复是劳动者使用生产手段，是生产手段使用劳动者了。生产手段，不复当作他的生产活动的物质要素，供他消费，却把他当作它自身的生活过程的酵母，消费他。资本的生活过程，只表现为它的价值自行增殖的运动。熔矿炉，工厂建筑物，如在夜间停止不动，不吸收活的劳动，那当然是资本家的"纯损"。所以，熔矿炉与工厂建筑物，成了要求工人作夜工的合法权利了。货币转化为生产过程的对象因素，转化为生产手段。但这种转化，又使生产手段，转化为合法的强制权，得凭此以要求他人的劳动和剩余劳动。为要说明资本主义生产所特有且引为特征的这种转换，死劳动与活劳动（价值与价值创造力）的关系的这种倒转，曾怎样反射在资本家头脑的意识中，可以举一个例在下面。当 1848 年至 1850 年英国工厂主进行反抗时，"苏格兰西部，有一家最老的信用最好的公司卡利尔父子公司。即柏斯勒地方的绩麻纺棉工厂。这个公司，自 1752 年以来，传了四代人，都是他一家人在继续经营"。——主人是一位极聪明的绅士。1849 年 4 月 25 日他在《格拉斯哥日日》新闻上，发表了一篇文章，题目叫"轮班制度。"[①] 这篇文章里面有这样素朴的一段话"现在我们看看把工厂工作时间，由 12 小时减为 10 小时，将发生怎样的弊害。……这等于给工厂主的前途和财产以极严重的打击。……他（指这位绅士的工人）的工作时间由 12 小时减为 10 小时，等于他工厂内的机械和纺锤，由 12 减为 10。那就是，在出卖的时候，他工厂内的机械和纺锤，将仅有 10 的评价。如是，全国各工厂的价值，都会减少 $\frac{1}{6}$。"[②]

在这位世代相传的苏格兰西部的资本头脑中，生产手段纺锤等物的价值，已经这样和它们的资本性质（即增殖自身价值，并每日吸收他人一定量无给劳动的性质）相结合了，以致卡利尔公司的主人，竟认为他售卖工厂时，不仅纺锤的价值须有代价，即其吸收剩余价值的力量也须有代价。不仅表现在纺锤内或生产同种纺锤所必要的劳动，须有代值；由它每日帮助而从柏斯勒苏格兰人身上吸收所剩余劳动，也须有代价。即因此故，所以他以为，劳动日减短 2 小时的结果，会使 12 个纺绩机的售卖价格，减为 10 个纺绩机的售卖价格！

[①] 1849 年 4 月 30 日报告第 59 页。

[②] 前揭报告第 60 页。工厂监督专员斯图亚——他自己是一个苏格兰人，他非常受资本主义思想方法的支配，就这点说，他是和英格兰的工厂监督专员相反的——关于这封被采用他报告中的信，曾说："这封信，是一位采用轮班制度的工厂主写给他的同业的工厂主的。在这类通信中，这是最有用的一封。一切反对这种制度的偏见和疑惑，都由这一封信，最适切地被清算了。"

第四篇

相对剩余价值的生产

第十章

相对剩余价值的概念

劳动日一部分所生产的价值，仅与资本所支付的劳动力价值相等。我们在以上的叙述中，皆认劳动日的这一部分，为不变量，而在一定的生产条件下，一定的社会经济发展阶段上，实际也是如此。劳动者是能超过其必要劳动时间，继续作 2 小时，3 小时，4 小时，或 6 小时工作的。剩余价值率与劳动日长度，须视延长的大小而定。必要劳动时间是不变的，总劳动日却是可变的。现在，假设劳动日的长度，及其必要劳动与剩余劳动的分配，皆为已定的。以 ac 线 a-b-c 代表一个 12 小时的劳动日，ab 段代表 10 小时必要劳动，bc 段代表 2 小时剩余劳动。要增加剩余价值的生产，换言之，要延长剩余劳动，怎能不延长 ac，怎能与 ac 的延长无关呢？

劳动日 ac 的限界是已定的，bc 在不能跨过它的终点（也即劳动日 ac 的终点）延长时，尚能由它的始点 b，向 a 点后退而延长。假设在 a-b′-b-c 中，b′-b 等于 bc 的一半，或等于 1 小时劳动。若我们在 ac（12 小时的劳动日）中，把 b 点移迟到 b′点，bc 变成 b′c，剩余劳动就增加了 $\frac{1}{2}$ 了，即由 2 小时增至 3 小时了，但劳动日依旧为 12 小时。但很明白，要把剩余劳动由 bc 延长至

b′c，由 2 小时延长至 3 小时，同时必须将必要劳动由 ab 缩短为 ab′，由 10 小时缩短为 9 小时。剩余劳动的延长，包含必要劳动的缩短；原来为劳动者自己的劳动时间，现在有一部分，要转化成为资本家的劳动时间了。这当中发生了变化，但变化的，不是劳动日的长度，而是必要劳动与剩余劳动间的分配。

若已知劳动日的长短和劳动力价值的大小，则很明白，也可知剩余劳动的大小。劳动力的价值（即生产劳动力所必要的劳动时间），决定再生产劳动力价值所必要的劳动时间。假设 1 小时劳动，以金额表示，等于 $\frac{1}{2}$ 先令或 6 便士，劳动力一日的价值等于 5 先令，则劳动者每日须劳动 10 小时，始能代置资本购买劳动力所支付的价值，或生产一个价值，与劳动者每日必需的生活资料的价值相等。已知这种生活资料的价值，则劳动力的价值①可知；已知劳动力的价值，则必要劳动时间的大小可知。但剩余劳动的大小，即等于总劳动日减必要劳动时间。12 小时减去 10 小时，尚余 2 小时。我们还没有讲，为什么，在一定条件下，剩余劳动延长到 2 小时以上。当然，资本家可不付劳动者 5 先令，却仅付他 4 先令 6 便士，乃至比这还少。这样，要再生产 4 先令 6 便士的价值，有 9 小时劳动就够了；在 10 小时的劳动日中，于

---

① 一日平均工资的价值，由劳动者"为生存，为劳动，为生殖所必要的物品决定"（威廉·配第著《爱尔兰的政治解剖》1672 年第 64 页）。"劳动的价格，常由必要生活资料的价格决定"。"当劳动者的工资，不能依照他们的低级生活状况和地位，来维持他们大体会有的大家庭时，他就没有受到适当的工资。"（凡德林著《货币与一切物相当》第 15 页）。"只有手臂和手艺的普通劳动者，在未将劳动出卖于他人以前，是什么也没有的。……无论他的劳动属于何种，他的工资，总受限制，实际也受限制于他生存所必需的物品。"（杜尔阁著《富之形成与分配之考察》德尔编全集版第 1 卷第 10 页。）"生活资料的价格，事实上，是劳动的生产费。"（马尔萨斯著《地租性质及其进步的研究》1815 年第 48 页注。）

是也有 3 小时（不是 2 小时）剩余劳动，剩余价值遂由 1 先令增至 1 先令 6 便士了。但这种结果，是由劳动者工资低于劳动力价值而得的。只有 4 先令 6 便士（他在 9 小时内生产的价值），他所能支配的生活资料，就比以前少了 $\frac{1}{10}$；他的劳动力，将因此不能有顺适的再生产。在这场合，剩余劳动是因其标准限界的突破才延长；剩余劳动的范围则仅因必要劳动时间的范围受了剥夺侵略才扩张。这个方法，在工资的现实运动上，有重要作用；但在此处，我们不要把它考虑，因为我们假定，一切商品，劳动力包括在内，皆以完全的价值卖买。假定如此，则生产劳动力或再生产其价值所必要的劳动时间，不能因劳动者工资低于劳动力价值而减少，只能由劳动力价值低落而减少。若劳动日长度为已定的，则是剩余劳动的延长，由于必要劳动时间的缩短；不是必要劳动时间的缩短，由于剩余劳动的延长。就我们所举的例说，劳动力的价值应实际减低 $\frac{1}{10}$ 即由 10 小时减为 9 小时，剩余劳动才会由 2 小时延长为 3 小时。

劳动力价值减低 $\frac{1}{10}$ 以同量生活资料原由 10 小时生产，今可由 9 小时生产这件事情为条件。但要做到这样，劳动的生产力是必须提高的。例如有一个鞋匠，用一定的工具，可以在 1 日 12 小时内，造成皮鞋一双。若他要在同一时间内造成皮鞋两双，他的劳动的生产力，必须增加一倍。但若非劳动手段，或劳动方法，或二者同时发生变化，劳动生产力是不能增加一倍的，所以他劳动的生产条件，必须发生革命；这就是，他的生产方法，从而他的劳动过程，必须发生革命。劳动生产力增加，即是劳动过程发生变化，使生产一种商品的社会必要的劳动时间缩短，使较少量劳动有生产较大量使用价值的力量①。我们前面讨论剩余价值的生产时，是假定生产方法为已定的。然要由必要劳动转为剩余劳动的方法来生产剩余价值，则资本单采用历史上遗留的或现存的劳动过程形态，单将劳动过程的时间延长，还是不够的。必须变革劳动过程的技术条件和社会条件，从而变革生产方法，然后才能把劳动的生产力提高。并由劳动生产力的提高，把劳动力的价值减低，从而，把再生产这个价值所必要的劳动日部分缩短。

由劳动日延长而生产的剩余价值，我把它叫做绝对剩余价值（absoluten Mehrwert）。但若剩余价值是由缩短必要劳动时间产生，由劳动日二部分在量的比例上发生变化而产生，我便把它叫做相对剩余价值（relativen Mehrwert）。

有若干种产业，其生产物决定劳动力的价值，或者说其生产物是属于普通生活资料的范围，或是能替代这种生活资料。要减低劳动力的价值，则在这些产业部门增进劳动的生产力就成为必要的了。但一商品的价值，不仅由该商品所由以取得最后形态的劳动量来决定，而且也由生产手段包含的劳动量来决定，例如，一双皮鞋的价值，不仅由鞋匠的劳动决定，且依皮、蜡、线等的价值来决定。所以，如果劳动生产力，在劳动手段和劳动原料——必要生活资料依以生产的不变资本的物质要素——所从出的产业上增进了，换言之，如果这种种产业的商品便宜了，劳动力的价值也会跌落。但若一种产业既不供给必要生活资料，又不供给必要生活资料依以生产的生产手段，则该种产业的劳动生产

---

① "说一种技术完备，不外指因有新法的发现，一种商品得以较少数的劳动者生产出来，那就是，得在较短时间内生产出来。"（加里安尼《货币论》第159页。）"生产费的节省，不外即是生产所使用的劳动量的节省。"（西斯蒙第《经济学研究》第一卷第22页。）

力虽增加，也不会影响劳动力的价值。

便宜的商品，不待说，只能比例地——视其以何种比例参加劳动力的再生产——减低劳动力的价值。例如，衬衫是一种必要生活资料，但只是许多种的一种。如果衬衫更便宜了，那只会减少劳动者购买衬衫的支出。必要生活资料的总和，是由种种不同的商品构成，其中每一种商品的价值，皆只在劳动力价值中，构成一个可除部分。劳动力价值，随再生产劳动力所必要的劳动时间而定。此劳动时间全部的减少，等于这各生产部门劳动时间的减少额的总和。我们在这里，是把一般的结果，认为是各个场合直接的结果和目的。当然，当一个资本家，由劳动生产力提高，而把衬衫的价值减低时，他的目的，决不是为要减低劳动力的价值，从而依比例减少必要劳动的时间。但因他的行为，结局会助成这个结果，所以它也助成一般剩余价值率的提高。① 资本之一般的必然的趋势，是必须与其现象形态相区别的。

我们不要在这里考察，资本主义生产之内在的法则，如何表现为资本之外部的运动，如何当作竞争之强制的法则，如何在个别的资本家意识中成为发动的动机。但这是很明白的，天体的现象运动，只有认识其现实运动（那是不能由感官直接知觉到的运动）的人，才能够理解；同样，不先把握住资本的内部性质，则竞争之科学的分析，便不可能。但为使相对剩余价值的生产易于理解起见，我们且根据以上已经得到的结果，作一个注解在下面。

假设 1 小时劳动表现为 6 便士或 $\frac{1}{2}$ 先令的金额，则 12 小时的

① "若机械改良的结果，工厂主把他的生产加倍了，……他在总收入中，只要以较小的一个比例，就可以使他的工人有衣服穿了，……如是，他的利润提高了。但在这场合，他的利润，也只由这方法受影响。"（兰塞《财富分配论》伦敦第 168—169 页。）

劳动日，可生产 6 先令的价值。假设在一定的劳动生产力下，12小时劳动可以生产 12 件商品。每件商品所消费的生产手段原料等；值 6 便士。在这情形下，每一件商品费 1 先令，其中 6 便士为生产手段的价值，6 便士为此等生产手段加工时新加的价值。现在，假设有一个资本家，设法使劳动的生产力增加一倍，从而能在 12 小时的劳动日内，生产该种商品 24 件，不止 12 件。生产手段的价值若依旧，则每件商品的价值，将减为 9 便士，其中 6 便士为生产手段的价值，3 便士为劳动新加进去的价值。劳动生产力虽加倍了，但一劳动日所创造的新价值，依旧为 6 先令。这 6 先令是分配在加一倍的生产物上了。所以，每个生产物，仅分有这新价值全部的 $\frac{1}{24}$，不是 $\frac{1}{12}$。是 3 便士，不是 6 便士。换言之，当生产手段转化为一件生产物时，从前会把 1 小时劳动加到生产手段里面去，现在只把半小时劳动加进去。以是，这种商品的个别价值，将只于其社会价值；换言之，其生产所费的劳动时间，比依社会平均条件生产同种商品所费去的劳动时间更少。平均说，每件商品原费 1 先令，或代表 2 小时社会劳动。但生产方法发生变化的结果，它仅费 9 便士或仅代表 $\frac{1}{12}$ 小时劳动了。但商品的现实价值，不是个别价值，是社会价值。换言之，商品的现实价值，非由各个资本家实际费去的劳动时间决定，只由该商品生产上社会必要的劳动时间决定。所以，如果采用新法的资本家，是依照社会价值（1 先令）售卖商品，他售卖商品的价值，就比其个别价值较高 3 便士，从而可以得 3 便士额外剩余价值（Extramehrwert）。但从别方面说，他的 12 小时的劳动日，从前是由 12 件商品代表，现在是由 24 件商品代表。他要把一劳动日的生产物销售掉，商品的需要是应当增加一倍的，那就是，市场应当扩张一倍。在其他事情依然不变的条件下，他的商品必须减低价格，才可以获得较大的市场。所以，他售卖商品的价格，定必在个别价值之上，而在社会价值之下。比方说，每件 10 便士。如是，每 1 件商品将可得 1 便士的额外剩余价值。他总归会发现剩余价值的增加，无须问他的商品，是否属于必要生活资料的范围，是否有决定劳动力一般价值的作用。所以，即不说有这种作用，各个资本家仍旧有增加劳动生产力，从而，使商品变得便宜的动机。

　　然即在此场合，剩余价值生产的增加，也是由必要劳动时间的缩短，和剩余劳动的相应的延长上产生的①。假设必要劳动时间为 10 小时，1 日劳动力的价值为 5 先令，剩余劳动为 2 小时，每日所生剩余价值为 1 先令。但我们的资本家，现在是生产 24 件商品，每件卖 10 便士，共可卖 20 先令了。生产手段的价值等于 12 先令，所以 $14\frac{2}{5}$ 件商品，代置了垫支的不变资本。其余 $9\frac{3}{5}$ 件商品，则代表 12 小时的劳动日。因劳动力的价格等于 5 先令，6 件生产物已代表必要劳动时间，故其余 $3\frac{3}{5}$ 件商品，代表剩余劳动，可知必要劳动对剩余劳动的比例，在平均社会条件下为 5：1，在这场合却为 5：3。这个结果，还可依下法得到的。12 小时劳动日的生产物价值，为 20 先令。其中有 12 先令，与再现的生产手段的价值相当。还有 8 先令货币额，代表一劳动日所代表的价值。此货币额，比同种社会平均劳动所代表的货币额更

---

① "一个人的利润，不取决于他对于他人劳动生产物的支配权，乃取决于他对于劳动本身的支配权。如果在工人的工资不变时，他能以较高的价格售卖他的货物；那是一目了然，是他的利益。……他所生产的物，只要用一个较小的比例，就可以把劳动推动，从而，他为自己保留的比例就较大了。"（《经济学大纲》伦敦 1832 年第 49、50 页。）

大；因同种社会平均劳动 12 小时，仅表现为 6 先令。有格外生产力的劳动，是当作加强的劳动，而发生作用的，因而会在同时间内，比同种社会平均劳动，创造更大的价值，但我们的资本家，依旧以 5 先令付作劳动力 1 日的价值。所以，劳动者要把这个价值再生产出来，不必劳动 10 小时，只须劳动 $7\frac{1}{5}$ 小时了。

他的剩余劳动，将增加 $2\frac{4}{5}$ 小时，他所生产的剩余价值，将由 1 先令增为 3 先令。采用改良生产方法的资本家，遂比同业的资本家，可以在劳动日中，占有较大的部分，作剩余劳动了。资本全体在相对剩余价值生产上做的事，由他个别地做了。但新生产方法一经普遍采用，从而在生产费减低了的商品上面，把个别价值与社会价值间的差别消灭，这种额外剩余价值也会消灭的。价值由劳动时间决定的法则，既使采用新生产方法的资本家，不得不以社会价值以下的价值售卖商品；它，当作竞争的强制法则，又使他的竞争者不得不采用新的生产方法①。即有若干生产部门，其商品属于必要生活资料的范围，从而为劳动力价值的构成要素，所以，当劳动生产力的提高，在这些生产部门发生作用，从而，使这些生产部门的商品便宜时，一般剩余价值率，就会受这全部过程的影响了。

　　商品价值与劳动生产力成反比例。劳动力价值（因其由商品价值决定），也与劳动生产力成反比例。但相对剩余价值，则与

---

① "当我的邻人，因能以仅少的劳动造出多量的生产物，而能以便宜的价钱售卖时，我必须设法和他一样以便宜的价钱售卖。所以，每一种使我能以较小量劳动，从而以较低费用生产物品技艺、方法或机械，都会在别人身上，引起一种必要和竞争心，使他们采用同种的或发明类似的技艺、方法或机械。必须这样，才能全体立在平等的地位；谁也不能以低于邻人的价格，把邻人排在市场之外。"（《东印度贸易对于英格兰的利益》伦敦 1720 年第 67 页。）

劳动生产力成正比例。生产力增，也增；生产加减，也减。假设货币价值不变，则一社会平均劳动日，（Ein Gesellschaftlieher Durcchscnittsarbeistag）12 小时，将生产同一的价值生产物（6 先令），而无论此价值额如何分配，无论其以怎样大一部分充作劳动力价值的等价，怎样大一部分充作剩余价值。但若因生产力增加之故，一日生活资料的价值，从而，劳动力一日的价值，由 5 先令减为 3 先令，则剩余价值会由 1 先令增至 3 先令。劳动力价值的再生产，以前必须有 10 小时劳动，现在只须有 6 小时劳动了。有 4 小时劳动会解放出来，可以并入剩余劳动的范围。所以，增进劳动生产力，使商品便宜，并由此使劳动者自己也便宜，乃是资本之内在的冲动和不断的倾向①。

商品的绝对价值，在生产商品的资本家看来，是没有关系的。他所关心的，只是商品内含的依售卖而实现的剩余价值。剩余价值的实现，必与垫支价值的收回相伴而起。因相对剩余价值的增加与劳动生产力的发展成正比例，商品价值的减落，与劳动生产力的发展成反比例，因同一个过程使商品便宜，又使其所包含的剩余价值增加，所以我们对于经济学建设者之一的魁奈所提出的谜，可以解决了。即，为什么以生产交换价值为务的资本家，要不断地压下商品的交换价值呢？然当魁奈提出这个矛盾来责难他的反对派时，他的反对派，却竟不能置答。他说："诸君认为，在产业生产物的生产上，在不损害生产的限度内，因费用

---

① "假令将产业所受的限制废除，则劳动者的支出减少，其工资会依相同的比例减少。"（《谷物输出奖励金废止论》伦敦 1752 年第 7 页。）——"工商业的利害关系，要求谷物和一切食料品尽可能的便宜；因为，使谷物和食料品昂贵的事情，必定会使劳动也昂贵。……在工业不受限制的国家，食料品价格，必定会影响劳动的价格。在生活必需品价格减低时，劳动的价格也会减低。"（前书第 3 页。）——"生产力增加，工资会依比例跌落。机械使生活必需品低廉，但也使劳动者低廉。"（《竞争与合作的比较功绩论》伦敦 1834 年第 27 页。）

或有费劳动的节省可以减少出品价格，所以是愈节省，愈有利益的。但诸君又相信，以产业劳动为基础的财富的生产，即是出品的交换价值的增加。①"

增进劳动生产力以节省劳动②的企图，在资本主义生产上，决非以缩短劳动日为目的。其目的，只是缩短生产一定量商品所必要的劳动时间。因劳动生产力已经增进之故，劳动者在 1 小时内所能生产的商品，10 倍于前了，换言之，一件商品生产所必要的劳动时间，少于先前 10 倍了，但虽如此，他每日仍须劳动 12 小时，所以，他先前 12 小时生产 120 件商品，现在 12 小时，却能生产 1,200 件商品。不仅如此。他的劳动日还可以延长，使他现在每日 14 小时的劳动，生产 1,400 件商品。就因此故，所以在麦克洛克，乌尔，西尼耳之类的经济学著作中，我们在这一页，看到他们说，劳动者应感谢资本，因资本发展劳动生产力，曾缩短必要劳动时间；在那一页，又看到他们说，为表示感谢起见，他应每日作 15 小时，不应仅作 10 小时。总之，在资本主生产内，劳动生产力发展的目的，乃在缩短劳动者为他自己的劳动日部分，以延长劳动日的别一部分。那一部分，是他为资本家劳动的，无报酬的。但不使商品便宜，我们还能在什么程度内，达到这个结果呢？当我们以下考察相对剩余价值的特殊生产方法时，我们会知道这点的。

<hr />

① 魁奈著《商业及工业劳动问答》巴黎 1846 年达利版第 188、189 页。

② "此等投机家，在他们雇用劳动必须有给付时，他们是竭力要节省劳动的。"（比都著《工业技术及商业的独占》巴黎 1828 年第 13 页）——"雇主无时不要节省时间和劳动"（斯条亚全集第 8 卷爱丁堡 1855 年《经济学讲话》第 318 页）。——"为他们（资本家）的利益，他们所使用的劳动者的生产力，应尽可能求其最大。他们的注意，专在或几乎专在生产力的增进。"（琼斯《国家经济学教程》第 3 讲）

第十一章

合作

　　我们前已讲过，资本主义生产，事实上，是在这个地方开始的，在这个地方，同一个资本，同时雇用多数的劳动者，从而劳动过程扩大它的范围，而以较大的规模供给生产物。多数劳动者在同时，在同地（或在同一工作场所），在同一资本命令下，生产同种商品，无论在历史上，概念上，都是资本主义生产的出发点。就生产方法本身说，初期的制造业（Manufaktur），仅在下述一点，和基尔特手工业（Zünftigen Handwerksindustrie）分别。那就是，同一个资本，同时雇用较多数的劳动者。基尔特老板（Zunftmeister）的工作场所，不过是扩大了罢了。

　　所以，二者的差异，当初只是量的差异。我们曾说明，一定资本所生产的剩余价值量，等于一个劳动者所供给的剩余价值，乘同时雇用的工人数。工人数的多寡，就其自身说，不会改变剩余价值率，或劳动力的榨取程度。就商品价值的生产一般而论，劳动过程的每一种质的变化，都与我们无关。这是以价值的性质为根据的。假设 12 小时的劳动日，实现为 6 先令，1,200 这样的劳动日，就实现为 6 先令的 1,200 倍。在前一场合，体化在生产物中的，是 12 小时劳动，在后一场合，是 12×1,200 小时劳动。在价值生产上，多数被视为单位的倍数。所以，这 1,200 人是分作，抑是在同一资本的命令下合作，决不会在价值生产上，引起差别。

不过，在一定限度内，那可以发现一种变化。实现为价值的劳动，是社会的平均性质的劳动，从而是平均劳动力的支出。但平均量只是种类相同的多数个别量的平均。在每一种产业上，个别劳动者（无论是彼得抑是保罗），都和平均劳动者多少有别。个别差异（数学家称之为"误差"）在同时雇用工人数甚大时，是可互相抵消的。有名的诡辩家阿谀者柏克（Edmund Burke），曾依据农民的实际经验，证明在五个农业劳动者"那样小的集团"内，劳动的个别差异，即会消灭，从而，每五个英国农业工人在一起，和任何别五个在一起的英国农业工人，可以在同一时间，提供同样多的劳动①。但无论如何，这总是明白的，即：同时雇用的多数劳动者的总劳动日（Gesamtarbeitstag），被除于劳动者数，即等于一日社会平均劳动。比方说，一个人的劳动日为12 小时。假设同时雇用 12 个劳动者，此 12 人的劳动日，将形成144 小时的总劳动日。在此 12 人的劳动中，虽然各个人都多少和社会平均劳动有差，以致要完成同一的工作，各个人所需的时间多寡不等，但各个人的劳动日，都当作 144 小时总劳动日的 $\frac{1}{12}$，皆具有社会平均劳动日的性质。从雇用 12 个劳动者的资本家的立场看，劳动日便是 12 个劳动者的总劳动日。无论这 12 个

---

① "无疑的，从膂力、技巧和勤勉这几点说，一个人的劳动的价值，和别一个人的劳动的价值，有很大的差异。但我根据我的可靠的观察，我敢断言，随便哪五个人合计，和同年龄的任何别五个人合计，将提供等量的劳动。那就是，在五个人中，有一个，会具备良工的各种资质，有一个会具备劣工的各种资质，其余三个介在中间，彼此不等的，与第一个或最末一个相近。所以，哪怕在五个人那样小的集团中，你也能寻出平均五个人所能获得的数额。"（柏克《论饥馑》第 15、16 页）——此外，还可参看凯特雷（Quételet）论"平均人"所说的话。

工人是否在工作上互相帮助，无论他们的劳动是否仅在为同一资本家工作这一点上发生联络，各工人的劳动日，总归当作这个总劳动日的可除部分。反之，若这12个工人2人一组，由六个老板雇用，各个老板所生产的价值量是否相等，各个老板所实现的剩余价值率是否一致，那就是偶然的了。个别差异是可以发生的。假令一个工人生产一种商品所消费的时间，比社会必要的时间更多得多，则就他而言，个人必要的劳动时间，也与社会必要的或平均的劳动时间，相差甚著。从而，他的劳动不能当作平均劳动，他的劳动力不能当作平均劳动力。这样的劳动不是全然不能出卖，便须在劳动力的平均价值以下出卖。所以，我们假定，劳动有一定的最低限的效率；以下又会知道，资本主义生产，有方法可以测量这个最低限。最低限的劳动力，虽必须有劳动力的平均价值，但此最低限，仍可与平均数不相一致。所以，六个老板赚到的剩余价值，会有的高在一般剩余价值率上，有的低在其下。其差异虽可以在社会中互相抵消，但不能在个个老板的场合如此。所以，就个别生产者说，价值增殖的法则，必须在如下的场合，才会完全实现；那就是，个别生产者，以资本家资格生产时，必须同时雇用许多劳动者，自始就运转社会的平均的劳动①。

即使劳动方法不变，多数劳动者同时的使用，也会在劳动过程的对象条件上，引起革命。多数劳动者工作的建筑物、原料等物的堆栈，同时或交替使用的容器、器具、杂具等，简言之，生产手段的一部分，现今要在劳动过程上，被共同消费了。商品的交换价值，从而，生产手段的交换价值，固然不会因为使用价值

---

① 罗雪尔教授先生说他自己发现了，他教授太太使用一个裁缝女工人两日，比同日使用的两个裁缝女工人，可以做成更多的工作。这位教授先生关于资本主义生产过程的观察，是不应当从婴儿室出发，也不应当从没有主人翁（即资本家）的情况着手。

的利用已经增加，而增加起来，但共同使用的生产手段的规模，却不能不增加起来的。20 个织工人用 20 架织机工作的房间，必须比一个独立织工人和两个帮手工作的房间大。但生产一个供 20 个人劳动的工作场所，比生产 10 个供两个人劳动的工作场所，所费劳动，总归较小。所以，大规模累积供共同使用的生产手段的价值，不与其规模及使用效果，为比例的增加。共同使用的生产手段移转入个个生产物中的价值部分，所以会更小，一部分因为它所转移的总价值，同时须分配在较大量的生产物上，一部分又因为它与个别的生产手段比较，它加入生产过程中的价值，绝对地说虽较大，但就其作用范围相对地说，却是较小。即因此故，不变资本的价值部分减落了；商品的总价值，也为比例的跌落。其结果，遂和商品生产手段已经更便宜的结果相同。生产手段的使用，于是，更经济了。这种经济，仅因在劳动过程中，有多数人共同消费它。并且，只要有多数工人在同一场所工作，哪怕他们在工作上不互相帮助，这种生产手段，与独立劳动者或小老板所使用的分散的相对地说更为多费的生产手段比较，已经具有各种性质，堪称为社会劳动的条件或社会的劳动条件。在劳动过程取得社会性质以前，劳动手段的一部分先取得了社会性质。

生产手段的经济，应从二重见地考察。第一，它使商品较便宜，从而，使劳动力的价值较便宜。第二，它改变剩余价值与垫支总资本（不变资本部分和可变资本部分的价值总和）的比例。后一点，我们留在第 3 卷第 1 篇再讨论；为要使讨论有更适当的联络，所以有许多应在此地考究的问题，也留在那里再讨论。对象的割裂，在分析的进行上，是必要的。而且也与资本主义的精神相符。因为，在资本主义生产内，劳动条件是与劳动者相独立而互相对立的，所以，劳动条件的经济，也表现为一种特别的活动，似乎和劳动者没有关系，也和劳动者增进自身生产力的方法没有关系。

多数劳动者，依计划，在同一生产过程内，或在不同的但又互相联络的诸生产过程内，并存着，协助着，互相劳动。这个劳动形态，我称它为合作（Kooperation）①。

一个骑兵营的攻势力，非该营骑兵个个展开的攻势力的总和，所可同日而语。一个步兵团的守势力，也非该团步兵个个展开的守势力的总和，所以不可同日而语。同样，劳动者个个发挥的机械力的总和，也与多数劳动者同时在同一不可分的工作上共同劳动所发挥的社会能力，不能相等。此可于举重物，绞起重机，破除障碍物等例，见之②。在这场合，结合劳动（Kombinierten Arbeits）的结果，不能由个别劳动者提供，即使能够的话，也必须花费比较更为长久的时间，或仅能以极小的规模得之。合作不仅提高了个人的生产力，并且创造了一种新的生产力，即集体力（Massenkraft）③。

多数力融合为一个全力时所生出的新能力且不说，即使是单纯的社会接触，也会在大多数生产劳动上，成为竞争心与生活精神的刺激，从而，增进各个人劳动的效率。所以，12 个人在 144 小时的总劳动日中共同劳动，比 12 个人各自做 12 小时，或一个

① 特斯杜称它为"力的共同作用"。（见《意志及其效果论》第 78 页。）

② "有许多种工作，是如此单纯的，不能再分割的，不由许多双手合作，便不能进行。把一根大木头抬到搬运车上的工作，就是这样。每一种事情，必须许多双手同时在同一不可分的工作上互相帮助来进行的，都是这样。"（卫克斐尔德著《殖民术论》伦敦 1849 年第 168 页。）

③ "1 吨的重，一个人举不起来，十个人必须拼命才能，一百个人只要每个人凑一只手指就举起来了。"（白拉斯著《设立工业大学的建议》伦敦 1696 年第 21 页。）

人每日作 12 小时连续作 12 日，定能供给更大得多的总生产物①。理由是，人即不如亚里斯多德说天然是政治的动物②，无论如何也是社会的动物。

当多数劳动者同时在同一或同种劳动上互相协助时，各个人的劳动，仍得以劳动一部分的资格，代表劳动过程的不同的阶段。合作的结果，使劳动对象，能在这各个阶段中，更迅速地通过。譬如 12 个泥水匠，可以排成一个序列，从梯足，到梯顶，把砖石运上去。他们各人，做着相同的劳动，但各个人的工作，仍成为一个全部工作的连续部分，成为每一块砖石在劳动过程中必须通过的阶段。也就因此，砖石得由总劳动者（Gesamtarbeiter）的 24 只手，迅速搬运上去。若由个个劳动者各自用一双手，抱着砖石一层一层爬上去，搬运的速度，必定不会有那样大③。依此法，劳动对象得在较短的时间内，通过同一的空间。

---

① 当同数劳动者由一个农民使用在 300 亩地上，不由 10 个农民各自分用在 30 亩地上时，"我们看见，比例于使用人的数目，会有一种利益生出来，这种利益，除实际家，是不易被人认识的；人们自然会说，1 与 4 之比等于 3 与 12 之比。但在实际上不是这样的。有一类工作，例如收获，最好最便利的方法，是许多人在一起工作。在收获上最好能有 2 人拉车，2 人装车，2 人投递，2 人执叉，其余各人则在禾堆或谷仓内劳动。这样，工作量是可以加倍的。哪怕工作人数相同，也不宜把他们分成许多班，叫他们在许多农场上工作"。（《食物价格与农场面积的关系的研究》一个农业家著伦敦 1773 年第 7、8 页。）

② 更准确地说，亚里斯多德是把人定义为天生的都市住民。这个定义标示了古希腊的特征；富兰克林的定义——人天生是制造工具的动物——却把美国人的特征标示出来了。

③ "我们必须注意，这种部分的分工，在劳动者从事同种工作的地方，也是可以实行的。例如顺次从底下传砖瓦到上面的泥水匠，他们虽做着相同的劳动，但在他们之间，也有一种分工。他们各人都把砖瓦送上一定的距离，但合起来，他们所做的工作，比各从底下把砖瓦搬至顶上的时候，要更迅速得多。"（斯加尔贝克《社会的富的学说》第 2 版巴黎 1840 年第 1 卷第 97、98 页。）

又，拿建筑物来说。当一所建筑物同时从各方面着手时，各合作者虽是做着同一的或同种的工作，但依然可以发生劳动的结合。144 小时的结合劳动日（kombinierie Arbeitstag，在此日内，劳动对象在空间上从种种方面着手），比 12 个工人各做各的工作 1 日 12 小时，必可依较大的速度，把总生产物完成；因为，依照后一种作法，他们的工作，只能从一方面着手，依照前一种作法，则结合的劳动者或总劳动者，等于在前在后都有眼睛和手，从而，在一定程度内，就成为万能的了。依此法，生产物的不同的空间部分，得在同一的时间内成熟。

在上述的例解上，我们着重的事实是：相互补充的多数劳动者，做同一的或同种的工作。我们所以如此着重，是因为这种最单纯的共同劳动形态，现今依然在最完成的合作形态上，有重大的作用。在劳动过程复杂时，只要协同劳动的人数众多，我们就可以把不同的工作，分给不同的工作者，使其同时进行，并使完成总生产物所必要的劳动时间缩短[①]。

有许多生产部门，在其中，往往必须在紧急时期内，获得一定的劳动结果。这种时期，是由劳动过程的性质规定的。譬如一群羊剪毛的工作，又如若干亩田割麦的工作。这一类工作的生产物，如要有适当的分量和品质，其工作是必须在一定的时间开始，在一定的时间终了的。在这场合，劳动过程所必须采取的时期，像青鱼的渔期一样是预定了的。一个人只能在一日中，挖出一个劳动日（比方说 12 小时），但 100 个人合作，却可使 12 小时的劳动日，推广为 1,200 小时的劳动日。允许劳动的时间虽然

[①] "如果要做一种复杂劳动，那会有许多种事情必须同时做。一个人做这一样，别一个人做那样，合起来，可以做成一个人永远做不成功的事情。一人执舵，一人划船，一人投网或投叉。必须依这个力的共同作用，捕鱼才能有结果。"（特斯杜《意志及其效果论》第 78 页。）

短，但这种缺陷，可由在紧急时期在生产范围内投下大量劳动的方法来补救。在这场合，要使工作不错过时间，必须同时利用多数结合的劳动日；效果的量，则取决于劳动者数。但在合作的场合，总比在各自劳动但要在同一时间完成同一工作的场合，需要较少数的劳动者①。也就因为缺少这种合作，所以美国西部每年要损失多量的谷物，而在英国统治下把旧日社会组织破坏的印度东部，每年也要损失多量的棉花②。

在一方面，合作可使劳动的空间范围扩大。所以，在排水、筑堤、灌溉、开运河、筑马路、造铁路之类的劳动过程上，因要使劳动对象有空间的联络起见，不能不有合作。但在他方面，合作不但使生产的规模在空间上扩大，同时还使生产的活动地点，有相对缩小的可能。活动地点的缩小，与工作范围的扩大会同时发生的事实，使许多虚费（faux frais）可以节省。然这现象所以能发生，即因不同诸劳动者密集，劳动过程凝缩，生产手段累积③的缘故。

---

① "就农业劳动说，在决定时期进行，是一件非常重要的事。"（《食物价格与农场面积的关系的研究》第7页）。"在农业上，最重要的因素，是时间的因素。"（利比居《农业的学理与实务》布隆斯威1856年第23页。）

② "印度所输出的劳动，比世界上任何国（也许除了中国和英格兰）都要多。但在这样的国家，我们却发现一种弊害。想到该国有大量劳动输出的事实，我们是不希望有这种弊害发生的。即，在收获棉花时，那里竟找不到充足的人数，以致有大量棉花，没有人收捡。还有一部分棉花，任其自己落在地上，然后在地上捡。这样，棉花就在地上腐烂，即不腐烂，也变色了。英格兰虽渴望棉花的供给，但印度的栽培者，却因在适当节季缺少劳动之故，不得不忍痛见收获的一大部分丧失。"（孟加拉·哈加鲁《陆上新闻便览二月刊》1861年7月22日。）

③ "耕作进步的结果，从前散布在500英亩（或不止此数）上的资本和劳动全部，是累积在100英亩深耕的土地上了。""与所使用的资本量劳动量相对而言，耕地面积固然是累积了，但其生产范围，与单个独立生产者以前所占有所耕作的生产范围比较，却宁可说是扩大了。"（琼斯《财富分配论》第1篇论地租，伦敦1831年第191页。）

与个个互相分开的劳动日的总和比较，等量的结合的劳动日，可以生产较大量的使用价值，从而，减少生产一定量效用所必要的劳动时间。在这场合，生产力的增加，或是因为劳动的机械能力已经提高，或是因为空间的作用范围已经扩大，或是因为空间的生产地点与生产的规模比较已经缩小，或是因为在紧急时期得以仅少的时间推动许多的劳动，或是因为刺激起了个人的竞争心，提起了他们的生活精神，或是因为多数人的同种的工作得以取得连续性和多面性，或是因为不同的工作得在同时进行，或是因为共同使用的生产手段，得以节省，或是因为个人的劳动，得以取得社会平均劳动的性质。无论在何种情形上，结合劳动日的特别的生产力，总归是劳动的社会生产力，或社会劳动的生产力。它总是由合作发生的。当劳动者依计划与他人共同工作时，他把个人的限制打破了，把人类的能力展开了①。

劳动者不在一处，决不能有直接共同的工作。所以，劳动者聚合在一定的场所，乃是劳动者合作的条件。所以，倘使工资劳动者不为同一的资本，同一的资本家所同时使用，换言之，他们的劳动力不同时被购买，他们便是不能合作的。所以，在劳动力能在生产过程中集合以前，这种劳动力的总价值，或这种劳动者一日或一星期的工资总额，必须已经集合在资本家的钱袋中。一起支付的 300 工人的工资，哪怕只是一日的工资，也比在全年间一星期一星期支付的较少数工人的工资，须有较大的资本支出。所以，合作劳动者的人数或合作的规模，首须视个别资本家有若何资本可用来购买劳动力而定，换言之，看个别资本家能如何支配多数劳动者的生活资料。

---

① "个人的力是极小的，但其结合所获的结果，比其单纯的合计为大。当他们共同协力时，他们的工作，当能以较短的时间成就较大的效果。"（卡利的注解，见维利《经济学的一种考察》第 15 卷第 196 页。）

可变资本如此，不变资本也如此。拿原料一项的支出说，一个雇用 300 工人的资本家，和一个雇用 10 个工人的资本家比较，是更大 30 倍。不错的，共同使用的劳动手段的价值量与物质量，无须与所使用的工人数，为同比例的增加；但其增加，依然很显著。所以，生产手段大量累积在个别资本家手中，乃是工资劳动者得以合作的物质条件；合作的范围或生产的规模，即取决于这种累积的程度。

以上我们讲过，要使同时被榨取的劳动者数，从而，使所生产的剩余价值量，足使劳动雇主自己无须从事筋肉劳动，从而使小老板得转化为资本家，并在形式上把资本关系确立，个别资本就必须在一定的最低限额以上才行。现在，我们又知道，要使多数分散的互相独立的个别的劳动过程，转化为结合的社会的劳动过程，也须有这种最低限的资本为物质条件。

资本对于劳动的支配，原来是表现为这一种事实——劳动者不为自己工作，但为资本家并在资本家下面工作——的形式上的结果。但随着多数工资劳动者的合作，资本的支配，发展成为劳动过程实行的必要条件了，换言之，发展成为一个现实的生产条件了。现在，生产事业不能缺少资本家的命令，是像战争不能缺少司令官的命令一样。

一切直接社会的或共同的大规模的劳动，都须有一个指导，来使个人活动得以调和，生产总体的运动（与各独立器官的运动相别而言）得以履行其一般的机能。提琴独奏者可以独展其所长，但一个乐队，不能不有乐队长。指导、监督及调节上的机能，当隶属于资本的劳动互相合作时，便成了资本的机能了。这种指导的机能，一经成为资本的特别的机能，便又取得了几种特别的性质。

资本主义生产之发动的动机和决定的目标，是尽可能，使资本自行增殖①，换言之，尽可能生产最大量的剩余价值，也就是，使资本家尽可能榨取最大量的劳动力。同时被使用的劳动者数增加了，他们的反抗会增加，从而，资本对于这种反抗的压迫，也必然要增加。资本家的指导机能，不是单由社会劳动过程的性质引起，单属于这种过程的；同时，它还是社会劳动过程上的榨取的机能，以榨取者与被榨取物的不可避免的对立为条件。生产手段既作为别人的所有物，而与劳动者相对立，故当其范围增大时，管理生产手段使其使用得当的必要性，也会增加②。加之，工资劳动者的合作，纯然是同时雇用他们的资本的作用。他们虽在机能上互相联络，并统一成为一个生产的总体；但这种联络和统一，只存于他们外部，存于使他们联络统一的资本内部。所以，劳动者们的劳动联结，在观念上是当作资本家的计划，在实际上是当作资本家的权力，当作别个人——他欲左右工人的行为，以达成他本人的目的——的意志权力，来和他们相对立。

所以，资本主义的指导，在内容上是二重的（因其所指导的生产过程，也是二重的一方面，它是形成生产物的社会的劳动过程，他方面，它又是资本价值增殖的过程），在形式上，却是专制的。合作的规模扩大了；随着，这种专制主义也取得了特殊的形态。资本家的资本一经达到最低限，使真正的资本主义生产得以开始，资本家就会把一切亲手的劳动摆开；同样，直接地不断

① "利润是营业的唯一目的。"（凡德林《货币与一切物相当》第11页。）

② 关于孟彻斯德铁丝制造公司劳资合伙经营的事，英国有一个鄙俗的报纸，名叫"旁观报"的，在1868年6月3日，有如下一段记载。"第一个结果，是原料的浪费突然减少了，因为工人是像别的雇主一样，不要浪费自己的财产，而除倒账之外，制造业资本的最大原因，就是原料浪费。"对于罗虚德尔的合作实验，该报又说，这种实验的根本缺点在："这种实验，证明工人的组合，也能以良好的成绩，经营商店，工厂，以及各种产业。这种实验大大改良了工人的状况，但未留下任何明白的位置给雇主。"这是何等可怕的事！

地监视个别劳动者和各组劳动者的职务，他也交给一种特殊的工资劳动者了。在同一资本命令下合作的劳动者，像军队一样，必须有产业上的将官（经理）士官（工头监工），以资本名义，在劳动过程中，实行支配。监视劳动，成了他们的专属的机能。经济学当它以基于奴隶制度的殖民经济，比较于独立自耕农民和独立手工业者的生产方法时，是把监视的劳动，看做是生产上的虚费的①。但他转过来讨论资本主义生产方法时，由共同劳动过程的本来性质所引起的指导机能，和共同劳动过程的资本主义性质（即阶级对立的性质）所唤起的指导机能，却被他视为同一②。资本家所以是资本家，不是因为他是产业上的指导者；乃因为他已经是资本家，所以是产业上的命令者。在封建时代，军事上诉讼上的裁决权，是土地所有权的属性；在现代，产业上的命令权也是资本的属性③。

　　劳动者在以劳动力出卖者的资格而在市场上与资本家相对立以前，是劳动力的所有者。他只能拿自己所有的东西（那就是他自己的独自分存的劳动力）来出卖。但当资本家不仅购买一个劳动力，却购买 100 个劳动力，不仅与一个劳动者订契约，且与 100 个互相独立的劳动者订契约时，这种关系仍然不发生变化。他能使用这 100 劳动者，而不令其合作。所以，资本家支付 100 个独立的劳动力的价值，但未支付 100 个结合的劳动力的价值。

---

① 凯恩斯教授告诉我们，"劳动的监督"，是北美南部诸州奴隶生产的一个特征。往下他又说"北部的自耕土地所有者，把土地生产物全部占有，所以他们努力，不必再有别的刺激。在那里，监督是完全用不着的"。（《奴隶力》伦敦 1862 年第 48、49 页。）

② 能以明眼观察各种生产方法之特征的社会的区别的斯杜亚爵士，曾说："为什么大制造业经营会把小经营（个人产业）破坏呢，因为前者与奴隶劳动的单纯性相近呀！"（《经济学原论》伦敦 1767 年第 1 卷第 167、168 页。）

③ 孔德（Auguste Conte）及其学徒，曾论证资本家的永久的必然性，但他可同样论证封建领主的永久的必然性。

当作互相独立的人，劳动者是个人分立的。他们与同一的资本发生关系，但彼此间没有关系。他们的合作，是加入劳动过程以后才开始的。但在已经加入劳动过程以后，他们又不属于他们自己了。加入劳动过程，他们便被资本并合了。当作合作者，当作一个活动有机体的部分，他们不过是资本的特别的存在形态。劳动者当作社会劳动者所展开的生产力，于是成了资本的生产力。只要把劳动者放在一定的条件下，劳动之社会的生产力，便可不费一钱地展开来的。但把劳动者放在这种条件下的，是资本。因为劳动之社会的生产力，不费资本一钱，又因为劳动在未属于资本以前不能把这种生产力展开，所以这种优越的生产力，就好像是资本自然具有的生产力，是资本内在的生产力了。

　　单纯的合作，也可以生出伟大的结果来。这可以由古代亚细亚人、埃及人、伊特拉斯康人的巨大建筑物来说明。"在过去时代，这些亚细亚国家，在供给行政上军事上的支出以后，尚有剩余的生活资料，可以用在美观的和实用的土木工程上。他们这种建筑工程；几乎把农民以外的一切人民的手和腕都支配了。尽握在君主及教主手中的剩余生活资料，都充作手段，而在国内各处，树立壮大的纪念建筑物。……巨像与大批建筑材料的运输，曾使人惊奇；在这种搬运上，几乎尽是毫无怜惜地对人类劳动的滥肆征用罢了。劳动者的人数与劳动者努力的累积，已经够完成这个目的了。我们看见了，巨大的珊瑚岩，从海底堆成岛或陆地，但其构成分子，却是微小的，脆弱的，不足道的东西。同样亚洲各帝国农民以外的劳动者，虽只有个人的肉体力可用在工作上，但他们的人数，即是他们的势力。那种种至今仍使我们惊异不止的遗迹，所以能够发生，即因各该帝国的君主和教主，有指挥这大群人的权力。这种种事业，所以有成功的可能，即因给养他们的生活资料，累积在一个或少数人手中。"① 亚细亚诸国王，埃及王，伊特拉斯康教主的权力，已在近代社会转移给资本家（或者是个别的资本家，或者是资本家的集体，如股份公司）了。

在人类文化初期，例如在狩猎民族②及印度共产社会的农业上，我们也可以看见劳动过程上的合作，但这种合作，一方面，是以生产条件的共有为基础，他方面，以各个人不脱离氏族或共同社会的脐带（像个个蜜蜂不与蜂房分离一样）这样一个事实为基础。这二点，使那种社会的合作，与资本主义的合作相区别。在古代世界，在中世纪，在近代殖民地，合作间或也有极大的规模，但这种合作，莫不以直接的支配服从关系，特别是以奴隶关系为基础。反之，资本主义的合作形态，自始即以自由工资劳动者（他们以劳动力售于资本）的存在为前提。从历史方面看，这种合作形态，是与自耕农业和独立手工业（无论是否采取基尔特形态)③ 相反对而发展的。在这样对照之下，与其说资本主义的合作，是一种特殊的历史的合作形态，不如说合作自身就是资本主义生产过程所有且为其所特有的历史形态。

由合作而发展的劳动的社会生产力，表现为资本的生产力；同样，合作自身也表现为资本主义生产的一个特殊形态，而与个人独立劳动者或小老板的生产过程相对立。现实劳动过程自隶属于资本以来，这是劳动过程经验到的第一种变化。这种变化是自

① 琼斯著《经济学教程》第77、78页。伦敦及欧洲其他各国京城所搜集的古代亚叙利亚、埃及等处古建筑物的遗物，可为这一种合作劳动过程的佐证。

② 林格在其所著民法论中曾说，狩猎为最初的合作形态，人的狩猎（即战争）为狩猎的最初形态。他的话，也许是对的。

③ 小自耕农业与独立手工业二者，在某程度内，都是封建生产方法的基础，但会在某程度内，在封建制度崩解之后，依然与资本主义的经营，相并而现。这二者，在原始东方共有制消灭后，奴隶制度未切实支配生产前，这是古典共同社会（即希腊罗马的共同社会）在全盛时期的经济基础。

然发生的。它的前提——有多数工资劳动者同时被使用在同一的劳动过程中——即是资本主义生产的始点，那是和资本的存在一同发生的。所以，一方面，资本主义生产方法，表现为劳动过程转化为社会过程的历史的必然性；他方面，劳动过程的社会形态，也表现为资本所应用的方法，其目的在提高劳动生产力，使劳动过程的榨取更为有利。

在以上考察的单纯的形态上，合作是与一切大规模的生产相连系的，但不是资本主义生产方法一个特别发展时期的特征的固定的形态。在保持手工业境界的初期制造业①上，以及和制造业时代相应的大农业（这种大农业，大体说，仅因同时使用许多劳动者，且大规模把生产手段累积，故与自耕农业区别）上，单纯的合作，也至多不过表现得和这种特征的形态相近。单纯的合作，在资本规模虽已甚大，但分工或机械仍不占重要地位的生产部门内，依然是支配的形态。

合作是资本主义生产方法的基本形态，虽然它的单纯的形态，会当作一种特殊形态，出现在它的更发展的形态之旁。

---

① "多数人将其熟练，其勤勉，其竞争心结合在同一工作，是不是促进这种工作的方法呢？在此方法之外，英国还有别的方法，能使羊毛制造业取得这样完美的状态么？"（巴克莱著《寻问者》伦敦 1750 年第 56 页第 521 节。）

第十二章 分工与制造业

I 制造业的二重的起源

以分工（Teilung der Arbeit）为基础的合作，在制造业（Manufaktur）上，取得典型的形态。这种合作，是当做资本主义生产过程的特征的形态，支配着真正的制造业时期。这个时期，大概是从 16 世纪中叶，至 18 世纪末叶为止的。

制造业是依二重方法发生的。

有时，一个生产物，要达到最后的序列，必须通过许多种独立手工业的劳动者的手。当这各种劳动者，在同一资本家命令下，集合在一个工作场所时，制造业便发生了。试举一例。在昔日，一辆四轮马车，是许多种独立手工业者（如车匠、马具匠、裁缝、锁匠、带匠、旋盘工、缘饰制造工，玻璃细工，画工，漆匠，描金匠等）的劳动的总生产物。在四轮马车的制造业上，这种种手工业者，是集合在一个工作场所，同时协力劳动的。当然，在一辆四轮马车制成以前，是不能描金的。但若同时制造许多辆四轮马车，则在别部分尚在生产过程的较初阶段中时，可以常有一部分，在描金匠手中。在这限度内，我们尚只有单纯的合作，在人的方面和物的方面，它的材料，都是照旧样存在的。但不久就发生了本质上的变化。专门在四轮马车制造上被使用的裁缝、革匠等，渐渐失去了在原来手工业全范围内工作的习惯，并渐渐失去这样做的能力。但在他方面，他们的局部化的行为，却使他们在局部的工作范围内，取得极合目的的形态。原来，四轮马车的制造业，是当作多种独立手工业的合并而出现的。但渐渐地四轮马车的生产事业，分成了许多种特殊的工作，各皆结晶为一种劳动者的专门职务了。工作的总体，则由这种种部分劳动者（Teilarbeiter）协力而行。同样，布制造业及其他许多制造业，也由种种手工业在同一资本命令下相结合而发生①。

但制造业有时由恰好相反的道路发生。作同一或同种工作的多数手工业者（例如造纸，造活字模，造针），可以同时在同工作场所为同一资本所使用。这是最单纯的合作形态。每一个这样的手工业者（或许带有一二个徒弟），都制造商品全部，依次担任制造上种种必要的工作。他的劳动，仍依照旧手工业的方法。但外部的事情，会促使人们，依照别一个方法，来利用劳动者累积在同一场所且同时劳动的事实。限在一定期间供给大量制成品的情形，便是这样。在这场合，劳动不能不分割开来。同一手工

---

① 下述一段话，可为制造业的形成方法，提示一个较近的例。"里昂和尼姆的丝纺织业，全然是家长式的；它们雇用许多妇人和儿童，但没有使他们衰弱或堕落。他们依然住在德洛谟，沃尔，伊塞尔，沃克鲁士诸河流域，以养蚕缫丝为业。这种产业，从来没有化作真正的工厂。在那里，也有分工，但分工的原则，有一种特征的性质。那里有许多缫丝女工人，纺绩工人，染色工人，刷浆工人，织工人；但他们不集合在一个工作场所，也不隶属于一个雇主，他们是互相独立的。"（布隆基著《产业经济学教程》，布赖塞编巴黎1838年及1939年，第79页。）自布隆基写上面那一段话以来，这一切独立劳动者，已有一部分集合在工厂内了。——第4版注。自马克思写以上那一段话以来，蒸汽织机已在此等工厂内采用了，急激地，把手织机驱逐了。克赖肥尔特的丝工业，也有同样的经验。——F. E.

业者依次作各种工作的方法不行了。工作被分割开来，个别化了，成为各部分空间上并存的了。每一部分，分给一个手工业者，其全部则由合作者同时进行。这种分割，最初原是偶然的。但这种偶然的分割，愈实行，愈能表示它的特有的优点，因而渐渐成了系统的分工。商品，以前是做许多种工作的独立劳动者的个人生产物，现在转化为一系列专作一部分工作的手工业者的社会生产物了。德意志基尔特的造纸工人，把各种工作当作依次进行的工作。但这种种工作在荷兰的纸制造业上，却成了多数合作工人同时并存的部分工作。牛伦堡基尔特的造针业，是英吉利针制造业的基本要素。但在前者，每一个造针工人也许要依次作 20 种工作；在后者，却有 20 个造针工人相并存，各在这 20 种工作中，担任一种。其后，这 20 种工作，还依经验，再加分割，个别化独立化为个个劳动者的专属的机能。

所以，制造业由手工业生成，其发生方法，是二重的。一方面，制造业由异种独立手工业的结合而成。在这场合，这种种独立的手工业，失去了它们的独立性，并在一定程度内，特殊化为同一商品生产过程的互相补足的部分工作（Teiloperation），他方面，制造业则是由同种手工业者的合作而成。在这场合，同一个手工业，分成许多种特殊的工作，个别化，独立化，使每一种工作，成为一个特殊劳动者的专任机能。所以，一方面，制造业把分工导入生产过程内，或使其进一步发展；他方面，它又把原来分开的手工业结合起来。但无论特殊的始点是怎样，结局生出的形态总是这样的：那就是一个人为器官的生产机构。

要适当地理解制造业上的分工，我们必须把握住下述二事：第一，生产过程分为若干特殊阶段，在这场合，与手工业活动分为若干部分工作的分割，完全是一致的。无论是复杂的抑是简单的，其工作仍不失为手工业的工作，故仍依存于劳动者个人处理工具的能力，熟练，迅速，和准确。其基础依然是手工业。这个狭隘的技术基础，是生产过程不许有现实的科学的分析，因为生产物所须通过的每一部分过程，都须当作手工业的部分劳动，才能实行。又，因仍旧以手工业熟练为生产过程的基础，所以每个劳动者专门从事一种部分机能，其劳动力也转化为这种部分机能的终生的器官。第二，这种分工不过是一种特别的合作，其利益，有许多，是出于合作的一般性质，非出于这种特别的合作形态。

Ⅱ　部分劳动者及其工具

更精密地考察一下，第一，我们明白，终生从事一种简单工作的劳动者，会把自己的整个身体，转化为这种工作的自动的专门化的器官，从而，比依次作一系列工作的手工业者，得以较少的时间，把工作作完。但构成活制造机构的结合的总劳动者（komb nierte Geamtarbeiter）即是由这种专门化的部分劳动者（Teilarbeiter）构成。所以，与独立的手工业比较，制造业可以用较少的时间，生产更多的生产物，或者说，增进劳动的生产力①。并且，当部分劳动独立化为一个人的专属机能时，部分劳动的方法是会自行完成的。他既反复作同一的有限的行为，把注意力累积在有限的事情上，故得由经验，知道怎样才能以最小的努力，获得所期望的效果。加之，因将有数代劳动者在同时度共同的生活，并在同一制造业上任共同的工作，所以他们由经验获

---

① "把包含多种工作的制造业，分配给不同的专门劳动者去作，结果会依比例，提高制品的品质，增加进行的速度，且减少时间和劳动的损失。"（《东印度贸易的利益》伦敦 1720 年第 71 页。）

得的技术上的诀窍，又得以固定、蓄积和遗传下去①。

制造业，会在工作场所之内，把社会已有的自然发展的分业（Sonderung der Gewerbe），再生产出来，并系统地，把这种分业推进到极端，所以在事实上生产了部分劳动者的熟练。以部分劳动化为一个人终生职业的转化，又适应初期社会的冲动，使职业成为世袭的，凝固为世袭阶级（Kasten）。当一定的历史条件，使个人能违背世袭阶级制度而发生变动时，又凝固为基尔特制度（Zünfte）。世袭阶级制度和基尔特制度所由而起的法则，即是使动植物分化为物种和亚种的自然法则。惟其间有一点不同，即阶级的世袭性或基尔特的排他性，发达到一定点以后，便当作社会法则来公布了②。"达加的莫斯林布，论优美，是赛过一切的，科隆曼多的加里科布以及他种布匹，论染色的光亮耐久，是赛过一切的。但这各种布匹的生产，都不曾用资本、机械和分工，也不曾采用任何其他使欧洲工业深蒙其利的手段，那里的织者，都是分立的个人；他们织布，是应顾客的招请；所用的织机，是极简单的，有时只是几根木棍，麻麻糊糊，装合在一起而成的。他们的织机，有时，连卷经线的器具也没有，从而，织机必须展得很长，以致不能在生产者的小屋内，找到容纳的地方，其劳动不

---

① "容易的劳动，不过是传留的熟练。"（荷治斯金《（通俗经济学》伦敦 1827年第 48 页。）

② "在埃及，技术已经达到必要的完美程度了。因为，只有埃及这个国家的手工业者，绝对不许过问其他市民阶级的事情，而必须终生从事依法应在氏族中世袭的职业。……在他国，我们常见职业人口，把他们的注意，分散在许多对象上面。他们时而下田耕种，时而经商，时而兼任几种职业。在自由国家，他们大都要出席民众大会。……反之，在埃及，如手工业者参预国家大事或同时作几种职业，那是要受处罚的。因此，他们在职业上，就可以专心致志了。……并且，许多准则是世代相传的，所以他们都热心想发现新的利便。"（西库鲁士《历史文库》第 1 卷第 74 章。）

得不露天进行，每遇气候变化，即不能不停止。"① 使印度人能像蜘蛛一样巧妙的，乃是一代代蓄积，由父传子，由子传孙的特殊熟练。与大多数制造业劳动者比较，这种印度人的劳动是极复杂的。

手工业者，要生产一种制成品（Machwerk），必须依次经过不同的部分过程，时而改变地位，时而换用工具。由一种工作到他种工作的推移，自会中止劳动的继续而在劳动日中生出间隙来。这种间隙，当他全日继续作一种工作时，即可凝缩拢来的。总之，工作的变化愈少，其间隙也愈依比例缩小。在这场合，生产力的增进，是因一定时间内劳动力的支出已经增加；那就是劳动的强度已经增加，或劳动力的不生产的消费已经减少。每次由静止到运动所需要的过量的努力，会由标准速度达到后能继续较长期间的事实补偿了。不过继续作一种工作，终未免妨害生活精神的紧张力和活动力。生活精神，是以活动本身的变化，为休养和刺激的。

劳动生产力不仅取决于劳动者如何熟练，且取决于其所使用的工具（Werkzeuge）如何完备。同样的工具，像刀锥槌那样，可以在不同劳动过程上使用，并且可以在同一劳动过程上有不同的用途。但一个劳动过程的种种工作一旦彼此分开来，以致每一种部分工作，皆在部分劳动者手中，取得仅可能适当的专属形态时，原来可充种种用途的工具，也不能不有变化。形态变化的方向，视原工具曾经验到何种特殊的困难而定。劳动工具的分化（其结果，同种的工具，会适应于特别的运用方法，取得特别的固定的形态）及其特殊化（其结果，特殊的工具，只能在特殊

---

① 穆雷（Hugh Murray）、威尔逊（James Wilson）等合著的《英领印度的历史与现状》爱丁堡 1832 年第 2 卷第 449、450 页。印度的织机是直立的，其经线是以垂直形张开的。

的部分劳动者手中，被充分使用），才成为制造业的特征。在伯明翰一处，大约有 500 种槌生产出来。不仅每一种槌仅适合一个特殊的生产过程，且往往有许多种槌，专门在同一个过程，担任不同的工作。制造业时期，使工具适合于部分劳动者的专属的特殊的机能，从而，使工具简化，使工具改良，使工具的样式增加①。它由此创造了机械的物质条件之一。机械，就是由简单工具的结合构成的。

部分劳动者及其工具，是制造业的单纯要素。以下我们且讨论制造业的全貌。

Ⅲ 制造业的两个基本形态——混成的制造业（Heterogene Manufaktur）与有机的制造业（Organische Manufaktur）

制造业的组织，有两个基本形态。此二者，虽有时互相交错，但在本质上，依然构成两个不同的种类。当制造业后来转化为机械经营的大工业（Grosse Industrie）时，二者也表演完全不同的作用。这种二重性，是由制成品自身的性质引起的。制成品，或由彼此独立的部分生产物机械地凑合而成；或经过一系列互相关联的过程和操作，始取得完成的形态。

例如一个火车头。那是 5000 以上的独立部分凑合成的。但此尚不能在最严密的意味上，说明第一种制造业。因它是大工业

---

① 达尔文（Darwin）在其划时代的著作《物种原始》中，关于动植物的自然器官，曾说："当同一的器官有种种不同的工作要做时，其可变性的根据，或可在下述的事实上发现：自然淘汰对于小形态变化的保存作用或抑压作用，在这场合，比在专供一种目的用的场合，是更不周密。这好比，用来切各种物的小刀，大体只有一个形态，但专供一种用途的器具，却是用途不同形态也不同的。"

的生产物。钟表才是恰好的说明。威廉·配第既以此说明制造业的分工。在牛伦堡，钟表原是手工业者的个人生产物，但在现在，那是不可数计的部分劳动者的社会生产物了。这不可数计的部分劳动者，如发条制造工、字板造工、细发条制造工、穴石制造工、爪石制造工、指针制造工、盘制造工、螺旋制造工、矿工，此外还有许多小类，如轮制造工（那又可分铜轮制造工和钢轮制造工）、轴制造工、机制造工、装轮工（以轮装于轴上，并将其磨亮）、枢轴制造工、装配工（使各种轮轴装妥）、修轮工（雕刻轮齿，凿孔）、制动器制造工、圆筒制动器的圆筒制造工、制动轮制造工、平准轮制造工、快慢针制造工、本制动器制造工；次之，又有配箱工（将发条箱与盘完成者）、磨钢工、磨轮工、磨螺旋工、写字工、面板白蜡工、龙头制造工、蝶铰工、表盖弹簧工、刻物工、小凿刻物工、磨盖工等；最后还有装置全表，使其可以行走的各种工人。在表的构成部分中，仅有极少部分，要经过数人的手。这一切散离的部分，是直到在配置全机的人手中，才集合在一处的。完成生产物与其各种要素的外部关系，使各部分劳动者，在这一类的情形下仅偶然在一个工作场所相结合。譬如在瑞士的瓦得和纽采，德尔二州，这各部分劳动，就依然当作互相独立的手工业经营。但日内瓦，则有大钟表制造厂；在那里部分劳动者是在一个资本命令下直接合作的。并且，在日内瓦，字板、发条、盖也多半不在制造厂内制造。在这场合，结合的制造业的经营，只在例外情形下，经营有利。因为，（1）在自己屋内劳动的劳动者，将发出最剧烈的竞争；（2）把生产事业分为许多异质的过程时，多半会不许人们把劳动手段共同使用；（3）工作分散，使资本家可以节省建筑物及其他种种必要的支出①。不过在自己屋内但仍然是为资本家（即制造业者）劳动的部分劳动者，和直接为顾客劳动的独立的手工业者，依然是完全不同的。②

制造业的第二类，是制造业的完成形态，其所生产的制成品，须通过互相关联的各发展阶段，通过一序列的阶段过程。例如针制造业的针条，须通过 72 种乃至 92 种特殊的部分劳动者的手。

这种制造业，把原来分散的手工业结合起来，因此，在供给制成品的各特殊生产阶段间，空间的距离，就缩短了。它由一阶段转至他一阶段的时间缩短了，作这种移转的媒介的劳动，也同样缩短了。③ 与手工业比较，制造业是在生产力上增进了。这种利益，是由制造业一般的合作性质发生的。但在他方面，制造业所特有的分工原则，又使各不同的生产阶段，必须分立为同数互相独立的手工业的部分劳动。各分立的机能，既必须联络，且必须维持这种联络，故制品也必须不断地由一人移转至他一人，由

---

① 1854 年日内瓦生产 80,000 只表，与纽采德尔州的产额比较，不及五分之一。周特峰市（那里，全市可认为是一个钟表制造厂）每年的产额，二倍于日内瓦。在 1850 年至 1861 年间，日内瓦生产了 750,000 只表。参看日内瓦钟表业的报告（见英国大使馆秘书处关于工商业的报告 1863 年第六号）。钟表这类物品，是由部分凑合而成的，其生产分成许多过程，这些过程因为彼此没有关联，所以要把这种制造业转化为大工业的机械经营，是极难极难的。但在此之外，还有两种阻碍，使这种转化不能办到。即（1）其构成要素是巧小玲珑的，（2）表是一种奢侈品，有种种的式样。在伦敦最大的钟表制造店，在一年中，也难得有一打表，是作得恰好一样的。反之，采用机械成功的维齐龙康斯坦丁钟表工厂，却在形态大小上，至多不过出三种或四种出品。

② 钟表制造业，是混成制造业的典型的实例。我们可以在这种制造业上，极正确地看到这种现象，即由手工业活动实行分散之故，劳动器具也相应地分化和专门化。

③ "在人如此密集的地方，运输的劳动必然会更小的。"（《东印度贸易的利益》第 106 页。）

一过程移转至他一过程。从大工业的观点看，这种必要，乃是制造业所特有的一种缺陷，那是破费的，内在于制造业原理中的①。

　　就一定量原料（例如纸制造业的烂布，针制造业的针条）观察，我们觉得，这种原料，会在各不同的部分劳动者手中，在达到最后形态前，顺次通过各不同的生产阶段。但若把工作场所当作一个总机构来观察，我们却看见，原料是同时存在它所有的一切生产阶段中。在由部分劳动者结合而成的总劳动者中，有一部分使用某种器具的人，把针条拉开，一部分使用某种器具的人，把它拉直，还有一部分使用某种器具的人，把它切断，还有一部分使用某种器具的人，把它磨尖等。不同的阶段过程，在时间为纵列的，在空间为横列的，因此，就得在同时间内，供给较大量的制成品了②。当然，这种同时性，也是由总过程的一般合作形态发生的，但制造业不仅接受现成的合作条件，并且会把手工业活动分解，从而局部地创造合作条件。不过，从别一方面说，制造业把劳动过程的这种社会组织完成了，但它所用的方法，不过是使劳动者固定做劳动的某一部分。

　　因为每一个部分劳动者的部分生产物（Teilprodukt），都仅是同一制造品的特殊的发展阶段，所以一个劳动者是供给别一个劳动者，一组劳动者是供给别一组劳动者以原料。一个或一组劳动者劳动的结果，即是别一个或别一组劳动者劳动的始点。所以在这里，是前者直接使用后者。获得所期效果所必要的劳动时间，

---

① "因使用手工劳动之故，制造业的各阶级是分立了。这种分立，曾大大增加生产的成本。这种损失，主要是因为必须由一个过程转移到别一个过程发生的。"（《国家的工业》伦敦1855年第2篇第200页。）

② 分工"引起时间的经济，那把工作分成许多部门，使其可以在同时进行。……这各种不同的过程，在一个人，本来是要分开进行的，现在它们可以同时进行了。从前切断一枚钉或磨利一枚针所必要的时间，已可用来完成多量的针了。"（斯条亚前书第319页。）

在每一个部分过程，都由经验规定了。制造业的总机构，是建立在这个前提上：在一定的劳动时间内，一定能取得一定的结果。不同而互相补足的劳动过程，就因为在这个前提下，所以真能够不断地在时间上空间上并行。很明白，各种劳动从而各种劳动者直接互相依存的事实，使各人在履行各人的机能时，仅许使用必要的时间；因此，制造业所引起的连续性、划一性、规律性、秩序性①，尤其是劳动强度，和独立手工业或单纯合作相比，就迥然不同了。就商品生产一般而言，其生产仅许使用社会必要的劳动时间，不过是竞争从外部所加的强制；因为，肤浅地说，每一个生产者，都须依照市场价格来售卖商品。但就制造业而言，则在一定劳动时间提供一定量生产物，却成了生产过程本身的技术法则了②。

但不同的工作，必须有不等的劳动时间，从而，在相等的时间内，会提供不等量的部分生产物。是故，假使同一劳动者每日是做同一的工作，则不同工作所须雇用的劳动者的比例数也不同。譬如，假使在活字铸造业上，一个铸造工人每小时可铸2,000个，一个分切工人每小时可分切4,000个，一个磨擦工人每小时可磨擦8,000个，则雇用一个磨擦工人，便须雇用4个铸造工人，和2个分切工人。在此，最单纯的合作原理——即同时雇用许多人做同种工作——又用得着了。但在此，这个原理已经是一个有机关系（organischen Verhättniss）的表现。制造业的分工，不仅使社会总劳动者的各种在本质上相异的器官，单纯化，多样化；且为这各种器官的分量（那就是，为相对的劳动者数，

---

① "一种制造业所使用的劳动者（artists）越是多种多样，各种劳动越是有秩序有规律，因此，各种劳动所必要的时间就减少了，劳动就减少了。"（《东印度贸易的利益》第68页。）

② 制造业的经营，在许多部门，仅极不完全地得到这个结果，因它对于生产过程的化学条件和物理条件，没有力量可以正确地操纵。

或为各组担任特殊机能的劳动者的相对量），创立一个数学的固定的比率。它既然使社会劳动过程发展为质的划分，又使它有量的规律和均衡。

在一定的生产规模上，各组部分劳动者间，有最适合的比例数。这种最适合的比例数一由经验决定，则各组劳动者必须依此倍加，然后能将规模扩大①。有几种工作，个人做起来，是不论规模大小，总是一样的。例如监督的劳动，及以部分生产物由一生产阶段运至他一生产阶段的劳动。要把这种机能独立起来，或把它交给特殊的劳动者担任，必须在所雇劳动者数已经增加以后，方才有利的。但这种增加，又必须依此例，在各组劳动者中都实行。

从事同一部分机能的劳动者若干，构成一组（Gruppe），这种组由同质的要素构成，而在总机构中，形成一个特殊的器官。但在某一些制造业上，这种组就是一种有组织的劳动体（geglied-erter Arbeitskörper）；全机构，则由这种生产要素有机体（Produk-tiren Elementarorganismen）的反复或倍加而成。试以玻璃瓶制造业为例。那分为三个本质上不同的阶段。第一个阶段是预备阶段。其工作在调置玻璃的材料，把砂和石灰等混合，并将此混合物，熔解成为流质的玻璃②。最后一阶段，则从干炉将瓶取出，拣选，包装好等。在这二阶段，都使用种种部分的劳动者。这二阶段间的中间阶段，便是真正制造玻璃的阶段。在这阶段，流质的玻璃被加工了。玻璃炉每一个口边，都有一个工人，在英吉利

① "各制造业，依照生产物的特殊性质，决定最宜将其本身分成若干过程，使用若干劳动者。这样决定之后，如有制造厂不依照此数的倍数来进行，他就必定要负担较大的费用了。……制造业设备扩大的原因之一便由此发生了。"（巴伯基《机械经济论》第一版伦敦 1832 年第 21 章第 172、173 页。）
② 在英格兰，熔炉是和玻璃加工炉分开的。在比利时，却是一个炉在两种过程上使用。

称为"火口工人"（hole）。每组都有一个工人制瓶，一个工人吹气，一个工人收集，一个工人堆积，一个工人搬入。这五个部分劳动者，可说是一个劳动体的五官。那是以统一体的资格活动的，故其活动，必须五人直接合作。其一缺席，则其全部解体。但一个玻璃炉有几个口。在英吉利，通有四口或六口。每一个口，都有一个土制坩锅，其内充满流质玻璃，并有五个工人编成一组。每一组的组织，都直接以分工为基础，各同种的组之间的联结，却是单纯的合作。因生产手段（在此是玻璃炉）可以共同消费，故其使用比较经济，每一个有四组至六组工人的玻璃炉，构成一个玻璃制造房；若干这样的制造房，再加以准备生产阶段和最后生产阶段所必要的设备和工人，便构成一个玻璃制造厂。

又，制造业可以一部分由异种手工业的结合而成，但也可以发展为异种制造业的结合。例如，英吉利的大玻璃制造厂，常自己制造土制的坩锅；因生产物的优劣，在本质上，常须视坩锅的优劣而定。生产手段的制造，在这场合，便和生产物的制造相结合了。反之，生产物的制造业，也有时和用该生产物作原料，或用该生产物和它自身生产物混合的制造业相结合。例如硬玻璃的制造业，常与磨玻璃业及铜铸造业相结合（后一种制造业，是种种玻璃制造品镶嵌金属所必要的）。这样互相结合的种种制造业，成为一个总制造业的多少可以在空间上分离的部门，为互相独立的生产过程，且各有各的分工。不过，制造业的这样结合虽然也有若干利益，但决不能在制造业的基础上，取得现实的技术的统一性。这种统一性，当制造业经营转化为机械经营时，方才取得。

制造业时代，一旦以商品生产上必要劳动时间的减少，为意识的原则①，机械的使用，就间或地发展了。在能大规模进行，且必须有巨力支出的单纯的准备过程上，机械的使用，尤为发展。例如在纸制造业上，烂布的捣碎，就常使用纸磨，在金属制造业上，原矿的捣碎，就常使用矿磨②。罗马帝国，已经以水磨（Wassermühle）的形态，将机械的原始形态，传于后世③。在手工业时代，已经有指南针、火药、印刷品、自鸣钟等大的发现。当然，大体说来，诚如亚当·斯密所论，机械尚在分工之旁，演辅助的节目④。但17世纪机械的间或的应用，仍有极重要的意义。因为，当时的大数学家，就以这种应用，为实际的支点和刺激，以创造近世的力学。

但制造业时代的特有的机械，总归是由许多部分劳动者结合而成的总劳动者。商品生产者所必须依次担任，而在劳动过程全体中交错着的种种工作，是以种种方式，向他提出要求。一种工作，要求他有较大的力。第二种工作，要求他有较大的熟练；第三种工作，要求他有较大的注意。同一个人决不能以相等的程度，具有这种种资质的。制造业既然把这种种工作分开，使它们

① 参看威廉·配第，约翰·白拉斯，安德鲁·耶伦通（Andrew Yarranton），《东印度贸易的利益》的匿名著者，凡德林等人的论述。

② 16世纪末叶在法国，尚用擂钵把矿石捣碎，用手筛把矿石洗濯。

③ 我们可由磨谷水磨的历史，探知出机械全部发展史的迹象。在英格兰，工厂仍被称为 mill（磨）。在19世纪初叶德意志的工艺学文献上，Mühle（磨）仍被用来指示一切由自然力推动的机械，且被用来指示一切有机械装置的制造厂。

④ 我们可从本书第四部（即《剩余价值学说史》）更详细地知道，亚当斯密关于分工，不曾提出一个新命题。但他所以成为制造业时代首屈一指的经济学家，就因为他特别着重分工。他只给机械以次要的地位。这个事实，在大工业开始时，唤起了洛窦德尔（Landerdale）的反对论调，而在稍后的发展时期，又引起了乌尔的反对论调。再者，亚当·斯密还把工具的分化（在这种分化上，制造业的部分劳动者，颇与有力），和机械的发明，混为一谈。在机械发明上有地位的，不是制造业劳动者，只是学者，手工业者，和自耕农民（例如布尔特勒）。

独立起来，一个还一个，故劳动者也可依照各人的特长，一类一类地一组一组地划分了。他们的天赋，是分工的基础；同样，制造业一经被采用，又会把原来只宜专任特殊机能的劳动力发展。总劳动者现在可以用相等的程度，具有生产上必要的种种资质，并使其各器官（即特殊劳动者或各组劳动者），专任它的专属的机能，从而，依最经济的方法，把这种种资质使用了①。当部分劳动者成为总劳动者的肢体时，他的片面性和缺陷性，便成为完全性了②。专任一种机能的习惯，使他成为一个作用当然更准确的器官；同时总机构上的联络，又强迫他必须以机械部分的规律性来工作③。

因为总劳动者的各种机能，有些是更单纯的，有些是更复杂的，有些是低级的，有些是高级的，故其器官（即个别的劳动力）所必要的练习程度，也有种种不同，从而，所有的价值，也有种种不同。因此，制造业发展了劳动力的等级制度（Hierarchie），并相应地发展了工资的等级制度。从一方面说，个别劳动者专任一个一面的机能，并终生为这个一面的机能所吞并；从他方面说，这个等级制度中的各种工作，也尽被弄成与生得的及习

---

① "制造厂主将工作分成各种各样的过程。这各种过程所需的熟练程度和膂力程度，是各不相同的。但制造厂主就因把工作分成了多种过程，故能按照各种过程的所需，来购买适量的熟练和膂力。反之，假令全部工作是由一个人做，他即必须有充分的熟练，来做最难的工作，又必须有充分的膂力，来做最苦的工作了。"（巴伯基前书第 18 章。）

② 例如筋肉之片面的发展，骨的屈曲等。

③ 在答复调查委员的问题——少年人如何能不断勤勉——时，马夏尔君（一个玻璃制造厂的总经理）的答复是很对很对的。他说"他们不能忽略工作；动工之后，他们必须继续做下去，正好像是机械部分"。（童工委员会第四报告1865 年第 247 页。）

得的熟练相适合①。不过，每一个生产过程，仍须有某种任何人皆能担任的单纯的操作。现在，这种操作，也和内容较充实的活动要素失去了流动的关联，硬化为专属的机能了。

所以，制造业会在它所侵入的手工业内，生出一个不熟练劳动者（ungeschickter Arbeiter）的阶级来。这一个阶级，在手工业经营上，一向是毫无地位的。制造业既牺牲完整的劳动能力，以完成局部的特殊技能，同时，又把一切发展都没有，也当作一种特殊的资格。制造业既造成一种等级制度，又划分一种单纯的区别，把劳动者分成熟练者和不熟练者。后者几不须有学习的费用；前者的学习费用，也因职务已简单化，故比手工业者的学习费用，更少得多。在这二场合，劳动力的价值都减低了②。固然，劳动过程的分解，曾引出一种新的总括的机能，那在手工业上，还是全然没有的，即有，其范围也没有这样大。但这只是例外。学习费用消灭或减少的结果，是劳动力价值的相对的减低。这种减低，却直接包含资本价值增殖作用的提高；因为，每一种事情，只要它能缩短劳动再生产所必要的时间，它就会把剩余价值的范围扩大的。

---

① 乌尔博士，在他赞美大工业的赞辞中，比他以前的经济学者（因为他们在这个问题上面没有论战的兴味），甚至比他同时的经济学者（例如巴伯基，他在数学方面力学方面，确比乌尔高一着，但他特别喜欢从制造业的立场，来理解真正的大工业），是更锐感地感到了制造业的特征。乌尔说：使劳动者适合于特殊工作这件事，便是"分工本质"。别处，他又说分工是使"劳动适合于各人不同的才能"；最后，又说全部制造业制度，是"劳动分割或排成等级"的制度，是"依熟练程度将劳动分割"。（乌尔《制造业哲学》19页至22页及以下各处。）

② "每一个手工业者，因此，已能在一种单纯工作上完成他自己，……又因此，他就成了更便宜的工人了。"（乌尔前书第19页。）

Ⅳ　制造业内部的分工和社会内部的分工

我们先讨论制造业的起源，次讨论它的单纯要素（部分劳动者与其工具），最后，讨论它的总机构。现在，我们要略述制造业内部的分工和社会内部的分工之关系。后者构成商品生产的一般基础。

仅把劳动放在眼里，我们可以说，社会生产分为农业（Agrikultur）工业（Industrie）诸门的分工，是一般的分工（Teilung der Arbeit im allgemeinen）；门分为纲或种的分工，是特殊的分工（im besondren），一个工作场所内部的分工，是个别的分工（im einzelnen）①。

①　社会内部举行分工，和各个人专营特殊职业的现象，像制造业内部的分工一样；是由二对立的始点发展的。在家族之内②，嗣后更在部族（Stamm）之内，由性和年龄的差别，引起了一种自然的分工，那纯然是以生理的原因为基础的。因共同社会扩大，人口增加，尤其是相异诸部族间互相冲突互相吞并之故，这种分工的材料，是益益增大了。在他方面，又如前述，在

---

①　"分工以最不同种职业的分离开始，乃至将制造同种物品的工作，分归许多工人负担，例如在制造业上。"（斯托齐《经济学教程》巴黎版第 1 卷第 173 页。）"在已有相当文明程度的国家，我们发现了三种分工：第一种，我们称之为一般的分工，即使农业生产者制造业者，和商人分离，而农业制造业和商业，便是国民产业的三个主干；第二种，我们称之为特殊的分工，即使各种产业分为各属种，第三种分工，便是我们所说的真正的分工，那是在单个手工业或职业内部发生的，大多数制造业和工厂，都有这种分工的。"（斯加尔贝克前书第 84、85 页。）

②　第 3 版注——关于人类原始状况，此后的根本的研究，曾使著者得到如下的结论：原来不是由家庭发展为部族。反之，部族乃是原始的自然发生的以血缘基础的人类社会形态。部族结合开始解体之后，才发展为种种式式的家族形态。——F. E.

相异诸家族诸部族诸共同社会的接触点上，发生了生产物的交换。在文化初期，以独立资格互相接触的，原不是个人，而是家族部族等。不同的共同社会，是在各自的自然环境内，发现不同的生产手段和不同的生活资料。所以，它们的生产方法，生活方法，和生产物，乃是不同的。也就因为有这种自然的差别，所以，当不同的共同社会互相接触时，生产物会互相交换，并渐渐转化为商品。交换不在各生产范围之间创造差别，但使已经不同的生产范围发生关联，并且使它们在社会总生产上，转化为多少互相依赖的部门。在此，社会的分工，是由原来不同且互相独立的生产范围之间的交换引起的。但在前一场合（以生理分工为始点的场合），则是直接互相关联的全体，将其特殊器官互相分离。这个分离过程，原来也是以诸相异共同社会间的商品交换为主要刺激的。但益益分化的结果，到后来，各种劳动之间的联络，遂仅有生产物当作商品的交换，作媒介了。在一场合，是使原来互相独立的，变成互相依赖的；在他一场合，则是使原来互相依赖的，变成互相独立的。

一切发展了的以商品交换为媒介的分工，都以都市与农村的分离为基础①。我们未尝不可说，社会全部经济史，是包括在这个对立物的运动中。但在此，我们不要再进一步说明它。

制造业内部的分工，以同时使用一定数劳动者的事实，为物质的前提。同样，社会内部的分工，也以人口数及人口密度为物

---

① 在这点，斯杜亚爵士的研究是最精的。他的著作，虽比《国富论》先十年出版，但至今日仍然很少被人注意。此可由下述一事来推论：马尔萨斯的赞美者，直不知道，马尔萨斯《人口论》的第一版，除纯粹修辞的部分外，几乎在参考沃拉斯（Wallace）汤孙德（Townsend）之外，纯然是抄写斯杜亚的见解。

质的前提。人口在社会内密集，有如工人在工作场所内密集①。但人口密度，是相对的。人口比较稀薄但交通机关比较发达的国家，可以比人口比较多但交通机关比较更不发达的国家，有更大的人口密度。就这意义说，北美合众国北部诸州，是比印度有更稠密的人口的②。

商品生产与商品流通既为资本主义生产方法的一般的前提，所以，制造业要有分工，则社会内部的分工必须已有相当程度的发展。反之，制造业的分工，又会发生反应作用，使社会的分工发展并且增加。劳动工具分化了，生产工具的职业，也益益分化③。又，从前当作主要职业，或辅助职业，与他种职业相联合，而由同一生产者经营的职业，一经采取制造业经营的方法，即会与他种职业脱离，而成为互相独立。又在一种商品的诸生产阶段中，只要一个阶段采取制造业经营的方法，其他各生产阶段，也会随着变成互相独立的职业。我们还讲过，在制成品仅机械地由部分生产物凑合而成时，各部分劳动，可再独立地化为真正的手工业。因要使制造业内部的分工更完全起见，一个生产部门，还可依照原料的种类，或同种原料的形态，分成种种制造业，且在某程度内，几乎成为全新的制造业。早在 18 世纪前半，法国就曾有 100 种以上的丝织品织造出来；但在阿维格龙等处，依法，"每一个徒弟，只能从事一种织造业，且不得学习一种以

---

① "社会的交通，劳动生产所赖以增进的合力，都须有相当的人口密度。"（詹姆士·穆勒《经济学要论》伦敦第 50 页。）"当劳动者数增加时，社会生产力的增进，与劳动者数的增加乘分工的效果，成复比例。"（荷治斯金《通俗经济学》第 125、126 页。）

② 自 1861 年来，棉花的需要增大了，因此，在东印度若干人口最稠密的产棉区域，牺牲了米的生产，来扩大棉的生产。结果是发生局部的饥馑。因交通手段不完备之故，一个地方的米的不足，又不能由别个地方的供给来补充。

③ 所以，早在 17 世纪，梭的制造就在荷兰成了一种专业。

上的织物的制造"。限某种生产在某处经营的地方分工，也从制造业经营（要利用各种特殊性的制造业经营）上，取得了新的刺激①。世界市场的扩大与殖民地制度（在制造业时期，二者皆为制造业的一般的存在条件），又给社会内部的分工以丰富的材料。当然，分工方法，不单侵入经济范围，且会侵入社会每一个范围。它会在任一个处所，立下专门化的基础，使人为了发展一种能力，而把其他种种能力丧失，以致福开森——亚当·斯密的老师——叹说："我们造成了一个奴隶国家，没有一个自由民②"。但在此，我们且不要讨论这点。

　　社会内部的分工和工作场所内部的分工，虽有许多类似处和关联处，但二者仍不仅有程度的差别，且有本质的差别。曾不同职业之间有内部的连带，而互相结合时，二者的类似，才最为显明。例如，饲畜业者生产兽皮，鞣皮业者使兽皮转化为皮革，制鞋业者使皮革转化为皮鞋。在此情形下，他们各个人所生产的，都仅是阶段生产物（Stufenprodukt），最后完成的形态，乃是他们的特殊劳动的结合生产物（kombinierteProdokt），且还有种种劳动部门，以生产手段供给饲畜业者、鞣皮业者和制鞋业者。在此，我们可以和亚当·斯密一样，认为社会分工与制造业分工，只有主观的区别。那就是，只在观察者看来有区别。因制造业在同一地点进行的种种工作，观察者可以一目了然，但在社会分工上，各种部分劳动，是散布在广大的面积，各特殊部门所使用的

---

① "英国的羊毛制造业，不是随地之所宜，分成了若干部分或部门，使各部分只在某一些地方进行，或主要在某一些地方进行么？精毛织物不是在桑牟塞州，粗毛织物不是在约克州，长尺织物不是爱克塞特市，绢罗纱不是在苏特伯勒市，绉罗纱不是在诺威齐市，棉罗纱不是在肯达尔市，毛布不是在惠特尼市么？"（巴克莱著《寻问者》1750年第250页。）

② 福开森著《市民社会史》爱丁堡1750年第4部第2篇第285页。

人数又极众多。故相互间的联络，易于被看落①。但饲畜业者，鞣皮业者，制鞋业者这各种人的独立的劳动，是以什么作关联呢？那便是，"各个人的生产物，都是以商品的资格而存在"这一件事呀。反之，制造业的分工又是以什么为其特征呢？那便是"部分劳动者不生产商品"这一件事呀②！变成商品的，是部分劳动者的共同生产物③。使社会内部发生分工的，是不同劳动部门的生产物的卖买；使制造业各部分的劳动发生关联的，是各种不同的劳动力售于一个资本家，被一个资本家当作结合劳动力

---

① 亚当·斯密说："分工在真正的制造工业上似乎较大；因为，各劳动部门使用的人，往往能集合在一个工作场所内，可以在监工员的面前一目了然。反之，一种制造业（!），如其以供给大多数人民的主要欲望为目标，则其工作各部门，须雇用如此多的工人，以致不能全体集合在同一工作场所内，……这当中的分工，也就没有这样显明了。"（亚当·斯密《国富论》第一篇第一章）。这一章里面还有一段话——以"试考察文明繁盛国内最普通手工业者和日佣劳动者的财产"一语开始——著者曾说明，有怎样多数怎样多种的产业，合起来供给一个普通劳动者的欲望。但这段有名的话，几乎是逐字抄引孟德维尔（Bernard de Mandeville）的《蜜蜂寓言·私恶及公益论》（在 1706 年第一版内，没有"论"字，这个字是 1714 年加上去的）。

② "已经没有什么，还可称作个人劳动的自然报酬。每个劳动者都只生产全体的一部分，这各部分，就其本身说，是没有任何价值或效用的。没有什么，劳动者还可在其上说，这是我的生产物，应归我所有。"（《拥护劳动反对资本要求》1825 年第 25 页）此优秀著作的著者，便是以上曾经引用过的荷治斯金。

③ 第 2 版注。——社会分工与制造业分工的区别，已经由美国人在实际上证明了。南北美战争中，在华盛顿，有几种新税创立。其中的一种，是课"一切工业生产物"以 6% 的税。问：什么是工业生产物？立法者答说：一切在它被造成时，被生产了；在它可以拿出来贩卖时，被造成了。任举一例如下，纽约和菲拉德尔菲亚的制造厂，从前除制造伞的各附属品外，还把伞"造成"。但因伞是由极不同种的部分合成，这各部分从来都渐渐变成"完成品"，而在不同场所，由独立经营的工业独立生产。这各种工业的部分生产物，是当作独立的商品，送到伞制造厂去，集成全体的。美国人常称此种物品为"集成品"（Assembled articles）。当作课税的集成，这个名称尤其是恰当的。各构成部分价格的 6% 的税，及其全体价格的 6% 的税，就这样，集成在一柄伞里面了。

来使用的事实。制造业的分工，以生产手段累积在一个资本家手里这一件事为前提；社会的分工，则以生产手段分散在许多独立商品生产者手里这一件事为前提。在制造业内，比例数或均衡的铁则，使一定数的工人，担任一定的机能；在社会内，商品生产者与生产手段，应如何在各社会劳动部门之间分配，却是偶然的，随意的。是的，各生产范围之间将不绝保持平衡。一方面，因为每一商品生产者都必须生产一种使用价值，必须能满足一种特别的社会欲望。各欲望的范围虽有量的差别，但各种欲望量之间，却有一个内部的连带，可以连结成为一个自然发生的体系。他方面，又因为商品的价值法则，决定社会在其所有的总劳动时间之内，能以几何用在各种商品的生产上。但各生产范围保持平衡的不断的趋势，只是平衡不断破弃所引起的反应。工作场所内部的分工，有一种先定的计划的规律；但这种规律，就社会内部的分工说，却是后发的，当作一种内部的无言的自然必然性来发生作用。这极自然必然性，是可以在市场价格的晴雨表一样的变动中，知觉到的。商品生产者们的无规律的随意的行动，就由这种自然必然性统制着。又，制造业的分工，以资本家对于工人（他们只是资本家所有的总机构的部分）的无条件的权力为前提；社会的分工，却使独立的商品生产者，互相对立。这种商品生产者，只认竞争是权力，只认相互利害关系的压迫这不能不容忍的强制。正如在动物界，各个对各个的竞争，相当保存了各种动物的生存条件。资产阶级的意识，即盛称制造业分工，劳动者终生从事一种部分工作并无条件隶属于资本的事实，为增进劳动生产力的劳动组织，又以同样的热烈。力斥社会生产过程之意识的社会的统制和调节，为侵犯个别资本家的不可侵犯的财产权、自由权和自决权。这是很特别的，热心辩护工厂制度的人，在反对社会劳动之全般的组织时，只能说这种组织会把全社会变为工厂。

在资本主义生产方法的社会内，社会分工的无政府与制造业分工的专制，成了互为条件的二条件；反之，在专业现象自然发生，然后结为定形，最后立为定法的初期社会形态内，我们却发现，一方面，有社会劳动之计划的命令的组织，他方面，工作场所内部是全然没有分工，即有，也是规模极小，或偶然发生的①。

太古的狭小的印度共同社会，有一部分，还继续存在到现在。这种社会的基础，是土地共有，农业与手工业的直接混合固定的分工。其分工，在一个新共同社会成立时，还是当作一定的计划和设计来实施的。每个共同社会，占有 100 英亩至 1,000 英亩的面积，各成为自足的生产体。生产物的主要部分，是用来满足共同社会自身的直接的需要，不是当作商品。所以，生产本身，也和印度社会全境以商品交换为媒介的分工，毫无关系。转化为商品的，只是生产物的过剩部分，但就在这过剩部分中，也还有一部分，到国家手里，才转化为商品。在印度，自不可记忆的时代起，就有一定量生产物，必须当作实物地租，而流入国家手里。这种共同社会形态，在印度，是随地方不同的。在最单纯的形态上，土地是共同耕作的，生产物则在社会成员之间分配。同时，每一个家庭都纺绩织布，以此等为家庭副业。在这个从事同种工作的大众之外，我们还发现一个以一身兼任审判官、警察官、收税官三种职务的"要人"；一个记账员，他记录农业的一切收支，并登记与此有关的各种事项；一个官吏，他处罚犯人，保护从他村来的旅客，并引导他到邻村去；一个边界巡查，他巡查边界，防止邻村的侵入，一个运水员，他为灌溉的目的，从公共贮水池，把水分配到各处；一个婆罗门僧，他司理宗教

① "我们可以说，依照一般法则，在社会内部决定分工的权力越小，则工作场所内部的分工越是发展，越是受个人权力的支配。因此，工作场所内部的权力和社会内部的权力，就分工这一点说，是成反比例的。"（马克思《哲学的贫困》第 180 页 181 页。）

的一切仪式；一个教师，他在砂地上教儿童读书写字；一个司历僧，他以占星师的资格，通告什么时候宜和什么时候不宜播种，收获，以及其他各种农业工作；一个铁匠和一个木匠，他们制造并修理各种农具；一个陶土工，他制造村民使用的各种容器；一个理发匠，一个洗衣工人；一个银匠；有些地方，还有一个诗人，在共同社会内，他的地位，是代替银匠或代替教师。此十数人，由共同社会全体出费维持。若人口增加，则在未经占有的土地上，照样成立新的共同社会。共同社会的机构，指示了一种计划的分工，但制造业的分工，在那里，却是不可能的。因为铁匠\木匠等人的市场，是不变的；至多，在共同社会范围扩大时，由一个铁匠，一个陶工，增加为二个或三个①。共同社会分工所依于调节的法则，在这里，是像自然法则一样，以不可抵抗的权力，发生作用；像铁匠那样的特殊手工业者，则以相传的方法，在自己的工作场所内部，不承认任何统制的权力，独立进行专属于自己的一切工作。这种自足的共同社会，是不断以同一的形态再生产；如偶然被破坏，也会在同一地点，以同一名称，再现出来②。但其单纯生产组织，却给了我们解决一个秘密的钥匙。由此，我们可以说明，为什么亚细亚诸国不绝解散，不绝重建，王朝也不绝变更，但亚细亚诸社会，却毫无变化，社会经济基本要素的结构，不因政治风云的袭来，受丝毫影响。

---

① 魏尔克斯中校（Lieut. Col. Mark Wilks）著《印度南部的历史概述》伦敦 1810 年至 1817 年第一卷第 118 页至 120 页。——对于印度共同社会的各种形态，有一个很适切的记述，见康培尔（George Campbells）著《近代印度》伦敦 1852 年。

② "在这个单纯的形态下，……该国居民不知生活了多少年代。村的限界，是很少改变的；虽有时村被损坏了，或被战争饥馑疫病破坏了，但同一名称，同一村界，同一利害关系，甚至同一家族，常保存数百年之久。居民对于王国的解体或分裂，没有任何悬念；只要村能保持完整，他们绝不问自己所属的村，是隶属在何种权力下面，是受那一个君主支配。其内部经济是保持不变的。"〔赖福士（Thomas Stamford Raffles）——前任爪哇总督——所著《爪哇史》伦敦 1817 年第一卷第 285 页注。〕

我以前讲过，基尔特的规则，为有计划地阻止基尔特老板转化为资本家，曾严格限制老板个人所能使用的人数。又，他还只能在他自己所属的手工业内，使用工人。基尔特热心排斥一切商人资本——这是他们遇到的唯一的自由的资本形态——的侵入。商人可以购买任一种商品，但不能购买那当作商品卖的劳动。他只能以手工生产物卖买者的资格出现。设外界的情形，使分工必须更进一步，则现有的基尔特，将自行分裂为若干附属的基尔特，或在旧基尔特周围，建立新的基尔特。但不同的手工业，仍不因此，而联结在一个工作场所内。所以，基尔特组织，虽曾使各种职业分离，使它们个别化，使它们完成，因而对于制造业时代的物质的存在条件有深切的贡献，但仍完全不许有制造业的分工。大体言之，劳动者与其生产手段，还是不能分离的，好像蜗牛与其背壳不能分离一样，是以，制造业的第一基础——即生产手段成为资本，而与劳动者相对立——依然是缺少的。

社会内部的分工（那或以或不以商品交换为媒介），是各种经济社会组织所共有的；制造业的分工，却是资本主义生产方法的特有的创造物。

V　制造业的资本主义的性质

多数劳动者在同一资本命令下的事实，不仅是合作一般的自然的始点，也是制造业的自然的始点。但制造业的分工，又使所使用的劳动者数的增加，成为技术上的必要。一个资本家所必须使用的劳动者数的最低限，现在，为已有的分工所预先规定了。若要得到进一步分工的利益，则劳动者数必须增加，且必须依照倍数来增加。但可变资本部分增大了，不变资本部分也必须增大；但除建筑物，熔炉等共同生产条件必须增加外，原料的增加，还须比劳动者数的增加，更速得多。分工可以增加劳动的生产力，但劳动生产力增大了，则一定量劳动在一定时间消费的原料量，须依同比例增大。所以，由制造业的技术性质，我们可得一定律如下：每个资本家手里所必须有的资本最低额，必须提高；换言之，社会的生活资料和生产手段，必须益加转化为资本①。

机能的劳动体（funktionierende Arbeitskörper），在单纯的合作上，是资本的一个存在形态；在制造业上，它同样是资本的一个存在形态。由多数个部分劳动者构成的社会的生产机构，是属于资本家的。所以，由劳动结合而生的生产力，也会在资本的生产力这一姿态下出现了。真正的制造业，不仅使以前独立的劳动者，受资本的命令和训练，且曾在劳动者间，创立一个等级的组织。单纯的合作，大体说来，未变更个人的劳动方法；制造业却从根柢上把它革命了，并在根本上变革了个人的劳动力，制造业使劳动者化为一个畸形体。拉布拉达诸州的屠户，专为毛皮或脂肪，而杀去兽的全身；同样，制造业也牺牲一个生产冲动和生产能力的世界，拔苗助长地，助长他一部分的熟练。不仅特殊的部分劳动，分配在不同的个人间；各个人现在也把自身，分割为部分劳动的自动的原动机②。门纳尼亚斯·阿格利巴（Menenius Agrippa）的无稽的寓言——人只是他自己

---

① "手工业细分所必要的资本（宁可说所必要的生活资料和生产手段），应先存在社会内。但这还不够。这种资本还须在企业者手中蓄积到充分的数量，使他们能够大规模经营。……分工愈进步，不断使用一定数劳动者所必要的资本（在工具、原料等物上的）支出，也愈增大。"（斯托齐著《经济学教程》巴黎版第一卷第250、251页。）"生产手段的累积和劳动的分割不能分离，像在政治领域内，公共权力的累积和私人利益的划分不能分离一样。"（马克思《哲学的贫困》第134页。）

② 斯条亚把制造业劳动者定义为"在部分劳动上使用的活的自动机"。（斯条亚全集第8卷1855年《讲话》第318页。）

的身体的一部分——竟成为现实的了①。劳动者原来是因为自己没有生产商品的物质手段，所以把劳动力卖给资本；现在，他的个别的劳动力不卖给资本，即无由工作了。它的机能，只能发挥在这样的联络中；这种联络，必须在它售卖之后，才在资本家的工作场所内存在的。依照自然的性质，制造业的劳动者，不能独立作——他必须当作资本家工作场所的附属物，才能展开生产的活动②。耶和华的选民，在额上书有"为耶和华所有"的字样，分工却在制造业劳动者面上，烙印上了"为资本所有"的字样。

独立的农民和手工业者，像野蛮人把一切战争技术当作个人计略来行使一样，是以小规模，展开他的知识、判断和意志的。但现在，这种种能力，只对于工作场所全体，才是必要的了。生产上的精神能力，就因为已在许多方面消灭，所以能在一方面把规模扩张。部分劳动者所丧失的东西，累积在和他们对立的资本上面了③。制造业分工的结果，劳动者是和物质生产过程的精神能力（那是当作他人的所有物，表现为支配劳动者的权力），相对立了。这个分离过程，开始于单纯的合作，发展于制造业，完成于大工业。在单纯的合作上，资本家是在个个劳动者面前，表现为社会劳动体的统一和意志。在制造业上，劳动者被畸形化为部分劳动者。在大工业上，

---

① 在珊瑚，个体便实际是全群的胃脏。它供给全群以养料，不像罗马贵族那样从全群取去营养料。

② "能支配一个手工业全部的劳动者，可在任何处依此来谋生；但制造业劳动者不过是附属物，离开一同劳动的人，便没有用处，且不能独立，所以，随便什么规则，只要人认为妥当，他就不得不接受。"（斯托齐前书圣彼得堡 1815 年第一卷第 204 页。）

③ 福开森《市民社会史》第 281 页。"其一（劳动者）之所失，即为其他（工厂经营者）之所得。"

科学是当作一种与劳动分离的独立的生产能力，为资本服务的①。

在制造业上，总劳动者（从而资本）富有社会的生产力，劳动者个别的生产力就必致于贫乏。"无智是迷信之母，也是产业之母。思虑与想象是易于错误的。手足的活动习惯，既与思虑无关，也与想象无关。所以，制造业最繁荣的地方，即是人类最少思索的地方。在那里，工作场所，可以看作是一座机械，而以人为其构成部分。"②。事实也是这样，18世纪中叶的制造家，宁愿使用半白痴的人，来担任若干单纯的工作。但构成工业秘密的，也就是这种单纯的工作③

亚当·斯密说："大多数人的悟性，都是由他们日常的工作必然形成的。终生从事少数种单纯工作的人……没有使用悟性的机会。……他们普通是尽人类之所能，成为最愚钝最无智的"。斯密描写部分劳动者的愚昧以后，接着又说："单调的固定的生活，自然会堕落他的志气。……那还会堕落他的身体的活动力，使他在惯作的部分工作之外，不能活泼地，持久地，运用自己的力量。他在他的特殊工作上，取得了技巧，但这种技巧的取得，不免把他的理智的，社会的，斗争的能力牺牲掉。在每一个改良的文明的社会内，这都是

---

① "有知识的人和生产劳动者，可以彼此分得很远。知识，不复在劳动者手中，当作增加自身劳动力的手段，那几乎在各处都是与劳动者对立的。……知识成了一种与劳动分离并且对立的工具。"（汤姆孙《财富分配原理的研究》伦敦1824年第274页。）

② 福开森《市民社会史》第280页。

③ 杜克提（J. D. Tuckett）《劳动人口今昔状况史》伦敦1846年第Ⅰ卷第148页。

贫穷劳动者（即人民大多数）不可免的状态①。为要防止多数人民因分工而起的完全的萎缩，斯密曾提议以国家设施的国民教育，为预防性的同类疗法。加尼尔（G. Garnier）——法国第一期帝制下的当然元老院议员，曾注释斯密的著作，并将其译成法文——会反对这一点，实为事之当然。他以为，国民教育，是与分工的根本法则相抵触的，有了它，"我们所有的社会制度，会全被推翻"。他说："像其他各种分工一样，筋肉劳动与理智劳动②间的分工，也因社会（他是用这二字指示资本，土地所有权，和他们的国家）愈富，而愈明确。像其他各种分工一样，这种分工，是过去进步的结果，是未来进步的原因。……政府应当反对这种分工么？应当阻止它的自然的进行么？应当用国库收入的一部分，来使这两种应互相分开的劳动，互相混合么"？③

社会的分工，不免会在人类的身心方面引起相当的萎缩。但因制造业时期更把社会的分工推进，并由一种特殊的分工，从生命的根源攻袭个人，所以，制造业时期，又给了工业病理学最早的材料

---

① 亚当·斯密《国富论》第五篇第 1 章第 2 节。福开森，对于分工的不利结果是很着重的。亚当·斯密即是福开森的弟子，他在这一点，当然是非常明白的。但在著作的绪论中，他是赞美分工，而仅暗示那是社会不平等的源泉。到第 5 篇，论国家收入的地方，他才再提出福开森的见解来。我在拙著《哲学的贫困》中，已经说了我们必要说的话，那可以说明在分工问题的批判上，福开森，亚当·斯密，列曼台（Lemontey）和萨伊间有怎样的历史的关系。在那本书，我最先把制造业的分工，看作资本主义生产方法的特殊的形态。（马克思《哲学的贫困》巴黎 1847 年第 122 页以下。）

② 福开森已经在《市民社会史》第 281 页说过了这个话："思维在这个分工时代，也成了一种特殊职业。"

③ 加尼尔译注的《国富论》为 5 篇法译本第 2 页至 5 页。

和刺激①。

"把一个人分割开来，如得其当，便是处死他，不得其当，便是虐杀他。……劳动的划分，是人的虐杀。"②

以分工为基础的合作或制造业，在初发生时，是一种自然发生的产物。但当其存在已相当取得固定性和广袤性时，它便成了资本主义生产方法之意识的计划的系统的形态。真正的制造业的历史，将指示制造业所特有的分工，怎样最初是经验地，在当事人背后，获得适当的形态，然后像基尔特手工业一样，传统地固守着它一度获得的形态，有时竟固守数百年之久。除若干无关重要的情形外，这种形态发生变化的唯一原因，是劳动工具的革命。近世制造业——不是指那以机械为基础的大工业——或是发现诸种现成的构成要素，那诸种现成的要素是分散的，不过要合拢起来（大都市上的成衣业，就是一例）；或是应用分工的原理，单纯地，使一种手工业生产（例如钉书业）的各种工作，成为特殊劳动者的专职。在这场合，不要一星期的经验，就可以把各种机能所必要的工人的比例

---

① 勃笃亚实用医学教授拉玛志尼（Ramazzini）1713 年公刊一个著作，题名《工业病》。此书 1781 年译成了法文；1841 年，再为医学百科全书所采录。在大工业时代，工人疾病的目录，当然是大大增加了。关于这个问题，可参看方台勒（Dr. A. L. Fonteret）著《大都市（特别是里昂）工人的生理卫生与道德卫生》巴黎 1858 年，及《各种地位年龄性别所特有的疾病》全六卷乌尔谟 1860 年。1854 年技术协会曾委派一个调查工业疾病的委员会。这个委员会所搜集的各种文书，收在托威金汉经济博物院的目录中了。政府的《公共卫生报告》，尤为重要。还可参看莱希（Eduard Reich M. D.）所著《论人类衰颓》欧兰根 1868 年。

② 厄哈特《通用语集》伦敦 1855 年第 119 页。黑格尔关于分工，是抱极异端的见解。他在《法律哲学》中说："我们说有教育的人，原来是指那一种人，他能做每一件有人做的事情。"

数，发现出来①。

制造业的分工，由手工业活动的分解，由劳动工具的特殊化，由部分劳动者的成立，由部分劳动者的分担及总机构的结合，而在社会的生产过程中，创成质的编配和量的均衡，并因而在社会劳动中，创立一个确定的组织，展开一种新的社会的劳动生产力。制造业，在当时发现的基础上，原只能采取资本主义的形态。而当作社会生产过程的资本主义形态，制造业又只是生产相对剩余价值，或资本价值增殖的一个特殊方法。其法，是牺牲劳动者，而以社会之富，"国民之富"等名义为借口。它会增进劳动之社会的生产力，但其增进，只为资本家，那不但无益于劳动者，且会牺牲个别劳动者，以惠益资本家。它创造了资本支配劳动的新条件。所以，一方面它在社会经济的形成过程上是历史的进步，是必要的发展要素；他方面，它又是受过洗炼的文明化了的榨取手段。

经济学，当作一种真正的科学，是在制造业时代最初出现的。它考察社会的分工时，只从制造业分工的立场②，认为社会分工是以同量劳动生产多量商品的手段，或者说是使商品便宜，从而使资本蓄积加速的手段。他们着重量与交换价值。与此恰恰相反的，是古

---

① 现今在德国教授间（例如罗雪尔教授），尚流行一种可笑的信念，认分工的发生，由于个个资本家的先天的发明天才。依罗雪尔教授的看法，分工是以现成的形态，由资本家的万能头脑飞出来的，因此，必须有"种种工资"报酬他。实则，分工程度的大小，非取决于资本家天才的大小，乃取决于资本家钱袋的大小。

② 像配第，《东印度贸易利益》匿名著者等较早的著作家，还比亚当·斯密，更透辟地，指示了制造业分工的资本主义性质。

代的著作家。他们只注意质与使用价值①。他们以为，社会各生产部门分离的结果，商品会制造得更精良，人类的各种冲动和能力，会选得适宜的活动范围②；没有限制，任何重要的事都是作不成功的③。所以，生产物与生产者，皆会由分工而改良。他们虽偶然提到生产物量的增加，他们也只说使用价值量的增加。他们从不说到交换价值，从不说到商品便宜。这种以使用价值为主的立场，是柏拉

---

① 有少数 18 世纪的著作家，在近世学者中，形成一个例外。例如培卡利亚 (Beccaria) 与哈利士 (James Harris)。他们在分工问题上，和古代人的见解相同。培卡利亚说："依各人的经验，我们知道，一个人，如果不断把他的手和精神，应用在同种工作和生产物上，他一定比那种必须为自己生产各种物品的人，能够得到较轻易较良好较丰富的结果。但人类，就因此为全体的利益和个人自己的利益，被分成不同的阶级和状况了。"（培卡利亚著《公共经济要论》库斯多第版近世篇第 XI 卷第 28 页。）哈利士（后来的马尔麦斯伯勒伯爵，曾任驻圣彼得堡大使以《出使日记录》闻名于世，所著《幸福问答》1741 年出版于伦敦，此书复收印在《三论》中，第三版出版于 1772 年伦敦）也说："我说以分工为基础的社会，是自然的。我的论证，是从柏拉图《共和国》，第 1 篇采取的。"

② 参看荷马史诗《奥特塞》第 14 章第 228 节，"不同的人，乐于从事不同的工作"。又，阿基罗卡斯 (Archilochus) 在《塞克士杜·恩比利古士》中，也说："各人高兴作各人自己的事。"

③ "他能做许多种工作，但没有一种工作做得好。"——雅典人认他们自己，比斯巴达人，是较优的商品生产者，因为斯巴达人在战争时能够支配人，但不能支配钱。依照修西提第斯 (Thukkydides) 的记载，培利克利斯 (Perikles) 在波斯战争中会鼓舞雅典人说："为自给而生产的人，宁可用自己的生命，不用钱来战争"。（修西提第斯史书第 1 部第 141 章。）不过，就在物质生产上，雅典人也还以"自给"为理想，而反对分工。"盖因分工仅保证幸福，自给犹可保证独立。"但在此我们必须记着，甚至在 30 僭主没落的时代，雅典也还没有 5,000 人没有土地财产。

图（Plato）①（他认为分工是社会划分阶级的基础）和塞诺芬（Xenophon）②（他有资产阶级所特有的本能，比较更注意工作场所内的分工）所共有的。柏拉图的共和国，认为分工是国家的组织原理，但就这点说，他的见解不过是埃及世袭阶级制度在雅典的理想化。埃及在柏拉图那时候，被他当时人认为是模范的工业国。伊苏格拉底

---

① 柏拉图是从这个事实，说明社会内部的分工。即个人的欲望是复杂的。个人的才能却限于一方面。他的主要论点是，应由工人适应于工作，不应由工作适应于工人。在工人同时作几种手艺，或有别种手艺作副业时，工作适应于工人的情形，就是不可免的。"劳动不能等劳动者有闲暇的时候做；劳动者必须聚会精神去做他所做的事情，不能把劳动看得随随便便的。——这是必要的。——因此，我们说，各种东西，如果由天性适于生产这种东西的人，在适当的时间，专心致志去生产，它们的生产将更丰饶，更精美，又更容易"。（柏拉图《共和国》第 1 篇。）——修西提第斯（在前书第 142 章）也说："航海术，像别的熟练手艺一样，是一种技术，不能当作副业来做。别种手艺，也不能当作航海业的副业来做。"柏拉图说：如果工作必须等待劳动者，则适当的生产时机将会错过，制品将受损害。柏拉图的这个观念，在英吉利漂白业者反对工厂法规定一切工人必须在同时午餐时，再出现了。漂白业者说，他们的职业不能就劳动者的方便，因为"假设在干燥，洗濯，漂白，压平，加光彩，染色那种工作上，必须在定时停止，那不免有损害制品的危险。……励行一切工人在同时午餐的规定，那不免有时要使贵重的财物，因工作不完全而受损害。"不知柏拉图主义下一次又在什么地方起来？

② 塞诺芬告诉我们从波斯国王食桌上受食物，不仅是一种荣誉；那种食物，实际也比别的食物更可口。"这是不足异的，因为，一切手艺都是在大都市上最完成的；献于王桌的食物，当然是依精美方法烹调的。若在小市上，那么这种工人就还得制造床、门、犁和桌子；甚至要造房子；并且，哪怕这样，他们还是不容易找到充分的主顾来维持生活。当然，像这样做多种职业的人，是不能精通一种职业的。但在大都市上，每一种职业都有许多的需要。一个人只要从事一种手工业，就可以谋生了。甚至不必做一种手工业的全部。甲专做男鞋，乙可以专做女鞋。有时候，甲可以仅把鞋钉好，乙接着把它切好，丙把鞋面做好，而由丁把各部分合起来。这样只做一种专门工作的人，当然能够把工作做得更好。烹调的工作，也是这样的。"（塞诺芬《塞洛勃第亚》第 8 部第 2 章。）塞诺芬在此只注意使用价值的质量，但他已知分工程度定于市场范围。

（Isokrates）便是一例①。罗马帝国时期的希腊人，也还不脱这种见解②。

在真正的制造业时代——在那时，制造业为资本主义生产方法的支配形态——有多方面的障碍，使它所特有的倾向，不能充分发展。制造业虽引起了劳动者的等级编制，单纯地把劳动者分为熟练劳动者和不熟练劳动者，但仍因熟练劳动者有压倒势力，以致不熟练劳动者的人数极为有限。又，制造业虽曾以其特殊工作，适合于其活劳动器官的年龄，力气，与熟练程度，从而，有一种趋势，要对妇女和儿童，施以生产的榨取，但这个趋势，大概说，仍为习惯及成年男工人的反抗所阻碍。又，手工业活动的分解，虽减低了劳动者的教育费用，从而，减低了他的价值，但较难的部分劳动，仍须有长期的训练，甚至在修业时期已不必要时，工人们仍热心要把这个时期保存。例如，在英格兰，我们就发现，定修业时期为七年的学徒法，在制造业末期，依然有效，其覆灭，必须待大工业已经兴起之后才行。又，因手工熟练依然是制造业的基础，因制造业的机能的总机构，在劳动者自身之外，没有任何客观的骨骼，所以，资本仍不断要与劳动者的不服从性格相战。所以，我们的朋友乌尔曾大声说："因有人性的弱点，所以劳动者越是熟练，他就越是骄横，越是不高兴，从而越不宜于充作总机构的构成部分。他会大大地损害全体。"③ 也就因此，在全制造业时期都可听到劳动者训练不

---

① "他（俾西利士）将他们一切人分成特殊的世袭阶级……这样吩咐他们，一个人应常常做一种职业。他知道，常常改变职业的人，是什么职业也做不精的，反之，常常做一种职业的人，却能把这种职业做得完好。我们在事实上也发觉，在技术和职业上，他们是胜过他们的竞争者，像名手胜过拙工一样。他维持君王制度和其他各种国家制度的方法是如此巧妙，所以，论究这个问题的最有名的哲学家，皆称埃及的政制，优于其他各国。"（伊苏格拉底著《俾西利士》第8章）
② 参看西库鲁士的著作。
③ 乌尔前书第20页。

足的怨声①。即令没有当时著作家的话可作证据，这样的事实——自16世纪至大工业时代，资本尚不能占有制造业劳动者全部可以利用的时间，各种制造业都是短命的，往往因劳动者由一国迁至他国，便须由该国迁至他国——已可为充分的佐证。在1770年，那位屡次被我们引用的"工商业论"的作者，曾叹说："无论如何，必须把秩序建立起来。"66年后安德鲁·乌尔博士也说，"经院派分工学说"为基础的制造业，还缺乏"秩序"。"阿克莱特（Akwright）把这种秩序创立了。"

制造业既不能侵占社会生产的全范围，也不能使社会的生产，从根本上发生革命。当作一种经济的作品，制造业是耸峙在都市手工业和农村家庭工业（Ländlich häuslichen Industrie）的基础上。制造业的狭隘的技术基础，一经发达到一定的阶段，便会和它自身所创造的生产需要相矛盾。

制造业最完成的产物之一，是生产工具（尤其是当时已经使用的复杂的机械装置）的工作场所。乌尔曾说："一个这样的工作场所，会展览多样等级的分工。凿子，锥子，旋盘，各有各的工人，并依熟练程度，一级一级地，妥为编制。"但制造业分工所得的这个产物，又生产了机械（Machines。即赖机械之力，手工业的活动，才不复为社会生产的支配原则。于是，一方面，劳动者终生从事一个部分机能的技术基础，不复存在了；他方面，这个原则对于资本支配权所加的限制，也消灭了。

---

① 本文所说的话，用在英格兰，比用在法兰西妥当；用在法兰西，比用在荷兰妥当。

第十三章　机械与大工业

I　机械的发展

约翰·穆勒在其所著《经济学原理》中，曾说："一切已有的机械发明，曾否减轻任何人日常的劳苦，是有疑问的。"[①] 但资本主义使用机械的目的，决不在此。机械，像其他各种发展劳动生产力的方法一样，其目的，仅在使商品便宜，缩短劳动者为自己工作的劳动日部分，从而，延长劳动日的别一部分，那是他毫无代价，给予资本家的。总之，机械是生产剩余价值的手段。

生产方法的革命，在制造业，是以劳动力为始点；在大工业，是以劳动手段为始点。所以我们最要研究的是：劳动手段如何由工具（werkzeug）转化为机械（Maschine）？机械与手工业工具有何种差别？在此，我们只要考察显著的一般的特征就行了。因为，地质学上的时代，不能划分抽象的严密的界限，社会史上的时代，也是

[①] 穆勒应说："曾否减任何可自食其力的人的日常劳苦。"因为，没有疑问的，机械会大大增加养尊处优者的人数。

这样。

数学家和力学家，皆认为工具是单纯的机械，机械是复杂的工具。英国的经济学者也有时复述他们这种见解。他们在二者间不能发现本质上的区别；杠杆、斜面、螺旋、楔那样单纯的机械力，也被他们称为机械①。不错，机械随便怎样改装、组合，它仍旧是由这诸种单纯机械力合成的。但从经济学的立场说，这样的说明，却是没有用处，因其中未含有历史的要素。但在他方面，又有人以为，工具与机械的区别，在于这一点，即工具以人为原动力，机械以兽水风及种种非人力的自然力，为原动力②。果如此，则用牛拉的犁（那是各生产时代通用的方法）是机械；一个劳动者用手推动的克洛生式的回转织机（Claussens Circular Loom，一分钟，它可以织96000个眼），却是工具了。并且，同一织机，用手推转时是工具，用蒸汽推转时是机械了。且兽力的使用，原为人类最古的发明之一。这样说，我们就可以说，机械生产是在手工生产之先了。但1735年，惠特（John Wyatt）宣布其纺绩机械的发明，而开始18世纪的产业革命时，他并不曾提到，这种机械将不由人推动，而由驴马推动。这种工作后来是由驴马担任的，但依他自己的说明书，这个机械却只

---

① 例如胡登（Hutton）的《数学教程》。

② "由这个观点，我们很容易在工具和机械当中，划出一个严峻的限界来。锄、槌、凿等，无论怎样精巧复杂，它们总是以人为动力的。杠杆装置、螺旋装置、……这些，通统称作工具；但由动物力拉动的犁，由风推动的磨等，则属于机械的范围。"（苏尔兹 wilhelm Schulz 著《生产的运动》舒里克1843年第38页。这是一本多方面被称赞的书。）

是一个"不用手指纺绩"的机械①。

一切发展了的机械，都由三个在本质上不同的部分——发动机，配力机，与工具机（即工作机）——构成。发动机，是全机构的动力。那或者像蒸汽机、热气机、电磁机一样，发出它自己的动力；或者像水车（利用水流的力）风磨（利用风力）一样，由现存的外部的自然力，受到冲动。配力机以飞轮，动轴，齿轮，滑车，带索，绳，小齿轮，以及各种各样的联动机，调节运动，并在必要时，改变运动的形态（例如由直线运动变为圆形运动），并以运动分配传达到工具机上。所以，这二部分，专为推动工作机，从而，使劳动对象得被把捉，为合目的的变更。第三部分为工具机或工作机（Werkzeugmaschine，Arbeitsmaschine）。18 世纪的产业革命，实以机械的这一部分为出发点。直到现今，在手工业经营或制造业经营转化为机械经营的地方，依然以这一部分为出发点。

试更精密地考察工具或真正的工作机一下，就知道，手工业者及制造业劳动者工作时所使用的设备和工具，都以大大变化了的形

---

① 在惠特时代以前，已有人使用极不完善的预纺机械。这或许要以意大利为最早。一部批判的工艺史，将可说明，18 世纪的各种发明，很少是任一个人的功绩。但这样一部书，一直到现在，还是没有出世。达尔文使我们注意自然的工艺史，那就是，注意动植物的器官，当作生产工具（为动植物自身生活而用的生产工具），是怎样形成的。社会人的生产器官（那是各种特殊社会组织的物质基础）的形成史，不是同样值得注意么？诚如韦柯（Vico）所说，人类史与自然史的区别点，在前者为我们自己所造成，后者非我们自己所造成。但不就因为这样，人类工艺史要比自然工艺史更容易写么？工艺（Technologic）这件东西，可以启示人类对于自然之能动的关系，启示人类生活之直接的生产过程。从而，启示人类的社会的生活关系，及以此为基础的精神的概念。若把这个物质基础舍去，宗教史也将成为非批判的。当然，依分析，以发现宗教幻想的现世的核心，是件更容易得多的工作；而由现实生活关系展开它的天国化的形态，却是件更难得多的工作。但后者是唯一的唯物论的方法，从而是唯一科学的方法。抽象的自然科学的唯物论之缺点是排斥历史过程。要知道这一点，请注意，这种唯物论的发言人，一离开他们的专门领域，便会发出种种抽象的观念学的概念来。

态，再现了。但从前它是人的工具，现在它是一个机构的工具，换言之，是机械的工具了。全机械，或者像机械织机一样①，仅仅是旧手工业工具的改订版，或者像纺绩机内的纺锤，织机机内的织针，锯机内的锯，斫机内的刀一样装置在工作机骨骼内的工作器官，全是旧相识的。这种工具与工作机本身的区别，可由其出生地方来辨别。此等工具，大多数依然由手工业或制造业生产，后来才装到由机械生产的工作机本身里面去②。所以工具机是一个机构，它被推动之后，便使用它的工具，和以前使用同种工具的劳动者，作同样的工作。就这点说，发动力无论是由人生出，抑是由一个机械生出，部下致影响问题的实质。自真正的工具从人那里移到一个机构上来后，机械便代替了单纯的工具了。即在还是用人自己为原动力的场合，二者的差别，仍可一望而知。劳动者能同时使用的工具数，要受天赋生产工具（那就是他自己的身体器官）的限制。在德意志。初时曾有人试验要使纺绩工人踏两架纺车，那就是同时使用二手和二足。但这种工作太吃力了。后来确曾有人发明有两个纺锤的纺车，但要找一个能够同时纺两根纱的纺绩工人，并不比找一个双头人容易。反之，多轴纺绩机（Jenny）却自始就能用 12 个至 18 个纺锤；织袜机同时可用几千枚织针。工具机所同时运转的工具数，自始就不像手工业者的工具那样，受生理器官的限制。

当作动力的人和当作工作者的人的差别，在许多手工工具上，也显明地存在着。以纺车为例，纺绩者的足，只是原动力，而操纵纺锤，引纱捻纱的手，则担任真正的纺绩工作。产业革命，最先是

---

① 在机械织机的原来形态上，旧手工织机的样子，一看就可以看到的。但在机械织机新近的形态，它是在本质上变化了的。

② 约在 1850 年后，工作机的工具，才有不断增加的部分，在英格兰，改用机械来造。不过，依旧不在建造机械的工厂制造。造机械工具的机械，举例来说，是自动卷纱轴的制造机械，梳毛刷的装置机械，梭的制造机械，妙尔纺锤和塞洛纺锤的制造机械。

袭击手工具的后一部分。它除使劳动者以目照顾机械，以手纠正机械的错误外，仍使他们担任原动力的纯机械的职务。反之，推转磨柄①，抽动唧筒、拉风箱、用擂钵擂粉等原来只以人类为原动力的工作，很早就用动物、水、风②等充作原动力去应用了。这种种工具，在制造业时代以前许久，已经在此处彼处，化为机械，只不过不曾在生产方法上引起任何革命罢了。在制造业时期内，一部分也是这样。大工业时期的情形。也证明这种种工具，在手工业形态上，已经是机械了。例如，1336—1837年荷兰人用来抽干哈伦湖水的唧筒，就是依照普通唧筒原理构造的。其间只有一个差别：其活塞，不由人力而由大蒸汽机关推动。又，英国铁匠普遍使用的极不完全的风箱，也只要把风箱口和蒸汽机关连起来，就可转化为机械的风箱。蒸汽机关是17世纪末叶制造业时代发明的，但继续至18世纪80年代之初③，还不曾引起产业革命。反之，工具机的发明，却使蒸汽机关有革命的必要。当人不以工具直接作用于劳动对象，而仅当作工具机的原动力时，以人类筋肉为原动力的事实，纯然是偶然的，那很容易用风、水或蒸汽来代替。这种变化，当然会在原来打算以人为动力而构成的机构上，引起显著的技术上的变化。例如，在今日，像缝机、制面包机等必须找寻出路的机械（除预先决定只供小

---

① 埃及的摩西说："你不应该把打稻的牛的口套住"。但德意志基督教的慈善家，当他们用农奴来推磨时，却在农奴颈上，加一块大木板，叫他不能伸手把麦粉放到口里。

② 一部分因为缺少活的向下流的水，一部分因为要与洪水奋斗，所以荷兰人不得不使用风作原动力。风磨是他们由德国弄来的。在德国，风磨的发明，曾在贵族，牧师和皇帝之间，引起一种有趣的争论：风是谁所有的。但在德国，空气造成占有状态，在荷兰，风却吹来了自由。在荷兰，由风而为人所占有的不是荷兰人，却是荷兰人的土地。1836年荷兰，仍有6,000马力的12,000个风磨，被利用来使全国$\frac{2}{3}$的土地，得免再转化为池沼。

③ 瓦特第一种蒸汽机关（即所谓单式蒸汽机关）的发明，已经把它大大改良了；但在这个形态上，它依然是水和盐泉的汲水机械。

规模应用者外），就全是构造得既宜以人力，也宜以纯机械力为动力的。

当作产业革命始点的机械，是用一个机构，代替只使用一个工具的劳动者，这种机构，有许多同种的或类似的工具在一起工作，而为一个任何形态下的原动力所推动①。在此，我们有了机械，但那还只是机械生产的单纯要素。

工作机范围的扩大，与同时在工作机上发生作用的工具数的增加，使较大的发动机构，成为必要的。这个机构要克服它的抵抗力，必须使用比人力更强的原动力。且不说此。当作生产工具的人，还不适于生产划一的继续的运动。在他只当作单纯的原动力时，他的工具为工具机所代替了，现在，自然力又能把当作原动力的他，代替掉。在一切从制造业时代留传下来的大原动力中，马力是最劣的了；一部分，因为马有它自己的头脑，一部分，还因为它的价值大，而可在工厂使用的范围又有限②。但在大工业的儿童时期，马是用得很广的。当时农业家的怨言，可为一证；直到今日仍沿用马力二字

---

① "把这种种单纯工具结合起来，为一个发动机推动，那便成了机械。"（巴伯基《机械经济论》。）

② 1861 年 1 月莫尔顿（John C. Morton）在技术协会宣读一篇论文《农业使用的动力》。其中有一段说："每一种使土地划一性增进的改良，都使蒸汽机关更能用来生产纯粹的机械力。……当有屈曲的篱垣或其他障碍物防止划一的动力时，马力是必要的。这种障碍，现在是一天比一天扫除了。但对于各种更需有意志而更不需有现实的力的工作，是只有一种力可以使用的，那就是在每一瞬间都能由人意支配的力。明白说。便是人的力。"莫尔顿氏曾将蒸汽力、马力和人力，还原为蒸汽机关通用的单位（即在一分钟内，提举 33,000 磅重量至一尺）。依他计算，由蒸汽机关供给一马力，每小时费 3 便士，若由马供给，每小时便费 5 便士半。又，一匹马如果要养得强壮，它每日至多只能使用 8 小时。蒸汽力的使用，使农民在耕田的七匹马中，至少可以省去三四。并且，在一年之中，蒸汽机关的费用，决不超过马在三个月或四个月间（被蒸汽机关代替的马，在一年中，也只有三个月或四个月实际被人使用）的费用。又，当马在农业上为蒸汽机关所代替时，农产物的品质也会改良的。要做一架蒸汽机关的工作，必须有 66 个劳动者，每小时共须费 15 先令，要做一匹马的工作，必须有 32 个劳动者，每小时共须费 8 先令。

表示机械力的习惯，也可为一证。风是不定的，并且是不能控制的。在英国（大工业的发祥地），在制造业时期，已经应用着水力了，而且比较上应用得最多。早在 17 世纪，就有人用一个水车，推动两个上磨和两个下磨。但配力机范围扩大之后，一向使用的水力就嫌太小了。这件事情，使人们对于摩擦律（Reibungsgesetz）进行更精确的研究。同样，因磨由杠杆前后动转而推动时，其动力作用不甚规则，遂又引出了飞轮的学理和应用①。这个学理后来在大工业上是极重要的。大工业所必要的根本的科学要素和技术要素，就这样在制造业时代展开了。阿克莱特发明的塞洛纺绩机（Throstles - spinnerei），最初还是用水推动的。但以水力为主要动力，有种种困难。（1）不能随意增加；（2）在缺乏之时不能补充；（3）有时全然没有；（4）纯然是地方性质的②。直到瓦特（Watt）发明第二种复式蒸汽机关那时候，才发现一种原动机，既可由煤与水的消费造出原动力来，又完全受人支配。这个原动机，自身是能动的，同时又是他动的；是都市的，不像水车一样是农村的；其生产可累积在都市，不像水车一样，是分散在各处的③；它在工艺上的应用是普遍的，比较说，在地址的选择上，可不受地方情形的影响。瓦特天才的伟大，可取证于 1784 年 4 月他的专利说明书。在这个说明书内，他不把他的蒸汽机关，看作是为特殊目的的发明；他把它看作是大工业可以普遍应用的要素。他在说明书中指出的用途，有许多（例如汽槌）

---

① 伏尔赫伯式，1625 年，德·考士式，1688 年。

② 近时涡水磨（Turbimen）的发现，曾为产业上的水力利用，扫除许多限制。

③ "在织物制造业初期，工厂的地位，取决于河流的有无。工厂所在的地方，必须有充分的向下流的水，来推动水车。水磨的采用，虽为家庭工业制度破坏的始端，但水磨只能在有水流的地方设立，一个水磨往往和别一个水磨的距离甚远，所以，那与其说是都会组织的一部分，宁说是农村组织的一部分。直到水力为蒸汽力所代替那时候，工厂才汇集在都市上，汇集在有充分煤炭和水（那是生产蒸汽所必需的）的地方。蒸汽机关是工业都市之母。"（勒德格莱夫在 1866 年 4 月 30 日工厂监督专员报告第 36 页的话。）

直到半世纪后才被人采用。但蒸汽机关能不能在航海上应用，他不敢断言。他的后继者波尔登（Boulton）与瓦特，才于 1851 年，把海洋轮船使用的大蒸汽机关，送到伦敦工业博览会去展览。

自工具由人身有机体的工具，变为机械装置的工具（即工具机）以来，发动机也就取得一个独立的完全不受人力限制的形态了。我们以上所述的个别的工具机，也就降为机械生产的一个要素了。现在，一个发动机，可以同时推动许多工作机了。同时运转的工作机数增加了，发动机也增大了；配力机也就扩大为多方面的装置了。

同种机械间的合作与机械体系（Maschinensystem），在此是应该加以区别的。

先说同种机械间的合作。在此场合，制品是全部由同一的工作机造成的。工作机所做的各种工作，先前，是一个手工业者使用工具（例如织者使用织机），或由若干手工业者以独立者的资格或以制造业构成分子的资格，使用种种工具，依次担任①。例如：近代的信封制造业。它由一个工人用折篦将纸折好，由第二个工人涂树胶，第三个工人将边折回来，预备印上图样，第四个工人把图样印上等。一个信封通过一次部分工作，即须转一个工人的手。现在，这种种工作，是同时由一个信封制造机担任，可以在一小时内，造成 3,000 以上的信封了。1862 年伦敦工业博览会，有一种纸袋制造机，是美国的出品，它可在一分钟内裁纸，涂浆糊，折好制成纸袋 300 个。在制造业内分割开来顺次执行的总过程，由一个结合种种工具的工作机，完成了。这种工作机，或是一个复合手工具之机械的再生，

① 从制造业分工的立场看，织不是单纯的手工劳动，而是复合的手工劳动。同样，机械织机也是一种做许多种工作的机械。认制造业分工将诸种工作单纯化，近世机械不过将这种工作夺取过来，那大体上应当说是一种完全错误的见解。在制造业时代，纺和织分成了许多新种，把它们使用的工具修正了改良了，但劳动过程本身并未分割开来，依然保持手工业的性质。机械的出发点，不是劳动，只是劳动手段。

或是种种已在制造业上专门化的单纯工具之结合。但无论如何，我们都在工厂（即以机械经营为基础的工作场所）内，再发现了单纯的合作。暂把劳动者除开不说，这种合作，乃是若干同种又同时共同发生作用的工作机，在空间内的集合。例如，当许多机械织机，在一个工作建筑物内集合时，那便成为一个织布工厂；当许多缝机在一个工作建筑物内集合时，那便成为一个缝衣工厂。但在其中，有一个技术上的统一。多数同种工作机，同时以配力机为媒介：由一个共通原动力的鼓动，受到相同的刺激。并且，配力机也有一部分是共通的，因配力机仅以特殊的分枝，和各工作机联结。像许多工具仅为同一工作机的器官一样，各工作机现在也成为同一发动机的种类相同的器官了。

劳动对象，有时，必须通过一系列相关的但不同的阶段过程，而由一系列不同的但互相补足的工具机来加工。必须在这个地方，真正的机械体系，才会代替各个独立的机械。在此，我们又有了以分工为基础的制造业所特有的合作了。但这种合作，现今是表现为部分工作机的结合。例如羊毛制造业各种部分劳动者（槌者，梳者，剪者，纺绩者等）所使用的特殊工具，现在，都转化为专门工作机的工具，此等工作机，各在结合的工具机构（Werkzeugmechanismus）的体系中，成为特殊的器官，担任特殊的一种机能。在最先采用机械体系的各产业部门，制造业已经替机械体系，把生产过程的划分和组织的原始基础，预备好了①。不过，这当中，仍有一个根本的差别。在制造业内，每一特殊部分过程，都由使用手工具的一个一个或一组一组的劳动者担任。劳动者固须适合于过程，但过程也须预先安排好，使适合于劳动者。这个主观的分工原则，在机械生产上，是消灭了。在机械生产上，总过程是客观地，在其自体上，分解为各构成阶段；如何执行各部分过程，如何结合各部分过程的问题，概由机械学化学等的技术应用解决了②。当然，在这场合，像在前一场合一样，理论的概念，也是要由大规模蓄积的实际经验来完成的。部分机械，是顺次供给次一部分机械以原料的；但各部分机械既然同时发生作用，故生产物必须不绝在形成过程的各个阶段上，并不绝在由一生产阶段到他一生产阶段的过渡中。在制造业土，部分劳动者间的直接的合作，会在各组与各组之间，创造一定的比例数；同样，在编制好了的机械体系中，各部分机械不绝互相推动的结果，也会在各部分机械的数目、大小和速率上，确立一定的比例。结合的工作机，现在成了一个体系，而由各种一个一个的或一组一组的工作机所编成了。总过程越是成为连续的，原料由最初一阶段至最

---

① 在大规模工业时代之前，毛织物制造业是英国的支配的制造业。所以，18 世纪前半期的实验，也大多数是在这个部门进行的。由此得到的经验，后来转用到棉织物制造业上来。棉织品的机械加工，比羊毛织品的机械加工，本来不需有那样麻烦的准备的。但在更后的时期，情形是反转来了。羊毛的机械工业，是以机械棉纺绩业和棉业为基础而发展了。直到最近十年间，毛织物制造业的各个的要素（例如梳毛），才为工厂制度所并合。"梳羊毛的过程，应用机械力。而自梳毛机，尤其是利士特式梳毛机被采用以来，机械力的应用又推广了。这个事实，无疑引起了这样的结果，即有许多工人因此失业。以前，羊毛大多数是在梳毛业者住的小屋内，用手梳的。现在普遍是在工厂内梳了，除少数种宁用手梳的劳动外，手工劳动是被淘汰了。多数手工梳毛业者在工厂内找到了职业，但因手工梳毛业者的生产额，与机械的生产额相比，相差得太远，所以，失业的手工梳毛业者，乃有极大一个人数消灭了。"（工厂监督专员报告 1856 年 10 月 31 日第 16 页。）

② "工厂制度的原则，是以过程分为根本的要素，而以这种分割，代替劳动在手工业者间的分割或分级。"（乌尔《制造业哲学》第 20 页。）

后一阶段的推移越是不致中断，换言之，其推移越是不凭人手，而凭机构自身，结合的工作机便越是近于完全。在制造业，各特殊过程的分离，乃是分工本身所规定的原理；但在充分发展的工厂，则占优势的，是特殊过程的连续性。

机械体系，有的像在织布业上一样，只以若干同种工作机的合作为基础，有的像在纺绩业上一样，是以不同种工作机的结合为基础，但无论如何，只要是由自动的原动机推动，那便形成一个大自动机了（Automaten）。但是，就令全体系是由蒸汽机关推动，其工作机仍会有若干，在某种动作上，必须有劳动者。例如，在自动妙尔纺绩机（selfacting mule）发明以前，就须有劳动者将"机器"推动；在今日，在精工纺绩上依然是这样的。又，有一种机械，其某部分，像工具一样，必须由劳动者操纵，始能动转。例如在机械的建造上，当名叫滑台（Slide rest）的回转装置，未转化为自动机（Selfactor）以前，就是如此。但自从工作机不要人力的帮助，已可行原料加工所必要的一切运动，从而，只须有人在旁边照料以来，我们就有了自动的机械体系了。惟此自动机械体系，仍不断在微细之处有改良。例如纱断时纺绩机自动停止的装置，又如梭中纱线用完时改良蒸汽织机自动停止的自动开关。那完全是近代的发明。在此，近代的制纸工厂，是可以用来说明生产的连续性和自动机原理的应用的。在制纸业，我们不仅可以研究以各种生产手段为基础的各种生产方法间的差别，而且可以研究社会生产关系对这各种生产方法的关系。德意志往日的造纸法，是手工业生产的标本；17世纪荷兰的造纸法和18世纪法国的造纸法，是真正的制造业生产的标本；近代英国的造纸法，则是自动机造纸工业的标本。此外在中国和印度，我们又可在造纸业上，发现两种不同的亚细亚的形态。

以配力机为媒介而由中央自动机推动的工作机组织体系，是最发达的机械经营形态。在那里，有一个机械的怪物，代替各个的机械。这个怪物的躯体，充满全工厂建筑物，它的干肢是转动很慢的，以致最初一看，似乎看不见它的魔力。但这种魔力终于爆发了，它使无数真正的工作器官，发生了狂热的旋风运动。

在未有一个劳动者专门制造妙尔纺绩机和蒸汽机关以前，已有妙尔纺绩机和蒸汽机关了。这就好像，未有缝师以前，人类已经穿着衣服了。沃康生（Vaucanson），阿克莱特，瓦特等人的发明所以可能，乃因在他们面前，已有许多现成的熟练的机械工人，那是制造业时代供给他们，让他们利用的。这种工人，有一部分，是从事各种职业的独立的手工业者；有一部分，已于上述，集合在严格实行分工的制造业内。发明增加了，对新发明机械的需要增大了，机械建造业——分裂为多个独立的部门；同时，建造机械的制造业内部，也益益实行分工。于此，我们在制造业中，看见了大工业的直接的技术基础。大工业赖有机械，始能在若干生产领域，将手工业经营和制造业经营废弃，但生产这种机械的，却就是制造业。所以，机械经营，乃是在与本身不适合的物质基础上，自然发生的。但机械经营，在一定的发展阶段上，必定会把这个本来完成但沿照旧形态更向前进展的基础颠覆，并创造一个更与自身生产方法相适合的新的基础。个个的机械，在尚由人力推动时，必非常微小；在蒸汽机关尚不能代替动物，风，水那种种现成的动力以前，机械体系是不能自由发展的；同样，在大工业引为特征的生产手段（机械），尚以个人力量和个人熟练为基础，从而，其存在，仍以筋肉的发达，视力的敏锐，手的灵巧（制造业的部分劳动者与手工业者，就用这些，来操纵他们的微小的工具）为基础时，大工业也不能有完全的发展。这样发生的机械，必然是极贵极贵的（这个事情，当作意识的动机，支配着资本）。姑不说此。我们也须知道，机械经营的产业的扩大，新生产部门的机械的侵入，是以一类劳动者——这一类劳动者的职业，带有半艺术的性质，其人数的增加，殊不能急致，只可缓图——的增加为条件的。不过,大工业在一定的发展阶段上,自会在技术上,和它的手工业基础制造业基础相冲突。发动机配力机工作机的范围越是扩大,工作机越是和手工业的原型(工作机的建造,本来是受这种原型支配的)相分离,越是依照机械的任务,取得自由的形态①,则上述诸机械的构成部分,也越是复杂,越是分歧,同时,又越是规则。于此,自动机的体系完成了,同时,比较难于操纵(例如铁,那比木更难操纵)的材料,必须使用了。但这各种自然发生的问题的解决,仍到处遇到人的限制。在制造业上结合的劳动者,尚不能根本地,只能相当地,把这种限制打破。例如近代的水压机;近代的蒸汽机,织机,近代的梳整机,就都不能由制造业供给。

　　一个产业范围内生产方法的革命,唤起别个产业范围内生产方法的革命。因社会分工,而各自生产商品,但各皆以总过程一阶段的资格互相联系的诸产业部门,最先如此。所以,机械纺绩业,使机械织布业成为必要;二者合起来,又使漂白业,印花业,染色业,有发生机械化学革命的必要。同样,棉花纺绩上的革命,又唤起缫棉机(使棉纤维与棉籽分离)的发明;必须有缫棉机发明,棉花的生产,才能依必要的大规模生产②。工业和农业生产方法的革命,又

----

① 机械织机,在其最初形态上,主要是用木头造成的,但改良的近代机械织机,是用铁造成的。在初时,生产手段的旧形态,还支配着它的新形态。要知道这一点,只须表面地比较一下近代蒸汽织机和旧式蒸汽织机,比较一下熔矿炉近代的吹风具和当初模仿普通风箱复制的机械风箱。但最足说明这一点的,也许是火车头的发展了。发明火车头的最初的尝试,是在机械里面安起两只足来,像马足一样,替换着踏在地上的。机械学大进步,实际经验多多蓄积之后,机械的形态,才充分依机械的原理决定。必须如是,机械的形态,才能把工具——蛹化为机械的工具——的原形完全解脱。

② 直到最近,在 18 世纪发明的各种机械中,还要以惠特尼的缫棉机,最少有本质上的变化。在过去十年间(即 1867 年前的十年间),才有纽约州阿尔班尼的爱默利君(Emery),用一种单纯的有效的改良,使惠特尼的缫棉机成为过时的。

使社会生产过程的一般条件，有发生革命的必要，那就是使交通机关运输机关有发生革命的必要。那以小农业及家庭辅助工业为枢纽，及以都市手工业为枢纽的社会（佛里埃的用语），其交通运输机关，绝不够满足制造业时代的生产需要。在制造业时代，社会分工的扩大，劳动手段与劳动者的累积，殖民地市场的开放，已经使交通运输机关，不能不在事实上发生革命了。制造业时代传下来的交通运输机关，对于大工业，尚为不能忍耐的桎梏。这因为大工业是有热病样的生产速度，有庞大的生产规模，有多量资本与劳动由一生产部门到别一生产部门的不绝的移转，有世界市场的新创造的联络。所以，暂不说帆船建造上的革命的变化，我们也发觉，交通运输机关不得不渐渐以川河轮船、铁路、海洋轮船、电报等的组织为媒介，而与大工业的生产方法相适合了。但锻炼、锻接、截断、穿凿、熔铸极大量铁所必需的各种大机械，不是制造业的机械建造方法所能建造的。

所以，大工业必须掌握着它的最特别的生产手段，即机械；且必须以机械生产机械。要这样，它方才有适当的技术基础，有它自身的立足点。19世纪最初10年机械经营发达的结果，机械在事实上渐次支配工具机的建造了。但到最近10年间，大规模铁路的敷设和海洋轮船的建造，才唤起庞大的机械，被用在原动机的建造上。

以机械建造机械的最必要的生产条件是；有一种发动机，可供给动力至任何程度，同时又完全受控制。这个条件，在蒸汽机关，是已经具备了。但各机械部分所必要的严格的几何学形态（例如直线，平面，圆，圆筒，圆锥，球）也须用机械来生产。这个问题，在19世纪最初10年间，是由亨利·毛兹利（Henry Maubsley）的名叫滑台的发明解决了。这种滑台，不久就改为自动的了。依照原来的计划，发明人原只要把它用在旋盘上，但不久，就以修正的形态，应用到各种建造机械的机械上面。这种机械装置所代替的，不是特殊的工具，而是人的手。一向要造出一定的形态，必须用手执持切器的锋，使其对着或刻着在劳动对象（例如铁）之上。有了这种发明之后，各机械部分所必要的几何学形态，遂能便易地，准确地，迅速地，生产了。"这种便易、准确，和迅速，虽最熟练的工人也不能由经验蓄积而得"。①

设在建造机械的机械中，我们只注意真正的工作机那一部分，手工具就以极大的规模再现了。凿孔机的工作机，只是蒸汽机关所推动的大锥；然若没有这种机械，则大蒸汽机关与水压机的圆筒，皆不能生产。机械旋盘，只是普通足踏旋盘的大规模的再现；机械刨，也只是一个铁制的木匠，通普木匠以刨用在木料上面，这个铁制的木匠，却以刨用在铁上面。又，伦敦码头用来剪切盖面板的工具，是一把大剃刀；剪铁如剪布一样的剪截机的工具，是一把古怪的剪刀。汽槌，也是用普通的槌头工作，但这个槌头，连雷神也不能拿起来挥击②。这种汽槌，是纳斯密兹（Nasmyth）发明的。其重量达六吨，而由七尺的垂直距离，从上击下，击在 36 吨重的铁砧上。这种汽槌，可以轻易地将花岗石击得粉碎；但它也能以轻轻的拍击，把铁钉钉到柔软的木头里去③。

劳动手段，在其机械形态上，包含着一个物质的存在方法，它会以自然力代替人力，以自然科学之意识的应用，代替经验的例规。在制造业，社会劳动过程的编制，纯然是主观的，是部分劳动者的

---

① 《国民的工业》（伦敦 1855 年第 2 篇第 239 页）。该书还有一段话："这种旋盘附属器具是单纯的，表面上是不重要的。但我相信，就说这种附属器具在机械改良和推广上的影响，不下于瓦特蒸汽机关的改良，也不为过言。这种附属器具的采用，曾立即使机械完成，使机械便宜，并刺激起新的发明和改良。"

② 在伦敦被用来制造扑轮轴（Paddle-Whellshaft）的这个机械，实际是叫做雷神（Thor）。这个机械可以制造 $16\frac{1}{2}$ 吨重的轮轴，其制造，还像锻冶工人制造蹄铁一样容易。

③ 小规模用在木头上加工的机械，大多数是美国人发明的。

结合；大工业在其机械体系中，却纯然是客观的生产组织体。这个组织体会当作完成的物质的生产条件，出现在劳动者面前。在单纯的合作上，甚至在以分工为特色的合作上，社会化劳动者驱逐个别劳动者的事实，还多少是偶然的事实；但机械（除以后提到的少数例外之外），就必须以直接社会化的劳动或共同的劳动为媒介了。所以，现在，劳动过程的合作性质，是依照劳动手段自身的性质，成为技术上的必要条件了。

II　由机械到生产物的价值移转

我们讲过，由合作及分工而生的生产力，不费资本一钱。那是社会劳动的自然力。像蒸汽和水那样与生产过程适合的自然力，也是不费资本一钱的。但像人类呼吸必须有肺一样，他要在生产上消费自然力，必须有"人手的制造品"。要利用水的推动力，水车是必要的；要利用蒸汽的伸张力，蒸汽机关是必要的。就这点说，科学是和自然力一样的。电流作用范围内磁针的自差法则，或铁周围通电流后即行磁化的法则一经发现，它是无须再花费一个铜钱①。但要在电报等各种用途上利用此等法则，却必须有费用极多的复杂的装置。我们以前讲过，工具不会被机械驱逐。它将由人四肢操纵的小工具扩大起来，增殖起来，成为人所创造的机构中的工具。现在，资本不使工人手执工具去劳动，却使他们用机械（它会操纵它自己的工具）去劳动了。不过，大工业使大自然力和自然科学体化在生产过程中，曾异常增进劳动生产力，虽为一目了然的事实，但这生

---

① 一般说，科学是不费资本家一个铜钱的。但这个事实，不能阻止资本家利用科学。资本并吞他人的劳动，也并吞"他人"的科学。但无论科学也好，物质财富也好，"资本主义的"占有都和"个人的"占有截然不同的。甚至乌尔博士，也叹惜着说，他的亲爱的利用机械的工厂主，对于机械学漠然无知；利比居也举许多事情，证明英国化学工厂厂主对于化学一点不懂。

产力的增进，非出劳动支出（Arbeitsaugabe）的增加来购买，这个事实就不这样明了了。机械是不变资本的部分；像别的部分一样，它不创造价值，只以自身的价值，移转到由它帮助来生产的生产物内。在机械已有价值，从而会把价值移转到生产物去的限度内，它是生产物的价值构成部分。它不是使生产物更便宜，却是使生产物比例于它的价值而加贵。很明白，机械与发展的机械体系（这是大工业特别的劳动手段），和手工业经营的以及制造业经营的劳动手段比较，不知要在价值上大多少的。

最先，我们必须注意，机械常常以全部参加劳动过程，但仅以一部分参加价值增殖过程。机械加入生产物的价值，决不比它由磨损而平均丧失的价值更大。所以，机械的价值，和它按期转移到生产物去的价值部分，有大的差别。当作价值构成要素的机械，和当作生产物构成要素的机械，也有大的差别。而同一机械在同一劳动过程内反复使用的期间愈长，其差别也愈大。当然，我们讲过，每一种堪称为劳动手段或生产工具的东西，都以全部参加劳动过程，而仅以一部分（其大小与每日平均的磨损成为比例）参加价值增殖过程。但利用量与磨损量间之差；在机械要比在工具更大得多；第一，因为建造机械所用的材料，比较经久；第二，因为机械的应用，按照严密的科学法则，从而，其构成部分的支出及其消费手段（Konsumtionsmittel）的支出，都更有节省的可能；第三，因为机械的生产范围，与工具的生产范围比较，不知要大多少。若把每日的平均费用（即由每日平均磨损及炭油等补助材料消费所附加在生产物上的价值部分）计算好，机械是和工具一样，不须有丝毫代价，就可使无人类劳动协力而自然存在的自然力，发生作用；机械在生产上的作用范围，既比工具的更大得多，所以，机械的无须代价的服务，也比工具的更大得多。人类到大工业时期，始能大规模利用过去的已经对象化的劳动之生产物，使它和自然力一样，无须代价地发生作用①。

在考察合作和制造业时，我们已经说过，有某种一般的生产条件（例如建筑物之类），与个别劳动者的分散的生产条件比较，得由共同消费而节省许多；从而，使生产物不那样昂贵。就机械体系说，工作机本身是由许多工具共同消费的；发动机及配力机一部分，又是由许多工作机共同消费的。

若已知机械的价值和由机械转移到每日生产物去的价值部分二者之差，则此价值部分使生产物加贵的程度，最先取决于生产物量的大小，换言之，取决于生产物的面积。布莱克朋的倍恩斯（Baines），曾在1858年刊行的一篇演讲内，提出这样的计算："一实马力②可以推动450个自动的妙尔纺锤及其预备装置，或推动200塞

---

① 里嘉图有时不注意机械的这个作用，像不注意劳动过程和价值增殖过程的一般区别一样。但有时，他又太过看重这个作用，结果遂把从机械移转到生产物去的价值部分忘记了，甚至把机械和自然力一样看待。例如，他说："亚当·斯密并不低视自然要素和机械对于我们的服务，但他很正当地，把此等物所加于商品的价值的性质分别了。……它们是无须代价地做它们的工作，它们所给予我们的帮助，不会把交换价值增加。"（里嘉图前书第336、337页。）——当里嘉图用这个见解来反对萨伊的见解时，他当然是正确的。依萨伊说，机械也提供创造价值的"服务"，其所创造的价值，即为"利润"的一部分。

② 第3版注——1马力等于一分钟的33,000英尺磅（Feetppund）的力，那就是在一分钟内将33,000磅重的东西，提高至一英尺的力，也就是在一分钟内将一磅重的东西提高至33,000英尺的力。本文所说的马力，就是这种马力。但在普通的用语上（即在本书的引语当中，也有些地方，是照普通的用法），有所谓"名义马力"和"商业马力"或"指示马力"的区别。名义马力或旧马力，是依照活塞的行程和圆筒的直径计算的；汽压和活塞速度是完全不顾到的。为实际的目的，我们常说，这个蒸汽机关，若用波尔登和瓦特时代一样小的汽压和活塞速度来推动，它是有50（比方说）马力。但自那时代以后，汽压和活塞速度是大大增加了。我们为要测量一个蒸汽机关实际供给的机械力，乃在圆筒上装一个指示汽压的指示器。活塞速度是容易确定的。在计算一个蒸汽机关的指示马力或商业马力时，圆筒直径，活塞冲程，活塞速度，汽压，须同时顾到。由这样的算式，我们可以准确知道，一个蒸汽机关在一分钟内实际能够提举若干倍的33,000英尺磅。因此。一名义马力在实际上，或能供给三指示马力，四指示马力，或五指示马力不定。指示马力，便是实马力。此注，是为要说明以下各处的引语，才加入的。——F. E

洛纺锤，或 15 架 40 英寸布织机及其附设装置，如引线器刷浆器等。"那就是一蒸汽马力每日的费用及其所推动的机械的磨损，在第一场合，将分配在 450 个妙尔纺锤每日的生产物上；在第二场合，将分配在 200 个塞洛纺锤每日的生产物上；在第三场合，将分配在 15 架机械织机每日的生产物上。所以，由机械移转到一盎斯棉纱或一码布内的价值部分，是极小极小的。上述的汽槌的例，也是这样。汽槌一日所槌的铁量是惊人的。汽槌每日的磨灭和煤的消费等，既须分配在如此巨重的产铁上，所以附在 100 斤铁上的价值部分，是极小的。然若用此巨大的器具来钉小铁钉，则所移转的价值部分就极大了。

已知工作机的工作范围（那就是工作机的工具数目，若所论为力，便是其工具的大小），则生产物量，取决于工作机使用的速度，例如纺锤回转的速度或槌一分钟槌击的次数。有许多大汽槌，每分钟槌 70 次；莱德（Ryder）以小铁槌制造纺锤的专利机械，每分钟可以槌 700 次。

已知机械移转价值到生产物去的比率，则所转移的价值部分的大小，定于机械自身的价值的大小[1]，它所包含的劳动愈少，它移转到生产物去的价值也愈小。它所转移的价值愈小，它的生产力便越是大，它的服务便越与自然力的服务相近似。但机械由机械生产的事实，却会使机械的价值，与机械的范围及作用比较，趋于减少的。

试以手工业或制造业所生产的商品的价格，来和机械生产的同种商品的价格，作比较的分析，我们一般可以得这样的结果。就机

---

[1] 为资本主义观念所拘囿的读者，在这里，看见我们不提到机械比例于其资本价值而附加到生产物中去的"利息"，当然会觉得惊异的。但这是很容易认识的；机械是像别的不变资本构成部分一样，不生产新价值，不在"利息"名义下附加新价值。又很明白，在我们考虑剩余价值的生产时，我们不能先假定剩余价值有任何部分在"利息"名义下存在。资本主义的计算方法，一看就是不合条理的，与价值形成的法则相矛盾。关于这点，我们将在第 3 卷加以说明。

械生产物说，以劳动手段为基础的价值构成部分，相对说是增大，绝对说是减少。那就是，这个价值部分的绝对量将减少，但与生产物（例如一磅棉纱）的总价值比例而言，则将增加①。

　　如果生产机械所费的劳动，与应用机械所节省的劳动恰好相等，那很明白，在这场合，单有劳动的换位，一个商品生产所必要的劳动总额不减少，劳动生产力也不增加。但生产机械所费的劳动和机械所节省的劳动之差，换言之，机械生产力的程度，非由机械自身的价值与其所代替的工具的价值之差而定。当生产机械所费的劳动，从而，由机械移转到生产物的价值部分，比劳动者使用旧工具在劳动对象上附加的价值为小时，这个差额总是存在的。机械的生产力，乃由机械代替人类劳动力的程度来量度。照倍恩斯君的计算，由一个蒸汽马力推动的 450 个妙尔纺锤及其预备机械，只须二个半劳动

---

① 　由机械而附加的价值部分，当机械所驱逐的马或代劳动物一般，只当作动力用，不当作物质代谢机械（Stoffwechselmaschinen）用时，却绝对说相对说都会减少的。在此，我可以顺带讲一笔。把动物定义为机械的笛卡儿（Descartes），在这场合，是从制造业时期的观点来看，是针对中世纪而言的。中世纪是把动物视为人的助手。后来湾·赫勒尔（Von Haller）在其所著《国家科学的复兴》中，也是这样看。但笛卡儿是像培根（Becoh）一样，认生产形态的变化和人对于自然的实际支配，为思维方法变化的结果。这一点，我们可以拿他的思想方法论来说明。在该书，他说，他导入哲学中去的方法，"可以取得极有用于生活的种种知识。所以，假使学校不教思辨哲学，却从此等知识，寻出实际的应用，则在手工业者的职业之外，我们还可由此，对于火，水，空气，星，及其他各种环绕在我们周围的物体的力和作用，得到正确的认识。如此，我们将能在适合的地方利用它们，使我们自己成为自然的支配者和所有者，并促进人类生活的完成。"——诺芝爵士在《贸易论》（1691 年）的序言中也说，笛卡儿的方法，应用到经济学上来，使经济学在货币贸易等问题上，脱离古神话和迷信概念的束缚。但一般说，英国前期经济学者，是把培根霍布士，当作他们的哲学家的。后来，洛克又在英法意三国，成了经济学的"哲学家"。

者从中照顾①。每个自动妙尔纺锤，以 1 日 10 小时计，可以纺绩 113 盎斯中号棉纱。如是，二个半劳动者，一个星期，可以纺绩 $365\frac{5}{8}$ 磅棉纱。为简明计，把尾数去掉，说是 366 磅罢。这样，366 磅棉花转化为棉纱时，仅吸收 150 小时劳动，或 15 个 10 小时的劳动日。但若用纺车，假设一个手纺绩工人，在 60 小时内生产 13 盎斯棉纱，则同量棉花将吸收 27,000 劳动时间，或 2,700 个 10 小时的劳动日②。在旧手工业染色方法或木板印花方法，为机械印花方法所驱逐的地方，用一架机械，一个成年男工或少年工人，就和从前 200 个成年男工在一小时内印成的四色花布相等③。在爱利·惠特尼（Eli Whitney）1793 年发明缲棉机以前，要去掉一磅棉花的种子，须费一平均劳动日。有这种发明之后，一个黑种女人，每日可以缲 100 磅棉花；此后，缲棉机的效率，还曾经大有增进。原来，要费五角来生产的一磅木棉纤维，后来照一角的价格卖，已包含更大的利润，那就是包含更多的无给劳动。在印度，人们用一种半机械的名叫 Churka（搓架）的工具，使棉花和棉子分开；用这种工具，一个男人和一个女人每日可以缲棉 28 磅。但用数年前福伯斯（Forbes）博士发明的改良搓架，一个男人和一个少年人，每日已可缲棉 250 磅。若再用牛，蒸汽，或水作发动力，那就只须少数儿童作添料工人（feeders），把材料供给机械，16 架这样用牛拉动的机械，比从前 750

---

① 依 1863 年 10 月爱森商业评议会年报，1862 年克虏伯钢厂有 161 个熔矿炉，32 个蒸汽机关（在 1800 年，孟彻斯德全市所使用的蒸汽机关大约相等），14 柄汽槌（合计代表 1236 马力），49 个锻冶厂，203 架工作机，约使用工人 2,400 名，每年生产约 13,000,000 磅铸钢。在此，劳动者数与马力数之比，尚不及二与一之比。

② 依巴伯基计算，在爪哇，单纺绩一项（或几乎如此），就会以 117% 的价值，加到棉花价值里面去。而同时（1832 年）精纺绩工业的机械和劳动，却仅把 33% 的价值，加到原料价值里面去。（《机械经济论》第 214 页。）

③ 机械印花的方法，还可节省染料。

人，每日平均还可以做好更多的工作①。

以前我们说过，一个使用汽犁的蒸汽机关，在 1 小时内，费 3 便士（或 $\frac{1}{4}$ 先令）所作的工作，和 66 个劳动者，在一小时内，费 15 先令所作的工作，是同样多。我们所以再用这个例一遍，是因为要辟除一种错误的见解。这 15 先令，决不是 66 个人一小时劳动的表现。假令剩余劳动对必要劳动的比例为 100%，则这 66 个劳动者每小时，会生产 30 先令的价值；工资 15 先令所表现的，不过是 33 小时的劳动。假设一架机械费 3,000 镑，和它所驱逐的 150 个劳动者一年的工资恰好相等，则 3,000 镑，决不是这 150 个劳动者一年在劳动对象上附加的劳动的货币表现。它所表示的，只是这全年劳动的一部分。这一部分，是他们为他们自已劳动的，已经表现在他们自己的劳动工资上了。反之，机械 3,000 镑的货币价值，却表示其生产支出的劳动全量，不问其中有百分之几，形成劳动者的工资，有百分之几，形成资本家的剩余价值。所以，哪怕机械的费用，和它所代替的劳动力的费用相等，那对象化在机械内的劳动，仍往往比它所代替的活的劳动，更少得多②。

把机械看作是使生产物便宜的手段，机械只能在这样的界限内使用，即生产机械所费的劳动，必须比使用机械所代替的劳动更少。但就资本的立场说，其界限还更小。资本所支付的，不是所使用的劳动，只是所使用的劳动力的价值。因此，就资本的立场说，机械的使用，必须为机械的价值与其所代替的劳动力的价值之差所限制。劳动日分为必要劳动与剩余劳动，其分割，是一国和一国不同的；

---

① 参看滑第生博士（Dr. Watson）1860 年 4 月 17 日在技术协会宣读的论文。滑第生曾向印度总督府提出关于生产物的报告。

② "这个哑子（机械），它生产所费的劳动，比它所代替的劳动，更少得多。那怕二者有相等的货币价值，也是如此的。"（里嘉图前书第 40 页。）

在同国，又是一时代和一时代不同的；在同时代，又是一职业部门和一职业部门不同的。并且，劳动者的现实工资，有时会跌在他的劳动力的价值以下，有时会高到以上。因此，虽生产机械所必要的劳动量与其所代替的劳动总量二者之差不变，机械的价格与机械所代替的劳动力的价格二者之差，仍然可以大有变化①。从资本家的立场说，决定商品生产成本，并由竞争的强制，以影响资本家的行动的，乃是后一种差额。就因此故，所以，现在英国发明的机械，有时只在北美被使用；16世纪17世纪德国发明的机械，只在荷兰使用；18世纪法国发明的机械，有许多只在英国被使用。在旧的发达的国家，机械在若干产业部门被使用的结果，会在其他部门，生出劳动的过剩（里嘉图称之为 redunbancy of labour）。因此，在这其他各部门，工资将跌在劳动力价值以下，从而妨碍机械的采用，使其采用，从资本的立场说，成为不必要，乃至不可能。盖资本的利润，非由于所用的劳动减少，乃由于有工资的劳动减少。就英国羊毛制造业说，有若干部门，其所雇童工，近已显著减少，有若干部门，且已完全不用童工了。为什么！因为工厂法规定童工须分两班轮换使用，一班作6小时，一班作4小时，或两班各作5小时。但他们的父母，不愿意"半时间工"，比先前"全时间工"，以更低的价钱出卖。因此"半时间工"，遂为机械所代替了②。在矿坑工作未禁止雇用妇女和10岁未满儿童以前，资本家常觉得，虽在成年男子中间，

---

① 第2版注。——所以，机械在共产社会的使用范围，和它在资产阶级社会的使用范围是完全不同的。

② "劳动的雇主，不要在13岁未满的儿童中，不必要地，维持两班。……事实上，已有一些工厂主（羊毛纺绩业者），很少使用13岁未满的儿童（即半时间工）了。他们采用各种改良的新式的机械，从而，使13岁未满的儿童，变作不必要的。我且引述一个过程来说明儿童人数的减少罢。以'接纱机'加装在现有机械上的结果，6个或4个（随各机械的构造而定）半时间工的工作，能由一个少年人（在13岁以上的）做好了。……半时间工作制度，刺激起了接纱机的发明。"（《工厂监督专员报告》1858年10月31日。）

夹用裸体的妇人少女，也完全不违背他们的道德经典，且又和他们的算盘相适合。必待禁止令实行之后，他们才肯采用机械。北美人发明了碎石机，英国人不采用它；因为一向担任这种劳动的是"穷乏者"（Wretch 英国经济学用以指示农业劳动者的术语），他们的劳动仅有极小部分是有工资的，所以，从资本家的立场说，机械反有使生产费昂贵的作用①。在英国，直到现在，尚有时不用马力；而用妇人拉运河内的船舶②。生产马和机械所必要的劳动，是数学上确定的分量；反之，过剩人口中的妇女的维持生活费，却是随便有一点就行的。英国虽为机械国，但比任何处，都更为卑下的目的，无耻地，拿人的力量来滥费。

Ⅲ 机械经营对于劳动者的最初的影响

我们讲过，大工业的始点，是劳动手段的革命；变革了的劳动手段，又以组织的工厂的机械体系，为最发达的形态。但在考察人身物质（Menschenmaterial）如何与这个客观组织体（objektiven Organismus）相并合以前，我们且考察一下，这种革命，对于劳动者自己一般有怎样的影响。

A 资本对于补助劳动力的占有： 妇女劳动与儿童劳动

机械使筋肉气力成为不必要的。在这限度内，机械是使用无筋肉气力的，身体尚未成熟发展的，四肢尚甚柔软的劳动者的手段。所以资本主义采用机械的第一个标语，就是妇女劳动与儿童劳动。机械是代替劳动和劳动者的最有力的手段，同时，它又不分男女老幼，把劳动者家庭中的人，尽数驱使在资本的直接支配下，所以，

① "在劳动（他是指工资）未昂贵之前，机械屡屡不能被采用。"（里嘉图前书第579页。）
② 见《爱丁堡社会科学协会报告》1863 年 10 月。

它又是增加工资劳动者数的手段。为资本家利益的强制劳动，不但把儿童游戏的地位剥夺了，并且把在家庭范围和伦理限界内实行的家庭自由劳动的地位剥夺了①。

决定劳动力的价值的，不仅是成年劳动者维持个人所必要的劳动时间，而且是维持劳动者家庭所必要的劳动时间。机械既把劳动者家庭中的各个份子尽数驱入劳动市场，所以，又把成年男子的劳动力的价值，分散而为家庭全体人的劳动力的价值。它是把劳动力的价值压低了。假设一个劳动者家庭有四个人可以作工。购买四个劳动力，比先前购买家主一个人的劳动力，也许要多费一些，但以前只有一劳动日，现在有四劳动日了。四劳动日的剩余劳动，超过一劳动日的剩余劳动；他们的劳动力的价格，则比例于这种超过，而减低。现在，要维持一家生活，不仅须有四个人劳动，且须有四个人供给资本以剩余劳动了。于是，我们知道，机械增加了资本榨

---

① 当南北美战争伴着引起棉花恐慌时，斯密医生（Dr. Edward Smith）由英国政府派往兰克夏彻夏等处调查棉业职工的健康状况。他的报告说，不说劳动者被逐出工厂的事实，单从卫生的观点看，这一次恐慌，却有几种利益。女工人现在可以喂乳给她们的婴儿，不要用睡药来毒害不幸的婴儿了。她们有学习烹调的时间了。引为遗憾的，她们是在没有得吃的时候，才有学习这种技能的机会。该报告又说明了，资本为要增殖其价值之故，曾如何将消费上必要的家庭劳动，横加掠夺。又，这个恐慌，还送工人的女儿到专门学校去学习裁缝。那些为全世界纺绩的少年女工人，要有学习裁缝的机会，也须有一次美国革命和世界恐慌！

取的人身物质，增加了资本榨取人类的范围①，同时，又增加了资本的榨取程度。

机械又从根柢上，使资本关系的形式的媒介——即劳动者与资本家间的契约——发生革命。在商品交换的基础上，我们的第一个前提是：资本家与劳动者，皆以自由人的资格，以独立商品所有者的资格（一方为货币及生产手段的所有者，一方为劳动力的所有者），互相对待。但现在，资本要购买未成年者或半成年者了。从前，劳动者虽出卖了他自己的劳动力，但在形式上，依然是自由的人。现在，他要出卖妻和儿女了。他成了奴隶商人（Sklavenhändler）了②。儿童劳动的需要，在形式上，就往往与美国报纸广告栏招募黑奴的需要，极相类似。有一位英吉利工厂监督专员曾说："我所辖区

---

① "益以妇人劳动代替男子劳动，以儿童劳动代替成年劳动的结果，劳动者的人数是大大增加了。三个13岁的每星期得工资6先令至8先令的少女，代替了一个成年的每星期得工资18先令至45先令的男工人。"（德·昆齐 Thomas De Quincey《经济论理》伦敦1845年147页注。）因有若干家内工作（例如照料婴儿和喂乳），不能完全省除，故须那被资本没收的一家之母，找得相当代替的人。家庭消费所必要的种种劳动，例如缝衣、补衣等，也须在现成商品的形态上购买了。因此，家内劳动的支出减少了，但这种减少，包含货币支出的增加。劳动者家庭的生产费渐渐增加，以致与增大的收入相抵消。加之，生活资料利用上调理上的经济和配合，又成了不可能的。关于这种种事实，——那是正式经济学所不谈的——我们可在工厂监督专员报告，童工委员会报告，尤其是公共卫生报告，发现极丰富的材料。

② 在英吉利工厂内，妇人儿童劳动时间的缩短，是成年男工从资本手里强蛮夺到的。但在这个大事实的对面，我们却在最近的童工委员会报告内，发觉劳动者的父母，是像奴隶商人一样，从事儿童的贩卖。资本主义的伪善者，像报告中所见的那样，对于他们自己一手造成，扶持，并且利用的这个暴行（他们称其为"劳动自由"），是不惜随声指骂的。"儿童劳动被送去作帮助，……为他们自己日常吃用的面包而劳动。他们没有体力可耐不适当的劳苦，没有教育可指导他们未来的生活，他们被掷在生理方面道德方面都甚污浊的情景里面。犹太历史家关于泰杜斯破坏耶路撒冷这件事，曾这样说过：耶路撒冷会遭这样的破坏，是毫不足怪的，因为，不近人情的母亲，还忍心把自己的儿子牺牲，来满足自己的肚皮的需要。"（《公共经济简论》加里司尔1833年第56页。）

域的最大制造业都市之一，曾有一段广告新闻吸引我注意：要雇用12名至20名少年人，合格年龄为13岁。工资每星期4先令。报名处云云。"①"合格年龄为13岁"一语，是针对工厂法，13岁未满儿童只许劳动6小时的规定而言的。审查年龄的，为一法医。工厂主规定应募儿童，必须在外貌上像13岁已满。于是，依照最近20年的英国统计，13岁未满的工厂儿童数，突然减少了。这种减少，依照工厂监督专员的供述，大部分是这种法医造成的。他们为满足资本家的榨取欲，满足父母的利欲起见，常把儿童的年龄提高报告。在伦敦北兹纳·格林区，每逢星期一早晨星期二早晨，有一种公共市集，9岁以上的男女儿童，就在那里，等待伦敦丝制造厂来雇用，"普通的条件。是每星期1先令8便士（这是归父母得的），和2便士茶点钱（这是儿童自己得的）。契约以一星期为期。市场上的情景及交谈，是极不体面的。"②妇人"从救贫院把儿女取出来，为每星期2先令6便士的报酬，让儿女被任何一个买者使用"。这在英国，是件极普通的事③。虽有法律禁止，但在英国，仍有2,000以上的儿童，经父母的手卖出去担任扫烟囱的工作（虽在那时，已有许多机械可以担任这种工作)④。机械在劳动力卖者和买者间的法律关系上，引起了一种革命。这种革命，使他们之间的交易，失去了自由人与自由人的契约的外观。因此，英国国会后来也有以国家干涉工厂的法律理由了。当工厂法在原不受限制的产业部门，限制儿童每日只许劳动六小时的时候，工厂主总有一度觉得不平的。他们说，有一部分为父母的人，会从受法律限制的产业，把儿女取出来，俾便在"劳动自由"的产业里，把他们卖掉；因为，在劳动依然自由

---

① 勒德格莱夫在1858年10月31日工厂监督专员报告的话，见第40、41页。
② 童工委员会第五报告伦敦1866年第81页注31。——第4版注。北兹纳·格林的丝工业，现在是几乎灭绝了。——F. E.
③ 童工委员会第三报告伦敦1864年第53页供述第15号。
④ 前揭第五报告23页供述第137号。

的产业里，13 岁未满的儿童，可以和成年男工人一样劳动，从而，可以依较高的价格出卖。资本生来就是平等主义者。资本在一切生产部门，是把劳动榨取条件的平等，当作天赋人权来要求的。所以，当一个产业部门的儿童劳动受法律限制时，那会在其他产业部门，成为同样限制的原因。

我们以前讲过，机械最初是直接使儿童少年人和妇女，在以机械为基础的工厂内，受资本的榨取，其次又间接使他们在其余各产业部门受资本的榨取，从而，使他们的身体萎缩。所以，在这里我们只要说明这一点。那就是，劳动者的儿童，在生后数年内，有惊人的死亡率。英格兰，有 16 个户籍区，其周岁内儿童每年的平均死亡率，以十万计算为 9,000（某一区为 7,047）；有 24 个户籍区，在 10,000 以上，11,000 以下；有 39 个户籍区，在 11,000 以上，12,000 以下；有 48 个户籍区，在 12,000 以上，13,000 以下；有 22 个户籍区，在 20,000 以上；有 25 个户籍区，在 21,000 以上；有 17 个户籍区，在 22,000 以上；有 11 个户籍区，在 23,000 以上；在荷，沃尔味汉浦登，亚胥登来恩，蒲勒斯登，在 24,000 以上；在诺亭汉，斯托克卜特，与布拉德福，在 25,000 以上；在威士比希，在 26,000 以上，在孟彻斯德为 26,125[1]。依 1861 年医政调查所示，除地方的原因外，儿童死亡率高的主要原因是，母亲兼有家庭以外的职业，结果引起的儿童照料的不周或不当，如营养不足，食物不宜，服药等，那还使母子间发生不自然的隔阂，并由此引起故意不给食物或毒杀儿女的事[2]。反之，在"妇女职业最少的农业区，死亡率就

---

① 公共卫生第六报告伦敦 1864 年第 34 页。

② 1861 年的调查，说明了，在以上描写的情形下，婴儿因忽略和照料不得其当（这是母亲入工厂劳动所不能免的现象）而夭折了，同时，母亲还极度把对儿女的自然感情丧失掉，不但见儿女的死毫无惜意……有时她们还直接下手，把儿女害死。（公共卫生第六报告伦敦 1864 年。）

很低了①。但1861年的调查委员会，却得到一个意料之外的结果，即，在北海沿岸若干纯粹农业区，死亡率几乎和最坏的工厂区一样高。于是亨德尔医师（Dr·Julian Hunter）被派去实地调查这种现象。他的报告，收录在"公共卫生第六报告"中②。人们总以为，每10个儿童中，有一个儿童，是为疟疾及其他低湿地特有的疾病所杀。但调查恰好得到相反的结果，即"驱逐疟疾的原因——使冬为沼地夏为牧草地的土地，转化为谷物栽培地——曾引起异常高的婴儿死亡率③。亨德尔在此等农业区，曾审问70个名医师。他们的意见，在这一点，是异常一致的。实在说，土地耕作的革命，曾促进产业制度的采用。和少年男女在同队中工作的已婚妇人，依名叫庄头（他为全队接洽事务）的吩咐，为一定额的工资，而受农业家支配。队有时开往离村数哩之处，他们朝夕相遇于路上，穿短裤，着相配的上衣和鞋子，有时也穿长裤子，外表上好像非常健壮，但通例染有种种不道德的习惯。他们爱独立忙碌的生活，绝不顾虑家里的可怜的儿童，将由此发生怎样不祥的结果。"④ 工厂区域的各种现象，都在那里再生了；在那里，隐蔽的杀婴事件，和以睡药给儿童吃的事件，甚至比工厂区域还多⑤。西门医师（Dr. Simon 枢密院医官，公共卫生报告主编人）说："我目击这种种弊害，故对于产业上

---

① 公共卫生第六报告第454页。
② 公共卫生第六报告第454页至463页，亨德尔医师关于英格兰各农村区域婴儿高度死亡率的报告。
③ 前揭报告第35页及455页至456页。
④ 公共卫生第六报告伦敦1864年第456页。
⑤ 在英格兰的工厂区域和英格兰的农业区域，鸦片的消费，在男女工人间，都不断地增加。"推进睡药的贩卖，已经成了企业批发商人的大目标。睡药在药房已经成了主要商品。（前揭报告第459页）常吃睡药的儿童，萎缩为小老人，或像小猴子一样。"（前揭报告第460页。）——我们在此知道，印度和中国是怎样报复英国。

大规模使用成年妇女的办法，深抱疑惧。"① 工厂监督专员贝克尔也说："倘规定一切有儿女的已婚妇女不能在工厂内工作，则为英国制造业区域计，实在是一个很大的幸事。"②

妇女劳动与儿童劳动之资本主义的剥削，曾怎样引起道德上的堕落，恩格斯著《英国劳动阶级的状况》一书，及其他各著述家，已经说得很多。在此，我只要把这一点提到就够了。但人为地把未成熟者化为单纯制造剩余价值的机械，还曾引起智力的荒废。这种荒废，和自然的无智状态，是极有分别的。因后者不过把智力停止在休耕状态中，不曾把它的发展能力，把它的自然丰度破坏。也就因为有这种荒废，英国国会乃规定每一种受工厂法取缔的产业，如在生产上使用 14 岁未满的儿童，依法，皆须授以普通教育。工厂法关于所谓教育事项的不伦不类的文句，励行强迫教育的机关的缺乏，工厂主对于这种教育法规的反对，和他躲避这种法规的诡谋，再明白没有地表示了资本主义生产的精神。"对此，立法院应负其责；它所通过的，只是一种幻想的法律；它规定一切在工厂作工的儿童，应全受教育，但没有规定，这个目的，应如何达到。它只规定，每星期内，须有若干日，每日须有若干小时（三小时），必须在称作学校的四壁之内把儿童关着，规定儿童的雇主，每星期必须收集上学证明书，证明书上必须有男教师或女教师签名。"③ 1844 年修正工厂法通过以前，上学证明书常由男教师或女教师画个十字代替签名，因为他们自己也不会写字。"有一次，我参观一个名作学校的发行上学证明书的地方，我看见教师的无知状态，吃了一惊，问：'先生，敢问先生识字不？'他答说：'唉，一点点。'他也发行上学证明书，

---

① 公共卫生第六报告伦敦 1864 年第 37 页。

② 1862 年 10 月 31 日工厂监督专员报告第 59 页。这位工厂监督专员，曾经有一个时期行医。

③ 荷尔讷在 1857 年 6 月 30 日工厂监督专员报告中的话，见第 17 页。

为辩护这种权利计，他说：'无论如何，我总是在我的学生面前的。'"当1844年法案尚在制定期间，工厂监督专员，关于所谓学校的丑态，是指发无遗的。从那里发出来的上学证明书，他不能不承认。但由他们的力争，自1844年法案通过以来，上学证明书的数字，必须教员亲笔填写，且必须把完全的姓名签在上面了①。苏格兰工厂监督员约翰·金凯德爵士（Sir John Kincaid）曾提示同样的经验。"我们参观的第一个学校是安·居麟夫人（Mrs. Ann Killin）主持的。我们叫她把姓名拼音时，她一开口就错。她用一个C字开头，但立即改口，说她的姓名，是K字开头的。但在她签名的上学证明书上，我却发觉，她有种种签法，她的笔迹，证明她还没有教书的资格。她自己也承认，她不能登记上课簿册。……在第二个学校，我发觉教室有15英尺长10英尺宽，但有学生75人，在讲一些叫人不能懂的事情。"②"当然，从这种发行儿童上学证明书的地方，不能受得任何有价值的教育。但不仅如此，即在师资相当可以的学校内，也因为有各种年龄（三岁以上）的儿童挤在一块，以致教师徒劳无功；这种教师的生活是极苦的，他的生活费，是由学生缴纳的一个便士一个便士凑合起来的。加以，校具是极稀少的，书籍及其他教授用品是不足的，拥挤的嘈杂的空气，对于贫苦儿童的影响，又是极有害的。我曾参观许多这种学校，发现其中的学生，绝对不作什么事情；但这样就算上学，在官厅的统计上，这种儿童也就算受了教育。"③ 在苏格兰，工厂主曾竭力避免雇用必须上学的儿童。"不要别的证据，已经可以证明，工厂主所嫉恨痛恶的工厂法的教育条款，将使这种儿童没有人雇用，并使工厂法所期待的教育上

① 1855年10月31日工厂监督专员报告第18、19页。
② 金凯德爵士在1858年10月30日工厂监督专员报告中的话，见第31、32页。
③ 荷尔讷在1857年10月31日工厂监督专员报告中的话，见第17、18页。

的利益，不能发生。"① 这种事实，以惊人的程度，发生在印花工业上。印花工业受一种特别的工厂法限制。依照该法，"每一个在印花工厂作事的儿童，必须在雇用前 6 个月内，至少进学校 30 日，时间应在 150 小时以上。又，在雇佣每 6 个月期间内，至少须进学校 30 日，时间也应在 150 小时以上。……上学的时间，必须在午前 8 点钟至午后 6 点钟。每日上学的时数，不得少于 $2\frac{1}{2}$，也不得多于 5 小时。不然，是不能算在 150 小时之内的。在普通情形下，儿童在 30 日内，每日午前午后都须上学，因每日至少须上学 5 小时。到 30 日满后，150 小时法定的上学时间已经有了，用他们的话说，上学证明书已经有了，他们才到印花工厂去，一直作到 6 个月满。然后，次一个上学期间来了，他们再上学，再到已有上学证明书的时候为止。有许多已经上学满 150 小时的儿童，在印花工厂作满 6 个月后，再回到学校里来，是和初次进学校的时候一样。上一届上学所受得的一切教育，都失去了。……就别一些印花工厂说儿童上学的时间，完全视营业的情形而定。法定的上学时间，是在 6 个月内，零零碎碎，每一次三点钟至五点钟，凑合成的。……譬如，今天是午前 8 点钟至 11 点钟上学，明天是下午 1 点钟至 6 点钟上学，接着几天不上学，然后又在下午 3 点钟至 6 点钟上学；三天或四天或一星期上学之后，又连接三星期或一个月不上学；此后，又随雇主的便，间或到学校去几点钟。总之儿童忽从学校推到工厂，忽从工厂推到学校，至 150

---

① 金凯德爵士在 1856 年 10 月 31 日工厂监督专员报告中的话第 66 页。

小时已经数满为止。"① 儿童与妇女，以过大的数目，加入结合的劳动队伍以来，成年男工人在制造业时期对于资本专制的反抗，就终在机械下面，被打破了②。

B 劳动日的延长

在劳动生产力的增进上，从而，在商品生产的必要劳动时间的缩短上，机械是最有力的手段。同时，以资本担当者的资格，它在最初采用机械的各种产业上，又是超过一切自然限制，将劳动日延长的最有力的手段。机械一方面创造新的条件，使资本这种不断的倾向可以自由发挥，他方面又创造了新的动机，使资本贪图他人劳动的欲望更为尖锐化。

第一，在机械形态上，劳动手段的运动与作用，是和劳动者相对而独立的。这种劳动手段（机械），假如当作它的助手的人们不会受到一定的自然的限制（身体的虚弱，自觉的意志等），那么，它就成为不断生产的产业上的永动体（Industrielles Perpetuum mobile）了。自动机，当作资本，既然在资本家那里取得了意识和意志；所以，当作资本，它总想把反抗的但可伸缩的人的自然限制，减为最

---

① 勒德格莱夫在 1857 年 10 月 31 日工厂监督专员报告中的话，见第 41、42 页。在本工厂法（在本文，印花工厂法是不包括在内的）已实行相当时期的英国各产业部门内，教育条款实行上的障碍，近几年来，已经相当克服了。但在不受该法取缔的产业，则玻璃工厂主吉德士的见解，依然盛行。他对调查委员淮特君说："据我所见，过去数年间，劳动阶级一部分所受的教育增加了，但这种增加，是一种祸害。那是危险的，因为那种教育会使他独立。"（童工委员会第四报告伦敦 1865 年第 258 页。）

② "E 君，一个工厂主，他曾对我说，他的蒸汽织机，是全使用女性的，……已婚的女性，尤其是有儿女必须扶养的已婚女子，最受欢迎。这种妇人，要比未婚女人更注意，更老实，她们不得不用最大的努力，来获取生活必需品。人类的美德，尤其是女性特有的美德，是被用来害她们自己了。女人是更守义务，更柔性的，但这一切都成了使她们受压制受痛苦的手段。"（亚骨勒公 1884 年 3 月 15 日的一篇演说，题名《10 小时工作法》。见该演说辞第 20 页。）

小的反抗①。同时，机械劳动外貌上的轻易，和比较容易驾驭的女工童工，又把这个倾向助成了②。

我们讲过，机械的生产力，与由机械移转到制成品的价值部分的量，成反比例。机械发生作用的期间越是长，由机械转移出来的价值越是分配在多量生产物上，则由机械附加在每个商品上的价值部分便越是小。但机械的活动的生存期间，分明是由劳动日的长短决定的，换言之，视每日劳动过程的时间，乘过程复演的日数而定。

机械的磨损，决非在数学的意义上，与其利用时间相符合。就使如此，在七年半之内，每日活动 16 小时的一架机械，也和在 15 年之内每日活动 8 小时的一架机械，包括相同的生产时间，并以同样多的价值，附加到总生产物上去。但在前一场合，比在后一场合，机械价值将以二倍的速度再生产出来；前一场合资本家以此为媒介在七年半时间内吸收的剩余劳动量，在后一场合，必须在 15 年时间内才能吸收到。

机械之物质的磨损，是二重的，其一由于使用，那好像铸币在流通中磨损一样；其一由于不使用，那好像剑藏鞘中也会生锈一样。后一种磨损，以自然力的作用为基础。前一种多少与机械的使用成

① "自多费的机械被一般采用以来，人的本性，是被拉长到平均能力的程度以上许多了。"（欧文《论制造业制度的影响》第二版伦敦 1817 年。）
② 英国人动辄认一物之最初的经验的现象形态，为该物的原因。由同样的看法，他们又常认工厂劳动时间延长的原因，是这种事实：在工厂制度开始时，资本曾从救贫院和孤儿院，举行一种壮大的绑架儿童运动，由此，它把一种全无意志的人身物质吞并了。例如：菲尔登（J. Fielden 也是一位英国工厂主）就说："延长的劳动时间，是由这个事实引起的；即，有许多贫苦无救的儿童，从国内各地输来，以致雇主可以不依赖工人，但适用于这种可怜的人的习惯一旦成立，要把它应用到别的工人身上，就非常容易了。"（菲尔登《工厂制度的灾害》伦敦 1836 年第 11 页。）关于妇人劳动，工厂监督专员桑特士在 1844 年的工厂报告中说："在女工中间，有若干女人，在接连好几个星期之内，除少数日外，是从早晨六时工作到半晚，中间只有二小时的食事时间，所以，从星期一到星期五，在每日 24 小时内就只有六小时，给她们从家中来去，和睡觉了。"

正比例，后一种则在一定程度内，与机械的使用成反比例①。

机械除有物质的磨损外，尚有所谓精神的磨损。构造相同的机械，能依更便宜的方法再生产，或有更优良的机械加入竞争时，旧机械的交换价值，就会依比例减少②，在这二场合，那怕旧机械还是非常年轻，其价值也不复由实际在其中对象化的劳动时间来决定，却将由自身再生产或较良机械再生产所必要的劳动时间来决定。其价值必致丧失若干。是以，其总价值再生产的期间越短，则精神磨损的危险也越小。但劳动日越长，则此期间越短。且当机械初在某生产部门采用时，使机械再生产趋于便宜的新法③，和不仅影响一部分（或一部分装置）且影响全构造的改良，会次第出现。是以，在初采用机械时，延长劳动日的特殊动机，也会以最激切的程度发生作用④。

在劳动日不变，其他一切事情也不变时，要增加被榨取劳动者数一倍，则不仅投在原料，补助材料等上面的不变资本部分，必须增加一倍，投在机械与建筑物上的不变资本部分也是必须增加一倍的，但劳动日若延长，则生产规模的扩大，可无须增加投在机械和

① "不动作，使金属机械的活动部分受伤害。"（乌尔前书第28页。）
② 以前讲过的孟彻斯德那位棉纺绩者（《泰晤士报》1862年11月26日），关于机械的费用，曾说："机械磨损的计算，还须顾到由这个事实不断引起的损失，即在机械未磨损尽以前，如遇有新式的构造更好的机械出来，它就会被驱逐。"
③ "依粗略的估计，新发明机械的原型比依原型仿造，大约要多费五倍之多。"（巴伯基前书第211页。）
④ "数年来，网布制造上有接二连三的重要的改良，因此，本来值1,200镑的一点也不坏的机械，数年之后，就只能卖到60镑了。……改良是接二连三地发生，因此，有些尚未完工的机械，不得不在新改良品之前，在建造者手中停止建造。"（巴伯基前书第233页。）——所以，在这个激变的时期，网布制造业者不久就把劳动日由8小时，延长为24小时，实行轮班工作了。（前书第233页。）

建筑物上的资本部分①。如是，不仅剩余价值可增加，榨取剩余价值所必要的资本支出，也可减少。当然，在任何场合，劳动日的延长，都会有这种作用；但在这场合，它的这种作用，更为重要；因转化为劳动手段的资本部分，一般会更见重要②。所以，机械经营的发展，将使资本以益益增加的部分取得这个形态，在这个形态上，它的价值可不绝增殖，但一停止与活的劳动相接触，即会把使用价值和交换价值都丧失掉。英国大棉业企业家亚胥伟兹君，有一次，就教训西尼耳教授说："农夫把锄头放下来，不过是使一个18便士的资本成为无用罢了。但若我们的人（工厂劳动者）有一个离开工厂，那就是使一个价值十万镑的资本成为无用了。"③ 试想想，一个价值十万镑的资本，在一瞬间，就成为"无用"的了！这样，我们的人居然会有一个离开工厂，就实在是一件可惊的事了。因此，像受教于亚胥伟兹的西尼耳的所见一样，机械使用范围的增加，遂使劳动日的不断的延长，成为"满意的事"了④。

机械生产相对剩余价值，不仅直接因为它可以减低劳动力的价值，间接因为它可以减低劳动力再生产所必要的种种商品的价值，而且因为，当机械最初在各地间或有人采用时，机械所有者所使用

---

① "这是自明的，在市况进退不定，需要时伸时缩中，会不断发生这样的情形，在这情形下，工厂主使用追加的浮动资本（Floating Capital），可不使用追加的固定资本……不在建筑物和机械方面增加支出，已可将追加量的原料加工好。"（托伦斯《论工资与结合》伦敦1834年第6页。）

② 本文所述，仅为求叙述完备之故。到第三卷，我才讨论利润率，即讨论剩余价值对垫支总资本的比例。

③ 西尼耳《论工厂法书》伦敦1837年第13、14页。

④ "固定资本对流动资本的比例的增大，使劳动时间的延长，成为一件满意的事。机械的使用增加了，延长劳动时间的动机也随着增大，只有这样，固定资本的较大的比例，方才有利益。"（前书第11页至13页。）——"有若干种经营工厂的经费、例如房租、地方捐税、课税、火险保险费、固定员役的工资、机械的折旧等，常常是相同的，不必问其进行时间长短。这种种费用对利润所持的比例，会因生产范围缩小而加大的"。（1862年10月31日工厂监督专员报告第19页。）

的劳动，将被转化为强度较大的劳动，机械生产物的社会价值，将被提高在个别价值之上，从而，在一日生产物中，资本家只须以一较小部分代置劳动力一日的价值。在这过渡时期，机械经营还是一种独占，其利润还是额外的。这时期，资本家自然会尽可能把劳动日延长来彻底利用这个"初恋时期"。利润之大激励了利润增加的热望。

随着机械在一个生产部门的普遍化，机械生产物的社会价值也降落到与其个别价值相等，并且使这个法则实现出来：剩余价值的发生非以资本家用机械排出的劳动力为来源，反之，乃以资本家用机械使用的劳动力为来源。剩余价值仅由可变资本部分发生；我们又讲过，剩余价值量是由两个因素决定，其一是剩余价值率，其一是同时使用的劳动者数。已知劳动日的延长度，则剩余价值率定于劳动日划分为必要劳动与剩余劳动的比率。同时使用的劳动者数，则定于可变资本部分与不变资本部分的比率。机械经营，无论会怎样提高劳动生产力，因以牺牲必要劳动而增加剩余劳动，但很明白，这个结果的发生，总是因为一定资本所使用的劳动者数已经减少所致。机械的使用，会把原来可变的资本部分，换言之，把原来投在劳动力上面的资本部分，转化为机械，从而，转化为不生产剩余价值的资本部分。2个劳动者决不能和24个劳动者，被榨出同样多的剩余价值。在24个劳动者中，若各在12小时内提供1小时剩余劳动，合计便是提供24小时剩余劳动。但两个劳动者的总劳动，尚不过24小时。所以，在剩余价值的生产上，机械的使用，含着一个内在的矛盾；因为，一定量资本所提供的剩余价值，是由二因素决定的，其一（剩余价值率）增大，其他（劳动者数）必须减少。这个内在的矛盾，当机械在某产业部门普遍化，从而，使机械生产的商品的价值，规制同种类一切商品的社会价值时，是会明朗化出来的。而且也就因为有这种矛盾，所以，资本家才会不仅要以相对剩余劳动的增加，而且要以绝对剩余劳动的增加，来补偿被榨取劳动者的比例数的减少。这样，劳动日就于无意识之间①断然地延长了。

机械之资本主义的使用，一方面，引起新的有力的把劳动日无限制延长的动机，并使劳动方法与社会劳动体的性质发生革命，从而，把这个倾向所遇到的抵抗全打破；他方面，又由资本一向不能染指的各种劳动者的加入，由机械所驱逐的劳动者的游离，创造了一个不得不听资本命令的过剩的劳动人口②。近代产业史上一种可以注目的现象——机械把劳动日之道德的限制和自然的限制全行扫灭——就是这样发生的。经济上一种不可思议的现象——机械本是缩短劳动时间的最有力的手段，但会变成一种手段，最确实地，把劳动者及其全家的生活时间全部，都转化为可以利用来增殖资本价值的劳动时间——也是这样发生的。古代最大的思想家亚里斯多德曾想象说"假令每一个工具在被命令时，或在自己发动时；能够像德多鲁斯的作品一样自己动转，或者像黑伏士多斯的鼎一样可以自动作神圣的劳动；明白言之，假令织人的梭自然会织布，那么，熟练的师傅不要徒弟，领主也不要奴隶了。"③ 西瑟罗时代的希腊诗人安谛巴特洛士（Antipatros）歌咏磨谷水磨——一切生产机械的要素

---

① 为什么资本家个人和为资本家见解所拘囚的经济学家，都不能意识到这个内在的矛盾呢，那是我们要在第 3 卷第 1 篇解说的。

② 里嘉图的伟大功绩之一，是认识机械不单纯是商品的生产手段，并且是"过剩人口"的生产手段。

③ 比塞（F. Biese）著《亚里斯多德的哲学》柏林 1842 年第 2 卷第 408 页。

形态——时，也称这水磨为女奴隶的解放者，为黄金时代的挽回者①。"这些异教徒，咳！这些异教徒！"他们是像聪明的巴斯夏，更早的更聪明的麦克洛克所发现的那样，是不了解经济学和基督教的。比方说，他们就不知道机械是延长劳动日的最确实的手段。他们辩护着说，一人为奴隶，乃是他一人完全发展其人间性的手段。但他们尚缺少特别的基督教器官，故尚不致为大众的奴隶制度说教，俾使少数粗陋的或不曾受多少教育的傲慢者，成为"卓越的纺织业者"，"大规模的灌肠业者"，或"有势力的鞋油业者"。

C 劳动的强化

机械在资本手中，无限制地把劳动日延长了。我们以前讲过，这种无限制的延长威胁着生命的源泉，遂致后来在社会上引起反动，并由此引起用法律限制的标准劳动日。而在标准劳动日的基础上，一种我们以前讲过的现象——劳动强度的增进——就更发展而取得决定的重要性了。在分析绝对剩余价值时，我们假定劳动的强度为既定的，仅从劳动的外延量上来立论。现在，我们要考察的，是劳动外延量转换为劳动强度这一事实。

机械组织愈进步，机械劳动者阶级的经验愈蓄积，劳动的速度与强度，也自然会愈增进。所以，英国在五十年间，劳动日的延长和工厂劳动强度的增加，是同时并进。但若舍去这种热病样的暂时

---

① 这首诗的译文，有在此处附录的价值。因为，这首诗，和以上关于分工的各种引语一样，可以说明古代的见解，怎样和近代的见解相对立。

　　"推磨的姑娘！时光已经不早，

　　你还不睡么，雄鸡已经报晓，

　　停一停呀，神会命令宁妇

　　从轮上跳下来，替你摇动轮的轴，

　　更用它的轴转动重的石臼。

　　我们将再尝到太古生活的快乐，

　　拜受神女的不劳的赐物。"

的活动不说，只考察日日进行且以划一活动为特征的劳动，我们结局便会达到一个限界点，在这点，劳动日的延长与劳动强度的增进将互相排斥，以致劳动日如要延长，则劳动强度必须减低，反之，劳动强度如要增进，则劳动日必须缩短。自劳动阶级的反抗次第增进，国家对于劳动时间不得不强制地缩短，并对于真正的工厂，励行标准劳动日那时候起，换言之，自剩余价值的生产，绝不能由劳动日的延长而增加那时候起，资本才以全部力量，以全部意识，想促进机械体系的发展，来生产相对剩余价值。同时相对剩余价值的性质，也发生了一个变化。一般说，相对剩余价值的生产方法是：因劳动生产力增进之故，劳动者得以同一的劳动支出（Arbeitsausgabe），在同一时间内，生产较多的生产物，以致同一劳动时间加在总生产物内的价值，现在虽和以前相等，但这个依然不变的交换价值，现在表现为较大量的使用价值，从而就把各个商品的价值减低了。但自劳动日强制缩短以来，情形是一变了。现在，有一种极有力的发展生产力和节省生产条件的刺激；同时，又有一种刺激，要增加同一时间内的劳动支出，提高劳动力的紧张程度，细密地填满劳动时间的微孔，总之，使劳动者把劳动密集到一个程度，这个程度必须在已经缩短的劳动日内，才是可以达到的。在一定时间内密集的较大量的劳动，本来是较大的劳动量，现在我们也须算它是较大的劳动量了。劳动时间的量计，不能单以"外延量"为标准；其密度也不能不顾到①。更强的一日 10 小时中的 1 小时，可以和更松的一日 12 小时中的 1 小时，包含同样多甚至更多的劳动（即支出的劳动力）。所以，更强的 1 小时劳动的生产物，比更松的 $1\frac{1}{5}$ 小时劳

---

① 劳动的强度，在不同的生产部门，当然是有差异的。但如亚当·斯密所说，因各种劳动有各自的副随条件，所以这种差异至少有一部分可以互相抵消。并且，劳动时间充作价值尺度的作用，是不受这件事情的影响的，除非劳动的内含量（即强度）和外延量（即持续的时间），表现为同量劳动的互相对立互相排斥的表示。

动的生产物，可以有同样大甚至更大的价值。因此，即不说相对剩余价值因劳动生产力增加而起的增加，现在，$3\frac{1}{3}$ 小时剩余劳动，$6\frac{1}{2}$ 小时必要劳动为资本家生产的价值量，也和以前 4 小时剩余劳动 8 小时必要劳动生产的价值量相等了。

现在，劳动强度如何增加的问题发生了。

劳动日缩短的第一个影响，是以一个自明的法则——劳动力的作用能力与其作用时间成反比例——为根据的。所以在一定限度内，劳动力支出在时间上的损失，可由劳动力支出在程度上的利得来补偿。并且资本也由支付工资的方法，保证劳动者在实际上会支出更多的劳动力①。如在制陶业那样机械不甚重要或不占重要地位的制造业上，工厂法的实施就曾明白证明，劳动日的缩短，曾异常增加劳动的规律性，划一性，秩序性，继续性与能力②。但在真正的工厂内，这个影响曾经发生过了么？那似乎是还有疑问的。因为，在真正的工厂内，工人本要依存于机械之连续的划一的运动，这种依存性，早已造成了最严格的训练了。所以，当 1844 年劳动日减至 12 小时以下的议案提出讨论时，工厂主几乎异口同声说："各劳动室的监工，已充分注意使工人不浪费时间；工人方面的细心与注意，已无增进之可能，所以，假令机械的速度及其他条件不变，则在经营适当的工厂内我们已经不能希望由工人注意的增加及其他事情，得到任何重要结果了。"③ 但这种断言，是被实验的结果攻破了。加德讷氏（R. Gardner）在蒲勒斯登有两个大工厂。他从 1844 年 4 月 20 日起，将劳动时间由每日 12 小时减为每日 11 小时。实行大约一年的结果是："同量的成本得到同量的生产物；工人全体现在 11 小时所得

①　此处所说，尤与计件工资相合。计件工资，我们将在第 6 篇讨论。

②　见 1865 年 10 月 31 日工厂监督专员报告。

③　1844 年及 1845 年 4 月 30 日第一季的工厂监督专员报告，第 20、21 页。

411

的工资，和先前 12 小时所得的工资相等。"① 在此，我且不说纺绩室与梳整室的实验，因实行此等实验时，机械速度曾增加 2%。在织物部（编织各种式样的装饰用品），各种客观的生产条件，是未发生一点变化的。实验的结果是："自 1844 年 1 月 6 日至 4 月 20 日，每劳动日 12 小时，平均每人每星期工资为 10 先令 $1\frac{1}{2}$ 便士；自 1844 年 4 月 20 日至 6 月 29 日，每劳动日 11 小时，平均每星期工资为 10 先令 $3\frac{1}{2}$ 便士。"② 现在 11 小时的生产物，比以前 12 小时的生产物更多了；其增加，完全是因为工人更注意，更经济时间。当工人得同额工资，但多获得 1 小时的自由时间时，资本家也得同额生产物，但可节省 1 小时煤炭煤气等费用。浩洛克士与杰克生的工厂，曾实行类似的实验，也得到相似的结果③。

　　劳动日的缩短，创造了劳动密集的主观条件，换言之，创造了劳动者在一定时间内流出较大量劳动的能力。但劳动日的缩短，一旦成为强制的法规，则资本手中所有的机械，又将成为一种客观的手段，系统地被用来在同一时间内，榨出更多的劳动。这个结果，是由二重的方法得到的。第一，是提高机械的速度，第二，是扩大同一劳动者所监视的机械范围，即扩大他的劳动范围。从一方面说，要以较大的压榨力加在劳动者身上，机械构造的改良，是必要的；但从他方面说，这种改良，又可说是劳动强度增加所伴起的结果，因劳动日的限制，使资本家不得不严格节省生产成本。蒸汽机的改

---

① 前揭报告第 19 页。计件工资是不变的，故每星期的工资定于生产物之量。

② 前揭报告第 22 页。

③ 前揭报告第 21 页。在上述的实验中，道德的要素演有重要的节目。工人曾向工厂监督专员陈述："我们以更活跃的精神工作，我们时时在心中存着晚间可以早一点下工的希望，全工厂从最幼的接纱工人至最年长的工人，都充满着活泼的快活的精神，我们很可以在劳动上互相帮助。"（前揭报告。）

良，曾增加一分钟内活塞开闭的次数，同时，又因能力较节省之故，同一的发动机，可由同量或较小量煤炭的消费，推动一个更大的机构了。又，配力机的改良，曾减少磨擦，并使各种轴的直径和重量不断减少，以至于最小限度（这是近世机械与旧式机械最大的差别）。最后，工作机的改良，或是将机体减小，但增加其速度，加大其作用（例如近代蒸汽织机），或是将机体增大，又将其所运转的工具的范围与数目增加（例如纺绩机），或是依极小的部分改革，来增加工具运动的速度（例如 1850 年后数年间自动妙尔纺织机，纺锤，曾由此增加速度 $\frac{1}{5}$）。

在英格兰，劳动日缩短为 12 小时的事情，是 1833 年开始的。1836 年就有一个英国工厂主曾说："与三四十年前比较，今日工厂内的劳动，是加重得多了。因为，机械运转速度显著增加的结果，劳数者已必须有较大的注意和活动了。"[①] 1844 年，阿胥勒公（Lord Ashley 即今日的沙夫兹柏勒伯爵）也根据文书，在下院致辞如下：

"在制造业过程上被使用的人的劳动，现在已经有当初的三倍。先前需要百万人的筋肉来作的工作，现在由机械作掉了，那是不容疑问的。但在机械惊人运动下受着支配的人的劳动，曾异常增大，却也是事实。……1815 年，照应两架纺四十号纱的妙尔纺绩机的人的劳动，在每日 12 小时内，等于走 8 哩路。1832 年，照应同样两架妙尔纺绩机的人的劳动，等于走 20 哩，且往往在 20 哩以上。1815 年，纺绩工人在 12 小时内，使用一架妙尔纺绩机，每日伸张次数为 820，每个人照应两个，合计为 1,640。1832 年，每人每架每日为 2,200，合计 4,400。1844 年，2,400 合计 4,800。有时，必要的劳动量（amount of labour）还更大。……1842 年，我曾接到别一种文书，证明劳动是以累进率增加的。所以如此者，不仅因步行的距离已经

---

① 约翰·菲尔德著《工厂制度的祸害》伦敦 1836 年第 32 页。

更大，且也不仅因生产量增加，但工人数相对减少，而且因为现在纺绩的，是更难纺绩的劣等棉花。……在梳整部，劳动也已大增加了。原来分归两人作的工作，现在是由一人担任了。织物部所雇的工人数是极多的，且主要是女工，……因机械速度增进之故，这一部分的劳动，在过去数年间，曾增加10%。1833年，每星期纺成的纱为18,000捆；1843年为21,000捆。1819年，蒸汽织机的梭，每分钟60次；1842年，每分钟140次。这都可以说明劳动曾怎样增加。"①

在1844年12小时工作法下，劳动已经非常强化了。因此，当时英国工厂主如下的说明也似乎很有理由。他们说，要在这方向再向前进步是不可能了，所以，劳动时间如再缩减，即等于减少生产。这种理由的外表上的正确性，只能拿工厂监督专员荷尔讷（他们的不倦的检察人）当时的话来论证。他说：

"大体说，生产量的多寡，既须受节制于机械的速度，工厂主自然会在不违背下述诸条件的限度内，使机械的速度，趋于极度。这些条件是：妥为保存机械，使其败坏不致于过速；妥为维持制造品的性质；使工人在照应机械运动时，不致太吃力，而不能持久。所以工厂主最要解决的问题之一，是：顾到上述种种条件，什么是机械转动的最大速度。他往往发觉速度已经太大，速度的增加，不能抵偿破坏与出品低劣的损失，因而不得不放慢一点。所以我断言，活动的聪明的工厂主，既然会发觉安全最高限度，他在11小时内自不能和在12小时内，生产同量的生产物。我又以为，依计件工资法（Stücklohn）给付工资的职工，也会在能够以同一程度继续劳动的限度内，为最大的努力。"② 所以，不管加德讷等人作过的实验，荷尔

① 亚骨勒公《十小时工作法》伦敦1844年第6页至9页及以下。
② 1845年4月30日工厂监督专员报告第20页。

讷仍结论说：劳动时间减至 12 小时以下，结果必然是生产减少①。但十年后，他却引述他 1845 年所持的意见，来证明自己，那时候，曾怎样把机械与人类劳动力的伸缩性估计低了。劳动日强制缩短的结果，将使二者同时拉紧至于极点。

以下讨论的，是英国棉织业工厂，毛织业工厂，丝织业工厂，麻织业工厂 1847 年实行 10 小时工作法以后的时期。

"纺锤的速度，在塞洛纺绩机，每分钟增加了 500 转，在妙尔纺绩机，每分钟增加了 1,000 转。那就是塞洛纺绩机的纺锤在 1839 年每分钟转 4,500 次，现在（1862 年）转 5,000 次，妙尔纺绩机的纺锤，原来每分钟转 5,000 次，现在转 6,000 次。在塞洛纺绩机，速度增加了 $\frac{1}{10}$，在妙尔纺绩机，速度增加了 $\frac{1}{6}$。"② 孟彻斯德附近巴特里克洛夫特有名的土木工程师纳斯密兹曾于 1852 年致荷尔讷函中，说明 1848 年至 1852 年蒸汽机关改良的性质。他说明蒸汽机关的马力（因官厅的工厂统计常以 1826 年的成绩为计算标准）③，只是名义的只能用作实马力的指数；往下又说："我相信，由同重量的蒸汽机关，我们现在至少平均可以多得 50% 的功用；在速度以每分钟 220 呎为限时，仅供给 50 马力的蒸汽机关，现在大都可以供给 100 马力以上"……。"又，100 马力的新式蒸汽机关，因构造已经改良，汽罐的能力与构造已经改良之故，比之旧式蒸汽机关，已能供给远较为大的力"……。"与马力比例而言，所雇的工人数，虽然是和旧时

---

① 前揭报告第 22 页。
② 1862 年 10 月 31 日工厂监督专员报告第 62 页。
③ 这个情形，自 1862 年的"议会报告"以来是改变了。这个报告已不复用名义马力，而用近代蒸汽机关和水车的实马力了。再者，复捻纺锤在 1839 年，1850 年，1856 年的报告内，虽与真正的纺锤混合计算，但现在也分别计算了。又，就羊毛工厂说，"起毪器"的号数，也加上了。黄麻工厂与大麻工厂是和亚麻工厂分别了。最后，织机工业是第一次在报告中出现了。

一样，但与工作机比例而言，则所雇的工人数，已经减少。"①
"1850 年，英吉利联合王国的工厂，共使用 134,217 匹名义马力，推
动 25,638,716 个纺锤和 301,445 架织机。1856 年，纺锤数为
33,503,580，织机数为 369,205，若所需的名义马力，与 1850 年相
同，则 1856 年所需马力；应为 175,000。但依该年官厅报告，仅为
161,435 马力。依 1850 年标准计算，此数低估在一万马力以
上。"② "1856 年官厅报告，证明了这样几种事实，即工厂组织在急
切增加；与马力比例而言，所雇人数虽和以前相等，但与工作机比
例而言，则所雇人数已经减少；蒸汽机关，因动力节省及其他方法，
已能推动重量较大的工作机；又，因工作机与制造方法的改良，因
机械速率的增加，因其他种种原因，是有较多量的生产物可以生产
了。"③ "各种机械的大改良，曾大大增加生产力。毫无疑问，劳动
时间缩短，是这诸种改良的刺激。而机械的改良与工人劳动的加强，
又发生了如下的结果；即缩短 2 小时或 $\frac{1}{6}$ 的劳动日，至少，和以前
的更长的劳动日，生产了同样多的生产物。"④

当劳动力的榨取加强时，工厂主的富曾如何增加，可由一事证
明，即自 1838 年至 1850 年，英国棉织等工厂，以平均32%的比率增
加，自1850 年至 1856 年，增加率为 86%。

自 1848 年至 1856 年那 8 年间，在 10 小时劳动日的支配下，英
国工业固有极大的进步，但自 1856 年至 1862 年那 6 年间，进步是更
大了。以丝工厂为例，在 1856 年，纺锤计 1,093,799 个；在 1862
年，计 1,388,054 个；在 1856 年，织机计 9,260 架；在 1862 年，计

---

① 1856 年 10 月 31 日工产监督专员报告第 11 页。

② 前揭报告第 14、15 页。

③ 前揭报告第 20 页。

④ 1858 年 10 月 31 日报告第 9、10 页。参看 1860 年 4 月 30 日报告第 30 页以下。

10,709 架。但职工数在 1856 年为 56,131 名；在 1862 年为 52,429 名。纺锤数增加了 26.9%，织机数增加了 15.6%；职工数减少了 7%。又，1850 年，毛绒线工厂计使用 875,830 个纺锤；在 1856 年，计使用 1,324,549 个纺锤（增加 51.2%）；在 1862 年，计使用 1,289,172 个纺锤（减少 2.7%）。但 1856 年的计算，曾将复捻纺锤计入；1862 年的计算，却未曾把这种纺锤计入。故若将此数扣去，我们就发觉，1856 年后，纺锤数目几乎没有变化。反之，1850 年后，纺锤与织机的速度，却有许多地方增加了一倍。毛绒线工厂的蒸汽织机数，在 1850 为 32,617；在 1856 年，为 38,956；在 1862 年，为 43,048。职工数，在 1850 年，为 79,737；在 1856 年，为 87,744；在 1862 年，为 86,063；但其中包括的 14 岁未满的儿童数，在 1850 年，为 9,956；在 1856 年，为 11,228；在 1862 年，为 13,178。所以，与 1856 年比较，1862 年织机的数目是大增了，但所雇用的劳动者总计却已减少，被榨取的儿童总计则已增加①。1863 年 4 月 27 日，弗兰特君在下院说："我谨代表兰克夏和彻夏十六区的劳动代表，在此发言。依据他们的报告，工厂的劳动，因机械改良之故，是不断在增大。以前，一个职工和两个助手，只照料两架织机，现在，一个职工，没有助手，尚须照料三架；甚至四架，也不是稀罕的事。依报告的事实推论，12 小时劳动，现已压缩为 10 小时劳动不到。过去 10 年间工厂工人的劳动曾怎样增加，由此可见一斑了。"②

---

① 1862 年 10 月 31 日报告第 100 页及 130 页。

② 假设布的品质，长宽是一定的，用旧蒸汽织机每星期不过织四匹布的织工人，用新式蒸汽织机，每星期却可在二架织机上，生产 24 匹。1850 年后不久，这种布每匹的织费，就由 2 先令 9 便士，减为 $5\frac{1}{5}$ 便士了。——第二版加注。"在 30 年前（1841 年），一个纺绩工人，用三个接纱工人，至多只照料两个精纺机，300 至 324 个纺锤。现在（1871 年），他和五个帮助他的接纱工人，照料二千二百个纺锤；与 1841 年比较，生产的纱至少了七倍了。"（勒德格莱夫工厂监督专员，在 1872 年 1 月 5 日"技术杂志"上说的话。）

对于 1844 年及 1850 年工厂法的好影响，工厂监督专员曾不绝地，正当地，予以推扬。但虽如此，他们仍承认，劳动日的缩短，曾使劳动强化到破坏工人健康及工作能力的程度。他们说："就大多数棉织工厂，毛织工业，丝织工厂言，前数年机械动转速度，加速的结果，工人照应机械，已非有极度精神紧张不可。这个事实，在我看，似乎是肺病死亡率过度增加（这是格林浩医师在最近一次报告内指出的）的一个原因。"① 劳动日的延长，既由法律永远禁止了，资本自会有一种倾向，要由劳动强度之系统的增加来补偿，并要使一切机械的改良，成为更能吸取劳动力的手段。这个倾向不久就会引起一种状态，使劳动时间有再度缩短的必要②。犹忆 1833 年前曾有半世纪采用机械，而其劳动日是毫无限制。1833 年至 1847 年，劳动日规定为 12 小时。自 1848 年至今日，劳动日规定为 10 小时。但英国工业在 1833 年至 1847 年的进步，是胜过在 1833 年以前的进步，在 1848 年以后的进步，又胜过在 1833 年至 1847 年的进步③。

---

① 1861 年 10 月 31 日工厂监督专员报告第 25、26 页。

② 八小时运动，现在（1867 年）在兰克夏，已经在工厂（真正的工厂）职工中间开始了。

③ 下表可表明 1848 年以来英联合王国的工厂出品额，曾怎样增加。（该表见蓝皮书，联合王国的统计摘要第 8 号 13 号，1861 年及 1866 年。）兰克夏工厂数在 1839 年至 1850 年，仅增加 4%，在 1850 年至 1856 年，增加 19%，在 1856 年至 1862 年，增加 33%；但每 11 年期间所使用的工人数，绝对说是增加了，相对说却是减少了。（参看 1862 年 10 月 31 日工厂监督专员报告第 63 页。）棉工业是在兰克夏占支配势力的。在棉纱棉织物的制造上，这一郡的比例地位，可由如下的事实来说明，即英格兰、威尔士、苏格兰、爱尔兰的这一类工厂有 45.2%，其纺锤有83.3%，其蒸汽织机有 81.4%，其织物工厂所用的蒸汽马力有 72.6%，其织物工厂所使用的职工总数有 58.2%，是属于兰克夏的。（前揭报告第 62、63 页。）（转下页）

418

Ⅳ 工厂

在这一章的开头，我们考察了工厂的躯体，即机械体系的组织。我们知道，机械怎样由妇女劳动与儿童劳动的占有，以增加资本榨取的人类物质；又怎样由劳动日的无限制的延长，将劳动者的全部生活时间没收；它的进步——这种进步，使生产物能在不绝缩短的时间内大大增加——又怎样当作系统的手段，使每一单位时间流出的劳动增加，或使劳动力所受的榨取不断加强。现在我们要考察工厂。在这样考察时，我们视其为一全体，为一最完成的形态。

	输出量			
	1848	1851	1860	1865
棉工厂				
棉纱（磅）	135,831,162	143,966,106	197,343,655	103,751,455
缝线（磅）		4,392,176	6,297,554	4,648,611
棉织物（码）	1,091,373,930	1,543,161,789	2,776,218,427	2,051,237,851
亚麻大麻工厂				
纱（磅）	11,722,182	18,841,326	31,210,612	36,771,334
织物（码）	88,901,519	129,106,753	143,996,773	247,016,329
丝工厂				
丝（磅）	194,815	462,513	897,402	812,589
织物（码）		1,181,455	1,307,293	2,869,837
羊毛工厂		14,670,880	27,533,968	31,669,237
羊纱		151,231,153	190,371,537	278,837,418
	输出量			
	1848	1851	1860	1865
棉工厂棉工厂	5,927,831	6,634,026	9,870,875	10,351,049
棉纱	16,753,369	23,454,810	42,141,505	46,903,796
棉布亚麻大麻				
工厂	493,449	951,426	1,801,272	2,505,497
纱	2,802,789	4,107,396	4,804,803	9,155,358
织物				
丝工厂	77,789	196,380	826,107	
丝	510,328	1,130,398	1,587,303	1,409,221
织物				
羊毛工厂	776,975	1,484,544	3,843,450	5,424,047
毛纱，绒线	5,733,328	8,377,183	12,156,998	20,102,259
织物				

自动机工厂的抒情诗人乌尔博士，一方面说这种工厂是"各种成年或不成年劳动者的合作，他们努力地熟练地，照应一个生产机械的体系，那是不断由一个中心动力推动的"；他方面，又说这种工厂是"一个大自动机，由各种机械的和自意识的器官构成，那些器官全隶属在一个自动的动力之下，并在不断的协力中，为生产一个共同的对象而动作"。这二种表现，决不是相同的。就前一种表现说，结合的总劳动者，或社会的劳动体，表现为能动的主体；机械的自动体，则表现为客观体；就后一种描写说，则自动体为主体，劳动者不过是有意识的器官，被视为与自动机的无意识的器官相等，且也和那种无意识的器官，同隶属在中心动力之下。前一种表现，在机械各种可能的应用上，都嵌得上去；后一种表现，却仅仅表现了机械之资本主义的使用，仅仅叙述了近世工厂组织的特征。所以，乌尔宁可认发动的中心机械为 Autokrat（专制者），不单认它为 Automat（自动机）。"在这样大的工作场所内，宽仁的蒸汽力，在它自己周围，召集着无数的臣下。"①

操纵工具的熟练，和工具一道由劳动者移转到机械上了。工具的能率，从人类劳动力之人格的限制，解放出来了。于是，当作制造业分工的基础的技术条件，被扫除了。制造业分工所特有的专门化工人等级制度消灭了，在自动机工厂内代起的，是当作机械助手的各种劳动一律平等②。部分劳动者间的人为区别消灭了；代起的，是年龄与性别的自然区别。

分工再现在自动机工厂之内，但这种分工只是把劳动者配分在各种专门机械下，把各群劳动者（不是有组织的组），配分在工厂的各个部分。在每一个部分，他们使用若干同种类且并置在一处的工作机来劳动，所以，在他们之间也只有单纯的合作。制造业的有组

---

① 乌尔《制造业哲学》第 18 页。
② 前书第 20 页。参看马克思《哲学的贫困》第 140、141 页。

织的组，为主要劳动者与少数助手的结合所代替了。在那里，劳动者主要区别为实际使用工作机的劳动者（少数照料发动机和添煤炭的工人包括在内），和此等机械劳动者的助手（大都是儿童）。在助手中，几乎一切以劳动材料供给机械的 teelers 皆包括在内。但在这种主要的区别之外，尚有若干为数不多的人员，例如技师，机械师，细木工，他们照应全部机械，并不断地修理它们。这是一种高级工人，一部分受过科学的教育，一部分有手工业的熟练。他们不属于工厂劳动者范围内，不过和他们在一块①。这种分工纯然是技术的。

一切以机械为手段的劳动，要求从幼时训练好。自动机的运动是划一的，连续的；劳动者必须从幼时训练起，始能使自己的运动，与自动机的运动相适合。在总机械为杂多的同时协同动作的机械之体系时，以此为基础的合作，要求以各组劳动者，分配在各种机械下。但制造业分配工作使各个工人不断做同一工作的必要②，是在机械经营下废止了。工厂的总运动既非以劳动者为起点，而以机械为起点，故随时更换工人，也不会使劳动过程中断。1848 年至 1850年，英国工厂主反抗期中实行的轮班制度，可为此事实的最显著的例证。又少年工人学习一种机械劳动既如此迅速，所以，养成专门

---

① 英国的工厂法，把本文最后所举的一种劳动者，排除在外。依照法律，这种劳动者，被列在"非工厂劳动者"中。但国会的报告，却不但明白把技师机械师等，并且把工厂监工、营业员、职员、外勤职员，货栈员，包装员等包括在内——总之，除工厂主外，一切人都包括在工厂劳动者中的。这种混淆，是统计蓄意将真相蒙蔽的特征。这种统计的蒙蔽，在其他各点，也很容易看到。

② 乌尔也承认这一点。他说："在必需的场合"，工人可随监工的意思，自一机械移至他一机械。他还得意地喊，"这种转移，很明白，是与旧分工方法相矛盾的。旧分工方法，叫一个工人造针的头，别一个工人磨针的尖端"。（《制造业哲学》第 22 页。）不过，他其实宁可反问一下，为什么"旧方法"，在"必需的场合"，才在自动机工厂内被放弃。

机械工人的必要也消灭了①。助手的职务，则在工厂内，可以一部分由机械代替②，一部分因为是极单纯的，也可以急速地不断地把服务者更换。

机械虽在技术方面扫除了旧的分工制度，但这个制度，当初仍当作制造业的传统，在工厂内，残存了一个时期；此后，才在资本手里以更可厌的形态，系统地再生产出来，确立起来，成为劳动力榨取的手段。以前是终生专门使用一种部分工具，现在是终生专门服侍一个部分机械。机械被误用了，其目的，在使劳动者自己，从幼时起，即变为部分机械的一部分③。如是，不仅劳动者自己再生产所必要的费用显然减少；同时，劳动者完全屈服在工厂全体下面，屈服在资本家下面的过程，也因以完成了，在此处，像在别处一样，我们必须分别，同是生产力的增进，但一则以社会生产过程的发展

---

① 在困穷中，例如在南北美战争的困穷中，工厂劳动者有时被资产阶级使用来做最粗的工作，例如筑路等。英国 1862 年以后的"国民工场"，是为失业的棉业工人设的，那和 1848 年法国的国民工场有别。在后者，工人是由国家出钱，做种种不生产的劳动；在前者，他们却是为资产阶级的利益，做生产的都市劳动。他们被用来和常做该种劳动的人竞争，但比较起来，他们是更便宜的。"棉业工人的生理状况，无疑是改良了。我以为，……就男工人说，这个结果，要归功于公共工程的户外劳动。"（这是指蒲勒斯登工厂劳动者在蒲勒斯登郊外的工作。1865 年10 月 31 日工厂监督专员报告第 59 页。）

② 例如：自 1844 年的法律通过以来，就有各种机械装置，被采用来代替儿童劳动。当工厂主属下的儿童，必须经过"学校"始能在工厂充当助手时，这个几乎还完全没有开发的机械学领域，就有显著的进步了。"自动妙尔纺绩机，也许和别的机械一样是危险的。由此发生的灾害，大多数是发生在幼年的儿童身上。这种幼童，要在妙尔机转动时，爬在妙尔机下面扫地板。有若干照料妙尔机的工人，被诉告（到工厂监督专员那里），被判罚金了，但一般说没有多大的利益。假令机械制造家能够发明一个自动的扫机，幼童爬在机械下面的必要，就可由这种机械的使用，来预防了。那在我们的保护设备中，一定是一个可喜的贡献。"（工厂监督专员报告 1866 年 10 月 1 日第 63 页。）

③ 这个批评，对于普鲁东的幻想，也是适用的。普鲁东"解析"机械时，不认机械是劳动手段的综合，却认它是为劳动者自己的部分劳动的综合。

为基础，一则以社会生产过程的资本主义的榨取为基础。

在制造业及手工业，是劳动者使用工具；在工厂，则是劳动者服侍机械。在前者劳动手段的运动，是由他推动；在后者，他却须追随在机械运动之后。在制造业，劳动者是一个活机构的构成部分。在工厂，则有一个死机构独立在劳动者外，以劳动者为活的附属物，而与其并合。"同一机械过程不断反复着，这无限的单调的苦工；是像西细佛士的劳动一样。劳动的负担，是像西细佛士所转动的岩石一样，不断落在辛苦的劳动者身上。"① 机械劳动，既使神经系统极度疲乏，同时又抑压筋肉的多方面的作用，并在心身两方面，不许有自由的活动②。甚至劳动的减轻，也成为一种虐待的手段，因机械不使劳动者免除劳动，仅使他的劳动没有兴趣。不错的，在资本主义生产不仅为劳动过程，且为资本价值增殖过程的限度内，不是工人使用劳动条件而是劳动条件使用工人的情形，乃为一切资本主义生产所共有的特点。但这种颠倒，在机械被采用时，才取得技术的一目了然的现实性。劳动手段，当化为自动机时，是当作支配活劳动力和吸收活劳动力的死劳动，当作资本，而在劳动过程中，与劳动者对立的。生产过程的精神能力与筋肉劳动分离了。此种能力已转化为资本对于劳动的支配权。如我们以上所说，这种分离与转化，是完成在以机械为基础的大工业下面。没有内容的个别的机械劳动者，虽仍有部分的熟练，但这种熟练，在科学面前，在大自然力面前，在社会的大群劳动面前，是当作极微细的附项，消灭了。科学，大自然力，社会的大群劳动，则与机械体系相结合，构成"主人"

---

① 恩格斯《英国劳动阶级的状况》第 217 页。就连普通的乐观主义的自由贸易家摩里纳利（Molinari），也说："每日照料机械的划一的运动 15 小时，要比同时间的筋肉劳动，更易使人衰老。在时间不过分延长时，这种照料劳动，或许对于精神尚是有益的训练，但若过度，则结局于身心两方面都有损害。"（摩里纳利《经济学研究》巴黎 1846 年。）

② 恩格斯前书第 216 页。

（master）的权力。在"主人"的头脑中，机械与机械的独占，被认为是不能分离的。所以，当他与劳动者发生冲突时，他总是嘲笑地向他们说："工厂劳动者必须牢牢记着，他们的劳动实际是极低级的熟练劳动；没有什么，还比那种劳动更容易获得，在质的方面，更易受充分的报酬，更易由短期间极少经验者的训练，获得丰富的供给。他们的劳动与熟练，只要有六个月的训练，就可以习得，并且随便那一个，都可以习得。所以比较起来，在生产事务上，主人的机械，实际要占更为重要的地位。"①

劳动者在技术上屈服在劳动手段的划一的进行下。劳动体又由不分男女不分老少的个人构成。这情形，创立了一种兵营一样的纪律。此种纪律，又引起更完全的工厂纪律，并如上所述，充分发展监督的劳动，同时又使筋肉劳动者（产业上的兵卒）与劳动监督者（产业上的下级士官）分工。"自动机工厂的主要困难在必须有一种必要的纪律，来使人们放弃劳动上无规则的习惯，而以自身的劳动，与大自动机的不变的规律性相一致。但要发明，并实施一种与工厂需要和速度相合的纪律法典，是一个怪力士（Herkules）的事业，这个事业是阿克莱特的高贵的伟绩！即工厂制度已经组织完全，劳动已极轻易的今日，要使一个已过青春期的人，成为有用的工厂劳动者，还几乎是不可能的。"② 资产阶级虽在其他方面欢迎分权制度和代议制度，但在劳动法典上，资本却以私立法者的资格，专擅地确立对于劳动者的独裁权。当劳动过程，因实行大规模合作，使用共同劳动手段，尤其是使用机械之故，而必须实行社会的统制时，这

---

① 纺绩业老板和制造业者的防卫基金委员报告孟彻斯德 1854 年第 17 页。我们以后会看到，这些"老板"，在他们忧虑"活"自动机的丧失时，却吹奏一种不同的腔调。

② 乌尔《制造业哲学》第 15 页。知道阿克莱特的生平的人，决不会把"高贵"这两个字，加在这位天才理发师头上。在 18 世纪的各大发明家中，他无疑是偷窃他人发明的大盗，是一个最平庸的人。

种法典不过是这种统制的资本主义的漫画而已。驱策奴隶的鞭，为监视人的罚簿所代替了。当然，一切处罚，都还原作罚金和扣工资的形态了。不仅如此，工厂立法者（Fabrik-Lykurge）的立法智能，还会造成这种局面，使法律的遵守，反不及法律的违犯那样于自己有利①。

在此，我们只提示了工厂劳动的物质条件。在密集的机械内，

① "资产阶级所加于无产阶级的奴隶状态，在工厂制度内，最为显著。在法律上和事实上，自由都在那里消灭了。工人在早晨五时半，就要到工厂来；迟到一二分钟，就要受罚。若迟到十分钟，他就须待早餐后，才准进厂，这样，他就把一日工资的四分之一丧失了。他的饮食睡眠，都须依命令以行。……暴虐的钟声，叫他们从床上起来，叫他们把早餐或午餐立刻停止。而当他们进工厂后，他们的情形又怎样呢？那里，工厂主成了专制的立法者。他放照自己的意思，制定工厂的规则，又依照自己的意思，将这种规则修订或增补。那怕他制定的规则极不合理，法庭仍旧会对工人说，这种契约是你们以自由意志订结的，所以你们应当遵守。……这种工人注定了，必须从九岁起，就在鞭笞（精神上的和肉体上的鞭笞）下度日，以至于死。"（恩格斯前书第217页以下。）法庭是怎样说，可由下2例来说明。第一例，是1866年岁暮席菲尔德发生的。一个工人曾在该地某炼钢厂订结二年的劳动契约。当他与厂主因某项争执而离厂时，他说，在任何情形下，他都不愿再在这位老板下面做事。因此。他就以违约罪被控，被判处两个月的拘禁。（若工厂主违约那就只能向民事法庭控告，因此，他所冒的危险至多不过是罚金。）这个工人两个月的拘禁满期出来后，那位工厂主依照旧契约的条件，再要他回厂去作工，他拒绝了。违约的罪已经处罚了。（接上页注）但厂主再控告他。虽有一位法官希先生反对——他说，使同一人为同一罪，在全生涯中受几度处罚，是一件法律上可惊的事——法院终究把这个案子受理了。这个案件，不是"伟大的尽义务者"（地方的笃格柏勒）判决的，乃是伦敦最高法院之一判决的。〔第4版注——这个办法现在已经废止。除少数例外（例如公用煤气工厂），工人和雇主，在违约事件上，是立在平等地位，都只能在民事法庭控告——F. E.〕第二例是1862年11月底在菲尔特州发生的。韦斯特柏勒·某的利奥渥布厂经营者哈鲁普，雇有差不多30个使用蒸汽织机的女工人。哈鲁普习行的办法是，凡工人早晨迟到2分钟，扣工资6便士，迟到3分钟扣工资1先令，迟到10分钟扣1先令6便士。为这个问题，一次罢工发生了。依照这种扣法，每小时是应有工资6先令，每日应有工资镑10先令；但他们全年平均，每周工资至多不过10—12先令。并且，哈鲁普又是怎样计算时算时间呢？他是用一个少年工人报告工厂时间的。这个少年，在早晨6时以前就起来。当他吹的叫子停下来时，工厂的门就关起来了，凡门外的工人都要受罚。这个工厂是没有定时刻的。一群不幸的（转下页）

尚有无数数人，冒生命的危险。这是一季一季的工业死伤报告，告诉给我们的①。且不说此。温度之人为的提高，空气内原料粉屑的积

(接上页注) 工人，完全在这个少年计时员的掌握中。这个少年计时员又是在哈鲁普掌握中的。罢工的工人（那或是人家的母亲，或是人家的女儿）宣言说，只要能够用一面定时钟代替这个计时员，能够将罚金率改得合理一点，她们就愿意复工。哈鲁普却在法官面前，控告 19 个妇人和少女违约。结果，她们每人被处 6 便士的罚金，和 1 先令 6 便士的诉讼费。旁听的人都很愤激。哈鲁普从法院出来时，有一群叱骂他的人，跟在他后面。——工厂主有一得意之作，是以材料损害，为扣工资的理由。1866 年，这个方法，在英国制陶业区域，引起了一种同盟罢工。依据童工委员会的报告（1863 年—1866 年），有若干工人，在这种处罚方法下，不但不曾得到一个钱工资，反而对善良的老板负着若干债务。最近的棉业恐慌，也提供了若干堂皇的实例，说明工厂专制者在克扣工资这件事上，是怎样精明。工厂监督专员贝克尔说："我近来接到若干控告某工厂主的诉状，因为他在这困难的时期；还向他雇用的若干少年工人，扣 10 便士的工资，作医师年龄证明书的代价。这种证明书（他自己只出 6 便士），依照法律，不得扣至 3 便士以上，依照习惯，还是一个钱不要的。……我还得到报告，说有某工厂主，当医师证明一个儿童有从事纺棉职业的资格时，即向其扣取 1 先令，他称此为学习纺棉技术和秘诀的学费。这样，他可以达到相同的目的，但又不致与法律抵触。因此，在这时候这情形下面，像罢工这一类异常的事情，还是有潜伏的原因存在着。这种异常的事情，不加解释，是一般人不易了解的。"贝克尔在这里，特别是指达文地方 1863 年 6 月机械织工人的罢工。（见 1863 年 4 月 30 日工厂监督专员报告第 50、51 页。）读者应注意，工厂报告所记的日期，往往是提前的。

① 在危险机械中保护工人的法律，曾发生有益的效果。但有一些灾害原因，在 20 年前，还是没有的；就中，尤以机械速率增加一事，为尤著。车轮、辗轮、纺锤、梭的运转速度，现在是加速了，且仍在加速中。因此，纱断必须接纱时，手指的活动也必须更敏捷更灵巧。一不敏捷，一不当心，手指就要牺牲的。……有许多灾害，是因工人急望工作完成发生的。我们必须记着，工厂主认为最重要的事，是机械能不断运转，那就是，能不断有纱和货物生产出来。一分钟的停止，也会引起动力的损失，且会引起生产的损失。监工是想生产增多的。劳动者在监工的
（转下页）

满，震聋耳鼓的喧嚣，也会损伤工人的五官。社会生产手段的节省，是在工厂制度下助长了，但这种节省，却在资本手中，组织地，被用来劫夺工人在劳动继续中的生活条件，劫夺空间，空气，日光，劫夺在生产过程中防止种种危害生命妨害健康的设备。谋工人舒适

（接上页注）督促下，会使机械不停动转；工资依制品重量或数量计算的职工，也要使机械的动转不停止。所以，虽有多数工厂乃至大多数工厂，严格禁止机械在动转中洗扫，但即不说全部工厂，大多数工厂仍是这样办。他们仍在机械身体转动时，把废屑收拾，把轮轴揩拭。因此，单由这一个原因，在6个月中，就发生了906件灾害。……扫除的工作虽是每天都有，但普通是把星期六规定为全机器洗扫的时候。这种洗扫也大部分是在机械动转中进行的。因为这种洗扫的工作没有工钱，工人当然想把它快做好，并且愈快愈好。因此"在星期五，尤其是星期六，灾害的次数，要比别的日子更多得多。在星期五，差不多比前四天的平均次数，多12%，在星期六，差不多比前五天的平均次数，多25%；再考虑到星期六的劳动时间——别的日子，每日劳动十小时半，星期六只劳动七小时半——则星期六发生的灾害次数，比其他五日的平均次数，要更多65%"。（工厂监督专员报告，1866年10月31日第9页、15页、16页、17页。）

的设备，是不待说了①。无怪佛利埃（Fourier）会称工厂为"柔性的监狱。"②

---

① 第三卷第一篇，我将说明英国工厂主，对于工厂法在危险机械中保护"工人"的条文，近来是怎样反对。这里，我们只要引用工厂监督专员荷尔讷在正式报告上的话。"我曾听说，有若干工厂主，以极无思虑的态度，谈述若干灾害事件；例如，把一个指头的丧失，看作件非常小的事。但工人的生活和前途，是这样依靠手指的，其丧失，对于工人自己，却是一件大事。所以，当我听到这种无思虑的话时，我总提出这样的问题：假设你缺少一个工人，却有两个工人想得到这个位置。这两个工人在其他各方面是一样适合的，但其中一个没有大拇指或食指。请问，你宁愿雇用哪个？对于这个问题的答复，是从没有人觉得踌躇的。……他们认它是假的慈善，用一种错误的偏见来看待它。"（1855 年 10 月 31 日工厂监督专员报告）这些工厂主都是"聪明人"，他们热心支持奴隶所有者的反叛运动，当然不是毫无所为的！
② 在工厂法——它强制地限制劳动时间，并取缔其他若干种事情——下受取缔最久的工厂，已经把以前的种种弊害，取消了许多。机械的改良，又相当要求工厂建筑物的改良，这是于劳动者有利的。参看 1865 年 10 月 31 日工厂监督专员报告第 109 页。

图书在版编目（CIP）数据

资本论 /（德）马克思著；郭大力,王亚南译.

长沙：湖南人民出版社, 2025. 2. -- ISBN 978-7-5561-3611-7

Ⅰ. A123

中国国家版本馆CIP数据核字第2024W0G761号

ZIBEN LUN

资本论

著　者	[德] 马克思	
译　者	郭大力　王亚南	
特约策划	唐正波	
责任编辑	陈　实	
产品经理	曾汇雯	
责任校对	夏丽芬	
装帧设计	陶迎紫	

出版发行　湖南人民出版社［http://www.hnppp.com］

地　　址　长沙市营盘东路3号

电　　话　0731-82683346

印　　刷　长沙鸿发印务实业有限公司

版　　次　2025年2月第1版

印　　次　2025年2月第1次印刷

开　　本　640 mm × 960 mm　1/16

印　　张　162.25

字　　数　2000千字

书　　号　ISBN 978-7-5561-3611-7

定　　价　258.00 元（全六册）

营销电话：0731-82683348　（如发现印装质量问题请与出版社调换）